AF497725

Californien

unmittelbar vor und nach der Entdeckung des Goldes.

Bilder aus dem Leben des Heinrich Lienhard

von Bilten, Kanton Glarus

in

Nauvoo, Nordamerika.

Ein Beitrag zur Jubiläumsfeier der Goldentdeckung und zur
Kulturgeschichte Californiens.

Nachdruck verboten.

1898
Fäsi & Beer, Zürich

Druck von C Aſchmann, Zürich

Inhaltsverzeichnis.

Vorwort.

Der Verfasser des Original-Manuskriptes, dem diese Auszüge inhaltlich, und wo es angıng auch wörtlich ganz gleichlautend entnommen sind, war vor 50 Jahren in Californien Angestellter des gegenwärtig als Entdecker des dortigen Goldes bei Anlaß der Jubiläumsfeier vielgenannten Capitain Sutter. Von diesem wurde er sogar mit dem Auftrag betraut, dessen Frau und Kinder aus der Schweiz nach Californien zu holen. Schon diese beiden Umstände allein würden wohl Gewähr dafür bieten, daß man es hier nicht mit einem Roman zu thun hat, aber als abschließender absoluter Beweis kommt dann noch hinzu, daß unser Gewährsmann seine Selbstbiographie ursprünglich nur für seine eigenen Kinder geschrieben hat Er ging nämlich im Jahre 1844, also vier Jahre vor der Goldentdeckung als strebsamer energischer Mann nach Amerika, um da sein Glück zu machen. Da man schon damals Californien als ein fruchtbares Land kannte und Sutter als Besitzer eines großen, von der mexikanischen Regierung geschenkt bekommenen Landkomplexes in den Zeitungen zur Einwanderung möglichst animirte, so entschloß sich Lienhard, als den wir den Autor schon aus dem Titel des Buches kennen, mit andern Emigranten, die beschwerliche und gefahrvolle Reise dorthin mit Ochsengespann, wie damals noch üblich, zu unternehmen. In Californien nicht nur ohne Geld, sondern noch mit Schulden angekommen, mußte er seinen Lebensunterhalt als freiwilliger in der mexikanischen Armee suchen und nachher wurde er bei Sutter Aufseher über dessen Arbeiter und sein Türschließer. Als dann im Januar 1848 das Gold entdeckt wurde, so war er es, der die erste Ächtheitsprobe über gefundene Goldkörner in Sutters Schmiede veranstaltete, also bei dieser Epoche machenden Entdeckung tätig war.

Nachdem er später seine obenerwähnte ehrenvolle Mission nicht bloß zur größten Zufriedenheit der ganzen Familie Sutter erfüllt, sondern sich auch in weniger als einem Jahr ein ansehn

liches Vermögen erworben hatte, verließ er das ihm durch die
in Folge der Goldentdeckung rasch entstandene Corruption verhaßt
gewordene Land und kehrte in die Schweiz zurück, wo er sich
verheiratete und in Kilchberg das Gut kaufte, das jetzt der Dichter
Conrad Ferdinand Meier besitzt. Hier, wo wir uns kennen lernten
und Freunde wurden, wollte er in häuslicher Zufriedenheit die
Früchte seiner kurzen, aber denkbar schwierigsten und mühevollen
Tätigkeit genießen, aber die relative Untätigkeit und kleinliche
Gebundenheit gegenüber seiner abenteuerlichen, abwechslungs=
vollen Vergangenheit und Freiheit wurde ihm bald so unerträg=
lich, daß er sein schönes Gut verkaufte und wieder nach Amerika
zog, wo er gegenwärtig noch als 76jähriger Greis in Nauvoo,
der ehemaligen Mormonenstadt, wohnt.

Seine Erlebnisse erzählt er an der Hand eines schon bei der
Abreise vom Vaterhause aus geführten Tagebuchs in seiner anno
1870 niedergeschriebenen ca. 1000 Folioseiten haltenden Bio=
graphie mit fast peinlicher Genauigkeit und diesem Original=
Manuskript entnahm ich das, was allgemeines und besonders
kulturelles Interesse hat. Eine authentischere Quelle zur richtigen
Illustration und Beurteilung der damaligen Verhältnisse und
Zustände in Californien kann es gar nicht geben, weshalb mich
die gegenwärtig veranstaltete Jubiläumsfeier zur Veröffentlichung
eines Dokumentes ermutigte, das ich vorher blos als Siegelbrief
fünfzigjähriger Freundschaft schätzte. Der Wert desselben wird
für Jung und Alt, Arme und Reiche, Ungebildete und Gebildete
immer bleiben und stets als ebenso belehrender als interessanter
Lesestoff geschätzt werden, denn im ganzen Manuskript befindet
sich nicht ein unwahres, blos zur Ausschmückung gebrauchtes Wort.

Wer schon im Falle war, Original=Manuskripte bedeutend
zu kürzen, der weiß, wie schwierig dies ist, wenn nicht Wesent=
liches weggelassen werden darf und der Faden des Zusammen=
hanges, sowie die individuelle Schreibweise des Verfassers nicht
beeinträchtigt werden soll. Es bittet daher um freundliche Nachsicht

Der Herausgeber.
Zürich, am 50 Verjährungstag der Goldentdeckung in Californien.

I.

Entschluß und Ausrüstung zu der sechsmonatlichen Reise mit Ochsengespann von St. Louis durch Wildnisse, Urwald, gefährliche Indianergebiete über das Felsengebirge nach Californien.

———

Als ich mich endlich durch die in Greenville und Highland genossenen Unterrichtsstunden in der englischen Sprache so mächtig fühlte, daß ich eine Stelle als Ladendiener übernehmen zu dürfen glaubte, so trat ich an letzterem Orte in das Geschäft von Böschenstein ein, denn den Gedanken, in diesem Sommer (1846) nach Californien zu kommen, hatte ich bereits als unausführbar aufgegeben, so sehr mich auch die in den Zeitungen von Capitain Sutter erschienenen Schilderungen dahin lockten, denn von meinen Reisegefährten aus der Schweiz, Thomann und Rippstein, hatte ich lange nichts mehr vernommen.

Ich war etwa drei Wochen in meiner neuen Stellung, als ich eines Morgens wie gewöhnlich nach Straßens-Switzerland Boardinghouse kam, um mein Frühstück einzunehmen.

Da man noch nicht zu Tische geläutet hatte, setzte ich mich ein wenig ins Vorzimmer, als plötzlich auch ein Mann erschien, in welchem ich sofort einen Bekannten von Galena erkannte. Es war einer meiner früheren Kameraden, nämlich Thomann, der mich ebenfalls gleich erkannte und mir sagte, daß auch Freund Rippstein da sei und sie sich jetzt für die Reise nach Californien per Ochsengespann über das Felsengebirge bereit zu machen im Begriffe seien.

Man kann sich vorstellen, welche Gefühle durch diese Mitteilung mit einem Male wieder in mir wachgerufen wurden, nachdem ich nun erst vor ein Paar Wochen bei Herrn Böschenstein eingetreten und auch meine Kasse bedenklich zusammengeschmolzen war, so daß ich besorgen mußte, schon deshalb nicht mitreisen zu können, weil ich schwerlich meinen Anteil an die Kosten für den Ankauf von Ochsen und Wagen jetzt würde bezahlen können. Gegen meine geäußerten Bedenken, namentlich auch betreffend Beleidigung meines Prinzipals, wußten sie allerlei einzuwenden, indem sie sich bereit erklärten, mir mit dem Nötigen auszuhelfen. Ich hatte also blos auf Mittel und Wege zu denken, wie ich von Böschenstein loskommen könne, ohne ihn zu beleidigen. Ich glaubte bald den Schlüssel hiezu gefunden zu haben, indem mein Plan auf der Tatsache fußte, daß für eine sechs Monate lange Reise durch eine Wildnis ziemlich bedeutende Einkäufe an Lebensmitteln, besonders Kaffee, Zucker, Thee, trockenes Rindfleisch, Schweinefett, Schießpulver, Blei, Schrot, Zündhütchen, Zündhölzer ꝛc nötig seien, was Alles bei meinem Prinzipal zu haben war, und daß ich ihn damit am günstigsten für meinen Plan stimmen könnte, daß wir alles Nötige bei ihm einkaufen würden. Diese Berechnung gefiel meinen Freunden; ich hatte Herrn Böschenstein schon am ersten Morgen gesagt, daß Bekannte angekommen seien, mit denen ich im vorigen Sommer die provisorische Verabredung getroffen hätte, zusammen die Reise nach Californien zu machen. Gesagt, getan! Als Thomann und Rippstein behufs der Einkäufe ins Geschäft kamen, sagte der Erstere: Lienhard, du tust, wie wenn du bei unserer Equipierung gar nicht beteiligt wärest und du weißt doch, daß du uns vorigen Sommer versprochen hast, die Reise mitzumachen. Ich geberdete mich bei diesen Worten etwas überrascht und erwiederte: Nun, wenn es dem Herrn Böschenstein nichts macht, so verspreche ich Euch aufs Neue, daß ich mitkomme und ich werde mich die nächsten Tage reisefertig machen.

Mein Prinzipal schien eine gute Miene zum bösen Spiel zu machen, aber das Zusammenbeißen seines Mundes war mir wie immer ein sicheres Zeichen seines Mißfallens. Unter uns Zweien wurde weiter nichts mehr über die Sache gesprochen, bis ich ihm am folgendem Morgen sagte, daß ich mich auf seine gestrige Zusage hin nun ebenfalls zur Abreise vorbereiten musse. Er wollte anfänglich Schwierigkeiten machen, die indessen damit endeten, daß er mir für die drei Wochen, die ich bei ihm war, keinen Lohn gab.

Wir machten ab, uns mit anderen Emigranten in St. Louis zu treffen, wohin wir mit der Post gelangen konnten. Hier mußten wir vor Allem aus einen starken Wagen und wenigstens zwei Ochsen kaufen. Ersterer kostete 50 Dollars, mußte aber noch mit Bogen und Blache versehen werden, für zwei Gespann Ochsen bezahlten wir je 25 Dollars, also auch 50 Dollars, hatten aber das Mißgeschick, daß das eine Gespann zu schwer war und deshalb gegen ein leichteres, aber auch billigeres ausgetauscht werden mußte. Die Deichsel verstärkten wir mit Eisenbeschlägen der Länge nach, was sich nachher als sehr vorteilhaft erwies. Wir waren zusammen für unsern Wagen fünf Männer, die ich etwas näher bezeichnen muß, damit man ungefähr weiß, aus was für Elementen unsere engere Reisegesellschaft bestand. Thomann und Rippstein waren Reisekameraden aus der Schweiz. Mit diesen kam ein Deutsch-Lothringer, Namens Zins, welcher bis dahin ein Junggesellenleben geführt hatte und daher mit verschiedenem Kochgeschirr versehen war. Er offerirte uns dasselbe zum Gebrauch auf der Reise, wenn es ihm dann in Californien wieder als sein Eigentum abgegeben werde.

Selbstverständlich erklärten wir uns einverstanden, da wir sonst eigenes Geschirr hätten anschaffen müssen. Zins war klein aber korpulent. Sein erstes Erscheinen machte auf mich nicht den besten Eindruck. Obwohl selbst Spaßmacher, war er doch sehr empfindlich und sogar jähzornig, doch bereute er es, wenn er zu weit gegangen war.

Der Fünfte von unserer Genossenschaft hieß Valentin Diel, ein Darmstädter, der sich schon mehrere Jahre in Amerika aufgehalten und in der letzten Zeit in St Louis ein Cigarrengeschaft inne gehabt hatte, ohne damit zu reüssiren. Er war nur wenige Jahre älter als ich und körperlich stark, aber litt an einem Übel, das ihn zu körperlicher Anstrengung unfähig machte. Leider war er nicht ganz ehrlich und gerade.

Daß man sich gegenseitig ein Bischen mustert, wenn man eine solche Reise mit einander vorhat, ist wohl selbstverständlich.

Wir hatten nun den größten Teil unserer Reisebedürfnisse

im Reinen und das noch Fehlende konnten wir uns in Indepen=
dence beschaffen. Letzterer Ort und St. Joseph in Missoury waren
die zwei eigentlichen Plätze, wo die Emigranten sich noch voll=
ständig für die Wildnisse ausrüsteten. Hier schrieben wir noch
unsere letzten Briefe im Bewußtsein, daß von einem Umkehren
keine Rede mehr sein könne, wenn der ganze Zug von Wagen
den ersten Lagerplatz hinter sich haben werde. Und was kann
ein Zeitabschnitt von sechs Monaten an Erlebnissen in sich schließen,
wenn man an all' die Schwierigkeiten denkt, welche eine solche
Reise unter den günstigsten Verhältnissen darbietet.

Das kleine Dampfboot John Gollang hatte endlich uns mit
samt dem Ochsengespann und unseren Siebensachen an Bord.
Es war am 21. April 1846 Abends, als wir St. Louis ver=
ließen. Außer Jeffersohn City zwischen dem Landungsplatz von
St. Louis und dem von Independence war damals noch nicht
viel zu sehen, obwohl es nicht an Städtenamen fehlte. Ein oder
zwei Gebäude repräsentirten die betreffenden Städte.

Am fünften Tage spät Nachmittags kamen wir beim Lan=
dungsplatz für Independence an. Es war eine öde Gegend am
Fuße eines steilen hohen Uferabhanges. Ich hatte zum minde=
sten einige Häuser erwartet, fand aber, so viel ich mich noch
erinnere, nicht einmal dies. Unsere ganze Habseligkeit wurde
gelandet, und nachdem wir sie auf unseren Wagen geladen
hatten, spannten wir zum ersten Mal unsere zwei Paar Ochsen
vor denselben. Der Weg führte einer langen und steilen Anhöhe
entlang aufwärts, so daß wir anfangs fürchteten, es möchte
zu schwer für die vier Ochsen sein, weshalb wir uns neben die
Räder postirten um notigenfalls nachzuhelfen. Zu unserer Genug=
tuung sahen wir aber bald, daß unsere Befürchtungen umsonst
waren, denn es war eine Freude zu sehen, wie leicht die arbeits=
lustigen Tiere den Wagen den steilen Weg hinaufzogen. Auf
der Anhöhe angelangt, traversirten wir einen hügeligen Eichen=
wald, ohne von Independence selbst etwas zu sehen und als es
zu dämmern anfing, entschlossen wir uns, an einer geeigneten
Stelle neben der Straße zu kampiren. Der Himmel war etwas

bewölkt, aber es gab keinen Regen. Ganz früh jam Morgen brachen wir auf und fanden zu unserer Überraschung, daß wir ganz nahe beim Städtchen gelagert hatten. Seitwarts von demselben war ein schöner bequemer Lagerplatz, wo die Ochsen grasen und wir uns mit den noch nötigen Reisesachen versehen konnten. Unsere alten, schweren, kurzbeinigen Tiere vertauschten wir hier gegen ein Gespann viel leichterer, jüngerer, welche zu unserm jüngeren Paar paßten und kauften dann noch ein weiteres Gespann nebst zwei jungen hochträchtigen Kühen, welche wir ebenfalls unter das Joch zu spannen gedachten. Wir versahen uns noch mit dem nötigen Mehl und schafften uns auch ein zehn Gallonen haltendes Fäßchen an, worin wir unser Trinkwasser mitschleppten. Am hintern Ende des Wagens befestigten wir eine mit beweglichem Deckel versehene Kiste, worin wir unsere Gabeln, Messer und anderes zum Essen benötigte Geschirr aufbewahrten. Es hatten sich allmälig immer mehr Leute eingefunden, welche die gleiche Reise machen wollten und zu diesem Zwecke sich hier vollends ausrüsteten. Darunter befand sich auch ein Schweizer mit Namens Kiburz mit seiner amerikanischen Frau und zwei Kindern. Er hatte zwei Wagen, wovon der eine von seinem alten, aber noch rüstigen und lebensfrohen Schwiegervater Barben gelenkt wurde. Zwei ledige Söhne des alten Mannes, John und Samuel Barben, hatten noch ein Fuhrwerk für sich. Nachdem wir uns das vermeintlich Nötige angeschafft hatten und uns also fertig ausgerüstet wußten, war mein letztes Silbergeld oder Pisteon fort und ich hatte noch drei Kupfercents (15 Centimes) war aber auch bereits schon Schuldner von Thomann, Rippstein und Diel. Zins, welcher anfänglich getan hatte, als ob er Alles bezahlen könne, hatte das gleiche Loos wie ich. Es war bereits der dritte Tag unseres Aufenthaltes hier Nachmittags, als wir endlich unsere Ochsen vorspannten und uns auf der Reise nach Californien begriffen betrachten konnten.

II.

Beginn der Reise. Hauptsammlung der Emigranten am Indian Creek.

Der Tag war recht angenehm, warm, die Prairien grünten, die Vögel sangen auf allen Seiten ihre Frühlingslieder, die ganze Natur schien den ersten Tag unserer gewagten Wanderung oder besser gesagt, Wüsten- und Gebirgsfahrt mitzufeiern und Alles war voll frohen Lebens. Zins knallte endlich mit der langen Peitsche, was er aus dem Fundament verstand. Er war also der Erste, der unsere Heimat von Ost nach West per Ochsengespann zu schieben begann, wenn wir nicht den Ochsen unseres Vordergespanns diese Ehre zuerkennen wollen. Bald führte unsere Straße, wenn eine von den ärgsten Hindernissen befreite Passage so benannt werden darf, durch ein kleines Stück Wald, wo ein stagniertes und ein etwas fließendes Wässerchen uns ahnen ließen, daß wir manche Geduldprobe abzulegen haben würden, ehe wir ins gelobte Land kämen. Auf der sich uns aber bald wieder öffnenden Aussicht auf die Prairie sahen wir den Weg, weithin scheinbar gut.

Wir näherten uns langsam einer Baumgruppe, die uns etwa sieben englische Meilen entfernt schien und fanden dann nach leichter froher Zurücklegung dieser Strecke zwei verlassene Blockhäuser, in deren Nähe zwei Quellen uns veranlaßten, hier das Nachtlager aufzuschlagen, weil die Sonne bald unterging. Hier hatte das Zugvieh gute Weide und zum Kochen fand sich auch dürres Holz vor. Was wollten wir mehr? Wer mag wohl hier gewohnt haben und warum hatte man diesen Platz wieder verlassen? fragten wir uns Alle. Erst draußen an dem allgemeinen Sammelplatz der Californienreisenden an dem Indian Creek erfuhren wir, daß dieser unser erster Lagerplatz einst von den

„Heiligen des jüngsten Tages" als Versammlungsort für ihren Gottesdienst benützt wurde, wo die Mormonen, Propheten, Priester und Ältesten ihren Andächtigen die Orakelspruche verkündeten, bis sie von den angrenzenden Heiden und Ungläubigen von Missoury gezwungen wurden, diese Gegend zu verlassen, und dann nach Nauvoo in Illinois, meiner jetzigen Heimat, zogen, aber auch von dort im Jahr 1846 vom Volke der Toweskip Counties wieder vertrieben wurden

Nachdem wir am folgenden Morgen nach Beendigung unsers Frühstücks mit dem Aufjochen unsers Reisewagens fertig waren, einer Beschäftigung, die täglich wiederkehrte, brachen wir auf und kamen durch einsame Gegenden, wo nebst den Paar Häusern an der Passage nur hie und da in der Ferne eine Farm sichtbar war Wir hatten bald die Grenzen von Missoury hinter uns und befanden uns in dem damaligen Indianergebiet der Shawnees, eines halb zivilisirten Indianerstammes, der sich mit Landbau und Viehzucht abgab und in festen Wohnhäusern lebte Ein Streifen Landes in der Ferne ließ uns unser erstes Reiseziel erkennen, den Indian Creek, wo sich die Auswanderer zur gemeinsamen Weiterreise sammelten, bis man sich zahlreich und stark genug glaubte, um allfälligen Indianerangriffen erfolgreichen Widerstand leisten zu können. Schon stand die Sonne tief im Westen, als wir von der Hochprairie hinunter gegen das Thal des Indian-Creek stiegen Unten am Waldsaume desselben fanden wir die ersten Stellen, die wir etwas schwer passirbar glaubten, waren aber nachher mit noch weit schwierigeren ganz zufrieden.

Mitten im Walde an den Ufern des Indian-Creek trafen wir bereits eine Anzahl Emigranten lagernd, welche uns freundlich aufnahmen Für das Vieh fand man auf den Prairien die herrlichsten Weiden, dennoch war es geneigt, sich weit vom Lager zu entfernen Eines Abends fanden wir sogar einen unserer Ochsen nicht mehr, so daß wir den Shawnees einen halben Dollar fürs Suchen bezahlen mußten Wir vermuteten zwar, sie hätten uns denselben vorerst weggetrieben, um ein Stück Geld zu kriegen

Da ich eine Scheere, Fingerhut und Nadel, Knöpfe und Faden

immer in einer Schachtel mit mir führte, so benutzte ich diese
Mußestunden, um meine Kleider, namentlich den Sommerrock regel=
recht zu flicken und zu ändern und wurde dafür als Germans'
Tailor bekannt, was mich indessen durchaus nicht abhielt, auch
in der Zukunft meine Kleider zu repariren, wenn ich es für nötig
fand. Ofters machten wir kleine Jagdausflüge, meistens den Creek
entlang, auf und abwärts. Ich weiß mich aber nicht zu erinnern,
daß wir je etwas besseres als Eichhörnchen geschossen hätten.
Einmal hieß es, man hätte einen Bienenbaum entdeckt. Einige
von uns begaben sich an die bezeichnete Stelle, wo man aus einer
Eiche Bienen herausfliegen gesehen haben wollte. Obschon ich
damals noch sehr gute Augen hatte, war ich doch nicht im Stande,
Bienen zu entdecken. Ich empfand daher wenig Lust, mich an
dem Umhauen der dicken Eiche zu betätigen. Da indessen die
Andern darauf bestanden, Bienen heraus und hineinfliegen gesehen
zu haben, und einander ablösend kräftig drauflos hakten, nahm
ich auch daran Teil, wenn schon ich fest behauptete, daß diese
in Folge unserer Beunruhigung schon langst ausgeflogen wären.
Endlich erlag die kräftige Eiche unsern Streichen und fiel krachend
zur Erde, ohne daß Bienen aus dem Loche kamen. Als man
aber mit dem Öhre des Beiles stark auf die hohle Stelle schlug,
kamen anstatt des gehofften Honigs langsam und vorsichtig zwei
ziemlich große, schwarze Schlangen heraus. Wir hatten also diese
harmlosen Tiere unberufen ihrer sicheren Behausung beraubt.

Eines Abends hatte ich bei einem Blockhause, das einer
Indianer=Familie gehörte, vorgesprochen und fand das Innere
so gut, als ich's bei einer ärmeren amerikanischen Familie nicht
erwartet hätte. Alles schien reinlich, auch waren zwei ordentliche
Betten da und die Familie bestand aus zwei Frauen in Caliko
gekleidet und aus mehreren Kindern, Knaben und Mädchen,
welche alle einfach aber reinlich angezogen waren. Ein kleiner
Knabe übte sich im Bogenschießen und die Frauen beschäftigten
sich mit einer Hausarbeit. Ein Stück Land von 15 bis 20 Ackers
ganz in der Nähe des Hauses war mit Mais bestellt. Ähnliche
Blockhäuser und kleine Felder konnte man in der Nachbarschaft

noch mehrere sehen. Es beweist dies, daß die Indianer ebenso=
wohl wie die Weißen hätten aus der Landwirtschaft leben können,
wenn man sie nicht blos verfolgt und vertrieben, sondern kul=
turell mit ihnen verfahren wäre.

Als ich ein ander Mal am Saume des Waldes dem Flüß=
chen entlang hinaufgegangen war und dem Lagerplatz zuschritt,
kam ich zu einem einzelnen Emigrantenwagen, bei welchem eine
schöne junge Frau nebst drei Kindern und einer Dienstmagd stand.
Letztere war ein hellhaariges Mädchen von etlichen zwanzig Jahren
Auf die Frage, wohin sie zu reisen beabsichtigten, erhielt ich zur
Antwort: „Nach Californien!" Auf die nächste Frage, warum
sie sich denn nicht den Übrigen, wo wir seien, angeschlossen hätten,
erhielt ich nur ausweichenden Bescheid und daß ihr Mann, Mr.
Hapy, nun gerade abwesend sei, aber bald zurückkehren werde.
Man fragte mich, ob ich auch eine Familie bei mir habe, was
ich verneinte und bemerkte, wir seien unser fünf unverheiratete
Männer, von welchen ich der Jüngste sei Nun fragte mich das
Mädchen, wer uns dann wasche, was ich wahrheitsgetreu dahin
beantwortete, daß dies von uns selber besorgt werde. Das ro=
buste Mädchen hatte kaum die Antwort abgewartet, als es er=
wiederte, es werde schon für mich waschen, wenn ich die Seife
liefere. Die Frau machte dieser Bereitwilligkeit damit ein rasches
Ende, daß sie, sich zum Mädchen wendend, erklärte. „Lucinda,
laß du das nur sein, du sollst genug Arbeit bekommen, ohne
daß du auch für andere Leute außer uns, noch waschest" Mich
hatte Lucindas Bereitwilligkeit ein wenig überrascht und deshalb
fühlte ich mich von der Bemerkung der Frau gar nicht verletzt,
da sie ja nur das Mädchen an seine Pflicht erinnerte. Von der
Lucinda wird man später noch mehr erfahren Warum sich der
Familienvater Hapy nicht zu den andern Auswanderen gesellte,
soll daher gekommen sein, daß er in Missoury einen Negersklaven
getödtet, und sich deshalb schnell über die Grenzen des Landes
geflüchtet habe. Unter den mitreisenden Amerikanern bildeten ein
gewisser Mr. Harlon nebst Frau und Kindern und noch sonstigem
Anhang den Hauptteil der Gesellschaft, dann kam noch ein Peter

Werner nebst Frau und mehreren Kindern. Endlich waren noch eine Anzahl Wagen von dem 24 Meilen entfernten Independence angelangt, so daß wir im Ganzen 26 Wagen zählten, wenn ich nicht sehr irre. Die Hauptperson von den zuletzt Angekommenen war ein großer Mann von 55 bis 60 Jahren, Jadgomore mit Familie und mehreren Angestellten und noch andern Familien. Den alten Jadgomore machte man zum Capitain der Gesellschaft, dessen Pflicht es sein sollte, am Abend den Lagerplatz zu bestimmen und sobald es nötig würde, die Wachen zu ernennen und zu ordnen, und man vereinbarte hier ein Tagesprogramm für die Reise, nach welchem gleich von Anfang an jedem Wagen sein Platz angewiesen wurde, nämlich dasjenige Fuhrwerk, welches an dem betreffenden Tag das erste im Zug war, mußte am nächsten Tag das letzte sein, so daß von 26 Wagen in 26 Tagen der gleiche Wagen nur einmal ganz vorn oder ganz hinten zu stehen kam. Abends, nachdem der Lagerplatz ausgewählt war, wurden die vordern 13 Wagen auf der einen, gewöhnlich rechten Seite im Halbkreis aufgefahren und die hinteren bildeten dann den anderen Halbkreis links und vorn wie hinten blieb der Kreis etwa 10 bis 15 Fuß breit offen. Auf diese Weise bekam man einen ziemlich großen Platz in der Mitte zwischen den Wagen, in welchen alle Morgen das Vieh zum Aufschirren getrieben wurde. Sollte man mit den Indianern in Unannehmlichkeiten kommen, so war dieser Platz als Sammlungs- und Verteidigungsort bestimmt.

Da man der Ansicht war, daß man nun stark genug sei, um sich gegen allfällige Indianerangriffe mit Erfolg zu verteidigen, so ging am 12 Mai der Ruf zum Aufbruch durch das Lager.

III

Aufbruch des gesamten Emigrantenzuges mit 26 Wagen. Reise bis zum Fort Laramie.

Man hatte nicht im Sinne eine große Station zu machen, weil es noch ziemlich viel Arbeit gab, alles in den kleinen Raum eines Wagens zu verpacken und so kam es erst nach Mittag zum wirklichen Aufbruch. Hurrah, wie knallten da plötzlich die Peitschen ringsum und die Rufe get up! chee! oh! haw! 2c. bildeten eine eigentümliche Melodie

Aber, o weh, ein kurzer dicker Fuhrmann, Namens Hermann, gelangte schon in eine weiche Stelle, wo seine Wagenräder so tief einschnitten, daß seine vier Ochsen diese nicht mehr herausbrachten. Wir mußten also zu Hulfe, ehe wir den Lagerplatz recht hinter uns hatten Unser Gespann wurde vorausgenommen und nachdem unser Hermann seinen Tabakknäuel blitzschnell von einem Mundwinkel zum andern geschoben hatte, waren wir bald auf soliderem Boden und Hermann wieder guten Mutes.

Mit dem ersten Tag hatte ich angefangen eine Art Journal zu führen, von welchem mir leider ein Teil, worin die ersten Aufzeichnungen waren, verloren ging. Ich kann somit unmöglich die Daten genau angeben, wo wir im Anfang jedesmal gelagert hatten, was indessen nebensächlich ist Sobald sich diese Beschreibung wieder auf spätere Erlebnisse bezieht, kann ich wieder genauer sein.

Da wir fünf Männer für unser Fuhrwerk waren, so hatte Jeder nur je am fünften Tag die Peitsche zu führen So war's auch mit dem Kochen. Thomann war kein Fuhrmann, deshalb verständigte er sich mit Ins dahin, daß letzterer für ihn fahren und Jener für ihn kochen solle. Rippstein, Diel und ich wechselten pflichtgemäß ab Den größten Teil durch Kansas, damals

Indianer-Territorium genannt, hatten wir die drei Joch Ochsen an dem Wagen gespannt, während wir die trächtigen Kühe, mit anderm Vieh neben oder hinter den Wagen her trieben.

Da wir weder Pferde noch Maultiere zu eigen hatten, waren wir genötigt, das Treiben selbst zu verrichten, was bei trocknem, warmem Wetter nicht gerade anstrengend war. Wenn aber ein starker Tau fiel, was eine Zeit lang beinahe jede Nacht geschah, oder wenn es regnete, so war das etwas Anderes. Von dem hohen Prairiegras wurden die Kleider bis zum Oberkörper ganz durchnäßt. In diesen mußte man sich zum schlafen niederlegen und es gehörte nicht zu den Seltenheiten, daß sie am Morgen noch sehr feucht waren. Thomann, Rippstein und Diel suchten zu Anfang der Reise des Nachts innerhalb des Wagens ein Unterkommen, also über unsern Lebensmitteln und dem Gepäck, somit konnte von Bequemlichkeit oder gar Comfort keine Rede sein. Zins und ich machten unsere Betten resp. Lagerstellen oder Schlaf-stellen unter dem Wagen. Ersterer hatte sich von seinem Jung-gesellenleben her eine kleine Matratze, eine kleine Wattendecke und eine Wolldecke nebst einem Federkissen mitgenommen und war somit am bequemsten gebettet. Was mich anbelangt, hatte ich als Bettzeug nur einen guten, großen und warmen Büffel-pelz, in welchen ich mich des Nachts vollständig einrollte, bei feuchter Witterung mit den Haaren nach außen. Um mein Bett zum Schlafen fertig zu haben, erforderte es ungemein wenig Arbeit, auch fand ich dieses recht warm und angenehm, so daß ich nicht mit Zins hätte tauschen mögen.

Schon am zweiten Tag nach unserer Abfahrt schlossen sich auch die Wagen an, worin sich Mr. Happy mit der schönen Frau und Kinder, sowie die famose Lucinda befanden, auch kam noch ein großer, starker, junger Mann, Mikka oder Mikke, mit einem zweiten Wagen dazu. Wir machten etwa 10 Meilen und lagerten dann in dem flachen Uferland eines kleinen Flüßchens. Die Reservation der Shawnee Indianer war bald durchschritten und dafür diejenige der ebenfalls halb zivilisirten Delaware-Indianer betreten. Die Gegenden blieben sich für beträchtliche

Distanzen ähnlich. Über Mangel an Gras, Wasser, Holz zum feuern konnten wir uns nicht beklagen.

Nach einigen Tagen schon hatte auch Alles eine gewisse Regelmäßigkeit angenommen. Das Vieh ließ sich besser handhaben, jedes Stück fing an, die ihm beigelegten Namen, sowie die Kommandorufe zu verstehen. Auch war mit jedem Tag die Gefahr, daß sich das eine oder andere von der Hauptheerde entfernte, geringer. Die erste Beschäftigung, nachdem der Wagenkreis am Abend gebildet war, bestand darin, das Zugvieh abzujochen. Dann beeilte sich Jedermann das nötige Brennmaterial herbeizuschaffen. Diejenigen, welche Zelte mit sich führten, schlugen diese auf. Rings um den Wagenkreis wurde feuer angefacht und bald hörte man das Knattern bratenden Speckes und roch das Aroma des Kaffees. Da und dort sah man verschiedene Reisegenossen an irgend einer Mehlspeise arbeiten. War Jemand so glücklich ein Wild zu erlegen, was übrigens selten war, so gab's Braten oder Gedampftes.

Sobald das Abendessen vorüber und das Geschirr beseitigt war, unterhielt man sich in verschiedenen Gruppen über allerlei Dinge, oder es wurde gesungen. Die zunehmende Dunkelheit mahnte zur Ruhe. So lange man sich im Lande der Shawnee-Indianer wußte, hielt man das Aufstellen für Wachen unnotig, man überließ das Wachthalten den einzelnen Hunden. Kiburz hatte einen kurzbeinigen starken Bulldoggen bei sich, ein sehr wachsames Tier, das aber nicht schnell laufen konnte, zu letzterem Zweck benutzte man die vorhandenen Windhunde.

Obwohl die Fährten schon im Anfang nicht immer am besten waren, da es mitunter kleine Wasserrinnen gab und die Wagen dann in den weichen Boden tief einschnitten, so daß wir mit Vorspann helfen mußten, so hätten wir später doch gerne mit solchen Wegen vorlieb genommen. Dann galt es allgemein mitzuhelfen und Hand anzulegen, denn Jedermann fühlte sich berechtigt, im Notfalle die Hülfe der Andern anzusprechen. Wir waren endlich im Lande der Kansas- oder Koh-Indianer angelangt, ohne in der Beschaffenheit des Bodens viel Veränderungen

getroffen zu haben. Wie früher fanden wir Wald nur an Bächen
und Flüssen und gewöhnlich gar nicht breit von den Ufern weg.
Alles war Laubholz aus Eichen, Elmen, Hackberry, Birken zc.
bestehend. Die Bäume waren meistens schlank, ohne großen Um-
fang. Eines Tages durchfuhren wir eine sehr schöne Landschaft
mit freundlichem Hügelland und rieselnden Bächen und gelangten
dann zu einem einzelnen Blockhaus. Mehrere unserer Mitreisenden blieben neugierig stehen, um in's Innere hineinzuschauen.
Ich that dies ebenfalls und sah eine Halbindianerin von etwa
dreißig Jahren nebst einer weißen Frau und neben dieser saß ein
schlankes, weißes Mädchen in einem schönen Calikokleid. Wir
Alle waren von der großen Schönheit dieses Mädchens überrascht,
denn auch unsere Frauen schienen so viel Schönheit und komfor-
table Hauseinrichtung hier in der Wildniß nicht erwartet zu haben
Obschon die jüngere Frau das Englische vollkommen zu sprechen
schien, so war sie absolut nicht mitteilsam, so daß wir mit raten
verlieb nehmen mußten Es stellte sich nachher heraus, daß dies
die Familie eines Indianerhandlers war, also eines Weißen, der
mit den Indianern Handel trieb. Da die Sonne sich dem westlichen Horizont genahert hatte, wollten wir die Durchfahrt durch
das Flußchen und den niedrigen Uferwald nicht mehr wagen.
Wir trieben unsere Fuhrwerke etwa eine halbe Stunde aufwärts
am Uferrand, um da zu lagern.

Nach dem Nachtessen, als es schon dämmerte, gingen Einige
von uns nach dem Vieh zu schauen, als auf einmal von einem
ziemlich hohen Hügel herab auf der anderen Seite des Flüßchens
ein Geschrei zu hören war, welches sehr dem Lärmen der Schul-
jugend glich, wenn diese aus der Schule entlassen wird. Alle
Tonarten schienen darin vertreten von jüngern und altern Knaben
und Mädchen. Für uns war dieser jubelnde Lärm etwas Neues,
es bildete indessen nur den überraschenden Anfang einer Musik,
die wir noch oft zu hören Gelegenheit hatten, denn es war das
Geheul eines Rudels Prairiewölfe. Wir hatten keine Lust mehr
in der Nähe dieser Bestien zu lustwandeln und zogen uns ins
Lager zurück.

Am nächsten Tag machten wir uns zeitig auf den Weg. Wir mußten wieder das Blockhaus mit der schönen Bewohnerin passiren und fuhren dann zum Flußbett hinunter, in welchem ein kleines, schönes Wässerchen dahineilte. Die Überfahrt ging ohne Schwierigkeit von statten. Als eine große Schar grüne Vögel unsere Aufmerksamkeit auf sich zog, entdeckten wir, daß es lauter Papageien waren und zwar die ersten und letzten, die ich in den Vereinigten Staaten gesehen habe.

Wir begegneten dann zum ersten Mal einer Anzahl Roh= Indianer, welche sich am frühen Morgen in unsere Lagernähe wagten, ohne uns jedoch im Geringsten zu belästigen. Es waren große, junge, halbnackte, schmutzig aussehende Burschen, die noch wenig von ihrem ursprunglichen Wesen verloren zu haben schienen. Je weiter wir vorwärts gegen Westen kamen, desto mehr faselte man von Indianergefahren und doch hatte man es bis jetzt unter= lassen, des Nachts Wachen auszustellen. Unsere Gesellschaft war durch den Anschluß einiger weiteren Wagen zu mehr als dreißig angewachsen und es schien uns, daß durch diesen Zuwachs unsere Verhältnisse sich nicht besser stellten. Einzelne Familien wollten sich über die andern erheben, was Unzufriedenheit hervorrief. An den Abenden, die meistens schön und warm waren, wollten die jüngeren Genossen sich amüsiren. Einen der ersten Anlässe dieser Art vernahmen wir fünf Kameraden — doch nein, nur viere von uns, denn der fünfte war der Beteiligte an der Sache selbst — gleich nach dem Nachtessen. Es sammelten sich nämlich bei unserem Wagen nach und nach eine große Anzahl Mitreisende, ohne daß wir den Grund dieser Ansammlung kannten. Schließlich erfuhren wir, daß man gekommen sei, um einer Hochzeit beizu= wohnen, da einer von uns sich ja verheiraten wolle. Wir hielten die Sache anfangs für einen schlechten Witz, bis wir uns überzeugen mußten, daß etwas an der Sache sei, indem man den Zins mit der zuvorkommenden Waschjungfrau Lucinda am Arm spazieren gesehen hatte. Zins leugnete dies aber beharrlich, bis ein junger Mann, Namens Benjamin Gordon, kam und erklärte, er sei da, um das Amt eines Justice of the peace zu übernehmen, auch

erschien Fräulein Lucinda in einem etwas bessern Anzug als
gewöhnlich. Schließlich gestand Zins, daß er den Mr. Gordon
wirklich berufen habe, aber blos einen Spaß habe machen wollen,
da er zum Heiraten zu arm sei. Unter allgemeinem Lachen mußte
die vermeintliche Braut wieder in ihre alte vierrädrige Behausung
zurückkehren, wo sich ihre armseligen Kleidungsstücke befanden
Lucinda hat später Mr. Hapy verlassen und bei der Familie
Harlan Aufnahme gefunden. Bei dieser war auch ein armer,
aber schön gebauter, gutmütiger Junge von 18 Jahren zum
Treiben des Ochsengespanns angestellt. Er hieß Alfred und
entschloß sich dann, die Lucinda zur Frau zu nehmen. Irgend
ein Mann unserer Gesellschaft gab sie nach Squire-Manier zusammen, aber ohne Lizenz (Erlaubnisschein), wonach sich Beide
als regelrecht verheiratet betrachten durften, aber sich schon des
folgenden Tages wieder trennten. Den Grund hievon vernahm man nie. Wenn ich solche Detailerlebnisse mit dem Ganzen
verbinde, so tue ich das nicht etwa in der Meinung, daß solche
Einschaltungen mit besonderem Interesse gelesen werden sollten,
aber ich betrachte diese als notwendig, um dem freundlichen
Leser ein genaues Bild über Alles zu ermöglichen, was auf einer
solchen Emigrantenreise vorkommen konnte. Ich habe diese Erlebnisse an der Hand des damals geführten Journals erst in
meinen alten Tagen niedergeschrieben und zwar blos für meine
eigene Familie bestimmt, was ich zu berücksichtigen bitte, wenn
das Manuskript etwa der Entdeckung des Goldes wegen zur
Veröffentlichung benutzt werden sollte.

Mit unseren Kühen hatten wir in der Folge viel Mühe
und Arbeit, denn beide hatten gekalbert. Die Kälber wurden
schon am zweiten Tag geschlachtet und das Fleisch teils frisch,
teils gesalzen mitgenommen. Als wir den Lagerplatz verließen,
wo die Kuh ihr Junges noch gesehen hatte, hatten wir große
Mühe, sie mit dem übrigen Vieh voranzutreiben, indem sie jede
Gelegenheit benutzen wollte, um wieder umzukehren Wir
waren wohl zwei Meilen vom Lagerplatz entfernt, wohin wir
die Kühe mit großer Mühe gebracht hatten, als eine derselben

wirklich die erste Gelegenheit zur Umkehr benützte. Ich erbat mir
von einem Knaben, der auf einer Stute in einem Damensattel
saß, sein Pferd, um die Kuh einzuholen. Es gelang mir dies erst,
als wir ganz nahe am frühern Lagerplatz waren und das mutter=
sorgliche Tier sich überzeugt hatte, daß ihr Junges nicht mehr
da sei. Von da an hatten wir auch wegen dem Melken ziemlich
Mehrarbeit. Später spannten wir die Kühe ebenfalls unter's Joch,
so daß sie uns auch als Zugtiere nützlich wurden.

Eines Tages rief mich ein junger, lustiger Mann, Namens
Sherman zu sich in seinen Wagen. „Wir müssen auf den Abend
einen Spaß machen," meinte er, „es ist dazu schon Alles verab=
redet und Sie können es Ihren Kameraden auch mitteilen, nur
müssen Sie bei der Sache stille sein, damit der Spaß nicht ver=
dorben wird."

Er erzählte mir nun, daß in unserer Gesellschaft ein Mann,
Namens Inmann sei, der gar so gern Capitän unsers Zuges
werden möchte. Man habe nun beschlossen, Mr. Inmann zum
Capitän zu machen, ohne den wirklichen, also den Mr. Moore
abzusetzen, nur der große Halb=Indianer in Richter Moore's
Begleitung werde scheinbar opponiren, um dann am nächsten
Tage wieder Alles rückgängig machen zu können. Inmann war
seiner Vorwitzigkeit, Naseweisheit und Eitelkeit wegen nicht be=
liebt und deshalb wollte man ihm einen „Schabernak" spielen.

Am Abend nach dem Nachtessen wurde die Versammlung
durch Harlens großes Mittaghorn zusammengerufen und der kleine
witzige Sherman machte die Anwesenden, die alle eingeweiht
waren, mit dem Zweck der Zusammenkunft bekannt. Gegen den
bisherigen Capitain brachte er keine Klagen vor, als daß er zu
diesem Amt zu alt und zu wenig energisch sei. Dem neu zu
wählenden Capitain stellte er in Aussicht, daß man sich in Cali=
fornien dankbar erweisen und ihm zu einer einträglichen Stelle
verhelfen werde, wenn er dieses Ehrenamt zum Wohle der Ge=
sellschaft verwalte u. s. w. Ähnlich sprachen noch mehrere Mit=
verschworenen und man rief stürmisch nach Mr. Inmann, damit
er offen erkläre, ob er glaube, er könne dieses Amt zur allge=

meinen Zufriedenheit übernehmen und verwalten. Nun trat Mr.
Inmann in den für ihn offen gelassenen Kreis und gab mit den
eigenartig halb geschlossenen Augen die Versicherung, daß er sich
fähig fühle, dieses Ehrenamt zu übernehmen und verspreche für
das Wohl der Gesammtheit Alles zu tun, was in seinen Kräften
liege.

Schon war man im Begriff, ihn als Capitain auszurufen,
weil Alles einverstanden schien, als eine Baßstimme aus dem
hintern Kreis der Männer ums Wort bat. Es war der große
Halbblut-Indianer. Derselbe hatte gar viel gegen Inmann vor=
zubringen, z. B. er sei ja ein halber Narr, ein überspannter
Kerl, der nur gerne andere Leute kujoniren möchte, so eine Art
Negertreiber, was man schon nach einem Tage einsehen werde.
Da die Wahl eine abgemachte Sache war, um nachher den armen
Inmann recht zu demütigen, so half keine Gegenrede und In=
mann wurde gewählt, worüber er wohl selber am meisten ent=
zückt war, denn er war zu dumm, um einzusehen, daß man ihn
nur zum Besten haben wollte. Einige Männer trugen ihn in
tumultuarischem Jubel auf den Schultern, andere warfen die Hüte
vor Freude in die Luft.

Der Tumult legte sich allmälig und man suchte die Schlaf=
stellen auf. Der neue Capitain Inmann mag wohl der Letzte,
gewesen sein, der einschlief, denn Freude wie Besorgnisse über
seine Aufgabe hatten wohl seine ruhige Überlegung in Beschlag
genommen.

Am Morgen, lange vor Sonnenaufgang ertönte abermals
Harlons Belchhorn und zwischen den einzelnen „tuth" „tuth",
vernahm man Capitain Inmanns Stimme. Der einfältige Mensch
glaubte in seinem Eifer, nicht genug tun zu können und trieb
überall zur Eile an, während es noch alle Zeit zum Aufbrechen
war. Auch während des Marsches glaubte er überall anspornen
zu müssen, so daß man zu brummen und schimpfen anfing.

Am Abend erreichte man den Big blue River, dessen Ufer=
bänke sehr hoch und steil waren Da auch das Wasser tief wa
wollte unser Capitain nicht, daß die Wagen zu rasch hinabfuhren,

deshalb beorderte er die Fuhrleute, zu halten und mit Bickel und
Schaufel eine bessere Zufahrtstraße zu machen, was wieder Un=
zufriedenheit hervorrief, obwohl seine Anordnungen keineswegs
ungeschickt waren Die vordersten Fuhrwerke wurden jetzt in den
Fluß hineingetrieben, aber es stellte sich heraus, daß das Wasser
tiefer war als man meinte und einige Wagenbetten durchnäßt
wurden. Überhaupt suchte man eine Scheinursache, um Inmann
schon am Abend wieder abzusetzen und da und dort hörte man
Schimpfworte wie „Thor“, „Tyrann“, „Narr“.

Als das Nachtessen vorüber war, ließ sich plötzlich Harlons
Blechhorn hören, als Aufruf zu einer neuen Versammlung Selbst=
verständlich war Inmann der erste auf dem Platz, um zu sehen,
wer in sein Amt eingreife und um dagegen zu protestiren, doch
umsonst! Das Blasen und Rufen nahm kein Ende bis sämtliche
Männer zur Stelle waren. Die Versammlung wurde zur Ord=
nung gerufen und es regnete förmlich Anklagen gegen den ein=
tägigen Capitain, so daß dieser anfangs ganz verblüfft dastand,
denn nach seiner Ansicht hatte er ja sein Möglichstes zum Wohle
des Ganzen getan.

Obschon ich auch Anteil an dieser Comödie genommen hatte,
so empfand ich doch Mitleid mit dem armen Peter

Unter den Anklägern war der Halb=Indianer der hervor=
ragendste, er wußte eine ganze Reihe von Beschuldigungen vor=
zubringen und wurde von Mehreren unterstützt, welche namentlich
hervorhoben, daß Capitain Moore ja nicht abgesetzt worden und
somit der einzige legale Capitain sei. Inmann suchte vergeblich,
sich zu verteidigen und die ungestümen Forderungen zur Abstim=
mung veranlaßten endlich den Anstifter des rohen Scherzes, Mr.
Shermann, diese vorzunehmen. Er erklärte, daß diejenigen, welche
Mr. Inmann auch noch fernerhin als Capitain behalten wollten,
auf seine Seite hinüberkommen und sich da aufstellen sollten, wer
aber wünsche, daß Richter Moore Capitain sein solle, der möge
auf der entgegengesetzten Seite bleiben Scheinbare Freunde von
Mr. Inmann verlangten Zählung der Stimmen und letzterer
hoffte noch auf einen schließlichen Sieg, weil so viele Stimmende

auf der Seite von Shermann standen Seine Freude war sichtlich und er maß selbstbewußt seine Gegner Erst als die Zählung begann, traten fast Alle auf die Seite der Gegner. Der arme Teufel dauerte mich gar zu sehr und ich veranlaßte Thomann, Rippstein und Diel zu bleiben. Auch Shermann, der Anstifter der Verschwörung blieb auf unserer Seite, damit Inmann nicht zur Kenntnis komme, daß er keine Freunde mehr habe. Wie ich mich überzeugen konnte, hatte der arme, eintägige Hauptmann schließlich noch Vorwürfe von seiner Frau einzustecken, da sie wahrscheinlich den Plan früher durchschaut hatte als er. Ich erzähle diese unehrenhafte Handlungsweise von Männern, die ernsten Gefahren entgegengehen mußten und die Pflicht hatten, sich gegenseitig zu unterstützen, nur, um zu zeigen, was für Elemente hier zusammengewirkt haben. Ich selber schäme mich, an dieser rohen That Anteil genommen zu haben, wenn ich auch nicht im Entferntesten daran gedacht hatte, daß man den Scherz so weit treiben würde.

Ich bin vielleicht in Folge des Abhandenkommens einiger Journalnotizen nicht ganz in der richtigen chronologischen Reihenfolge geblieben, was ich zu entschuldigen bitte, sofern dadurch das Verständnis erschwert werden sollte.

Wir waren schon vor dem vorhin Erzählten öfters mit Kansas-Indianern zusammengetroffen, welche meistens von uns kleine Gaben forderten, weil man uns erlaubte, durch ihr Land zu ziehen, wo unsere Zugtiere ihr Gras fraßen und wir von ihrem Holz unser Feuer unterhielten. Eines Abends kamen nach dem Aufschlagen unsers Lagers auf offener Prairie mehrere dieser Kerls zu uns. Einige hatten auf ihren borstigen geschorenen Schädeln Hörner von sechs bis acht Zoll Länge, an welchen Bändchen, Federn und Geflitter hingen. Vielleicht waren es Krieger oder Häuptlinge. Einer von ihnen hatte eine Narbe auf dem Kopf. Als ich ihn mit Zeichen fragte, ob er einen Hieb mit einem Tomahawk erhalten habe, zeigte er wenig Freude an dieser Frage zu haben. Als es zu dunkeln anfing, machten wir ihnen begreiflich, daß sie nun unser Lager verlassen möchten, was sie sofort thaten. Ein andermal führte uns der Weg durch einen Wald, in welchem wir einige tiefe morastige Senkungen passieren sollten. Da man allgemein befürchtete, wir würden hier zu tief einsinken, hatte Zins sich schnell mit einer Axt auf eine nahestehende Eiche begeben, um von derselben einige Aeste herunterzuhacken, welche man in den Graben legen wollte, damit die Räder weniger tief einsinken würden. Die Indianer, deren mehrere da waren, hatten kaum die Absicht erkannt, als sie ganz entschieden dagegen protestirten, man müsse zuerst den Häuptling darüber befragen. Sofort lief einer von ihnen hinweg, um den Häuptling darüber zu beraten oder diesen mitzubringen, was nach einer kurzen Weile geschah. Die Anwesenden zeigten ihm die Äste, welche Zins herunterhacken wollte und der Häuptling gab sofort seine Erlaubnis dazu. Nachdem man die zudringlich bettelhaften Indianer mit allerlei Kleinigkeiten als eine Art Tribut losgeworden war und die offene, schöne Prärie wieder erreicht hatte, fuhren. wir noch einige Meilen weiter und lagerten uns dann, obschon es noch nicht Nacht war, in der Nähe guten Wassers. An diesem Abend kam ein junger Indianer in unser Lager, dessen Gesicht und kurzgeschorener Schädel mit allerlei Farbstrichen bemalt waren, auf dem Scheitel hatte er einen Haarbuschel von mehr als vier Zoll Länge. Der Kerl war ziemlich gut gekleidet, sprach ein wenig englisch und schien viel von sich zu halten. Er glich, auf deutsch gesagt, einem Windbeutel und sang viel in unerquicklichen tiefen Tönen, deren Melodie aus drei oder vier verschiedenen Lauten bestand. Sein Zweck schien kein anderer zu sein, als etwas zu betteln und dabei war er nicht besonders pretenziös, sondern nahm, was man ihm gab. Am nächsten Morgen früh war er wieder da, sang wieder einige Töne und lobte sich wieder sehr. Er suchte uns begreiflich zu machen, daß wir good poor Inshurn zu großem Dank verpflichtet seien, weil man uns durch ihr Land passieren lasse. Einige von unsern Eßwaren wies er nicht ab und als wir endlich von der Stelle hinwegtrieben, ging er in entgegengesetzter Richtung, wahrscheinlich in sein Lager.

An einem schönen Nachmittag hatten wir die Ueberfahrtstelle

des Kanſasfluſſes erreicht. Das Waſſer war trüb, aber glücklicher=
weiſe nicht hochgehend. Ein Indianer, den wir hier trafen, wollte
uns einen alten verbogenen Dragonerſattel verkaufen, weil dies
ja eines Weißmanns Kriegswaffe ſei. Als wir auf den Handel
nicht eingehen wollten, war er ſehr unzufrieden. Den Fluß
überſchritten wir am Abend nicht mehr, weil wir uns bei all=
fälligen Hinderniſſen ſonſt getrennt hätten. Hier befand ſich eine
kleine Fähre aus einem Flachboot und dieſes benutzten wir zum
Ueberſetzen der Wagen, denn es beſaß gerade die Tragkraft für
einen ſolchen. Das Boot wurde, ſobald der Wagen eingeladen
war, an einem auf die andere Seite reichenden Seil hinüber=
gezogen, was bis am Mittag bewerkſtelligt war. Das Vieh trieb
man hinüber und zwang dasſelbe an den tiefſten Stellen zum
Schwimmen, was der dümmſte Ochſe beſſer verſteht, als mancher
Profeſſor. Alles ging vortrefflich von ſtatten. Bei hohem Waſſer=
ſtand wäre dieſer Uebergang nicht leicht ausführbar geweſen.

Weil das Waſſer angenehm warm war, ſo kam ich auf den
dummen Einfall, mich in den Kleidern ein wenig im Schwimmen
zu üben und einfach dann die Kleider am Leibe trocknen zu
laſſen. Zum Glück machte mir dieſes thörichte Bad nichts.

Auf der Weiterreiſe hofften wir immer vergeblich auf Er=
legung eines Wildes. Ich hatte einmal gehört, wie man es an=
ſtellen müſſe, um eine Antilope auf Schußnähe heranzulocken
und gedachte bei der erſten Gelegenheit das Probeſtück zu machen.
Um Kugeln verwenden zu können, hatte ich meine Kentuky=Büchſe
für einen ſogenannten Floridayager (Regierungs=Karabiner) ver=
tauſcht, welcher eine halbunzige Kugel ſchoß. Dieſer Karabiner
war eine ſichere Jagdbüchſe auch für größeres Wild, aber beſaß
den Fehler, daß ſich das ſogenannte Kanin zu leicht verſtopfte,
weil es etwas zu eng war und die Büchſe dann im gegebenen Mo=
ment nicht losging. Ich war eines Tages unſerem Wagenzug wohl
eine Meile voraus und trug dieſe Büchſe bei mir, als ich zu
meiner Rechten nicht weit vom Weg einen Antilopenbock ruhig
weiden ſah. Mich der Jagdliſt erinnernd, von der ich einmal ge=
leſen hatte und oft erzählen hörte, machte ich augenblicklich davon

Gebrauch. Ich legte mich auf den Boden ins Gras, zog den Ladstock heraus und befestigte an dessen dünnerem Ende mein buntfarbiges Taschentuch, dieses ließ ich dann im Winde flattern und hielt mich ganz ruhig. Als der Bock sich eine kleine Strecke entfernt hatte, machte er Halt, um sich umzusehen und erblickte anstatt meiner das Nastuch. Darüber neugierig geworden, fing er an sich langsam zu nähern, stand dann still, biß wieder einige Gräser ab und kam, so einen Kreis beschreibend, immer näher. Sobald sich aber das Taschentuch zufällig schneller und stärker bewegte, sprang das Tier wieder einige Schritte rückwärts, immer wieder auf das Taschentuch blickend und dann trieb die Neugierde es wieder naher und näher, so daß ich mich des Gelingens sicher wähnte, denn die Entfernung mochte nur noch etwa dreißig Schritte betragen.

Da ich jetzt das allmälige Herannahen unserer Wagen befürchtete und es mir vorkam, als ob auch die Antilope unruhiger und ängstlicher würde, so durfte ich nicht mehr länger mit Schießen warten. Der günstige Moment, endlich meinen längst gehegten Wunsch bald erfüllt zu sehen, regte mich so auf, daß ich meinen Karabiner absolut nicht ruhig zu halten vermochte. Da die Distanz so kurz war, daß ich glaubte unmöglich fehlen zu können, so druckte ich trotz aller Unsicherheit ab und — krach —! Aber o weh! Die Sterbestunde hatte dem Bock noch nicht geschlagen, das Tier war sicherlich auch nicht verletzt, denn es eilte in graziösen Sprüngen von dannen. Was ich in diesem kritischen Moment empfunden — denken konnte ich ja nicht mehr in dieser Enttäuschung — das kann höchstens ein Jäger mitempfinden, wenn er ähnliche Erlebnisse gehabt hat, oder ein Professions= schütze, der die Schützenfeste besucht und dann im kritischen Augen= blick das Schußfieber bekommt. Wäre mein Ziel eine Maus oder ein Spatz gewesen, so hätte ich sicher nicht gefehlt, denn in Kali= fornien war ich fast immer meiner Beute sicher.

Ehe ich meinen Aerger verarbeitet hatte, kam der Wagenzug an. Ich hütete mich aber wohlweislich, meine Jagdaffare zur Sprache zu bringen.

Unsere Compagnie war durch den Anschluß weiterer Wagen auf 33 angewachsen, es ist daher einleuchtend, daß Meinungsverschiedenheit in manchen Beziehungen entstehen mußten, wenn sie auch nicht so bald zur Geltung kamen. Man hatte eines Abends in der Nähe einer andern nur aus 14 Wagen bestehenden Gesellschaft gelagert, deren Capitain Dickson hieß. Da wurde von mehreren unserer Gesellschaft beraten, ob man nicht besser tun würde, sich dieser anzuschließen, ohne jedoch zu einem Schluß zu kommen. Wir fünf Männer waren darüber einig geworden und traten auf den Wunsch des Capitain Dickson am andern Morgen zu diesem über. Wir näherten uns nämlich rasch dem Pawnee-Indianergebiet, welches damals für sehr gefährlich galt.

Am folgenden Tag kamen weitere dreizehn Wagen von Richter Moors Zug zu uns, so daß wir nun die größere Gesellschaft waren. Unter den Uebergetretenen befanden sich auch Kiburz, dessen Schwiegervater Barben mit seinen zwei Söhnen John und Samuel, Mr. Hapi mit seinen zwei Wagen und andere mehr. Diese Zersplitterung erregte begreiflicherweise den Neid der Gesellschaft Moore und jede wollte die besseren Fuhrwerke haben. Es war bis dahin Regel gewesen, mittags, wenn man beim Imbiß saß, die Ochsen von den Wagen unabgejocht ein wenig grasen zu lassen, was wir auch taten. Die Mooregesellschaft war uns ein wenig voraus und hatte nicht eher Mittag gemacht, als bis sie uns dasselbe auch tun sah, sie beeilten sich aber, um uns voran zu bleiben. Am Abend logierten die beiden rivalisirenden Gesellschaften nicht weit von einander. Bei der unsrigen war man darüber einig geworden, daß man den Mittagshalt der andern benutzen wolle, um den Vorsprung zu bekommen. Dies hatten die Mooreleute nicht vermutet und so gelang es unserer List, wieder voranzukommen.

Als die Andern aufhörten uns wieder überholen zu wollen, waren wir vollends in das Gebiet der Pawnee-Indianer gekommen und man fand es nötig, allabendlich Wachen aufzustellen, von 9 Uhr an je zwei Männer zwei Stunden lang bis zum Auf-

bruch des andern Tags, Capitain und Kranke ausgenommen.
Die Reihenfolge bestimmte der Capitain. Daß ich von den Fünfen
in unserm Wagen der Einzige war, der die erste Nacht nicht
wachen mußte, kam daher, daß ich zufällig bei der Anordnung
nicht zugegen war und doch erregte dies den Neid der Andern
ein wenig, besonders als der Himmel sich bewölkte und Regen
in Aussicht stand. Ich hatte mein Lager noch nicht lange auf-
gesucht und mich in meinen Büffelpelz, mit den Haaren nach
außen gekehrt, eingepackt, als es zu regnen anfing. Da die südliche Seite unter dem Wagen zu meiner Lagerstätte gehörte,
während die nördliche dem Zins, und diesmal der Regen von
Süden kam, trieb mir der Südwind die Tropfen ins Gesicht,
so daß ich nicht schlafen konnte. Da ich mich durch Tasten überzeugte, daß das Bettzeug von Zins absolut trocken war, schob
ich es ein wenig hinüber, aber nicht so weit, daß es dem Regen
ausgesetzt wurde, möglicherweise aber wurden doch einige Tropfen
vom Winde hinüber getrieben. Als Zins um 11 Uhr von der
Wache kam und zufällig diese Stelle seines Bettzeuges betastete,
so fing er zu schimpfen an und beschuldigte mich der vorsätzlichen,
böswilligen Beeinträchtigung seiner Rechte. Ein Wort gab das
andere, weil ich mir diese Anschuldigung nicht gefallen ließ und
schließlich kam es so weit, daß Zins die Büchse nahm und mir
mit Erschießen drohte, mich in seinem Jähzorn fragend. Bist Du
noch nicht zufrieden? Als Antwort schlug ich ihm das Gewehr
aus der Hand und dieses fiel zwischen die Wagenräder Es kam
zu einer sehr hitzigen Rauferei bis Rippstein kam, mit seinen
kräftigen Armen mich kampfunfähig machte und mich beschwor,
die Sache bis am Morgen auf sich beruhen zu lassen, damit man
dann urteilen könne, wer im Rechte sei.

Als man am Morgen den wahren Sachverhalt erfuhr, konnte
Niemand mir etwas zur Last legen und Zins war so thöricht,
mir dann zu erklären, daß er mir nun sein Kochgeschirr nicht
mehr zum Gebrauch überlassen werde. Er wurde aber dahin
belehrt, daß er uns vertraglich dasselbe bis nach Californien
überlassen müsse und dabei blieb es. Wenn die Büchse am Abend

losgegangen wäre, so hätte dieser Streit um eine Bagatellsache dem Einen oder Anderen das Leben kosten können. Eine vollständige Versöhnung im Innern des Herzens gab es nicht mehr, aber man that sich Gewalt an, nichts davon merken zu lassen.

Je weiter wir vorrückten, desto mehr befürchtete man Indianerangriffe, daher wurden unsere Wachen auch strenge und pünktlich gehalten. Jeder hatte seine Schußwaffe immer scharf geladen in Bereitschaft. Eines Abends hatten wir unser Lager am Fuße eines steilen ziemlich hohen Hügels aufgeschlagen. Da Mehrere der Indianer wegen gar zu ängstlich waren, so machten Andere umgekehrt nur Spaß, obgleich in der That Vorsicht geboten war. Einmal hatten zum Beispiel zwei junge Burschen die erste Wache. Diese waren so ängstlich, daß sie schon in jedem dunkeln Gegenstand einen heranschleichenden Indianer witterten, sich aber sehr hüteten nachzusehen, was etwa an der Sache sein könnte. Zins hatte, um einen Scherz zu machen, seinen dunklen Rock an einen Stock gehängt und diesen auf einen nahen Hügel aufgesteckt. Andere junge Burschen, welche wahrscheinlich die Absicht des Zins kannten, machten der Wache die Anzeige, daß man in der Nähe Indianer vermuthe, indem sich auf dem Hügel eine Gestalt wie ein Mensch zu bewegen scheine. Um ruhig schlafen zu können, sei es notwendig, daß man sich vergewissere, was an der Sache sei. Hievon wollten aber die beiden jungen Männer absolut nichts wissen, trotz aller Ermunterungen und Bitten der angeblich Bedrohten. Endlich anerbot sich Zins, ohne Schußwaffe, blos mit seinem Dolch das Wagniß zu unternehmen, wovor der Wache förmlich graute. Langsam und beträchtlich schritt er den Hügel hinan, bis man ihn selbst nicht mehr vor den andern dunkeln Gegenständen unterscheiden konnte. Jetzt hörte man ein heftiges Schnaufen und man sah die beiden Gestalten sich hastig bewegen und endlich mit einander niederstürzen, so daß man das Einschreiten der Wache als selbstverständlich erwarten mußte. Aber auch hiezu ließ sich dieselbe nicht bewegen, so daß eine allgemeine Entrüstung und Panik entstanden wäre, wenn man nicht hätte beobachten können, daß

Zins vollständiger Sieger sei, indem er den Ueberwundenen, näm=
lich seinen dunkeln Rock, vom Hügel herunter in's Lager schleppte.
Bei den beiden Wache haltenden Helden ging es nicht bloß mit
„Verblüfftsein“ ab, sondern der Kapitän nahm sie gehörig in's
Gebet und machte ihnen für einen Ernstfall auch den Standpunkt
klar. An Spott und Schande hatten sie keinen Mangel, was zur
Folge hatte, daß sie sich von unserer Gesellschaft trennten. Wir
hatten den Littleblue jetzt bereits überschritten und näherten uns
dem Plattriver. Das Land zeigte nicht mehr den üppigen Gras=
wuchs von den Kansas=Gegenden und die ganze Vegetation
veränderte sich allmälig. Die letzte Nacht hatte man unfern des
Littleblue gelagert und hoffte, am andern Tag Abends oder am
folgenden früh den Plattriver zu erreichen. Rippstein schulterte seine
Büchse und erklärte, er wolle in der Nachbarschaft des Littleblue
aufwärts gehen, vielleicht, daß es ihm gelinge, einen Hirschen oder
eine Antilope zu schießen, er werde uns unterwegs schon wieder
treffen. Wir warnten ihn wegen der Nähe der Indianer, denn
es hieß, daß am Littleblue sich ein großes Indianerlager befinde,
deren Feindseligkeit gegen die Weißen man allgemein befürchtete.
Rippstein war groß und stark und ein ausgezeichneter Läufer.
Man sah ihn nie müde, also drang man nicht weiter in ihn
und ließ ihn gehen.

Unser Marsch führte uns lange über offene Prairien und es
nahte die Dämmerung, ohne daß ein Zeichen von der Nähe des
Plattriver zu entdecken war.

Da wir etwas Holz mitführten, lagerten wir uns in der Nähe
einiger Wasserlöcher, voll von Mosquitosbrut. Das Wasser mußten
wir durch ein reines Taschentuch durchseihen, ehe wir es zum
Kaffee oder Thee verwenden durften. Von Rippstein hatten wir,
seit er uns am Morgen verlassen hatte, nichts mehr gesehen.
Es war uns bange, er könnte feindlichen Indianern in die Hände
gefallen, sogar vielleicht schon getötet sein. Zum Suchen waren
keine Anhaltspunkte da, denn wohin sollte man sich wenden?
Die Nacht war eingebrochen und man nahm an, daß er uns
leicht finden würde, wenn er noch am Leben sei, denn auf der

offenen Prairie waren unsere Feuer ja weithin sichtbar. Als er
am Morgen noch nicht erschienen war, beratschlagte man, was an=
zufangen sei, kam aber zu keinem Resultat. Niemand schien Lust
zu haben, ihn aufzusuchen, denn man nahm an, er sei in den
Händen der Indianer unrettbar verloren. Nach einer ratlosen
Pause hob man das Lager auf und setzte in nordöstlicher Richtung
über die offene baumlose Ebene die Reise fort, sehr gedrückt
von dem Gedanken, Rippstein tot zu wissen, wenn er nicht bald
erscheinen werde. Gegen 11 Uhr sahen wir die vordersten Wagen
auf einer Erhöhung der Prairie Halt machen. Als auch wir
dort ankamen, trafen wir zu unserem großen Erstaunen und zu
noch größerer Freude Rippstein gesund und munter und ver=
nahmen von ihm, daß ihm nichts Schlimmeres passiert sei, als
daß er allein ohne Nachtessen auf der offenen Prairie habe über=
nachten müssen. Er hatte von andern uns vorangehenden Emi=
granten zwar etwas zu Essen bekommen und vernommen, daß
wir noch nicht vorbeipassirt seien, worauf er dann den Rückweg
angetreten habe, um uns nicht länger in Angst zu lassen.

Nachmittags früh hatten wir endlich die Ufer des sehr
breiten, seichten, trüben Plattriver erreicht. Die Landschaft machte
mit ihrem spärlichem Graswuchs einen unheimlichen Eindruck.
Zum erstenmal lagerten wir also, den überaus schmutzigen Platt zu
unserer Rechten, am linken Ufer in der Nähe einer kleinen Insel,
auf welcher nebst hohen, großen, auch noch eine Anzahl niederer,
teils dürrer, teils grüner Weidenbäume standen. Kraniche, deren
Geschnatter wir schon längst aus der Ferne gehört hatten, wurden
von uns aufgeschreckt, als wir unser Brennholz sammeln mußten.
Obschon der Platt im allgemeinen sehr seicht ist, so hat es in
demselben doch auch tiefe Stellen, was wir beim Rückweg von
der Holzexpedition beobachten konnten. Mein langes, scharfes
Messer, welches ich am Gürtel in einer Scheide trug, fiel mir
ins Wasser und war nicht mehr aufzufinden, was mir sehr leid
tat, da ich dasselbe noch aus der Schweiz gebracht hatte und
auch durch kein anderes ersetzen konnte.

Am nächsten Tage bekamen wir zum erstenmal alte gebleichte

Büffelschädel zu Gesicht, die, je weiter wir kamen, desto häufiger wurden. Antilopen trafen wir auch häufiger als früher, doch konnte man sich selten auf Schußweite nähern. Unsere Tages=märsche betrugen durchschnittlich etwa 15 englische Meilen (5 Weg=stunden). Am Platt hatten wir Schwierigkeiten wegen dem Brenn=material. Wasser war überall da, aber stets trüb, doch wenigstens unschädlich. Daß wir nun im Lande der Buffaloes seien, erfüllte unsere zahlreichen Jagdliebhaber mit großer Genugthuung. Wir trafen Büffelschädel, an denen noch die Hörner waren. Ich brannte vor Begierde, bald ein solches imponierendes Prairietier in der Nähe zu sehen und ging mit ein Paar Kameraden voraus. Jen=seits des breiten Platt entdeckte ich zwei schwarze Klumpen, welche sich bewegten. „Hurrah — Buffelo's, dort überm Fluß", rief ich. Als die Wagen nachgekommen waren, setzten sich etwa sechs Männer zu Pferd, um Jagd auf diese Tiere zu machen. Man hielt mit den Fuhrwerken noch ein wenig an, um zu sehen, was für einen Erfolg man erwarten dürfe. Mit Spannung verfolgte man die Reiter und es schien, als ob die Büffel keine Ahnung von einer Verfolgung hätten, bis auf einmal alle gegen die Hügel hin flohen. Unsere Reiter verfolgten sie so weit hinter diese, daß wir nichts mehr von ihnen sahen, nur noch das Knallen der Büchsen hörten. Um die Rückkehr unserer Leute abzuwarten, lagerten wir uns gerade hier etwas früher als sonst. Selbst=verständlich mochten wir es kaum erwarten, bis wir etwas näheres von unsern Jägern sahen oder hörten und wir fingen an zu fürchten, es könnte ihnen etwas Schlimmes begegnet sein. Endlich kamen sie zwischen den Hügeln zum Vorschein und waren bald in unserer Mitte, jeder mit einem tüchtigen Stück Büffel=fleisch beladen, wovon jede Partei einen Anteil bekam. Da die Feuer längst brannten, so dauerte es nicht lange, bis man den Leckerbissen zu kosten bekam. Die gute Stimmung über den Er=folg der Jagd mag dazu beigetragen haben, daß man das Fleisch noch besser fand, als es wirklich war.

Des folgenden Tages sahen wir wieder Büffelos, aber man kümmerte sich schon weniger um sie, weil die erste Jagd ziemlich anstrengend war und man annehmen konnte, es werde noch manchmal Gelegenheit geben, sie in der Nähe zu sehen.

Am nächsten Morgen war unser Thomann nebst einem andern deutschen Mann, den man nur den Peter hieß und der ein hellrotes Flanellhemd trug, ersterer mit der Doppelflinte, letzterer mit einer Büchse bewaffnet, uns weit vorausgegangen. Als ich unserm Wagen, ruhig nachdenkend, langsam vorausging, sah ich, vielleicht eine halbe Meile vor uns, eine dunkle Linie, welche sich direkt gegen uns zu bewegen schien. Ich dachte sofort an Indianer oder Büffel und machte meine Gefährten darauf aufmerksam. Die Führer des vordersten Wagens glaubten Büffel zu erkennen und sofort wurde Halt gemacht. Jeder machte sich zur Wehr bereit und man hoffte, eine schöne Anzahl dieser Prairiefürsten zu erlegen. Sämtliche Gewehre waren schußbereit. Als wir uns aber wieder umsahen, war nichts mehr zu sehen. Wie konnte das sein? War's denn vorher eine Täuschung? Jetzt konnten wir noch beobachten, wie sich die Tiere, den Hügeln zueilend, verteilten. Die Fuhrwerke wurden nun wieder angetrieben und nach ungefähr einer halben Stunde trafen wir Thomann und Peter nahe an der Straße ganz erschöpft im Grase liegen. Auf die Frage, was da begegnet sei, erzählten sie uns, daß sie miteinander der Straße entlang gegangen seien, als sie plötzlich links neben derselben eine große Herde Büffel ruhig im Grase weiden gesehen hätten. Da sie diese günstige Gelegenheit benützen zu sollen glaubten, um einmal Kühe auszusuchen, weil sie vermuteten, diese hätten feineres Fleisch als die Stiere so machten sie ihre Gewehre in Ordnung.

Die Tiere lagen friedlich beisammen, erzählte Thomann, Bullen, Kühe, Kälber und zeigten anfangs wenig Furcht vor uns. Wir waren bereits ziemlich von der Straße abgekommen, als auf einmal die ganze Herde aufsprang und in einer geschlossenen Linie auf uns zukam Peter war weiter vor die Front gegangen als ich. Wir suchten mit aller Eile und Anstrengung beim linken Flügel der Herde die Straße zu gewinnen, was Peter mit Not gelang. Da die Tiere die Köpfe gesenkt hielten, so gewärtigte ich jeden Augenblick überrannt oder in die Luft geworfen und dann zertreten zu werden. Ich sah ein, daß es uns unmöglich sei, zu entfliehen und kehrte mich rasch um, indem ich ohne zu zielen meine Flinte abfeuerte. Es war in dem Augenblick, als die Tiere uns schon ganz nahe waren. Der Knall hatte glücklicherweise die gute Wirkung, daß die Front sich spaltete und unter mächtigem donnerähnlichen Getrampel die ganze Herde an mir vorüberrannte, ohne daß ich eine Beschädigung erlitt."

Die Beiden waren so sehr erschöpft, daß sie sich kaum allein erheben konnten, was wohl mehr von der Angst, als von der Anstrengung herrührte, denn diese Begegnung spielte sich ja in ein paar Minuten ab; die Begeisterung zur Büffeljagd war hiermit bei ihnen auf Null Grad herunter gegangen. Wir begegneten, oder vielmehr wir sahen nun fast täglich Büffel, aber mehr auf der andern Seite des Flusses, da sie dort nicht von den Emigranten belästigt wurden. Gar zu gerne hätte ich auch eine dieser bösartigen Prairie-Bestien — denn Freunde waren wir jetzt nicht mehr — zu Boden gestreckt, aber das Beispiel von Thomann und Peter mahnte mich zur Vorsicht. Bei einer spätern Büffelverfolgung waren zwei Pferde in Wolfshöhlen getreten und hatten dabei ihre Reiter weit über ihre Köpfe weggeworfen, wobei sich der Eine leicht verletzte und den Büchsenschaft brach, während der Andere mit einem ordentlichen Purzelbaum davonkam. Als unser Hapy sah, daß Büffel in der Nähe unseres nächsten Lagerplatzes sein werden, borgte er sich schnell Hermanns große, geladene Dragonerpistole. Mit dieser und seiner Büchse hoffte er gerade beim Eingang zwischen die Hügel einem Büffel ein Ende zu machen. Hapys Pferd war eine junge Stute und hatte noch nie einen Büffel in der Nähe gesehen. Als das Pferd plötzlich diese riesigen quasi mit Wolle vermummten Tiere auf die Stelle zurennen sah, wo sich Hapy erwartungsvoll postirte, erschrack es und suchte zu entfliehen. Hapy konnte dasselbe anfänglich anhalten und umdrehen, blieb dabei aber in einem Bügel hangen und fiel vom Pferd, ohne loszukommen, so daß dasselbe ihn noch ein Stück weit fortschleppte, dann mit dem losen Sattel und Hermanns Pistole davonrannte und hinter den Hügeln auf Nimmerwiedersehen verschwand. Unsere Büffeljagden jenes Tages waren also samt und sonders verfehlt. Von den fünf Männern zu Pferd waren zwei gestürzt, wovon der Eine sich leicht verwundet hatte, Mr. Hapy, der sicher auf Glück rechnete, verlor sein Pferd samt Sattel und Pistole und wurde durch das Nachschleifen verschunden. Das wäre natürlich ganz anders gekommen, wenn wir von der Büffeljagd etwas verstanden hätten, denn an Mut fehlte es uns nicht.

Nach diesen Aufregungen und dem Mißgeschick setzten wir unsere Reise fort und da die Straße über eine höher gelegene Fläche führte, kamen wir zu einem sogenannten Prairiedog-Settlement oder Wiesenhund-Colonie Diese schien uns sehr groß, sie muß aber im Vergleich zu denen wie man sonst solche findet, noch klein gewesen sein.

Auf einem schönen, flachen Wiesengrund fanden sich eine große Anzahl kleinerer Erhöhungen, zwischen welchen das Gras mehr als anderwärts zu grünen schien. Zwischen und auf diesen Erhöhungen waren viele Tiere, welche sehr unseren Murmeltieren glichen und bei unserm Annähern schnell in die vorhandenen Löcher schlüpften, aber bald wieder vorsichtig zum Vorschein kamen, um uns zu beobachten. Die meisten saßen auf ihren hintern Füßen und ließen einen lauten, durchdringenden Pfiff hören, wobei sie ihre kurzen Schwänzchen wie ärgerlich hin und her bewegten. Mit Hunden hatten sie sehr wenig Ähnlichkeit und noch weniger ihr Pfeifen mit dem Gebell von Hunden Mit ihnen schienen kleine Eulen, sowie verschiedene Schlangen auf gutem Fuß zu leben, wenn sie sich nicht am Ende deshalb da aufhielten, um von den Jungen oder Gebrechlichen der Gesellschaft zu leben. Es gelang uns nicht, eines dieser sehr vorsichtigen und scheuen Tiere zu schießen. Auch sagte man uns, daß man sie, selbst stark angeschossen doch nicht fangen könne, indem sie stets noch zu entkommen im Stande seien Ihr Fleisch soll angenehm schmecken und sehr zart sein

Wir setzten unsere Reise dem westlichen Ufer entlang in

nordwestlicher Richtung fort und kamen dadurch dem Zusammen=
fluß des Süd= und Nordplatts immer näher. Büffel trafen wir
hier immer noch, dagegen schossen wir keine mehr. Man wollte
wissen, daß hier sehr feindlich gesinnte Indianer wohnen und wir
waren am Morgen froh, wenn trotz der verscharften Wachen
uns keine Ochsen fehlten. Wir passirten den Zusammenfluß der
beiden Plattflußgebiete und zirka 6 Meilen oberhalb hatten wir die
Stelle erreicht, wo wir die Durchfahrt durch den Südarm wagen
wollten. Da es aber bald Nacht war, lagerten wir nahe bei der
Fähre. Einige der Emigranten zogen noch eine oder zwei Tag=
reisen weiter, ehe sie den Durchgang wagen wollten

Nachdem am folgenden Morgen einige aus unserer Abteilung
zuerst per Pferd oder Maulesel die Tiefe des Wassers sondirt
hatten und der Ansicht waren, daß nur an einigen Stellen das
Wasser bis zu den Wagenbetten hinaufreichen werde, wurde die
Durchfahrt sofort unternommen, wozu es aber zuerst allerdings
viel Rufens, Schreiens und Peitschens erforderte Die meisten
Männer, die nämlich nicht zu Pferd saßen, liefen mit oder neben
dem Wagen durch das Wasser, was keineswegs angenehm war
Die Frauen und Kinder blieben selbstverständlich im Wagen. Auf
der Nordseite des Flusses angelangt, setzten wir unsere Wander=
schaft nur noch etwa eine halbe Meile weit fort, weil man beab=
sichtigte, am folgenden Tag früh aufzubrechen und eine größere
Strecke zu machen. Thomann hatte die letzte Wache und weckte
uns rechtzeitig. Ich war gerade im Begriff aus unserem Wagen
herauszusteigen, als ich in östlicher Richtung am Fuße der Hügel
funf Büffel im vollen Galopp daher rennen sah. Etwa hundert
Schritte hinter diesen kamen sieben unserer Gesellschaft gehörende
Ochsen ebenso schnell nach. Auf einmal machten die Büffel Halt,
wandten sich um und betrachteten die ihnen nachgerannten
civilisirten Ochsen Sie besahen sich nun gegenseitig, wohl
mit sympathischer Bewunderung, aber nicht ohne Mißtrauen
von Seite der Büffel. Wir sahen sie zwei= oder dreimal
springen, halten, sich gegenseitig anstaunen. Ohne Zweifel er=
kannten sie sich gegenseitig als Stammverwandte oder die Ochsen

sahen die Büffel als Rindviehungeheuer an, was ja nicht übel paßte.

Der große Mikke, welcher mit Hapy fuhr, bedauerte, daß er nicht eine große Büchse habe und ich reichte ihm deshalb meinen Karabiner. Jetzt kamen die vordersten des ganzen Trupps in die Nähe von Mikke. Dieser zielte und gab Feuer, traf auch wirklich einen auf der linten Seite, so daß er nur langsam zu entfliehen suchte und bald von einem berittenen Schützen ein= geholt und getötet wurde. Dessen Schulterblatt war gebrochen.

Das Lager wurde für diesen Tag nicht mehr abgebrochen, denn es ging eine geraume Zeit bis das Büffelfleisch eingebracht und verteilt war. Viele schnitten es in Riemen und trockneten es an der Sonne.

Hier muß ich noch etwas nachholen, was schon einige Tage vorher sich ereignet hatte, aber zu erzählen vergessen wurde. Es war vor dem Zusammentreffen von Thomann und Peter mit der Büffelherde.

Unsere Leute waren nämlich im Begriff, das Zugvieh von der Weide zu holen, um es aufzujochen. Unser Wagen war der vorderste des einen Halbkreises und der andere Halbkreis war auf der andern Seite der Straße, so daß der letzte sich in der Mitte befand. Der Deichsel unseres Wagens reichte beinahe über die Straße hinüber. Ich war gerade damit beschäftigt meinen Kara- biner zu laden und stand vorn etwas erhöht auf dem Wagen, als ich in der Ferne, etwa eine halbe Meile vor uns, auf und neben der Straße eine dunkle Masse lebendiger Wesen sah, die ich anfänglich für Büffel hielt. Ich rief augenblicklich den Andern zu, daß Büffel auf uns zukämen, worauf Alles in Alarm kam. Nun schien es mir, als ob die Annäherung dieser Tiere außergewöhnlich langsam vor sich gehe und bei schärferer Beob= achtung konnte ich menschliche Wesen unterscheiden. Es war für mich kein Zweifel, daß das Indianer seien und ich rief aus Leibeskräften: „Indianer, Indianer, eine große Anzahl!" Dieser Ruf hatte eine andere Wirkung als der erste und rief allgemeine Bestürzung hervor. Da war aber kein langes Zagen am Platz,

sondern es galt, Alles zur Verteidigung bereit zu machen. Ich
für meinen Teil hatte genug Zeit gehabt in meine Doppelflinte
schwere Ladungen Pulver mit 16 Bocksschroten zu laden und die
Zündhütchen aufzusetzen, so wie mein schweizerisches Waidmesser
um meinen Leib zu schnallen, bis die erste der Indianertruppe
bei unserm Wagen ankam. Es waren ein Mann und zwei
schlanke Jünglinge, welche ohne Umstände mitten auf der Straße
zwischen den beiden Halbkreisen hindurch wollten. Ich hatte mich
jedoch mit meiner Doppelflinte vor den Eingang gestellt und
machte mit meiner linken Hand eine Bewegung nach links, um
zu zeigen, daß sie zur linken des Wagenkreises vorbei und nicht
mitten durch müßten. Die Jünglinge leisteten sofort Folge, der
Alte aber brummte für sich einige unverständliche Worte und
zeigte auf die mitten durchführende Straße und war, ehe ich
es verhüten konnte, innerhalb des Kreises. Da aber die nach=
folgenden Indianer noch eine kleine Strecke Weges zurück waren,
folgte ich dem Alten, meine Flinte zum Schuß bereit haltend,
bis er den Kreis wieder verlassen hatte. Ich überzeugte mich,
daß unsere Leute im Ernstfall nicht gar viel Mut und Streit=
fertigkeit zeigen würden, denn nur Benjamin Gordon gesellte
sich schnell zu mir und wir veranlaßten dann die sämtlichen In=
dianer, links von unsern Wagen vorbeizugehen. Es waren fast
alle zu Fuß, denn ihre Pferde und Maulesel waren mit Büffel=
fleisch beladen, weil sie von einem Jagdzug kamen. Hätten diese
Leute böse Absichten gehabt und das Morden sogleich begonnen,
so wäre unsere Gegenwehr umsonst gewesen Wenige trugen Ge=
wehre und die Mehrzahl Bogen mit Pfeilen, die eiserne Spitzen
hatten. Ich war, nachdem die Indianer beim letzten Wagen an=
gekommen waren, den Thomann bei unserm Wagen lassend,
ebenfalls nach hinten gegangen. Benjamin Gordon hatte gesehen,
wie ein Indianer aus Hapy's Wagen eine Weste nahm und sie
im Busen seines Hemdes verschwinden ließ. Mit mehr Kühnheit,
als ich dem Hapy zugetraut hatte, griff er dem ihm von Gordon
bezeichneten Indianer zwischen dessen Hembdusen und entriß ihm
die Weste wieder und gab demselben einen heftigen Stoß, daß

er faft zu Boden taumelte. Es hatten fich allmälig mehr Männer vollbewaffnet eingefunden und unfer Vieh war zum Einfpannen bereit, aber wir zögerten dies zu thun, weil wir doch noch nicht ficher waren, ob wirklich keine Feindfeligkeiten zu befürchten feien. Unter uns war ein junger Mann, gewöhnlich nur John genannt, der etwas von der Pawnee-Sprache verftand und fprechen konnte. Diefer erklärte den Indianern, daß wir nicht wünfchten mit ihnen in Streit zu kommen und auch nicht hier bleiben wollten, aber unzufrieden feien, daß Einer von ihnen uns beftohlen habe, worauf aber keine Erwiderung erfolgte, fondern fie fprachen nur unter fich halblaut wenige Worte. Ihre Zahl war uns ums Dreifache überlegen, vielleicht 150 an der Zahl. Endlich gingen fie zu unferer nicht geringen Erleichterung ihres Weges. Zu unferer Verwunderung entdeckten wir nachträglich, daß uns auch noch zwei Pferdezäume entwendet worden.

Unfere Ochfen waren nun fchnell gejocht und wir fetzten unfere Reife fort, froh, daß unfere Angft unbegründet gewefen war.

Kehren wir nach diefer Einfchaltung wieder zu der Stelle und Zeit zurück, wo wir den Büffel gefchoffen hatten.

Am folgenden Tag brachen wir früh auf und fetzten unferen Weg dem füdlichen Arm des Plattfluffes nach fort, wo wir den Weg eben und vortrefflich fanden. Wir machten Mittagsraft wie gewöhnlich, dann ging es wieder vorwärts. Rippftein machte nur den Vorfchlag, wir wollten zufammen, während die Wagen dem Fluß nach aufwärts fuhren, über den Rücken einer langen Hügelkette gehen, um möglicherweife einen Büffel zu fchießen. Auf meine Bemerkung hin, daß ich kein Fußgänger fei wie er, meinte er, ich könne ja immer wieder fchnell zu den Wagen gelangen, wenn man diefe immer fehe und ich willigte in den Vorfchlag ein. Anftatt der Doppelflinte nahm ich den Karabiner mit, der wie fchon früher bemerkt, den Fehler hatte, daß das Kamm zu klein war und fich daher bald verftopfte. Außer der Flinte trug ich noch ein kurzes, aber ftumpfes Meffer im Gürtel. Anftatt auf Büffel, fchoffen wir auf eine Menge Aasgeier, welche bei unferer Annäherung auf und davon flogen.

Auf dem kurzen, trockenen Rasen wurden unsere Schuhe so glatt, daß ich bald wie auf Eis ging und daher sehr müde wurde, so daß ich es besser fand, den Rippstein allein gehen zu lassen. Ich kam zu einer Schlucht, die ich gerne als die passende Heimat von Wölfen bezeichnet hätte. Plötzlich sprang kaum 20 Schritt von mir entfernt ein prächtiger, schwarzschwänziger Hase vor mir auf und hielt wieder still, um fortzugrasen. Ich dachte bei mir: „Habe ich keine Büffel schießen können, so will ich doch einem Hasen den Atem ausblasen." Ich zielte, drückte ab, aber der Schuß ging nicht los und kaum nahm der Hase von mir gebührende Notiz. Ich ärgerte mich, versuchte noch zweimal zu schießen, aber es ging nicht, trotzdem, daß ich die Nadel nahm und das Kamin reinigte und etwas frisches Pulver in's Kamin brachte. Der Hase war trotz dem Knall des abgebrannten Zündhütchens nicht geflohen, was mich noch am meisten ärgerte, kurz, ich mußte mich überzeugen, daß diesmal mit dem Karabiner nichts zu machen sei.

Auf einmal sah ich, wie der Hase unruhig wurde, sich auf die hinteren Läufer stellte, umherblickte und forteilte. Was konnte die Ursache hievon sein, nachdem er doch trotz Abbrennen der Zündkapsel vorher so ruhig fortweidete? Ich blickte nochmals seitwärts, wohin auch der Hase sah und dann forteilte und nahm zwei Wölfe wahr, die ich anfänglich für Prairiewölfe hielt, die mich aber bald eines bessern belehrten. Als sie etwa 40—50 Yards von mir entfernt sein mochten, standen sie still und blinzelten zu mir herüber. Weil ich diese Distanz passend erachtete, um dem Einen oder Andern den Garaus zu machen, so zielte ich gemütlich und drückte los, aber ohne Resultat. Noch einmal probirte ich Alles, um Pulver in das Pistum hinein zu bringen und dasselbe mit einem neuen Zündhütchen zu versehen, zielte, drückte wieder ab ohne bessern Erfolg. Jetzt gesellten sich noch zwei Wölfe zu den ersten, nur kamen sie mir etwas größer und wolliger vor. Ich versah meinen Karabiner zwar wieder mit einer neuen Zündkapsel ohne jedoch Hoffnung auf bessern Erfolg zu haben. Die Wölfe waren um einige Schritte näher gekommen,

mich fortwährend anblinzelnd und ihre langen spitzen Ohren
sonderbar bewegend. Ich hob einige der umliegenden etwa
faustgroßen Steine auf und warf mit diesen nach ihnen. Noch
drei oder vier Mal that ich das Gleiche, gewahrte aber, daß
die Tiere wenig darnach fragten, sondern sich mir langsam
näherten. Meine Situation wurde kritisch, denn es gab da abso=
lut keine Stelle, wo ich hätte Schutz finden können und jetzt ge=
sellten sich noch zwei große zottige Burschen zu den Übrigen.
Es waren wahrscheinlich die Herren Papa's der anderen. Ich
gestehe, daß ich mich in diesem Augenblick lieber an einem andern
Ort gewußt hätte. Leichte Frostschauer gingen durch meinen
Körper, obwohl es nichts weniger als kalt war. Wenn meine
Haare nicht aufrecht gegen den Himmel gestanden sind, so ist
nur der Strohhut daran schuld. Ich bückte mich, um meine
Taschen mit Steinen zu füllen, dann sprang ich plötzlich in die
Höhe um jdie Tiere zu erschrecken, aber diese betrachteten meine
Manipulationen mit stoischer Ruhe. Ich begriff nun vollkommen,
daß mich nur ein vorsichtiger Rückzug allfällig noch retten könnte.
Langsam ging ich der Stelle zu, wo vorher der Hase sich davon
gemacht hatte, richtete aber meine Blicke immer auf die Wölfe,
entschlossen, mich zuerst mit den eingesackten Steinen und dann
mit dem Karabiner als Knüttel oder Prügel zu verteidigen.
Ich atmete etwas auf, als ich beobachten zu können glaubte,
daß die Bestien nicht darauf erpicht waren, mich zu verfolgen
und ich fing an, den Hügel hinauf zu gehen, während sie das
auf dem andern Hügel, wo ich hergekommen war, auch thaten
und zwar ebenfalls ganz langsam und bedächtlich. Ich machte
noch einmal Halt, pfiff heftig durch die Finger, sprang in die
Höhe, schrie, heulte und rief aus Leibeskräften, kurz ich versuchte
sie in Schrecken zu jagen, aber Alles war nutzlos, es schien
sogar, als ob sie Miene machen wollten, umzukehren. Ich war
nun überzeugt, daß ich ihnen nicht im Geringsten Furcht einge=
flößt hatte. Sie wußten sich offenbar zu sicher mir gegenüber
und gaben es mir eben so deutlich, als wahrhaft großmütig
zu verstehen.

Den Hügel hinaufsteigend kam ich halbwegs zu einer Stelle, wo das Gras niedergetreten und zerstampft war, da lagen die frisch benagten Knochen eines Prairiewolfes, den diese Waldwölfe aufgefressen hatten. Ich hatte wahrscheinlich diese Hoheiten mit dem Abbrennen meiner Gewehrkapsel auf den Hasen aufmerksam gemacht, als sie gerade ihr Diner beendigt hatten. Ohne Zweifel hatte die reichliche Mahlzeit sie zu einem Kampfe mit mir zu träge gemacht, welchem Umstand ich jeden= falls eher mein Leben zu verdanken hatte, als meinem Verhalten und der Noblesse der Tiere. In den folgenden Tagen ereignete sich auf unserer Weiterreise nichts, was allgemeines Interesse für die Leser hätte. Man wurde gegenseitig wiederholt unzu= frieden, so daß sich durch Abtrennung und Anschlüsse verschiedener Mitreisenden wieder neue Gesellschaften bildeten. Ich beschränke mich hier darauf, nur die Ereignisse zu erwähnen, welche ent= weder allgemeines Interesse haben oder für die Zukunft in Californien von Bedeutung sind. Wir kamen nach wenigen Tagen in Gegenden, wo die sogenannten Bluffs unsere besondere Aufmerksamkeit auf sich zogen. Es sind dies Hügel, welche steil vom Hochland in's Tal abfallen und merkwürdige Formen angenommen haben, die täuschende Ähnlichkeit mit verfallenen Fortifikationen, Burgruinen, Schlössern und Palästen haben. Die ganze Gegend gewinnt an Romantik und überall trifft man herrliches Trink=Wasser, dagegen selten Wald, so daß wir unser Brennholz oft weit mitführen mußten. Es ist dasselbe in einigen Gegenden so rar, daß man den getrockneten Büffelmist als Brenn= material verwendet.

Als wir uns dem Fort Laramie näherten, fanden wir wieder einiges Holz neben dem Plattfluß, jedoch nur Weiden und Baum· wollpappeln (Cotton); immerhin genug zum Kochen. An diesem Tage war ich Fuhrmann, was meistens eine angenehme Beschäfti= gung für mich war, seit das Gras der sogenannten Straße nach niedriger war. Wir mußten einen Arm des Plattflusses durch= schreiten, der dunkelblaues, kühles Wasser hatte und an einzelnen Orten so tief war, daß es bis an die Wagenbetten reichte

Ohne Unfall waren wir bald auf dem andern Ufer und kamen vor 11 Uhr zum Fort Laramie.

Dieses war früher nur eine Handelsstation einer französischen Pelzcompagnie, wo man mit den Indianern und weißen Jägern gegen Tierfelle verschiedene Waaren austauschte. Laramie bildete einen Hauptposten, von wo aus man die kleineren Plätze versah. Die Compagnie hielt sich zu diesem Zwecke immer eine Anzahl junger, rüstiger Leute, welche auch gute Schützen sein sollten und denen es an Mut nicht fehlen durfte. Am meisten ließen sich zu diesem Zweck canadische Franzosen anwerben, dann auch Schottländer und Schweizer. Hatte man nach irgend einer Station zu schicken, so wurde Einer der Angestellten mit ein wenig Lebens= mitteln, ein oder zwei wollenen Decken und guter Schießwaffe mit Munition versehen und dann konnte er sehen, wie er durchkomme und die bezeichnete Station erreiche. Kam er diesen Pflichten nicht nach, oder desertirte er und wurde von den Indianern gegen Bezahlung eingebracht, so war die Strafe keine geringe.

Bei unserer Ankunft befanden sich im Fort bereits Truppen der Vereinigten Staaten, und in der Umgebung lagerten viele Indianer, welche große, Wölfen ähnliche Hunde hielten, die sie auf ihren Streifzügen mitnahmen und auch als Lasttiere benutzten. Das Bellen oder vielmehr Geheul dieser Tiere ist dem Wolfs= geheul sehr ähnlich, so wie auch der ganze Körperbau und die Physiognomie wolfsähnlich ist.

Das Gebiet ringsum gehörte dem Sioux=Indianerstamm. Diejenigen, welche wir sahen, waren in hirschlederne Hosen ge= kleidet und schlanke schöne Leute. Wir blieben beim Fort wenig über eine Stunde, bevor wir uns aber von demselben entfernten, erklärte eine mit uns gereiste Witwe mit zwei Kindern, daß sie hier bleibe, wenn sich nicht für die Weiterreise ein Mann ihrer annehme. Mit dieser Frau hatte es aber seine besondere Be= wandtnis. Sie reiste in St. Louis angeblich als verheiratete Frau mit ihrem angeblichen Manne ab. Dieser verließ sie aber, als nicht angetraut, schon bald nach der Abreise und trat zu einer andern Gesellschaft über. Die Frau war also mit ihren

Kindern und dem Wagen und Ochsengespann allein und stand nicht im besten Ruf, so daß sich kein unverheirateter Mann aus unserer Compagnie ihrer annehmen oder gar sie heiraten wollte. Man hatte schon einmal Schwierigkeiten mit ihr, weil sie vorgab, Zins, der bekannte Spaßmacher, habe ihr die Ehe versprochen und anderes mehr. Ein Herr Right, welcher zu unserer Gesellschaft gehörte und selbst Frau und Kinder hatte, versuchte uns fünf German boys zu bewegen, uns der Frau anzunehmen, erhielt aber von uns, wie von Andern, die er ebenfalls hiezu bereden wollte, abschlägige Antwort, worauf er erklarte, daß in diesem Falle er selbst dies thun wolle. Da trat aber die Frau Right auf und sagte in Gegenwart Aller: „Mr. Right, wenn Sie diese Person mitnehmen, so bleibe ich hier, denn neben ihr werde ich nicht mit Ihnen ziehen!" Mr Right war übrigens ein ganz respektabler Mann und wenn er der Witwe helfen wollte, so geschah es sicher nur aus edlen Beweggrunden; als aber seine brave Frau plötzlich so entschieden Einwendung machte, sah er sie eine Zeit lang ganz überrascht an, ohne ein Wort zu sprechen. Endlich bemerkte er· Ich habe es ehrlich gemeint, ich sehe aber ein, daß ich nichts für diese Frau thun kann, und diese blieb dann wirklich hier zurück

Vom Fort Laramie bis zum Fort Britscher.

Links von der Straße, unweit des Forts ist der Totenplatz, nicht aber Begräbnisplatz, der dortigen Indianer. Es waren da eine Anzahl Gerüste, etwa 4 Fuß über dem Erdboden, auf welchen mehrere tote Körper in Tierfelle eingewickelt lagen. Da ich vor derartigen Kuriositäten immer eine gewisse Abscheu hatte, so trat ich nicht näher.

Wir fuhren gleichen Tages noch etwa 7 Meilen weit und lagerten uns dann am nördlichen Arm des Plattflusses an einer grasreichen Stelle.

Es war der 27. Juli, also 66 Tage seit unserer Abreise von St. Louis, als wir die ersten Ausläufer der Blackhills erreichten, wo eine schöne Quelle dem steinigen Grund entströmte. Die Blakhills waren die ersten wirklichen Berge, welche wir bis jetzt getroffen Sie haben mit dem badischen Schwarzwald einige Ähnlichkeit und machten, weil sie mit Tannen, Fichten und Föhren bewachsen schienen, einen heimligen Eindruck auf mich. Am 28. Juni setzten wir unsern steinigen Weg fort und begegneten mehreren Männern und zwei Frauen, alle zu Pferd, welche auf unsere Fragen uns erzählten, daß sie von Californien kämen und nach den Staaten zurückreisen wollten!

Von Californien! Das war ja das Land unseres Zieles und unserer Hoffnungen. Es war natürlich, daß wir um allerlei Auskunft baten. Welche Nachrichten erhielten wir aber? Nach ihren Angaben hätten wir glauben müssen, daß dies eine unwirtliche Wüste sei, von Herden dunkler, nackter Wilder bewohnt, für weiße Leute aber unbewohnbar.

Über Capitain Sutter zogen sie besonders los. Er sei weiter nichts als ein alter Spitzbube. Wie ich später vernommen, hatte der Angeredete die Pferde, die sie bei sich hatten, dem Capitain

Sutter geſtohlen gehabt. Dieſe Mitteilungen erſchreckten mehrere
unſerer Reiſegefährten ſo, daß ſie faſt lieber wieder umgekehrt
wären, beſonders mehrere Frauen, welche ihre Männer dringend
baten, mit ihnen nach den Staaten zurückzukehren. Eine Frau
Bryant war die ſchlimmſte, obwohl ſie ſich mit ihrem Manne
kurze Zeit vor der Abreiſe von Independence verheiratet hatte.
Auch Frau Kyburz verſuchte ihren Mann zur Umkehr zu bewegen.
Da kam Mr. Bryant auf eine glückliche Idee. Er kehrte ſich
während des Weinens und Lamentirens ſeiner Frau plötzlich
gegen die Californiengeſellſchaft mit den Worten: „Sagt mir,
wie viel muß ich Euch bezahlen, um meine Frau nach Inde=
pendence zurückzunehmen Die Frau hörte ſofort zu weinen auf
und die Californier zogen ihres Weges. Das Auftreten des Mr.
Bryant hatte überhaupt eine gute Wirkung auf die Kleinmütigen,
und was meine Perſon betraf, ſo erklärte ich, daß die Ausſagen
dieſer Zurückkehrenden bei mir keine Bedenken erregt haben und
übrigens Californien ſo wenig mit einer chineſiſchen Mauer um=
geben ſei, als die Vereinigten Staaten. Ich erinnerte an das
Sprichwort: „Dem Mutigen hilft Gott!"

Wir machten an dieſem Tag etwa 20 engliſche Meilen und
kampirten an einem klaren Bache, der aus Blackhills kommend
ſich in die Platt ergoß. An Holz hatten wir Hülle und Fülle.

Am 29. führte unſere Straße immer noch über ſteinige Hügel
und zwiſchen dieſen durch ſandige Tiefen, wie am vorhergehenden
Tage und wir legten wieder etwa 22 Meilen zurück. Die Wit=
terung war ſeit unſerer Abreiſe vom Fort Laramie immer günſtig.

So ging es mehrere Tage ohne beſondere Hinderniſſe fort
und wir kamen erheblich vorwärts. Begegnungen mit Antilopen
und Wölfen waren nicht ſelten und am unangenehmſten war
uns das Geheul der letzteren bei Nacht.

Am 1. Juli begegneten wir wieder einigen Männern zu
Pferd, welche von Oregon kamen. Natürlich wurden ſie von uns
ebenfalls mit Fragen überhäuft und ihre Antworten befriedigten
uns ebenſowol über Oregon, als über Californien, das ſie auch
zu kennen ſchienen. Am 3. Juli morgens hatten wir leichten

Froſt, das Wetter war hell aber windig, ebenſo auch am 4. Juli,
an welchem Tage wir nur 6 Meilen machten und unſer Lager
oberhalb der Fährte über den Fluß aufſchlugen, und zwar zwiſchen
Bäumen des Bottomwaldes Hier beabſichtigten wir ein paar
Tage zu bleiben und Jagd auf Büffel zu machen, denn man
ſagte uns, daß dies der letzte Ort ſei, wo ſich ſolche in Herden
aufhielten und um unſere fünf Mägen zu ſättigen und uns für
die weitere Reiſe zu verproviantiren, erforderte es ziemlich viel
Mit Ausnahme von unſerm Wagen und demjenigen Hermanns,
bei welchem auch Hartmann noch war, ſetzten die ubrigen den
Weg fort mit der Verabredung, daß ſie nur kurze Tagesmärſche
machen werden, damit wir ſie ſpäter wieder einholen könnten.

Da der 4. Juli der Tag der Unabhängigkeits=Erklärung
war, feuerten wir dieſem zu Ehren unſere Gewehre ab. Wir
hatten nahe bei der Fährte zwei ſogenannte Mountamers (Jäger
und Falkenſteller) getroffen und dabei erfahren, daß der Eme
ein Bruder zu den zwei Brüdern Kollog ſei, welche lange im
gleichen Wagen mit uns gefahren waren und welche jetzt nicht
weit von uns im Walde lagerten. Es war bekannt, daß die
Büffelherden von den uns vorangegangenen Emigranten ſtark gelichtet, ſchüchtern gemacht und weit vom Fluſſe zurückgetrieben
worden waren Unſere eigene Unkenntnis im Erlegen dieſer Tiere
erkennend, hielten wir es für das beſte, wenn wir den Jäger
Kollog zu dieſem Zwecke anſtellen könnten Er erbot ſich für
acht Pfund Kaffee am andern Tag zwei Büffel zu ſchießen, was
allerdings ein großer Preis war. Aber wir konnten ſoviel leicht
entbehren und friſches Fleiſch ſollten wir doch auch wieder haben,
da wir den größern und ſchwierigern Teil der Reiſe noch vor
uns hatten. Diel hatte, nachdem der größte Teil unſer Lager
verlaſſen hatte, am zweiten Tag unſeres Aufenthaltes an dieſer
Stelle einen ſchwarzſchwänzigen Hirſch geſchoſſen, deſſen Fleiſch
vortrefflich ſchmeckte Wir lagerten uns hier auf ſogenanntem
neutralem Gebiet, zwiſchen den Croros= und Stoux=Jndianern.
Solche neutrale Gegenden werden von den weißen Jägern gern
aufgeſucht, da es auf dieſen das meiſte Wild aller Art gibt und

sie vor Belastigungen durch Indianer hier am sichersten sind
Diese Gebirge gehörten noch zu der Blackhillskette und da es
reichlich ausgezeichnetes Wasser gibt, so sammelt sich hier auch
viel Wild an· Hirsche, Elb, Antilopen, Bergschafe, Biber,
Bären und Büffel. Kollog versicherte, daß man auf den Bergen
leicht kleine Herden der großen Bergschafe treffen könne, auch
hatten er und sein Begleiter zwei dicke Bündel Biberfelle von
großem Wert bei sich

Am 5. Juli mußten wir unserer Buffeljagd wegen hinüber
auf die andere Seite des Flusses, namlich Kollog, Rippstein,
Hartmann, Thomann und ich. Zins sollte im Lager warten bis
Thomann ihn von dem entgegengesetzten Flußufer herrufen und
mit ihm nach der Stelle zufahren werde, wo die Büffel geschossen
würden, Diel sollte auch im Lager bleiben und das Kochen be=
sorgen, weil wir Übrigen die von Kollog erlegten Tiere aus=
schleizen und zum Aufladen fertig machen sollten Kollog und
sein Bruder ritten jeder ein Maultier und Hartmann ebenfalls,
während wir Uebrigen zu Fuß gingen. Die beiden Kollog's,
Rippstein und Hartmann waren uns bald voraus. Thomann
und ich verfolgten dieselbe Richtung direkt vom Fluß hinweg
hinaus uber sandige Hügel an einem kleinen Sumpf vorbei, wo
ein einzelner Buffel weidete. Wo die Kollog's, Rippstein und
Hartmann waren, konnten wir nicht wissen, da wir sie schon
einige Zeit aus unserm Gesichtskreis verloren hatten. Dem ein=
samen Büffel wollten wir uns nicht nähern, um ihn nicht weg·
zuscheuchen, sondern beabsichtigten den Kollog davon zu benach=
richtigen, falls er keinen andern für uns geschossen hatte.
Wahrend wir so beratschlagten, kamen die beiden Kollogs endlich
auch und teilten uns mit, daß sie bereits zwei Buffel für uns
geschossen hatten, welche von Rippstein und Hartmann ausgezogen
würden. Der einsam weidende Buffel muß die beiden Reiter ge=
sehen und wahrscheinlich anfanglich die beiden Maultiere für
seinesgleichen gehalten haben, denn er kam grunzend immer
näher. Der eine Kollog stieg nun ab und bückte sich in eine Ver=
tiefung des Terrains, von wo aus er auf das Tier zielte,

während dasselbe stets scharf nach dem Reiter mit den zwei Maul=
tieren spähte. Nachdem das immer noch grunzende Ungetüm
etwa 60 Schritte nahe war, drückte Kollog ab, worauf dasselbe
wie ein Pferd ausschlug und dann nach einigen Sprüngen und ein
paar langsamen Schritten sich wie zum Ausruhen niederlegte.
Kollog war augenblicklich aufgestanden und eilte auf den Büffel
zu, um ihm die Kehle abzuschneiden. Thomann und ich hatten
Angst, das gewaltige Tier könnte aufspringen und sich rächen
wollen, aber Kollog lachte über unsere Befürchtungen. Er nahm
sich auf beiden Seiten des Höckers zwei Riemen Fleisch, das
andere durften wir nehmen.

Weil Thomann jetzt der Abrede gemäß dem Lager ent=
gegen ging, um da zu rapportiren, arbeitete ich aus Leibeskräften,
um dem Büffel das Fell abzuziehen. Es war ein prächtiger,
fetter, vollgewachsener und noch nicht alter Stier.

Sowohl Thomann als ich waren von dem vielen Gehen
auf dem sandigen Boden müde und durstig geworden. Es gab
keinen Strauch oder Gebüsch oder Fels, wo man einigen Schatten
fand, um einwenig ausruhen zu können. Um den gewaltigen
dicken Burschen von einer Seite auf die andere zu wälzen bedurfte
es meiner äußersten Kraftanstrengung und dies vermehrte meinen
Durst. Ein großer Prairiewolf hatte mir einige hundert Schritte
entfernt zugesehen und wohl den Geruch des frischen Fleisches
gierig aufgesogen. Ich vermutete, daß ihm meine Anwesenheit
nicht besonders angenehm sei und die Aufmerksamkeit, welche
er dem Haufen schönen Fleisches schenkte, ergötzte mich auch
nicht sonderlich, obwohl ich aus Erfahrung wußte, daß ein
Prairiewolf, namentlich ein einzelner, keinen erwachsenen Men=
schen anzugreifen wagt.

Mein Durst hatte allmälig noch sehr zugenommen und meine
Zunge war so trocken geworden, daß ich sie brennend und hart
fühlte. Nach keiner Richtung hin ließ sich ein Wagen hören
oder sehen, obschon Meilen weit kein Baum die Aussicht beein=
trächtigte. Schon seit wohl drei Stunden hatte die Sonne den
Zenith verlassen und sich dem Westen genähert und noch immer

war kein Fuhrwerk zu entdecken. Die Lage war eine äußerst peinliche, fast unerträgliche. Ich wußte wohl, daß sobald ich mich entfernen würde, das schöne Büffelfleisch verloren wäre. Aus diesem Grunde hatte ich noch so lange gewartet, nachdem ich mit dem Aufschneiden fertig geworden war. Jetzt konnte ich nicht mehr länger widerstehen. Ich nahm meine Kleider und meinen Karabiner und ging in der Richtung des Plattflusses zurück, aber, o weh, ich hatte mein großes Pulverhorn nebst Pulver und die Kugeltasche mitzunehmen vergessen. Diesen Verlust durfte ich unmöglich riskiren, also hatte ich keine andere Wahl, als wieder zu meinem Büffelfleisch zurückzugehen. Wie anzunehmen war, hatte der Prairiewolf sich gütlich gethan. Er entfernte sich zwar, als ich in die Nähe kam, seine Lippen leckend. Es ging ziemlich lange bis ich den Platz fand, wo das Pulverhorn und die Tasche liegen mußte. Ich kümmerte mich wenig darum, daß der Wolf wieder zum Fleisch zurückkehrte und sich's schmecken ließ, denn mein ganzes Sinnen und Trachten war nur Wasser, Wasser, ich wußte wohl, daß ich noch 4—6 Meilen vom Fluß entfern war. Kein Lüftchen bewegte sich und die Sonne brannte unbarmherzig auf mich nieder. Aber es mußte sein und wenn die Hölle noch ihr Feuer der Sonne geliehen hatte, ich stieg mehrere Hügel hinauf und hinunter, als ob es nicht enden wollte und immer mußte ich vorwarts, sonst wäre ich verloren gewesen, denn ich konnte vor Erschöpfung und Müdigkeit meine Glieder kaum mehr bewegen. Die Sonne näherte sich bereits dem Horizont, als ich endlich am Fuße des letzten Hügels, den ich erstiegen hatte, den Fluß erblickte. Trotz aller Müdigkeit war ich bald am Ufer, wo ich meine Kleider wegwarf und in das bräunlich aussehende Wasser sprang und trank! und trank! in langen Zügen. Wenn ich aufhörte, war es mir, als ob inwendig noch Alles brennen wurde. Kein Mensch, der nicht in ähnlicher Lage gewesen ist, kann sich eine solche Lage vorstellen und ich sprang noch einmal hinein, um mich abzukühlen und zu trinken und zwar durch die Haut, wie durch den Mund, denn ich war fast gebraten. Ich war nahe bei der Fähre des Flusses, den ich jetzt durchschritt und wobei ich jeden Augenblick wieder trank. Die Sonne war untergegangen, als ich etwas weiter aufwärts zu unserm Lager kam und zu meiner großen Überraschung den Thomann fand. Nun wollte ich natürlich wissen, warum er denn nicht mit Zins gegangen sei. Da sagte er mir, daß er von ihm gar nichts gesehen und nicht wisse, wo er sei. Er (Thomann) sei der Abrede gemäß unserm Lager gegenüber an den Fluß gegangen, um Zins zu rufen, da habe man ihm gesagt, daß Zins schon lange mit dem Wagen und zwei Joch Ochsen über den Fluß gesetzt habe, um uns entgegenzufahren. Er sei zu ermüdet und zu durstig gewesen, als daß er es unternommen haben würde, den Zins zu suchen, er habe ja seine Pflicht gethan und Alles komme nur davon her, daß Zins nicht wie verabredet, im Lager seine Ankunft abgewartet habe. Dies war freilich richtig, aber wo war jetzt Zins. Wie sollten wir das Fleisch von unsern Büffeln herschaffen, wenn Zins den richtigen Weg verfehlt hatte? Und was mußte Rippstein an Durst leiden, wenn der Wagen nicht kam, um sie abzuholen? Dem unverantwortlichen Eigensinn von Zins hatte man all' das wahrhaft Schreckliche jetzt zu verdanken. Hatte er nach Abrede gehandelt, so wäre Alles schon längst in der Ordnung und unser Büffelfleisch verpackt gewesen. Gut, daß Zins während dieser Aufregung nicht kam, sonst hätte es ihm schlimm gehen können, denn seine Handlungsweise war geradezu unerhört.

Ich war etwa eine Stunde im Lager, als endlich auch Hartmann auf seinem Maultier erschien. Nach seinen Berichten sei er sowohl als Rippstein beinahe verschmachtet. Vergeblich hätten sie nach dem Wagen umgesehen, dann seien sie übereingekommen, er (Hartmann) solle sich auf den Weg machen, weil der Fuhrmann den richtigen Weg verfehlt haben könne. Auf seinem Rückweg sei er dem Flusse ziemlich nahe gekommen, ohne etwas vom Wagen zu sehen, da habe er endlich geglaubt, weit weg etwas wie ein Fuhrwerk gesehen zu haben und sei hingeritten und es sei wirklich Zins gewesen, welcher nicht wußte, wohin er treiben solle. Er habe dem Zins die Direktion ange-

gezeigt, wo Rippstein beim Fleisch seiner warte und wo er bei=
nahe verdurstet sei. Was Leichtsinn, Eigensinn und Gleichgültigkeit
für Unheil anstellen können, hatten wir nun erfahren. Aber auch
Diel kam mir unbegreiflich gleichgültig vor, denn ihn schien
die ganze Geschichte nicht zu berühren. Thomann, der sonst stets
so besorgt war, und Diel legten sich sogar zu Bette, als wir das
Nachtessen zu uns genommen hatten und schliefen ganz ruhig,
obwohl sie wußten, daß ich den Zins mit Ängstlichkeit erwartete
In meine Büffelhaut eingepackt suchte ich auch ein wenig zu
schlafen, aber es ging nicht. Ich erhob mich, um ein Feuer an=
zuzünden, das unsern Kameraden vielleicht zur Orientierung ver=
helfen könnte. Die Flammen schlugen hoch empor, so daß die
umstehenden Bäume hell erleuchtet wurden, aber nichts ließ sich
vernehmen, woraus man das Herannahen eines Wagens hätte
schließen können. Von Zeit zu Zeit legte ich frisches Holz an,
dann legte ich mich wieder nieder und horchte auf jeden Laut,
vergeblich hoffend, daß es unsere Leute sein möchten. Mitternacht
mußte bereits vorüber sein und meine Unruhe war auf's höchste
gestiegen Plötzlich glaubte ich ein fernes „Oh ha" zu vernehmen,
aber es schien mir von der unrechten Seite herzukommen. Wie
ein Blitz schoß mir der Gedanke durch den Kopf, man könnte
unser Feuer nicht gesehen haben und am Lager vorbeigefahren
sein, weil dasselbe zu tief im Wald in Bäumen versteckt war.
In der einen Hand einen Karabiner, in der andern einen
Feuerbrand haltend, eilte ich auf die etwas höher gelegene Prairie,
schoß die Ladung ab und schwang den Feuerbrand so viel ich
vermochte hin und her. Der Schuß hatte meine zwei sorglos
schlafenden Kameraden aufgeweckt, aber mit demselben hatte ich
doch meinen Zweck erreicht, denn er wurde auch von den Er=
warteten vernommen und diese kamen endlich gegen 1 Uhr nach
Mitternacht an.

Rippstein, welcher seit dem frühen Morgen nichts mehr ge=
gessen hatte, verlangte schnell sein Nachtessen und es hätte bald
Schläge abgesetzt, wenn Diel nicht so schnell als möglich ent=
sprochen hätte. Rippstein war mit Recht auch über Zins sehr

erboſt, denn dieſer wäre beinahe wieder ohne ihn und die Ladung zurückgekehrt, als er ihn etwas lange nicht fand, und zudem hatte er nicht einmal daran gedacht, auch Waſſer mitzubringen, ſo daß er faſt verdurſtete. Auch mit den Ochſen habe man Schwierig= keiten gehabt, weil dieſe von dem Geruch der vielen von den Emigranten getöteten und in Verweſung begriffenen Büffel und wohl auch von den vielen umherſchleichenden Wölfen ängſtlich und ſcheu geworden ſeien, ſo daß er Mühe gehabt habe, ſie von dem Fortlaufen zurückzuhalten.

Am folgenden Tag, den 6. Juli, ſchnitten wir unſer ſaftiges Büffelfleiſch in lange Riemen und trockneten es an Bäumen und Sträuchern, wozu zwei Tage erforderlich waren.

Der vielen quälenden Mücken wegen brachen wir unſer Lager, obwohl es ziemlich ſpät geworden, ab und trafen nach der Durchfahrt des Fluſſes und durch dieſen getrieben eine wohl ausgeſtattete große Reiſegeſellſchaft. Wir trieben unſern Wagen wohl drei ſtarke Meilen dem Fluß entlang aufwarts, machten eine große Wendung nach links, von der Straße ab, nach einer graſigen Fläche am Flußufer, wo wir für dieſe Nacht lagerten. Noch bevor wir den Lagerplatz erreicht hatten, ſahen wir einen großen ſchwarzen Ochſen allein graſen. Mehrere von uns wollten ihn holen, aber Rippſtein meinte, das ſei nicht nötig, das könne Einer allein thun und wir ließen ihn gewähren. Dieſer Fund kam uns ſehr zu ſtatten, denn er bildete nachher neben einem ähnlichen Ochſen, den wir hatten, unſer Hauptjoch. In Cali= fornien reklamirte — beiläufig geſagt — Rippſtein ihn als ſein Eigentum, weil er ihn allein gefangen habe. Wir fanden ſeine Behauptung unrichtig und ſchmutzig, aber wollten darüber nicht ſtreiten.

Schon ſeit dem 6. Juli nachts, dem Tage meines unlöſch= lichen Durſtes, fing mein linker Daumen mich heftig zu ſchmerzen an, ſo daß ich nicht ſchlafen konnte. Der Schmerz ſteigerte ſich und der Finger ſchwoll bis zur doppelten Dicke an und bekam eine bläuliche Färbung, ſo daß ich nur mit Not beim Trocknen des Fleiſches mithelfen konnte, beſonders da mich die kleinen

Fliegen und Sandmücken noch plagten, indem sie mir in Nase, Ohren und Augen krochen. Ich fragte mich, ob etwa mein Baden in dem braunen Wasser die Tiere angelockt haben könnte. Mein Gesicht war angeschwollen und ich fühlte mich matt, fieberisch und angegriffen. Es war dies in der Nacht vom 8. auf den 9., als wir schon im neuen Lager waren. Meine Kameraden schliefen im Zelt von Kyburz und ich hatte mein Lager im Wagen. Wahrscheinlich durch den Geruch des vielen frisch getrockneten Fleisches angezogen, sammelten sich diese Nacht alle Wölfe, Füchse und andere Raubtiere aus der Umgebung bei unserm Wagen. Sonst an Wolfskonzerte gewöhnt, fanden wir diesmal wie uns schien, die zehnfache Stimmenzahl. Allerdings mag mein Fieberzustand die Wirkung auf meine Nerven noch erhöht haben. Ich hielt es nicht mehr aus und ich entschloß mich, aufzustehen, obwohl die Wölfe dicht neben dem Wagen heulten und zwar auch solche der großen Rasse. Als ich das erglimmende Feuer wieder zur hellen Flamme anfachte, konnte ich einen großen Kreis langschwänziger stutzohriger Prairieteufel sehen. Sie schwiegen oft plötzlich, um mit doppelter Kraft ihr durchdringendes Höllenkonzert zu wiederholen, so daß es mir vorkam, als ob sich hier alle wilden Tiere zu dem einzigen Zweck versammelt hätten, mich zu quälen.

Erst als es zu tagen anfing, zogen sich die Bestien in den Wald zurück. Alles zusammen hatte mich so erschöpft, daß ich nicht mehr gehen konnte und daher den Wagen bestieg, als er vorwärts ging.

Am 9. Juli verließen wir den Plattfluß für immer. Die Straße führte ganz nördlich und wir stiegen beinahe den ganzen Tag über sanfte Anhöhen und kleine Ebenen. Mittags passierten wir eine Quelle, welche gutes Wasser enthielt, das wir uns schmecken ließen. Das Nachtlager aber schlugen wir an einer Stelle auf, wo uns leider gutes Wasser fehlte und das vorhandene salzig schmeckte. Gras für unser Vieh hatten wir genug, aber an Holz gebrach es auch. Wilder Salbei mit den holzigen Stengeln nebst Büffeldünger waren hier unser Brennmaterial.

Schon den beiden Gabeln des Plattflusses entlang mußten wir uns größtenteils des Büffeldüngers zum Kochen bedienen, was gar nicht übel ging. Von hier aus, auf der Weiterreise trafen wir die großen Salbeisträucher, welche zwei bis vier Fuß hoch werden und einen holzartigen Stengel haben, der vollständig das Holz ersetzte. In gewissen Gegenden des Felsengebirges trifft man meilenweit nur diese sehr stark riechende Pflanze, die aber als Viehfutter nicht verwendet werden kann, eher würde das Vieh verhungern.

Unser neues Lager war unter dem Namen Moorsprings (Dreckquelle) bekannt, weil es unweit der Quelle, an welcher wir lagerten, mehrere tiefe, mit weichem Schlamm gefüllte Löcher gab. Unser Hermann hatte sehr bald nach unserer Ankunft mit diesen Dreckquellen eine recht unangenehme Bekanntschaft gemacht. Er hatte sich nämlich allein von unserm Lager entfernt und war eine kurze Distanz durch ein kleines Thälchen hinaufgegangen, als er zufällig zu einem vielleicht drei Fuß im Durchmesser haltenden Schlammhaufen kam, dessen obere Kruste trocken zu sein schien und im Ganzen einem Haufen zusammengekratzten Straßenkot ähnlich sah. Neugierig, wie denn dieser vermeintliche Straßenmörtel hieher gekommen sein möchte, wollte er auf die scheinbar harte Kruste treten, als diese sogleich unter seinem Gewicht nachgab und ihn im Augenblick bis unter die Arme in dem gelblichgrauen, weichen Schlamm versinken ließ. Als Hermann unter seinen Füßen die Kruste nachgeben fühlte, hatte er unwillkürlich seine Arme ausgebreitet und glücklicherweise solideren Grund gefunden, an welchem er einen Halt hatte. Wäre es ihm nicht gelungen mit den beiden Händen die festen Ränder des Schlammloches zu ergreifen, so würde er im nächsten Augenblick ganz versunken, und sein plötzliches Verschwinden uns ein Rätsel geblieben sein.

Was meinen kranken Daumen anbetrifft, so schien der Schmerz etwas nachzulassen, als ich ein Pflaster von Harzseife und Zucker anwendete. Es bildete sich eine große, bläulichrote Blase, in welcher ich einen großen Wurm zu sehen glaubte.

Als die Haut stark geritzt war, entleerte sich die Blase und es quoll Blut und Eiter heraus. Als vollständig geheilt konnte ich den Finger erst in Californien betrachten.

Ich muß noch nachtragen, daß auch unsere Ochsen mit diesen Schlammbecken Bekanntschaft gemacht hatten, aber der Instinkt scheint sie vor dem Untergang bewahrt zu haben. Es gab größere Flächen, wo der Rasen überall sich zu öffnen drohte, wenn man auf denselben trat. Solche Stellen fanden wir auch noch an den folgenden Tagen. Es waren dies richtig benannt Schlamm= vulkane. Weiter aufwärts gegen das Felsengebirge kamen wir zu dem wilden=Salbeibach, welcher Name offenbar von den vielen Salbeipflanzen herrührt, welche da wachsen. Wir hatten an diesem Tag nur 16 Meilen gemacht aber dennoch machten wir Halt um zu lagern, da wir doch gutes Wasser, wenn auch wenig Gras hatten, weil es bereits von den Ochsen der frühern Emi= granten abgeweidet war.

Hier wurde Thomann beinahe von einer Klapperschlange gebissen, die er aufgescheucht hatte. Er schlug sie mit dürren, abgerissenen Salbeistengeln tot. Es war ein schönes Tier mit vierzehn hörnernen Ringen am Schwanz, die Haut mit rötlichen Punkten auf hellem Grunde bedeckt. Kaum hatte Thomann dem Tier den Garaus gemacht, als er bemerkte, daß unsere Ochsen „reißaus" genommen und nicht zurückgekehrt waren. Wahr= scheinlich hatte ihnen die magere Weide nicht behagt. Sofort machten sich fünf oder sechs Männer auf, um die Flüchtlinge wieder zu holen, diese waren aber schon etwa zwei Meilen zurück= gelaufen gewesen. Wir banden sie dann nach ihrer Zurück= kunft an die Wagen und jochten sie auf.

Die Nacht war prachtvoll mondhell, aber etwas kühl. Schon um 2 Uhr Morgens war fertig eingespannt und wir fuhren auf sandiger, guter Straße dem Süßwasserfluße (Sweet Water River) entgegen, bei welchem wir um 7 Uhr ankamen. Unter= wegs waren wir an einigen salzigen Flächen vorüber gekommen. Der Süßwasserfluß ist nur ein kleines Flüßchen, mit klarem gut= schmeckendem Wasser und der Name scheint bereits andeuten zu wollen, daß dann bald Gegenden kommen, in denen süßes Wasser zur Ausnahme gehört. Wir hatten da, wo wir an seine Ufer kamen, unsere Zugtiere ihrer Joche entledigt, damit sie sich hier selber helfen könnten und nahmen unser Frühstück ein, worauf wir schon nach etwa 2 ½ stündiger Ruhe den Weg fortsetzten Bald waren wir neben dem, allen Emigranten bekannten Unabhängigkeitsfelsen (Independence Rock) den ich dem Namen nach aus Dr. Wislizinus Reisebeschreibung über das Felsengebirge kannte.

Ich habe den Felsen damals nicht gemessen, er mochte aber vielleicht 100 Fuß Länge und 40 Breite mit etwa 30 Fuß Höhe haben. Er bildet also ein langes Oval mit abgerundetem Rücken. Seine Seiten sind ringsum mit Namen bedeckt, so daß man sich wundert, wie man diese alle hat anbringen können. Die Steinart scheint Granit zu sein, also vulkanischen Ursprungs.

Von hier aus fuhren wir über eine, wie es schien, ausgebrannte Gegend von gelblichem Sande bedeckt und mit riesigen Granitblöcken umgeben. Nur wenige zwerghafte Cedern und Föhren fristen da ihr kümmerliches Dasein Je mehr ich mich umschaute, desto mehr kam es mir vor, es musse hier vor undenklicher Zeit ein vulkanischer Ausbruch stattgehabt haben und die Sandfläche zwischen den Granitblöcken ein Krater gewesen sein. Es mochte zwischen 12 und 1 Uhr sein, als wir am obern Eingang dieser Kratergegend ankamen, wo der Süßwasserfluß sich durch 60—80 Fuß hohe Felsen den Weg gebahnt hatte und durch sein Getöse sich bemerkbar machte Diese Stelle ist als das Teufelsthor bekannt und ebenfalls, wie die andern angrenzenden Felsen, mit Namen beschrieben. Nachdem wir diese Felsen im Rücken hatten, trieben wir am rechten Ufer des klaren und ruhig dahinfließenden Süßwassers etwa eine Meile weit bis zu einer grasigen Stelle, wo wir um 2 Uhr hielten, um unserm Vieh die Gelegenheit zum Grasen zu gönnen und zu lagern

Wir mochten seit dem Verlassen des Salbeibaches über 20 Meilen zurückgelegt haben. Das offene Thal, in welchem wir uns befanden, war das Süßwasserthal. Dieses ist ziemlich flach, breit und mehrere Tagreisen lang. Während Einige von uns mehrere der vorhandenen Granitblöcke erkletterten, zog ich vor, mich zu baden, entdeckte dabei aber die frischen Spuren eines Bären, was mich zur Eile antrieb.

Am 12. Juli kamen wir zu einer Stelle, wo ein weißliches Salz die Oberfläche des Bodens wie Schnee bedeckte. Seitwärts schienen die Hügel mit Nadelholz bewachsen. Hier erfuhren wir endlich, daß der uns voranziehende Teil unserer Reisegesellschaft kaum 6 Meilen vor uns lagere. Um unsere Bekannten bald einzuholen, verließen wir unsern Lagerplatz morgens halb 6 Uhr und um 1 Uhr war dies geschehen, indem jene einen kurzen Halt machten. Wir brachen dann zusammen auf und machten noch 5 Meilen, wo man leidlich Wasser, Gras und Salbei zum Kochen fand, denn anderes Brennholz gabs nicht. In der Umgebung des Lagerplatzes hatten wir zwei große Salbeihühner geschossen und obschon sie nach der Pflanze, von der sie leben, riechen, so widerte uns doch das Fleisch nicht mehr so an, wie das erstemal. Am nämlichen Tage trafen wir noch unerwartet einige Büffel, von denen wir einen erlegten. Es waren die einzigen, die wir seit unserer Büffeljagd gesehen hatten.

Nach ungefähr 14meiligem Tagesmarsch lagerten wir wieder am Ufer des Sweetwater und dann am 15. zum letzten mal, denn von hier läßt man dieses Flüßchen links liegen.

Wir hatten, noch bevor wir uns lagerten, einen Teil von Dikfon's Abteilung ebenfalls am Flüßchen lagernd gefunden und es schien uns, daß diese wieder kleiner geworden sei.

Am folgenden Tag den 16. Juli hätte es zu einer unglückseligen Gewaltthat kommen können, denn infolge des Eifers zwischen den einzelnen Gesellschaften, den Vorsprung im Weiterreisen zu bekommen, schoben sich die Wagen so ineinander ein, daß ein Ochse am Fuß verletzt wurde. Die Betroffenen hielten das Geschehene für ein geplantes Vorgehen und es erschienen plötzlich sechs bewaffnete Männer von Dikfon's Abteilung zu Pferd und forderten von uns einen gesunden Ochsen oder Bezahlung des Beschädigten.

Da Keiner von uns gesehen hatte, daß der Ochse am Wagen von Dikson beschädigt sei, so hielten wir das ganze bloß für eine Demonstration, um uns einzuschüchtern, wahrscheinlich aus Rache, weil wir sie ausgepfiffen hatten, als sie im Fahren den Kürzern zogen.

Wenn auch einige von unserer Abteilung durch dieses Vorgehen eingeschüchtert wurden, so hatte man durch diese Drohung bei uns Funfen nur Öl ins Feuer gegossen. Wir machten augenblicklich unsere Schußwaffen bereit und forderten die Berittenen auf, ihrer Drohung Nachdruck zu geben, es werde sich dann zeigen, wie die Sache herauskomme. Diese entschlossene Haltung hatten die Gegner nicht erwartet und die brutalen Worte nahmen mehr einen bittenden Charakter an.

Kiburz, welcher seit einiger Zeit unser Capitain war, Frau und Kinder hatte und von Ersterer gebeten wurde, es doch zu keinem Kampf kommen zu lassen, hatte ein Zwanzigfrankenstück aus der Tasche genommen und es dem Dikson unter der Bedingung eingehandigt, daß er dieses als teilweisen Ersatz behalten könne, wenn der Ochse Schaden leide, andernfalls müsse er es wieder zurückgeben. Die Diksonleute erklärten sich damit einverstanden und der Streit war gütlich beigelegt. Ich war überrascht zu sehen, wie Diel und sogar der sonst so ruhige Thomann sich kampfbereit machten, um der arroganten Forderung würdig zu begegnen.

Wir hatten im Laufe des Tages kleinere und größere Bäche passirt, welche teilweise am westlichen Abhang des Windriwergebirges entspringen und wie ich vermute, dem Sußwasser zufließen, wenn nicht einer die Hauptquelle selber bildet. Wir mochten heute an 19 Meilen gemacht haben, als wir unsre Lager an einem ziemlich großen Bach, vielleicht der Hauptquelle des Sweetwater — aufschlugen. Die Windriwergebirge schienen mir von da aus gesehen nicht sehr hoch. Von Schnee- und Eisfeldern konnte ich nichts sehen, höchstens mag in den Schluchten zusammengewehter Schnee gelegen haben. Die Gegend selbst liegt ja mehrere tausend Fuß über dem Meere und somit

kann der Fremontspeak doch hoch sein. Alles sah so vegetations=
los aus, wie man in der Schweiz keine Gegenden findet. Etwa
13 Meilen von hier kamen wir am 17. Juli zu dem obersten
Bächlein, dessen Wasser gegen den stillen Ozean fließt. Wir hatten
also die Wasserscheide zwischen dem atlantischen Meer und stillen
Meer erreicht, eine denkwürdige Stelle, wenn man auf der Karte
dieselbe klar vor sich sieht und die Entfernung in Betracht zieht. Wir
machten da eine zweistündige Rast, damit sich unser Vieh an dem
schönen Grase und dem guten Wasser wohl sein lassen konnte,
dann fuhren wir noch drei Meilen weiter und lagerten links von
der Straße auf einem Platz, wo es ebenfalls Wasser und Gras
für das Vieh gab.

Am 18 überschritten wir nach etwa 6 zurückgelegten Meilen
den Littlesandy, in dessen Nähe wir noch etwa 5 Meilen weiter=
fuhren, um dann unser Lager an einer Stelle aufzuschlagen, wo
wir genügend Gras für unser Vieh fänden.

Schon Tags zuvor war von Dikison dem Kiburz das Zwanzig=
frankenstück zurückerstattet worden, da der verwundete Ochse sich
wieder vollkommen erholt hatte.

Die Witterung war abwechselnd bald bewölkt, bald heiter,
aber immer windig, also unfreundlich An Wild sahen wir täglich
Antilopen, große Hasen, einige Salbeihühner, in den Thälern
zwischen dem Windrivergebirge soll es aber viele Elke (Riesen=
hirsche), Hirsche, Bergschafe, auch graue Bären geben Wir
waren schon einige Tage im Gebiete der Rohindianer und wie
man sagte, sollen sich in der Nähe des Windrivergebirges eine
große Zahl dieser Wilden aufhalten, aber uns kamen keine zu
Gesicht. Wenn die Berichte wahr sind, so wären diese die schönsten
Menschen unter allen Indianern, mit sehr üppigem Haarwuchs
und im Ganzen von friedfertiger Art Wir hätten, als wir den
Littlesandy erreichten, einen näheren Weg machen können, wenn
es uns nichts gemacht hatte, 40—50 Meilen zurückzulegen, ohne
weder Gras noch Wasser zu finden; wir zogen aber den längern,
wo man diese Lebensbedingungen schneller haben konnte, vor.

Von dem Windrivergebirge hatten wir uns wieder entfernt,

dagegen erſchienen rechts von uns andere Berge und zu unſerer Linken im blauen Dunſt ein ſehr hohes Gebirge, auf deſſen Rücken eine Schneedecke zu liegen ſchien.

Am 20. Juli erreichten wir nach achtmeiliger Fahrt das linke Ufer des Greenriver. Dieſes iſt der Hauptzufluß des Rio Colorado. Sein Flußbett iſt nicht beſonders breit, aber ſein Bottom (Thalland) ſcheint von guter Qualität zu ſein. Man findet da die ſchönſten und größten Baumwoll-Pappeln (Cottontrees), Weiden und einige wenige Laubholzarten. Wir blieben hier einen Tag, denn es gab für uns Alle genug Arbeit, unſere Hemden zu waſchen, Kleider zu flicken ꝛc.

Am 21. durchſchritten oder durchfuhren wir den Greenriver, der hier 200—300 Fuß breit ſein mag. Sein Waſſer war kühl, klar, von gutem Geſchmack und von grünlicher Färbung, welcher er ſeinen Namen verdankt. Wenn der Waſſerſtand etwas höher geweſen wäre, ſo würde die Durchfahrt mit vielen Schwierigkeiten verbunden geweſen ſein. Es ſollen ſogar einige früher durchgereiſte Geſellſchaften hier mehrere Perſonen und Vieh verloren haben, welche von den Wellen erfaßt und fortgeſchwemmt worden ſeien.

Nachdem wir das rechte Ufer erreicht hatten, folgten wir dem Fluſſe nach wohl acht Meilen weit, das ſchöne, flache, mit großen Cotonbäumen bewachſene Thal abwärts. Die klaren, friſchen Fluten machten einen ſo angenehmen Eindruck auf mich, daß ich gerne einige Zeit dageblieben wäre, um aus einem der langen, dickſtämmigen Bäume ein Canoe zu verfertigen und mit demſelben den Fluß hinunterzutreiben, aber keiner meiner Kameraden ſchien zu einer ſolchen Reiſe auf gut Glück hin und nach unbekannten Regionen Luſt zu verſpüren. Für mich war dies wohl gut, denn es wäre doch ein waghalſiges Unternehmen geweſen.

Wir hatten den Greenriver links liegen laſſen und fuhren abermals durch eine öde, trockene Gegend, der ſogenannten Houseforc zu, welche wir nach zurückgelegten 15 Meilen vom Greenriverthal erreichten.

Am 22. überſchritten wir die Houseforc, nachdem wir ihr

etwa 7 Meilen gefolgt waren, und unsere Straße in der Richtung
fortsetzend, kamen wir nach 9 Meilen wieder an ein klares, rasch
fließendes, kleines Flüßchen, dessen Name ich vergessen habe
Dieses Flüßchen scheint seinen Ursprung in dem erwähnten hohen
mit Schnee bedeckten Gebirge zu haben. An Gras fehlte es uns
hier nicht.

Am 25 überschritten wir dieses Flüßchen viermal, folgten
einige Zeit seinem Lauf, nahmen unser Mittagessen an seinem
Ufer ein, überschritten dasselbe wieder, wobei Henry Hartmanns
Maulesel demselben einen bösen Streich spielte. Er legte sich
namlich mitten im Flüßchen hin, so daß der gute Henry ge=
zwungen war, in das kühle Wasser zu steigen, was unser Gaudium
erregte. Dies erboste ihn so, daß er den Zaum und Sattel ab=
löste und ans Ufer brachte, dagegen aber das Tier sich selbst uber=
ließ. Es wurde dann am gleichen Tag von einem Bergjäger, den
wir getroffen hatten und dem wir den Vorfall erzählten, annexirt

Von dieser Stelle fuhren wir dann noch etwa zehn Meilen
weiter hinauf, das Flüßchen zu unserer Rechten, bis etwa 2
Meilen vom Fort Butscher. Hier lagerten wir uns neben ein
paar Zelten, in welchen mehrere Mountaineis (Jäger) waren,
mit welchen wir verschiedene Artikel gegen weichgegerbte Felle
von Hirschen, Antilopen und Bergschafen vertauschten, aus wel=
chen viele von uns später ihre eigenen Indianerschuhe verfertigten.

In dem größten Zelte saßen die Jäger in einem Kreis nach
Indianermanier und beschäftigten sich mit Trinken und Plaudern.
Die Hauptperson schien ein großer Mann von etwa 40 Jahren
mit Namen Walker zu sein — Da ich furchtete, ich könnte die
Männer in ihrer Unterhaltnng stören, so entfernte ich mich so=
fort wieder, trotz der freundlichen Einladung des Mr. Walker,
mich zu ihm zu setzen. Fortwährend kamen und entfernten sich
Indianer männlichen und weiblichen Geschlechts zu Pferde und
zwar so schnell, als die armen Tiere zu rennen vermochten, so
daß wir oft fürchteten, sie würden sich noch die Hälse brechen.

Die Indianer, wie Halbindianer, von denen es mehrere gab,
waren ziemlich gut gekleidet.

Als ich Abends mein Tagebuch schrieb, richtete ein rot=
haariger Mountaineer die Frage an mich, ob ich ein Journal
schreibe. Als ich dies bejahte, bemerkte er: Dann ist es vielleicht
von einigem Interesse für Sie, zu erfahren, daß auf dieser Stelle,
dort in dem dichten Weidengebüsch vor 17 Jahren ein Mann
Namens Block von einer Bande Blackfort=Indianer getötet
wurde. Er habe sich lange Zeit tapfer verteidigt und mehrere
von ihnen verwundet, bevor sie ihn umbringen konnten.

In diesem Flüßchen mit frischem Bergwasser gibt es auch
eine Menge Fische, wovon Thomann mehrere Lachsforellen mit
rötlichem Fleisch gefangen hatte. Der rothaarige Mountaineer
wohnte unweit vom Fort und hatte eine schöne Frau, welche ge=
rade mit Waschen beschäftigt war. Er war Vater eines vielleicht
drei Jahre alten Knaben, welcher mit einem kleinen Bogen und
Pfeil sich im Schießen übte. Dieser Mann schien sich hier fest
niedergelassen zu haben, denn er war Eigentümer einer Herde
Schafe, unter denen sich auch zwei Zicklein gezähmter Bergschafe
befanden, sowie einer kleinen Viehherde und wir vertauschten mit
ihm unsere zwei Kühe, die des trockenen schlechten Grases wegen
nur noch wenig Milch gaben, an zwei junge Ochsen

Am 25. tauschten wir noch mehr Felle und Indianerschuhe
gegen Alkohol, Zucker, Blei und Pulver von Indianern und
Jägern ein. Das Fort besteht aus zwei Blockhütten, welche mit
einem etwa 10 Fuß hohen Pallisadenwerk umgeben sind und
wird mehr zu Handelszwecken, als sonst zu Etwas benützt.

Hier trafen wir verschiedene Tierchen, die ich vorher noch
nie gesehen hatte, es schienen mir Mitteldinge zwischen Murmel·
tieren und kleinen Hunden zu sein, auch sogenannte gehörnte
Frösche fanden wir hier, unbehülfliche, langsame, breite Vier=
füßler mit Schwanz und mit zwei harten Warzen auf beiden
Seiten am Kopf. Man durfte sie eher Eidechsen als Frösche
nennen, denn vom Hüpfen schienen sie nichts zu verstehen. Hier
tötete ich eine Klapperschlange mit 12 Klappern, weil sie mich
beinahe gebissen hätte, als ich über sie hinwegschreiten wollte. Ich
nahm den Schwanz als Siegeszeichen mit mir.

V.

Vom Fort Britscher bis zur letzten Süßwasserquelle.

———

Vom Fort Britscher gab es zwei Straßen, eine alte über die sogenannten Sodaquellen und Fort Hall und eine neue unter dem Namen Capitain Hastings Cutoff, welche viel näher sein und an dem großen Salzsee voruberfuhren sollte. Viele Gesell=schaften vor uns hatten die Hasting Cutoff gewählt und auch wir gaben ihr den Vorzug.

Am 26. Juli brachen wir endlich auf und betraten hinter dem Fort die neue Straße, zu unserer Rechten die Forthallstraße liegen lassend, am 27. trafen wir mehrere eiskalte Quellen mit gutem Wasser und nachher solche mit unangenehm schmeckendem Mineralsalz und rötlicher Umgebung, was auf Vorhandensein von Eisen schließen ließ, und lagerten dann am Bearriver (Bärenfluß) Capitain Hastings war uns diesen Nachmittag be=gegnet, kehrte aber wieder mit uns um und blieb diese Nacht in unserm Lager.

Als ich am 28. früh unser Vieh gegen den Wagen treiben wollte, schreckte ich zwischen dem Gebüsch des Flußthälchens ein kurzbeiniges Tier auf, das ich anfänglich für einen jungen Bären hielt. Ich hatte keine andere Waffe, als meinen ge=wöhnlichen Reisestock bei mir und doch wollte ich das Tier nicht entfliehen lassen. Als ich nach ihm schlug, setzte es sich zur Wehr und zeigte mir seine scharfen Zähne, mit denen es mich an den Beinen zu packen suchte. Nach ziemlich langem Kampfe, den ich nicht ohne Angst führte, suchte das Tier zu entrinnen, namlich in ein Loch zu schlüpfen, welches aber zu klein für den ganzen

Körper war, so daß es den Kopf herausstreckte und mir so zum Siege verhalf, indem ich es auf den Kopf schlagen und töten konnte. Es war ein junger Dachs, den wir uns gut schmecken ließen.

Der 28. war zur Reparatur der Wagen und unserer Kleider bestimmt und die Nacht vorher so kühl, daß am Morgen sich auf dem stillen Wasser etwas Eis bildete. Rippstein ging mit seiner Büchse und dem Dolch voraus, um womöglich eine Antilope zu schießen. Wir wurden dann sehr besorgt um ihn, weil wir ihn erst drei Tage später wieder fanden, nachdem wir einen äußerst anstrengenden Weg durch ein enges Thälchen und dichtes Weidengebusch gemacht hatten, oder besser gesagt, frisch bahnen mußten, weil wir einen Umweg abschneiden wollten. Andere Fuhrwerke, 52 an der Zahl, hatten einen andern bessern Weg gemacht. In einem engen, unwegsamen Thälchen fanden wir eine Menge roter und schwarzer Johannisbeeren, die wir uns schmecken ließen. Rippstein war anfänglich sehr über uns aufgebracht, weil er geglaubt hatte, wir seien der Verabredung untreu geworden. In der ersten Nacht habe er unter einem Felsen schlafen wollen, da seien Prairiewölfe gekommen, die ihn daran verhindert hätten. Die Antilope, welche er geschossen hatte, mußte er schließlich liegen lassen. Da er sein Messer verloren hatte, so konnte er nicht einmal von einem geschossenen Dachsen ein Stück abschneiden, um damit seinen Hunger zu stillen und wenn er nicht eine andere Emigrantengesellschaft getroffen hätte, so würde er dem Hungertode nahe gewesen sein.

Noch am 1. August befanden wir uns in der engen Thalschlucht, wo wir uns den Weg durch dichtes, niedriges Gehölz vorwegs bahnen mußten, wenn wir nicht das Bachbett selber als Straße benützen konnten. Die Äxte kamen uns hier gut zu statten. Eine angenehme Überraschung boten uns die Sträucher der sogenannten Junibeeren mit ihren süßen, traubenartigen Früchten, an denen auch die Bären Wohlgefallen zu haben schienen, wie die vielen frischen Spuren dieser Tiere im weichen, feuchten Boden bewiesen.

Nach Zurücklegung von vielleicht 12 Meilen durch ver=
schiedene Windungen der Schlucht öffnete sich diese etwas und
wir kamen zu einem Flüßchen, Weberfluß genannt, welches in
nordöstlicher Richtung durch ein schönes Thälchen floß.

Ungefähr nach 5meiliger Fahrt an den Ufern des Weber=
flusses kamen wir zu einer Stelle, welche sehr zum Baden einlud.
Da machten Einige die Entdeckung, daß es hier Krebse gebe.
Man holte die Eßgabeln und harpunirte deren so viele, daß es
für ein Abendessen genug gab.

Als wir am 3. August auf unserem Wege dem Fluß ent=
lang hinab in nördlicher Richtung zirka 4 Meilen zurückgelegt
hatten, war uns Capitain Hastings entgegengekommen. Er war
der Ansicht, daß wir, wie alle uns vorangegangenen Gesell=
schaften den unrechten Weg verfolgten, weshalb er schon den
Ersteren den Rat gegeben habe, daß sie nach Ankunft am Weber=
flusse sich nach links wenden sollten, wo er sie auf einem näheren
Weg an den Salzsee bringen wollte. Wir kehrten auf diesen
Bericht hin wieder um und trieben etwa 2 Meilen rückwärts,
wo wir uns lagerten.

Am 4. blieben wir im Lager, weil Einige aus der Gesell=
schaft versuchten, einen bessern Weg ausfindig zu machen, aber
unverrichteter Dinge ins Lager zurückkehrten.

Am 5. August fuhren wir das Thal abwärts, den sogenannten
bösen Stellen des Weberflusses entgegen. Kiburz, die Barben und
wir hielten an, um zu lagern, weil die übrigen Teilnehmer an
unserer Gesellschaft die gefürchteten Stellen glücklich passiert hatten.
Diese waren etwa 5 Meilen lang. Hier hatte sich der Fluß zwischen
den Felsen des Wassatschgebirges einen Durchbruch geschaffen, durch
welchen das Wasser schäumend und tosend sich durchzwängte.

Am 6. August wagten auch wir die wilde Fahrt, die wildeste
bis dahin, wenn auch nicht gerade die gefährlichste.

Um unsere vier Wagen durchzubringen, verwendeten wir
den ganzen Vormittag und bis 1 Uhr nachmittags. Es gab
Stellen, wo man alle Ochsen mit Ausnahme der Deichselochsen
losließ. Dann spannte man beide hintern Räder, die Einen trieben

an, die Andern hielten den Wagen aufrecht und so glitt man über die Wasser hinab. Dies wiederholte man so lang es nötig war mit jedem Wagen und man mußte aufpassen, daß das Wasser Einen nicht mitfortnahm, wenn man etwa auf den glatten Steinen rutschte

Ich besaß, als ich die Reise antrat, drei Paar Stiefel und ein Paar Schuhe. Heute hatten mir diese die letzten Dienste erwiesen, denn die Absätze machten sich los und hoben sich seitwärts in die Höhe, das untere nach oben. Ich mußte also darauf denken, wie ich mir mein Schuhwerk selber verfertige.

Bald nach dieser mühsamen Passage erreichten wir am 7. die Ufer des herrlichen Salzsee's, dessen Wasser klar wie Krystall, aber ungemein salzig ist. Es ist eine große Wasserfläche und bietet dem Auge in nordöstlicher Richtung nichts als Himmel und Wasser. Die paar vegetationslosen Inseln sind wie verbrannt. Das Uferland steigt in einer schiefen Ebene gegen die Berge, von woher die Wasser immer aus ein paar oberhalb entspringenden Quellen zum See hinunter führen. Der klare, himmelblaue Seespiegel, die warme, sonnige Luft, die nahen, hohen Berge mit dem schönen Gelände, auf welchem wir dahinzogen, machten einen ungemein freundlichen Eindruck. Den ganzen Tag hätte ich pfeifen und singen mögen und wäre nur eine einzige Familie weißer Menschen hier gewesen, so wäre ich wahrscheinlich da geblieben. Wie schade, daß diese herrliche Landschaft unbewohnt war, da auch der Boden fruchtbar zu sein schien. Ich ahnte damals noch nicht, daß uns die Mormonen fast auf dem Fuße nachfolgten, in der irrtümlichen Hoffnung, hier in dieser Einöde für immer ganz nach eigenem Wohlgefallen schalten und walten zu können. Seither sind noch nicht 30 Jahre verflossen und die Mormonen haben gewiß schon längst eingesehen, daß es mit ihrer geträumten Unabhängigkeit zu Ende geht.*)

Die Straße ging durch Schilf am Seeufer, als wir am Utafluß ankamen und 20 Meilen zurückgelegt zu haben glaubten und wir schlugen hier unser Lager auf. Das Gras war aber schlecht und an Holz war auch kein Überfluß.

---

*) Dies wurde nämlich im Jahre 1870 niedergeschrieben.

Am 8. August ließen wir die Waſſatſchgebirge zu unſerer Linken liegen und nahmen unſere Direktion in der Richtung eines andern rötlich=braunen Gebirges, welches uns bei der überaus klaren, durchſichtigen Morgenluft kaum ſechs Meilen entfernt zu ſein ſchien. Zehn Meilen weiter auf unſerer Route kamen wir in eine ſumpfige Gegend, wo nur Schilf und einige Sumpfgräſer gedeihen. Das Waſſer war ſalzig und ungenießbar auch für das Vieh und wir machten daher nur einen kurzen Halt. In der Nähe einer Quelle, worin mehrere von uns badeten, trafen wir in einer Höhle unter einem großen Felsblock ein menſchliches Gerippe.

Wir hatten im Laufe dieſes Vormittags den uns voran= gegangenen Teil unſerer Geſellſchaft wieder eingeholt und ſetzten nun die Weiterreiſe wieder gemeinſchaftlich fort und lagerten dann an einer Quelle am Fuße des Gebirges, deren Waſſer aber auch etwas ſalzig ſchmeckte. Ein kleines Stück ſumpfiges Wiesland trennte uns vom See.

Rippſtein, ein Amerikaner und ich waren unſerm Wagen ziemlich weit vorausgegangen und hatten eine Stelle erreicht, wo die Straße dicht am See vorbeiführte. Der Morgen war ſo lieblich warm und das abſolut tierloſe Waſſer ſo klar und ein= ladend, daß wir uns ſchnell entſchloſſen, hier ein Salzwaſſerbad zu nehmen. Der Grund ſchien mit weißlich=grauem Sande bedeckt Obwohl am Ufer Spuren eines Bären waren, ſo entkleideten wir uns gleichwohl raſch und gingen ins Waſſer, das aber hier ſo niedrig war, daß wir eine halbe Meile hinausgehen mußten bis dieſes uns an die Hüfte ging. Das Waſſer war noch ſo durchſichtig, als ob kein ſolches, ſondern nur Luft da wäre und dabei aber ſo ſchwer, daß es keine Kunſt war, ſogar nur auf einer Zehe zu ſtehen. Ich würde es für unmöglich halten, hier zu ertrinken, denn man konnte ſich auf den Rücken, auf die Seite legen und alle erdenklichen Stellungen annehmen, ohne die geringſte Gefahr, ſo daß man ſich wie ein Korkzapfen ins Waſſer gelegt vorkam Da das Waſſer in der Nähe der Süßwaſſerzuflüſſe leichter, alſo die Tragkraft geringer wird, ſo wäre hier die beſte Gelegenheit vorhanden, um ſchwimmen zu lernen. Unangenehm iſt nur der

Umstand, daß das Wasser in den Augen brennt und am ganzen Körper ein ziemlich starkes Beißen verursacht, wenn man sich nicht nach dem Salzbad noch im Süßwasser abspühlt.

Die Straße führte den ganzen Tag dem Salzsee nach und wir lagerten in der Nähe einer spärlichen Süßwasserquelle, wo unser Vieh auch etwas Gras fand. Am 10. August Morgens fanden wir einen Ochsen von Mr. Hapy in einem der tiefen Quellenlöcher halberschöpft. Er mußte in der Nacht hineingefallen sein. Als man ihm herausgeholfen hatte, starb er bald nachher.

Wir hatten eine tiefe Thalschlucht erreicht, wo sich einige sehr tiefe und salzfreie Quellen vorfanden und es auch nicht an Gras und Holz fehlte. Da es uns bekannt war, daß wir bald schwere Arbeit für das Vieh bekommen würden, war es nötig, dasselbe hier noch behaglich ausruhen zu lassen. Hasting war zurückgeritten, um den andern Gesellschaften, wenn es nötig sein sollte, den Weg zu zeigen.

Seit wir Fort Britscher verlassen, wo noch Indianer der Sioux-stämme sich befanden, hatten wir bis hieher keine mehr gesehen. Diese hier waren dunkelfarbige, ärmlich gekleidete, untersetzte Burschen und sollen dem Utastamme angehören. Man nannte sie hier Digger, auf deutsch Gräber, weil sie teilweise von Wurzeln leben, die sie mit Stöcken aus der Erde graben. Sie gelten für falsch und hinterlistig und für fähig, Weiße zu ermorden, wenn sie keine Strafe zu befürchten hätten.

Am 11. August blieben wir liegen, während zwei andere neben uns lagernde Gesellschaften den Weg fortsetzten und am 12. wurde ein Mann beerdigt, der nach kurzer Krankheit hier gestorben war. Wir benutzten diese Rasttage zur Besorgung der Wäsche, Schuh- und Kleider-Reparaturen. Mr. Hastings war zurückgekehrt und der Ansicht, daß wir wohl daran thun würden, unserm Vieh noch mehr Ruhe zu lassen, weshalb wir auch am 13. noch blieben.

Nachdem unsere Ochsen durch Sprünge, welche sonst nur junge Tiere machen, bewiesen, daß sie gehörig ausgeruht haben, verließen wir endlich das Lager, denn es galt nun die Strecke unter

die Füße zu nehmen, wo es kein Waſſer und kein Futter mehr
gab. Das Innere des Gebirges, welches den Salzſee von einer
Seite begrenzt, muß aus unermeßlichen Steinſalzlagern beſtehen
und da der See keinen Abfluß hat, ſo muß das ſich in denſelben
ergießende Waſſer größtenteils hier verdunſten und ſomit den
Salzgehalt ſtets vermehren.

Wir hatten in einer andern Bucht dieſer Gebirge endlich
ſpät Nachmittags wieder eine Quelle gefunden, die trinkbares
Waſſer enthielt und auch etwas Gras war da. John Barben
brachte uns einen 2¹/₂ Zoll langen Scorpion, den er für einen
Krebs hielt. Glücklicherweiſe war das rieſige, gefährliche Inſekt tot

Am 15. gelangten wir zeitig an die letzten Süßwaſſerquellen,
wo es glücklicherweiſe auch viel Gras hatte. Wir trafen hier
wieder die letzte uns vorangezogene Emigrantengeſellſchaft, unter
welchen die Harlams und Weisner waren, mit welchen wir von
den Indianer=Creeks die Reiſe begonnen hatten Dieſer Zug war
am 16 vor uns abgefahren Da wurde aus einem der hinterſten
Wagen ein Bündel mit Kleidern geſchmiſſen. Dasſelbe gehörte
der uns bekannten dicken, hellhaarigen Fräulein Lucinde. Man
hatte offenbar das Hinauswerfen des Bündels für das beſte
Mittel gehalten, auch der holdſeligen Eigentümerin loszuwerden.
Hätte man den Charakter dieſer Perſon nicht ſchon längſt ge=
kannt, ſo würde man dieſe Handlungsweiſe von Mr Hapy als
ſehr herzlos beurteilt haben Es gab nun viel Hin- und Her=
redens, weil jede Partei ſie nun der andern aufburden wollte
und man doch allgemein der Anſicht war, daß man dieſes Stück
Menſchenfleiſch doch nicht ſo allein in der Wildnis liegen laſſen
könne und daß trotz alledem Mr. Hapys Familie ſie wieder
nehmen müſſe, worin ſich Hapy fügen mußte.

Wir benützten die Zeit noch, um uns ſo gut als möglich
auf die am folgenden Tag beginnende lange Diſtanz von 70—90
Meilen ohne Waſſer und Gras vorzubereiten. Mit unſern Taſchen-
meſſern ſchnitten wir Gras und machten es zu Bündeln oder
Büſcheln und füllten alle unſere leeren Gefäſſe mit Waſſer, wovon wir wenigſtens viermal mehr nötig gehabt hätten.

VI.

Von der letzten Süßwasserquelle bis zur ersten nach der Salz- und Sandwüste. Die drei schwierigsten Tage der ganzen Reise.

———

Unser Vieh lag am 17. früh noch zufrieden im Grase in gemütlichem Wiederkäuen begriffen, glücklicherweise ohne zu ahnen, was für schreckliche Tage für dasselbe kommen würden. Nachdem das kostbare Naß möglichst gut versorgt war und man die Tiere nochmals zur Tränke geführt hatte, brach man etwa um 9 Uhr auf.

Vor uns lag eine breite, vegetationslose Salzebene, die Einen beim Gedanken, sie durchreisen zu müssen, schaudern machte. Doch es mußte eben sein und gegen 1 Uhr kamen wir noch zu einer Quelle, aber diese war schon so salzig, daß das Vieh nicht mehr davon trank.

Nach einem Gerücht sollten etwelche der uns vorangezogenen Emigranten auf der Westseite der bereits teilweise überstiegenen Hügel, 15—20 Meilen von hier, neben der Straße einen Brunnen gegraben haben. Und wir waren unter uns einig geworden, daß Viere von uns dem Wagen vorausgehen sollten, bis wir zu dem gehofften Brunnen kämen, wo wir dann die Ankunft unseres Wagens abwarten würden. Der große Bunzel, Zins, Thomann und ich wollten den Brunnen aufsuchen, selbst wenn es Nacht werden sollte, ehe wir ihn erreichten. Die Wagen sollten ihren Weg so lange als möglich fortsetzen, außer, wenn große Hinder- nisse eintreten würden, in welchem Falle sie dann den folgenden Morgen abwarten sollten. Nach anderthalbstündiger Ruhe nahmen wir unsere Reise wieder auf und zwar, wie abgemacht, wir Viere voraus, ohne irgendwelche Schießwaffen mitzunehmen

Wir waren anfangs mehrere Meilen am Fuße der ver=
schiedenen kleinen Hügel entlang fortgewandert und endlich zu
der Stelle gekommen, wo die Straße über sehr steile Hügel
hinaufführt. Wir waren sicher, daß unsere Wagen hier am Abend
lagern würden, denn um da hinauf zu kommen, müßten die
Gespanne verdoppelt oder verdreifacht werden.

Als wir, oben angekommen, unsere Schritte gegen das
wüste, breite Thal abwärts lenkten, ging die Sonne als große,
glührote Kugel jenseits einer unabsehbaren Ebene bald unter
Still, wie ein Grab war Alles ringsum, eine beängstigende
Einöde ohne jegliches Leben. Das Erdreich war mit Flugsand ver=
mischter Kiesel, auf dem nur wenige stachelige Sträucher ihr
kümmerliches Dasein fristeten. Von Wild war keine Spur, außer
einigen Knochen und Schädeln von Bergschafen und Elken Je weiter
wir auf dem staubigen, sandigen Weg schritten, Einer hinter dem
Andern, ohne ein Wort zu sprechen, desto unheimlicher wurde
es, da die Nacht bereits eingebrochen war. Kein Laut war ver=
nehmbar, als das Auftreten unserer eigenen Füße auf dem von
den Wagen und Zugtieren der Emigranten aufgelockerten Sande.
Es mochte etwa zehn Uhr sein, da meinte Benzel, wir sollten
endlich uns auf der andern Seite des Wagens hinlegen, denn
einen Brunnen würden wir hier doch nicht finden. Wir ant=
worteten ihm aber kaum, sondern schritten rücksichtslos weiter.
Benzel war ein großer, starker Mann, den wir immer für etwas
faul hielten. Allein blieb er denn auch nicht gern zurück und
trottete deshalb wieder hinter uns her Nachdem wir wieder
etwa eine halbe Stunde gegangen waren, ohne ein Wort zu
sprechen, unterbrach Benzel abermals die Lautlosigkeit der Nacht
und meinte, wir sollten doch Halt machen, denn wir fänden ja
wohl kein Wasser und er sei schlafrig und müde. Aber wie das
erstemal fanden seine Worte kein Gehör bei uns und er blieb
allein zurück Es mochte Mitternacht vorbei sein und wir fingen
doch auch an, Müdigkeit und Schlaf zu empfinden von der
Anstrengung des Marsches und dem ewigen Einerlei in der
Dunkelheit. Einige Schritte seitwärts der Straße legten wir uns

nieder auf den kieseligen Grund. Die Nacht war kühl und wir hatten uns ein wenig warm gelaufen, so daß es uns fror. Thomann trug Zündhölzchen bei sich und zündete die von uns schnell zusammengesuchten dürren Distelkräuter an, aber das Feuer erlosch gar bald, weil zu wenig stengelartiges Zeug dabei war. Nun kratzten wir uns Höhlen in den Sand und legten uns hinein aber es war uns gleichwohl zu kühl und wir zündeten wieder ein Feuer an, bis wir dann im Osten dämmern sahen und uns erhoben. Benzel hatte sich wieder nachgemacht. Wir hatten weder zu essen noch zu trinken mitgenommen, was uns am Morgen noch nicht viel machte, sondern erst, als die Sonne hoch über uns stand und wir umsonst nach etwas Schatten spähten.

Vielleicht zwei Meilen von uns konnten wir einen felsigen Hügel sehen, über den der Weg führte. Meine Kameraden wollten noch bis dorthin gehen, während ich des Durstes wegen lieber da bleiben wollte, wo ich war, um früher Wasser zu bekommen, wenn die Wagen nachkämen. Mit Sehnsucht blickte ich auf die Hügel zurück, die wir gestern überschritten hatten und von wo also die Wagen kommen mußten, denn mein Durst steigerte sich mit der Zunahme der Sonnenwärme Endlich sah ich, daß sich ein wenig Staub erhob, aber es zeigte sich bald, daß dieses nur von einem einzelnen Reiter herrührte, der von dieser Seite kam. Es war der kleine Badenser Müller, der bei Hapy war und mit zwei kleinen Fäßchen Wasser holen sollte. Müller erzählte, daß die Gesellschaft, wie wir vermutet hatten, bei den steilen Hügeln gelagert und diese am Morgen mit einigen Schwierigkeiten über= schritten hätten. Bald stieg wirklich am gleichen Orte eine größere Staubwolke auf, welche von dem Zug der Wagen herrührte, der wie eine Schlange nach der Ebene hinunterstieg. Ich mochte die Ankunft kaum erwarten und hatte dann meinen Durst längst gelöscht, ehe wir zu den steinigen Hügeln kamen, wo uns die Andern warteten. Endlich dort angekommen machten wir eine Stunde Rast, um Mittag zu machen. Jedes Stück Vieh bekam etwa eine Gallone Wasser und ein wenig Gras, wornach sie aber nicht sehr lüstern waren, sondern lieber mehr getrunken hätten. Es mochte drei Uhr sein, als wir die Reise fortsetzten und unten am Hügel auf eine kleine Saharawüste kamen. Der Wind wehte heftig von Nordost und trieb gelblichweißen Sand vor sich her, während unsere Wagen sich zwischen einzelnen 10—12 Fuß hohen Sandhügeln durchwanden. Die Luft war so verfinstert, daß man von der Sonne nichts mehr wahrnehmen konnte und völliges Dämmerlicht herrschte. Ein recht dichtes Schneegestöber hat Ähnlich= keit mit einer solchen Staubfinsternis. Als wir diese kleine Sahara von etwa 4—5 Meilen Breitendurchmesser hinter uns hatten, wurde es ganz windstill und wir befanden uns auf einer absolut vegetationslosen Ebene, die mit einer Mischung von Thon und Salz bedeckt war, so daß man annehmen darf, diese ganze Fläche sei zeitweise unter Wasser, also ebenfalls ein Salzsee, ja sogar mit dem beschriebenen in der nassen Jahreszeit verbunden. Hier ruhten wir ein wenig aus, gaben jedem Stück Vieh etwas Wasser und Gras, nahmen selber eine kleine, sehr bescheidene Erfrischung und zogen dann unseres Weges weiter. Zins und ich blieben beim Wagen, weil Rippstein, Diel und Thomann voraus= gingen in der Absicht den ersehnten Brunnen aufzufinden.

Schritt für Schritt ging es beständig über diese graue Fläche in der Dunkelheit der Nacht. Der Grund war stellenweise ein wenig weich, ein zweiter Beweis, daß hier vor nicht gar langer Zeit Wasser gestanden sein mußte. Ohne anzuhalten fuhren wir bis ein Uhr morgens, als plötzlich unsere drei Kameraden kamen und sagten, sie hätten eben einen Mann getroffen, welcher bei mehreren Wagen zurückgeblieben sei und von diesem erfahren, daß die Distanz zu den nächsten Quellen und Gras noch wenigstens 24 Meilen betrage. Als auch wir diesen Mann trafen, so teilte er uns mit, daß voraus bereits schon viele Wagen zurückgelassen worden seien und man mit dem leeren Vieh zu den Quellen ge= fahren sei, damit es sich dort erhole und stärke, um nachher dann die Wagen zu holen.

Bis dahin war unser Vieh noch in passablem Zustand, denn die Nacht war kühl und der Weg nicht schlecht. Im fernen Osten

fing es allmälig an lichter zu werden. Unfern zu unserer Rechten
konnte man bald im dämmernden Morgenlicht eine hohe, sehr
steile Bergkette unterscheiden, ein wenig zu unserer Linken, bei=
nahe vor uns, erblickte man ebenfalls Berge, die sich senkrecht
aus der grauen, toten Ebene zu erheben schienen und dort herum
hofften wir jetzt das ersehnte Wasser zu finden. In gerader
Richtung vor uns schien die Ebene noch unbegrenzt, denn die
Sonne tauchte glutrot wie eine feurige Kohle aus derselben
auf und nahm dann erst Bogen= und Kugelgestalt an. Wir hatten
bis dahin 24 Wagen gezählt, welche zurückgelassen wurden. Auch
unsere Ochsen schienen zu leiden, denn sie wurden hohläugig,
ihre Eingeweide kollerten unaufhörlich und es stellte sich ver=
dächtiger Durchfall mit Blähungserscheinungen ein. Wasser
konnten wir den armen Tieren keines mehr geben und trockenes
Gras wollten sie nicht und doch mußten wir weiter, das war
keine Frage. Wir trafen mehrere zurückgelassene Ochsen, welche
tot waren und andere bewegten noch ihre Ohren. Es war ein
bedenklich trauriger Anblick.

Die hohen, steilen Berge waren jetzt ganz nahe zu unserer
Linken, aber sie sahen rötlich braun, wie verbrannt aus. Am
Fuße derselben war ebenfalls Alles dürr und kein Zeichen von
Feuchtigkeit. Vorn neben diesen Bergen erhebt sich eine kieselige
Anhöhe, an der wir sicher Wasser zu finden hofften, aber o
weh! Auf der Anhöhe angelangt sahen wir über ein breites
Thal und durch den bläulichen Dunst ein anderes hohes Gebirge
und nun wußten wir, daß wir auch noch dieses zu durchziehen
hatten, bevor wir auf Wasser rechnen durften.

Das Thal zwischen uns und den nebelhaften Bergen erschien
uns wie eine Seefläche, in welcher sich die Umgebung abspiegelt.
Aus Erfahrung wußten wir aber, daß es nur ein Trugbild,
also eine Fata Morgana war. Mitten durch den scheinbaren
Wasserspiegel schien von dem jenseitigen Ufer her ein schwarzes Un=
getüm, gleich einer riesigen Schlange sich uns zu nähern in schrecken=
erregenden, ungeheuern Windungen. Wir Alle staunten einige Zeit
über diese Erscheinung, denn es trennten sich oft einige Glieder

dieses Ungeheuers, dem wir langsam entgegenfuhren und nachher
schlossen sich die einzelnen Teile wieder aneinander an. Endlich
klärte sich das gespensterhafte Etwas dahin auf, daß es eine
große Anzahl Männer waren mit Ochsen, Maultieren und Pferden,
welche nach der Sandwüste zurückkehrten, um die dortgelassenen
Wagen herüberzuholen. Wir hatten seit Sonnenaufgang nur ein=
mal eine kurze Rast gemacht, als wir den Rest unseres warm
gewordenen Wassers tranken. Nun litt nicht nur unser Vieh
an Durst, sondern auch alle zur Gesellschaft gehörenden Personen.
Wir fanden die Zurückkehrenden mit Wasser versehen und sie
reichten auf unsere Bitte Jedem einen Trunk, aber für unser
Vieh konnten sie natürlich kein's abtreten, was wir auch nicht
verlangten. Die Sonne brannte auf die dürre Fläche und es
wurde uns ernstlich bange, ob unser Vieh dieses breite Thal noch
zu durchschreiten im Stande sein werde, denn es schien fürchterlich
zu leiden.

Unser Wagen war der zweitvorderste und unser vorderstes
Joch Ochsen kam immer in Gefahr an den Speichen der Räder
die Hörner zu brechen, weil die Tiere sich bemühten im Schatten
des vordern Wagens zu gehen. Um dieses zu verhüten, trieb
Zins voraus und ich ging voran, damit das Vieh lieber gehe
und nachkomme, aber dabei erhielt ich nicht wenige Stöße mit
den Hörnern, da jeder der beiden Ochsen das Bischen Schatten
von meinem Körper zu profitiren suchte. Wie gerne ich den
armen Geschöpfen jede mögliche Erleichterung verschafft hätte,
so verleideten sie mir mein Vorangehen doch gar bald.

Wir fuhren oft auf einer 2 Zoll dicken Salzschicht. Stellen=
weise floß einige Zoll tiefes, krystallhelles Wasser, aber es war
so salzig, wie das reine Salz selbst. Das Vieh muß angereizt
von dem klaren Wasser und dem Bedürfnis zu trinken fürchterlich
gelitten haben, denn oft schlurfte es davon und dann schüttelte
es sich darob. Wir waren sehr mühsam dem gemeinsamen Lager=
platz endlich näher gekommen, wo ein kleines Dorf von Wagen
aufgestellt war. Noch war kein einziges Stück von unserm Zug=
vieh gefallen und immer näher kamen wir dem grünen Rasen.

Da plötzlich fielen zuerst der eine und dann der andere Ochse des vordern Joches, kaum eine Viertelmeile vom rasigen Grunde entfernt. Wir hatten Mühe bis wir sie wieder auf die Füße gebracht hatten, aber als dies geschehen, ging es wieder langsam vorwärts, so daß wir endlich den grasigen Boden betraten und die Tiere so schnell als möglich abjochten.

Zum Glück war die Quelle so mit Wagen umstellt, daß das Vieh nicht freien Zutritt fand und genötigt war, sich seinen Durst durch langsames Einschlürfen des an der Oberfläche fließenden Wassers und in seinen eigenen Fußstapfen zu löschen, was etwa zwei Stunden dauerte. Ihr zweites Bedürfnis war Ruhe und dann kam erst die Nahrung.

Die Quelle bestand aus einem prächtigen Loche von 4—6 Fuß Durchmesser und etwa 4 Fuß Tiefe. Das Wasser war frisch und schön und was die Hauptsache war, ganz frei von jeglichem Beigeschmack. Die Brüder Kollog hatten einen schönen, großen, schwarzen Hund bis hieher mitgebracht. Dieser sei in die Quelle hineingesprungen, habe sich darin gebadet und Wasser geleckt, sei dann aber, kaum wieder aufs Trockene gekommen, sofort ge= storben.

Obschon Mr. Hapy nicht unser Capitain war, so hieß unsere Gesellschaft doch Hapy's Compagnie. Man sagte uns, daß die uns voranziehenden Emigranten allgemein der Ansicht gewesen seien, unsere Gesellschaft werde auf dieser langen Wüste am meisten leiden, wenn nicht gar samt und sonders zu Grunde gehen. Da wir aber die einzige Gesellschaft waren, die weder einen Wagen noch ein Stück Vieh zurücklassen mußten, waren sie hierüber sehr erstaunt.

VII.

Munteres Leben an der ersten Süßwasserquelle nach der Salzwüste und Weiterreise bis zu den heißen Quellen. Gefährliche Partie wegen Indianerangriffen. Sie stehlen uns fünf Ochsen.

———

Die Reise vom letzten guten Wasser bis hieher hatte von 9 Uhr vormittags des 17. August bis 4 Uhr nachmittags am 19. August gedauert. Alles Wasser, welches wir dem Vieh während dieser Zeit verabreichen konnten, kann kaum mehr als 1½ Gallonen gewesen sein. Trotz der erlittenen Strapazen war Alles munter und fröhlich. Die jungen Mädchen sammelten sich und sangen, die jungen Amerikanerinnen tanzten nach den kratzenden Tönen, die ein Mann seiner alten Violine entlockte, daß der Staub sich erhob. Es war, als ob man die ganze Reise überstanden hätte. Am 20. blieben wir natürlich, weil es zu waschen und zu flicken gab und das Vieh sich erholen mußte.

Heute befanden sich zwei Jäger in unserm Lager, ich glaube Franzosen, sowie zwei Shoshawnee-Indianer und diese konnten sich gegenseitig mühsam sprachlich unterhalten. Als Proviant trugen sie eine bräunliche Masse in ledernen Beuteln bei sich. Es sei diese aus einer eßbaren Wurzel bereitet, sagten die Jäger. Der eine derselben erzählte, daß er auf dem letzten Lagerplatz einen Revolver verloren, der von einem Indianer gefunden worden sei. Nicht wissend, ob die Waffe geladen und wie sie zu behandeln sei, habe der Indianer damit gespielt und diese sei dann losgegangen, wobei derselbe sich etwas verwundet habe. Daraufhin hätten die Indianer den Revolver als ein geheimnisvolles Ding angesehen und beinahe gefürchtet. Sie schienen geglaubt zu haben, daß der Monito (hohe Geist) den Schuß habe losgehen lassen zum Beweis, daß sie das Ding nicht behalten sollen. Sehr vorsichtig hätten sie dasselbe deshalb vom Boden aufgehoben und da sie gesehen, wohin die Jäger gegangen, so hatten sie es dem Betreffenden wieder zugestellt, damit nicht am Ende Monito sich auf eine andere Weise an ihnen räche. Die Jäger hatten nicht versucht, sie eines Bessern zu belehren, sondern im Gegenteil sie in ihrem Aberglauben bestärkt.

Heute wurden die meisten zurückgelassenen Wagen einge= bracht und es war Alles frohen Mutes: Geschichten wurden er= zählt, sowie gesungen und getanzt. An einer besonderen Stelle hatten sich die Mädchen versammelt. Unter ihnen, wie der Teufel unter Engeln, hatte sich auch Lucinda eingefunden. Die jungen Männer standen in einem Kreise um die singenden Mädchen herum. Alfred, der frühere zehnstundige Geliebte Lucinda's stand zu meiner Linken dicht neben mir und hörte, wie wir Alle, auf die Lieder Da nahm Lucinda ein kurzes Stück Holz und warf es nach ihm. Diese Heldenthat der rohen Person war doch den Leuten zu viel und man bedeutete dem Beleidigten, daß er sich so etwas nicht gefallen lassen sollte. Dieser meinte aber in seiner naiven Bescheidenheit, er sei nur ein armer Bursche und wisse ja nicht, ob er Freunde habe. Wir erklärten ihm, daß wir Alle seine Freunde seien ' Was Lucinda betrifft, so will ich hier ein für allemal mit ihr fertig werden, damit wir dann nicht mehr auf sie zu sprechen kommen. Wir wissen, daß sie etwa zehn Stunden mit Alfred verheiratet war und nachdem sie nur mit= einander gezankt und sich wieder getrennt hatten, kam sie wieder zu Hapy's und schien dann ein Auge auf den bei Hapy angestellt gewesenen, großen, schönen Mikke geworfen zu haben. Dieser hatte aber, wahrscheinlich um der allzu großen Verliebtheit der Lu= cinda ein Ende zu machen, den Platz bei Hapy lieber verlassen Ein auf der Straße gefundener Brief von Mikke an Lucinda wurde zum allgemeinen Gespött öffentlich vorgelesen und nachher kam die Geschichte mit dem Kleiderbündel in der Sandwüste In Californien habe sie dann einen jungen Mann geheiratet, welcher aber bald zu kränkeln angefangen habe und dann ge=

storben sei und später einen Matrosen in der Bay von San
Franzisco, welches Experiment sie in sechs Wochen dreimal
wiederholt habe. Nehmen wir also für immer Abschied von
diesem Ärgernis erregenden Weibe, nachdem wir dasselbe leider
in der Meinung, es sei unsere Pflicht, von Independence mit=
genommen hatten.

Am 21. August, abends verließen wir diesen Lagerplatz, weil
das Gras zu spärlich geworden war, fuhren aber nur ein paar
Meilen weit, wo wir besseres Gras fanden. Am 22 blieben wir
auch noch da, weil unser Vieh immer noch ruhebedürftig war,
so auch am 23. und erst am 24. brachen wir, die five german
Boys auf, die übrigen von der Gesellschaft zurücklassend. Es
schien uns, daß der richtige Eifer, vorwärts zu kommen, in
unserer Gesellschaft etwas nachgelassen habe und wir hatten doch
noch eine weite und harte Reise vor uns. Unser Weg führte
uns noch durch die Salzebene an mehreren teils salzigen, teils
süßen Quellen vorbei, wo aber nur wenig Gras wuchs. Nach
den ersten zurückgelegten 6 Meilen stiegen wir durch eine Schlucht
einer Vertiefung zu, zwischen felsigen Abhängen durch und kamen
zu dem Brunnen, der zwei Jahre vorher von Emigranten ge=
graben wurde Das Wasser war klar und kühl, aber spärlich,
so daß für das Vieh nur wenige Gallonen übrig blieben.

Nach einer sehr beängstigenden Nacht aus Furcht vor Indianer=
angriffen hier zwischen Felsen, erreichten wir bald eine Hochebene
und trafen da einen Kreis von auf= und durcheinandergelegten
Cedernästen und wir bemühten uns umsonst, den Zweck dieser
Einrichtung einzusehen Nachträglich vernahmen wir, daß die
Indianer hier die Antilopen fingen, indem sie diese hinein=
lockten und dann mit ihren Pfeilen zusammenschössen. Sie sollen
dies von den Wölfen gelernt haben, welche, mindestens Viere
an der Zahl, sich so verteilen, daß ungefähr gleiche Entfernungen
zwischen je zwei Wölfen bleibt. Wenn die Antilope sich zwischen
den Wölfen noch in großer Entfernung befindet, so rücken diese
vierbeinigen Jäger immer gleichmäßig näher, so daß der Kreis
immer enger wird und das Tier immer weniger wagt, diesen zwischen

zwei Wölfen zu durchbrechen. In seiner Angst verliert das ver=
folgte Tier die Überlegung und wird vor Schrecken sozusagen
blind, so daß die Verfolger leichtes Spiel haben sie schließlich
anzupacken und zu zerreißen. So hörte man erzählen.

Unsern neuen Lagerplatz fanden wir etwa um 11 Uhr vor=
mittags, wo bereits eine Gesellschaft lagerte. An dieser Stelle
hatte zwei Jahre vor uns eine Auswanderungsgesellschaft aus
Mangel an Zugvieh für die Weiterreise ihre Wagen zurückge=
lassen und was sie nicht mitnehmen konnten, in den Boden ver=
graben. Die Wagen verbrannten dann die Indianer und die
Vorräte werden sie geraubt haben.

Rippstein war heute recht krank, er hatte die richtigen
Masern; deshalb und weil hier leidlich Wasser und ziemlich Futter
vorhanden war, blieben wir auch noch am 26. hier.

Obschon wir keine Indianer zu Gesicht bekamen, so sahen
wir doch auf den umliegenden Anhöhen ihre Feuer.

Ohne Belästigung ihrerseits und ohne besonders interessante
Vorkommnisse ging die Reise weiter, bis wir am 29. August in
ein trockenes, weites Thal hinunter kamen, durch welches die
Straße gegen das jenseits liegende Gebirge führte, an dessen
Fuß wir endlich wieder gutes und reichhaltiges Wasser und Gras
zu finden hofften. Wir hatten uns aber getäuscht, denn erst am
Fuße anderer hoher, aber entfernterer Berge trafen wir endlich
das Gewünschte und etwa 30 Indianer, die in der Nähe unseres
Lagers wohnten. Es waren beinahe lauter Männer im Alter
von 18—50 Jahren. Die zwei ältesten davon waren dickbäuchige,
alte Burschen. Ein sauertöpfiger Engländer rauchte seine Gips=
pfeife und die Indianer gaben ihm durch Zeichen zu verstehen,
daß sie auch einige Züge aus seiner Pfeife thun möchten. Der
Engländer schnurrte sie aber höchst unfreundlich ab, denn diese
dreckigen Indianer brauchten nicht aus seiner Pfeife zu rauchen,
meinte er.

Hatten die Indianer seine Worte auch nicht verstanden, so
begriffen sie doch, was er meinte und ließen dies aus ihren
dunklen Gesichtern erkennen. Das unfreundliche Benehmen des

Engländers wurde aber auch von den Mitreisenden als roh und unklug getadelt. Eine ältere Amerikanerin, Mutter von fünf erwachsenen Kindern, welche sich unter den vor uns hier angekommenen Emigranten befand, war so klug, die Mißstimmung bei den Indianern dadurch zu heben, daß sie ihre eigene Pfeife anzündete und dem einen der indianischen Dickbäuche hinreichte. Dieser nahm sie unter allen Zeichen der Befriedigung in Empfang, that 10—12 Züge daraus, wobei er den Rauch durch die Nase entweichen ließ. Er überreichte dann die Pfeife mit Geberden großen Behagens seinem ebenso dickbäuchigen Nachbar. Von diesem kam sie an den Dritten und so fort, bis Alle die Herrlichkeit des Rauchens probirt hatten. Alle waren höchlich erfreut über die ihnen von der weißen Frau bewiesene Ehre und unterließen nicht, im Gegensatz zu dieser, den Engländer mit giftigen, rachsüchtigen Blicken zu messen. Wäre diese amerikanische Frau hier zurückgeblieben, so würde der rothaarige Häuptling ihr aus lauter Dankbarkeit wohl einen Heiratsantrag gemacht haben.

Die zwei alten Squaws, welche die einzigen Frauen unter den Indianern waren, sahen dieser Rauchceremonie vergnügt zu. Es waren dies die abschreckend häßlichsten Menschen, die ich je gesehen habe. Sie waren sozusagen nackt, denn sie trugen nur ein kleines Stück Tierfell um ihre Lenden. Mit ihren großen, faltigen, dreckigen Bäuchen sahen sie alten Schweinen, welche sich kurz vorher in irgend einem Schlammbach gewälzt hatten, ziemlich gleich, nur glaube ich, daß ein nur halbwegs ordentliches Schwein sie doch noch an Schönheit übertroffen hätte. Diese Indianerinnen staunten über die zarten, glatten, beinahe weißblonden Haare eines schönen, sechsjährigen Knaben. Ihr lautes Lachen glich einem überaus hochtönenden Kreischen, wobei sie ihre Gesichter auf's abscheulichste verzogen. Sie konnten sich an dem Knaben nicht satt sehen und zeigten immer nach ihm. Ihr Gespräch hatte viel ähnliches mit dem Gekreische einer Anzahl Elstern, wenn sich diesen eine Katze oder ein Fuchs nähert. Diese Squaws saßen nicht bei den Männern, sondern abgesondert, kamen aber jedenfalls, wie auch die Männer nur zu unserm Lager, um ihre Neugierde zu befriedigen, was wir ihnen von Herzen gönnten. Die Männer trugen Halsbänder von Bärenklauen, sonst waren sie beinahe ganz nackt. Ihre Gesichtsfarbe war dunkler als die der Sioux, auch waren sie nicht so groß und stattlich, wie jene.

Nachdem wir von hier aufgebrochen, kamen wir nach einigen Tagen in die quellenreichste Gegend zwischen Missoury nnd Californien. Es waren prachtvolle, trichterförmige Bassins da, welche wie künstlich gemacht schienen. In einem derselben sahen wir sogar kleine Fischchen, wie in einem Aquarium. Am 5. September, abends war es sehr kühl und am 6. morgens der Boden sogar etwas gefroren, was uns eine ernste Mahnung war, uns nicht etwa hier im Gebirge vom Winter überraschen zu lassen. Bei Tage war es übrigens oft noch sehr warm

Einmal traf ich einen Indianer unweit am Wege sitzen, dem ich mich näherte und mich neben ihn setzte. Sein behaarter Rücken war wie Sammet und ich tätschelte ihm einigemale auf denselben, indem ich ihm freundlich ins Gesicht schaute. Der Indianer schien weder erschreckt noch böse über mein Benehmen und über mein zutrauliches Wesen, sondern nickte mir im Gegenteil mit Lachen zu. Sprechen konnten wir leider nicht, also mußten wir uns mit Zeichen und Bewegungen aushelfen. Ich erinnerte mich jetzt an die eßbaren Wurzeln, nahm meinen Stock in die Hand und machte ein Zeichen, als ob ich etwas ausgraben wollte und zeigte dann auf meinen Mund, meine Kinnladen bewegend. Er sprang schnell von seinem Sitze auf, suchte neben der Straße auf dem Rasengrund umher und kam nach ein paar Minuten mit ein paar kleinen gelben Wurzeln zurück. Ich deutete, daß er zuerst davon essen solle, was er sofort that; dann biß ich ebenfalls ein kleines Stück ab und kostete es vorsichtig. Der Geschmack glich dem Pastinak und ich aß die übrigen Stücke mit Vergnügen. Dies schien ihm zu gefallen und er grub schnell noch mehr. Dann lief er davon, suchte schnell ein paar große Heuschrecken, drückte den größten davon, mit langen Springfüßen, auf die Wurzel und deutete, daß ich dies essen solle. Als ich dieses heuschreckliche Butterbrot verschmähte, und Eckel zeigte, war er überrascht und um mir zu beweisen, daß er mir nichts absonderliches zumute, nahm er selbst einen Bissen, während er mir den Rest wieder überreichen wollte. Er schien mit der Dummheit dieser Weißen Mitleid zu haben.

Da man am Abend die Schlucht nicht mehr passiren wollte, so beschlossen wir, lieber gerade hier zu bleiben, nachdem wir doch so angenehme Bekanntschaft gemacht hatten.

Wir five german Boys hatten auf jeden von uns drei Kuchen aus Brotteig in Fett gebacken, nebst diesem ein wenig Büffelfleisch, Thee oder Kaffee, ein Gericht, welches wir auf der Reise täglich zwei= oder dreimal genossen. Als wir unser Souper im Zelt einnehmen wollten und uns zu diesem Zweck auf den Boden gesetzt hatten, kam unser Indianerfreund, ohne lange Komplimente zu machen, auch und setzte sich neben mich, dabei deutend, daß er jetzt auch essen möchte. Er erhielt dann von jedem den halben Kuchen, so daß unser Nachtessen schmal wurde, aber es ging ja doch und der Gast schien recht zufrieden zu sein und ging dann vergnügt von dannen. Der Genuß roher Vege= tabilien machte sich bei Thomann und besonders bei mir bemerk= bar. Ziemlich heftige Leibschmerzen waren die Folgen, so daß ich während der Nacht wünschte, ich hätte diesen Leckerbissen nicht ge= gessen. Am Morgen war aber mein Zustand wieder normal.

Am 7. morgens hatten sich acht Indianer bei uns einge= funden und darunter auch mein Freund vom vorigen Abend. Sie waren gerade gekommen, als wir den Lagerplatz verlassen wollten. Mein Wurzelfreund hatte seine beiden Hände voll von Wurzeln, welche er mir noch schenken wollte, allein der Schmerz und die Lauferei, welche mir diese die letzte Nacht verursacht hatten, enthoben mich jedes Gelüstes. Damit er mich aber nicht für undankbar halte, mußte ich ihn mit dem Grund meiner Ab= weisung bekannt machen, was ich damit am besten zu thun glaubte, daß ich mich nach vorn bog und mit beiden Händen meinen Bauch hielt und stöhnte, als ob ich die heftigsten Leibschmerzen hätte. Die Indianer hatten mich vollkommen verstanden, da ich mich noch drastischerer Zeichen bediente, und es ertönte ein wahrer Lachsturm aus ihren Kehlen. Mein Freund lachte dabei womöglich am meisten und warf seine Wurzeln mir auf den Rücken. Wir lachten natürlich mit und schieden dessenungeachtet als gute Freunde.

Kaum 200 Schritte vom Lagerplatz begann die Durchfahrt durch eine enge, sehr romantische, etwa sechs Meilen lange Schlucht, durch welche das Flüßchen sich den Weg gebahnt hatte und welches wir vierzehnmal durchschreiten mußten.

Als wir uns der letzten Durchfahrt näherten, schien unserm Ben — so hieß der rechte Ochs unseres vordersten Joches — das breite, tief aussehende Wasser zu unserer Linken durchaus nicht zu gefallen. Er schielte und blinzelte es an, als ob er dabei dächte: „Mit diesem Bach ist nicht alles richtig, da heinein gehe ich nicht." Er war ein großer, schlanker Kerl mit sehr langen Hörnern, schielte mit dem einen Auge ein wenig, war aber in der Regel ein gutes, folgsames Tier. Das Wasser floß rechts über eine kieselige Stelle, wo man den Grund gut sehen konnte. Bens Verstand schien ihm da zu sagen, daß ein Ochs von seiner Größe keine Gefahr laufe, in dem kaum 1 $\frac{1}{2}$ Fuß tiefen Wasser zu ersaufen, also zog er es vor, nach rechts zu halten, statt mitten durchzugehen. Zins, welcher heute Fuhrmann war, hielt und trieb möglichst nach links, Thomann blieb hinten am Wagen, um diesen vor dem Umstürzen gegen links zu halten und ich zog den eigensinnigen Bens an seinen langen Hörnern nach links, während Zins mit seiner Peitsche tüchtig knallte und O haw kommandirte.

Auf dem schiefen Grund bekam der Wagen so viel Neigung nach links, daß er beinahe umstürzte. Mit Not konnten wir nochmals die Tiere zum Stehen bringen und ich suchte aus Leibeskräften den Ben auf die linke Seite gegen das jenseitige Ufer zu drücken. Aber o weh! Als dann alle Ochsen angezogen hatten, schoß mich der Starrkopf bei Seite, wie wenn ich ein Kind wäre und der Wagen warf um, so daß die Räder direkt nach oben gekehrt waren und alle unsere Sachen im Wasser lagen. Mir war nur für meine schöne Doppelflinte bange und für meine Bücher, aber ich sagte dabei kein Wort. Zins war auch still, aber natürlich mehr als ärgerlich. Thomann aber ließ eine Batterie von Donner und Wetter und dem bekannten G . d . . los, es war eine wahre Lawine von Wutausdrucken, denen er endlich die Frage beifugte: „Was fangen wir nun an?“ Unser Stillschweigen konnte Thomann gar nicht begreifen und immer wiederholte er diese Frage, nicht begreifend, daß wir so ruhig blieben

„Wenigstens können wir nicht ewig auf diesem Fleck bleiben und wenn wir mit einander schimpfen, wie die Rohrspatzen oder wie Thomann“, antwortete ich endlich auf sein. „Was fangen wir nun an?“ Ich weiß, was wir anzufangen haben. Wir spannen die Ochsen ab, treiben sie auf jenes kleine Inselchen, kommen zurück und schleppen unsere Sachen eben dorthin, stellen den Wagen auf, ziehen ihn hinüber zu unseren Sachen, laden diese auf, spannen die Ochsen wieder an und fahren fort.

Thomann wurde über diese teilweise ernst und teilweise ironisch gemeinten Worte gar arg aufgebracht, seine Donnerwetter folgten hageldicht auf einander mit einer ganzen Reihe von G . . d . . . dens. Zins brach endlich in ein lautes Lachen aus, womit aber Thomann nicht stiller wurde, bis Zins sprach· „Gerade wie Lienhard es sagt, müssen wir es machen, wenn alle Drei nur so dastehen und schimpfen und schelten würden wie Du, so würde unsere Lage nicht verändert.“ Thomann, welcher immer noch nicht zur Ruhe kommen wollte, meinte es seien nicht gerade meine Worte, welche ihn ärgerten, sondern weil ich bei der ganzen fatalen Lage diese Worte mit solcher Kaltblütigkeit gesprochen hätte, als ob Alles nichts wäre.

Wie ich vorgeschlagen, so thaten wir. Es gab da freilich noch einige kleine Donnerwetter, besonders als Thomann und ich unsere Bettbündel aus dem Wasser zogen und ein kleiner Bach aus denselben floß. Wir wurden übrigens mit unserer Arbeit schnell fertig, hatten die Ochsen wieder angespannt und fuhren gerade von dieser Stelle weg, als der erste der uns nachkommenden Wagen bei dieser letzten Durchfahrt erschien.

Der erlittene Schaden war nicht groß; die Bogen waren allerdings gebrochen und die Blanke zerrissen, sowie Alles mehr oder weniger durchnäßt, doch blieb das Schießpulver beinahe ganz verschont. Zwei andern Wagen passirte das gleiche Malheur, wie uns und man machte am 8 September dann Rasttag, um Alles zu trocknen.

Es muß am 10. September gewesen sein, als Rippstein und ich einander beinahe in die Haare geraten wären. Ohne irgend= welche Veranlassung verlangte nämlich jener von mir Versicherung dafür, daß ich ihm in Californien das, was ich ihm schuldig geworden sei, mit barem Geld bezahle. Als ich ihm die Zu= sicherung gegeben, daß die vollständige Zurückzahlung eine selbst= verständliche Sache sei, aber das wann und wie von den Um= ständen abhangen werde und Rippstein gleichwohl auf seiner Forderung beharrte, so kam es zu unangenehmem Wortwechsel und beinahe zu Thätlichkeiten, die dem Einen oder dem Andern das Leben hätten kosten können, denn es empörte mich, daß man hier auf der Reise von mir absolut Unmögliches verlangen könne, nachdem ich ihm all mein Eigentum zugesichert und Ripp= stein wie Thomann wußten, daß ich schon in St Louis gesagt hatte, ich könne nicht mitkommen, weil ich zu wenig Geld habe. Rippstein wurde erst ruhig, als Kiburz sich in die Sache mischte und zu ihm sagte: Wie könnt Ihr denn mehr verlangen, als Lienhard Euch offeriert? Ist das, was er zu thun willens ist, denn nicht genug? Mehr könnte er ja nicht thun, als was er Euch versprochen hat und wie könnt Ihr verlangen, was un= möglich ist. Rippsteins Benehmen kränkte mich grenzenlos, da ich mich ja beinahe nackt ausgezogen hätte, um meine Freunde be= friedigen zu können und nie kann ich jenen Akt der Nieder= trächtigkeit vergessen.

Am 11. lagerten wir an den Ufern des Marys=Rivers zu Füßen des Gebirges rechts. Schon seit lange hatten wir des Nachts keine Wachen mehr aufgestellt, denn wir waren am Abend zu müde Alles war ja bis dato gut abgelaufen und namentlich hatten wir der Indianer wegen nie ernste Unannehmlichkeiten er= fahren. Am 12. morgens nun fehlten drei Ochsen, zwei von Kiburz und einer von Barbens. Man hatte Spuren, daß diese in die fernen Bergniederungen getrieben wurden, aber wir wagten keine Verfolgung, sondern setzten den Weg etwa 12 Meilen fort, bis wir wieder lagerten und wo uns Kiburz's schwarzer gestohlener Ochs einholte. Er schien strenge Arbeit gehabt zu haben, so daß es ihm bei uns besser gefiel, sonst wäre er uns nicht nachgereist. Es überraschte dies uns sehr.

Am 14. kamen wir in die Nähe eines hohen, tiefsandigen Hügels, den wir am folgenden Morgen zu übersteigen hatten Unser Lager war kaum eine halbe Meile davon entfernt und unser Vieh hatte nur spärliches Gras, trotz der Nähe des Flusses.

Schon oft hatten wir abends von den großen Leiden und sogar vom Untergang früherer Emigranten gesprochen, welche zu spat im Herbst bei dem Übergang der Californischen Gebirge angekommen waren und deshalb verabredet, daß der letzte Wachehabende am Morgen früh auch den allgemeinen Wecker machen müsse. Thomann, der diesmal die letzte Wache hatte, erfüllte seine diesfällige Pflicht auf's gewissenhafteste, aber mit Ausnahme der five german Boys muckte sich keine Seele oder es zeigte sich doch wenigstens Niemand. Sogar ein paar Donnerwetter und G . . . dms von Thoman blieben ohne Erfolg. Diese augenscheinliche Gleichgültigkeit veranlaßte uns zu dem raschen Entschluß, allein aufzubrechen.

Nahe vor uns lag allerdings der sandige Hügel von dem es hieß, daß doppeltes oder dreifaches Gespann erforderlich sei, ihn zu überwinden, aber wir fünf Männer konnten etwas leisten und wenn das Vieh allfällig den beladenen Wagen nicht hinaufzubringen im Stande wäre, so würden wir ausladen und unsere Sachen auf dem Rücken hinauftragen, meinten wir.

Als wir gerade zur Abfahrt bereit waren, kam endlich Mr Hapy aus seinem Wagen heraus, sah uns überrascht an und wollte wissen, was wir beabsichtigten, worauf wir ihm unser Vorhaben offen darlegten. Mr. Hapy zeigte auf den hohen, sandbedeckten Hügel und warnte uns, indem er versicherte, daß wir dort unmöglich hinaufkamen.

Zins, welcher heute wieder Fuhrmann war, knallte einige

male mit der Peitsche und rief· Get up there! und die Ochsen zogen wie auf einen Gedanken an und hinweg fuhren die five german Boys zum Erstaunen der schlaftrunkenen Zurückgebliebenen. Wir waren bald genug bei dem befürchteten Hindernis. Zins ließ die Ochsen etwas ausruhen und wir übrigen Viere gingen jeder an ein Rad. Jetzt knallte Zins wieder gewaltig und ohne zu ruhen kamen wir etwa Zweidritteile den Hügel hinauf. Der steilere Dritteil war nun allerdings noch zu übersteigen. Wir hielten mehrere Minuten an, damit die Ochsen verschnaufen konnten, alsdann half ich dieselben antreiben und sobald sie im Gang waren sprang ich ans linke Vorderrad, welches ich schneller zu drehen vermochte, als der Wagen fuhr und wir hatten die Höhe erreicht, ohne stecken geblieben zu sein. Obschon wir schneller atmeten als gewöhnlich, so hatten wir doch noch so viel Luft zur Verfügung, um drei Hurrahs for the five german Boys mit Begeisterung von uns zu stoßen, wobei wir unsere Hüte hoch in die Luft warfen.

Drunten waren die Leute nach einander aus dem Wagen herausgekrabbelt und hatten alle ihre Blicke nach uns gewandt, wir aber winkten ihnen noch ein Adieu zu und fuhren davon

Es war beinahe Mittag, als wir an einer Stelle vorüber mußten, wo früher sichtlich ein schöner Lagerplatz war An einem Weidengebüsch neben der Straße hing ein Stück Papier, welches beschrieben war und mir deshalb auffiel. Auf demselben stand, daß an dieser Stelle die Indianer angefangen hätten, mit Pfeilen auf die Ochsen zu schießen und dann ein Kampf zwischen etwa dreißig weißen Männern und über zweihundert Indianern statt· gefunden habe. Von ersteren sei Einer lebensgefährlich und mehrere leicht verletzt worden und von letzteren seien, wie man annehme, etwa zehn Mann getötet und eine Anzahl verwundet worden.

Diese Indianer hatten sich also nicht gescheut, etwa dreißig Mann anzugreifen und jetzt sind nur unser fünf. Was sollen wir thun? Sollen wir warten bis unsere Gesellschaft nachkommt?

Wir aber waren bald mit uns einig, indem wir das Warten

als einen Akt der Feigheit betrachteten und im übrigen fanden, daß fünf kräftige Männer mit guten Schußwaffen, die keine Rücksichten auf Frauen oder Kinder zu nehmen hatten und ohne frisch zu laden 18 Schüsse abgeben konnten, doch auch etwas leisten konnten, besonders wenn man sich blos für die eigene Haut zu wehren habe und im Falle des Unterliegens kein Hahn nach einem krähen würde. Dies war meine Ansicht und ich hatte die Befriedigung, daß sie von Allen geteilt wurde.

Nachdem ich das Papierchen wieder dahin gethan, wo ich es genommen hatte und wo es Vorübergehende sehen mußten, fuhren wir weiter. Es war ziemlich spät geworden, ehe wir uns am Ufer des Marysriver an einer offenen Stelle lagerten. Unser Vieh ließen wir frei laufen, damit es sich so gut als möglich sättige.

Am nächsten Morgen den 16. September war alles gesund und munter, Menschen und Vieh, und nachdem wir gefrühstückt, trieben wir guten Mutes weiter. Gegen Abend entdeckten wir, daß die verlassene Gesellschaft uns eifrig nachkam, weshalb wir erst spät in der Dämmerung lagerten.

Am 17. abends hatte Kiburz uns mit seinen zwei Wagen erreicht. Der eine wurde von seinem alten Schwiegervater Barben getrieben. Kaum hatten sie jedoch Halt gemacht, als Mr. Barben laut fragte: Kiburz ich frage Sie noch einmal, ob Sie entschlossen sind, mit diesen Männern zu fahren oder mit der Gesellschaft, bei welcher meine Söhne sind? Kiburz erklärte, daß er mit uns fahren werde, wenn Einer von uns seinen zweiten Wagen für ihn treiben wolle, worauf Mr Barben ihm und uns Allen, besonders aber seiner Tochter, der Frau Kiburz und deren Kinder gute Nacht sagte und uns dann verließ. Zins übernahm es, das früher von Barben besorgte Fuhrwerk zu treiben, wenn Kiburz ihm dafür Nahrung gebe, womit dieser einverstanden war

Am 18. machten wir uns früh reisefertig Ich war Fuhrmann, da wir eine sehr staubige Straße hatten war das Vieh bald durstig. Es war etwa mittags 1 Uhr und ich mußte Rippsteins Axt brauchen, um die Bolzen loszumachen. Nachdem ich

die Ochsen nach der Ruhepause wieder angespannt hatte, vergaß
ich die Axt in den Wagen zu legen, was wir erst am Abend
beim lagern wahrnahmen. In der Nähe war ein Prairiewolf
damit beschäftigt, von einem halbeingetrockneten Ochsen sich eine
Mahlzeit abzureißen. Wir hatten bereits öfters Gelegenheit ge=
habt, zu beobachten, daß die trockene, salzgeschwängerte Luft die
Verwesung toter Körper verhindert, so daß diese eintrocknen.
Daß sich hier jetzt fast immer Wölfe aufhielten, mochte von dem
vielen umgestandenen Vieh herrühren, welches hier liegen blieb,
denn es erlagen den Strapazen mehrere Ochsen, weil sie eiterige
Füße bekamen.

Wir wunderten uns oft, von was für Nahrung die Indianer
lebten, da die Flüsse keine Fische zu besitzen schienen. Ver=
schiedene Heuschrecken, die wir trafen, ließen uns vermuten, daß
diese zu gewissen Zeiten die Hauptnahrung dieser Indianer bilden
möchten, denn am Sweetwater trafen wir sie so zahlreich, daß
wir strichweise keinen Fuß auf den Boden setzen konnten, ohne
solche zu zertreten. Einige waren zwei Zoll lang und besaßen
hinten einen hornartigen, schwertförmigen Fortsatz.

Als wir uns am Abend lagerten und die Axt zum Losmachen
der Bolzen brauchen wollten entdeckten wir erst, daß ich sie
beim letzten Lagerplatz zurückgelassen hatte, was bei Rippstein
wieder böses Blut gab. Was konnte ich anders thun, als diese
womöglich holen. Am Morgen borgte ich mir Kiburzens Maul=
esel und ritt zurück, was aber sehr mühsam war, da das Tier
nicht traben wollte. Als ich in die Nähe des mumienartigen
Kadavers kam, schnarchte das Maultier gewaltig, denn einige
Wölfe waren hier am frühstücken. Als ich der Stelle nahe war,
wo ich die Axt liegen gelassen hatte, war gerade eine Gesellschaft,
die ebenfalls hier gehalten hatte zum Aufbruch bereit, und ich erkun=
digte mich beim vordersten Wagen, ob man nicht eine Axt ge=
funden habe, was bejaht wurde. Man sagte mir, daß
ein dummer Engländerbursche sie gefunden habe. Dieser war
im hintersten Wagen. Der Tölpel wollte anfänglich leugnen,
aber es half nichts; hingegen hatte er schon den „Halm“

abgesägt und die Axt selbst tief unten in dem Wagen ver=
borgen gehabt.

Ich kehrte sofort zurück, hoffend, daß ich meine Kameraden
am Abend noch erreichen möchte. Dieser einsame und trostlos
langsame Ritt beängstigte mich, weil die Indianer es sehr auf solche
Einzelne abgesehen hatten, aber ich erreichte schließlich doch Abends
spät meine Kameraden, als sie schon eine Weile lagerten.

Wir waren seit längerer Zeit gewohnt, am Abend noch
unser Fleisch für den Morgen zu dämpfen, zu welchem Zweck
wir dann vor dem Schlafengehen noch ein wenig Wasser nachgossen
und die gußeisernen Pfannen mit dito Deckeln am Kohlenfeuer
stehen ließen. Frau Kiburz stellte ihren Kessel mit dem Fleisch
unter den Wagen, in welchem sie schliefen, neben diesen legte sich
der wachsame Tiger. Wie schon seit längerer Zeit, schlief ich
allein in unserem Wagen, während meine Kameraden einige
Schritte neben demselben und nicht weit vom Feuerplatze in
Kiburzens Zelt schliefen. Um auf alle Fälle gerüstet zu sein,
blieb ich in meinen Kleidern und hatte meine immer mit Reh=
pösten geladene Doppelflinte, sowie mein Schweizerweidmesser
neben mir. Wir hatten uns alle seit wohl einer Stunde zum
Schlafen gelegt, als es mir vorkam, ich höre dann und wann
metallische Töne und ein Knurren und nachher glaubte ich, daß
Jemand um den Wagen herum schleiche. Schnell meine Flinte
in die Hand nehmend, richtete ich mich von meinem Lager auf,
aber trotz aller Vorsicht krachten die Kisten unter mir einwenig.
Wenn Indianer in der Nähe sind, so müssen diese aufmerksam
geworden sein, dachte ich, und Pfeile auf mich losschießen,
sobald ich aus dem Wagen steige. Ich hatte beide Hahnen der
Flinte gespannt und wäre ein Indianer vor meinem Wagen
aufgetaucht, so hätte ich ihm wenigstens die Ladung des einen
Laufes sofort zugeschickt. Im Zelte hörte ich endlich den Thomann
sagen: „Was zum Teufel mag da draußen vorgehen, es ist mir,
als ob ich schon ein paar Mal etwas gehört hätte." Diese
Worte weckten die Andern auf und Kippstein trat, mehr couragirt
als besonnen, aus dem Zelt, denn er wäre verloren gewesen, wenn

wirklich Indianer uns nachgestellt hätten. Ich bemerkte trotz der Dunkelheit, daß unsere Pfannen vom Feuer fort waren, also — so meinte ich — müssen Indianer da sein, denn Wölfe würden sich nicht getraut haben, die Pfannen sammt Deckel aus dem Kohlenfeuer zu holen. Alle waren jetzt vollkommen wach und man beriet die Sachlage. Rippstein rief: „Hier ist die Pfanne, aber kein Deckel mehr auf derselben."

Nun hörte man das Maultier zwischen dem nahen Gebüsch wiehern und sich dem Wagen nähern. „Vielleicht wollten Indianer dasselbe fangen und es flüchtet sich zum Wagen", dachten wir.

Auf einmal erhob sich ein widerliches Wolfsgeheul und nach den Stimmen oder Tönen zu urteilen, waren es nicht Prairie= wölfe, sondern von der großen Rasse. Kiburz schoß seinen Schweizerstutzer in der Richtung des Geheuls ab und das Echo von den Bergen her gab den starken Knall schauerlich zurück.

Das Wolfskonzert hatte aufgehört, aber man war noch nicht sicher, ob es etwa bloß von Indianern nachgeahmt war, um unsere Verteidigung irre zu leiten. Man schlief nicht mehr viel und sehnte sich auf den Tagesanbruch, weil wir be= fürchteten, man könnte uns am Ende doch beraubt haben.

Dies war zum Glück nicht der Fall und es stellte sich heraus, daß es wirklich nur Wölfe waren, welche uns den Schrecken be= reitet hatten, denn man fand überall die Spuren von großen Wolfspfoten. Als Frau Kiburz ihren Fleischtopf unter ihrem Wagen hervornehmen wollte, war derselbe verschwunden. Wer konnte das gethan haben, als Indianer, denn der Tiger würde keinen Wolf zugelassen haben. So meinte Frau Kiburz, denn der Hund war ein tapferes Tier und hatte manchen Prairiewolf zu Tode geschüttelt. Es war kein Zweifel, daß der nächtliche Besuch von großen Wölfen abgestattet worden war und man kam zu dem Schluß, daß der gescheidte, erfahrene Tiger gedacht haben könne: Thut mir nichts, dann lasse ich Euch das Gewünschte zukommen. Kiburz's Fleischkessel hatten sie ungefähr 80 Schritte weit fortgetragen und sich natürlich das Fleisch schmecken lassen, denn der Topf war leer bis auf ein ganz kleines Stück

Trotz der Ruhestörung waren wir noch ganz zufrieden in Anbetracht der anerkennenswerten Leistungen der klugen Tiere und unseres nur kleinen Verlustes.

Am 20 September waren wir früh aufgebrochen. Wir verließen das Flußufer bis Abends 4 Uhr und hatten die Absicht, hier zu lagern, als wir auf einen frischen Grabhügel aufmerksam wurden. An einem niedrigen Strauch daneben bemerkten wir ein kleines Stück Papier, auf welchem folgendes geschrieben war: „Seht Euch wegen den Indianern vor. In diesem Grabe liegt der Mann, der weiter oben in dem Gefecht mit den Indianern tödtlich verletzt und hier begraben wurde. Wir fanden ihn bei unserer Ankunft aus dem Grabe gewühlt, aller seiner Kleider beraubt, seinen Körper verstümmelt, denn Ohren, Nase, Finger und die Kopfhaut waren abgeschnitten Wir begruben ihn dann wieder in demselben Grabe."

Dies war eine Nachricht, die uns den Platz zum Übernachten verleidete. Nachdem wir und das Vieh getrunken und wir uns mit etwas Wasser versehen hatten, zogen wir weiter und kamen wieder auf die höher gelegene Wüstenebene. Die Sonne war untergegangen und es zeigte sich noch keine günstige Stelle zum lagern, so daß wir drauflos fuhren, bis wir wieder in die Nähe des Flusses kamen und es ganz dunkel wurde. Da für das Vieh kein Futter da war, so mußten wir dasselbe an der steilen Seite des Bluffs hinunter treiben, damit sie sich selber Gras und Wasser suchen konnten.

Meine Ansicht war, an diesem Abend kein Feuer anzuzünden, um die Indianer nicht heranzulocken. Rippstein wollte aber absolut Feuer haben, damit er Kaffee bekomme und wenn der Teufel in der nächsten Umgebung wäre. Ihm schien das Sprichwort nicht bekannt zu sein: Vorgethan und nachgedacht hat Manchen in groß Leid gebracht. Auf der ganzen Reise hatte ich nie wie an diesem Abend befürchtet, daß unser Vieh am Morgen fort sein werde, denn wir sahen noch bei Tage in der ferne dichten Rauch aufsteigen und hielten dies für ein Zeichen zwischen den Indianern, daß Emigranten auf dem Wege seien.

Am Morgen war jedoch Alles in Ordnung, was Rippstein gewußt zu haben behauptete. In Californien ging es dann aber nicht so ab, als er ähnlich handelte.

Am 21. setzten wir unsere Reise fort bis abends 4 Uhr, nur mit einem kurzen Zwischenhalt; da trafen wir an einem Strauch wieder ein Papier, auf welchem folgende Worte geschrieben standen: Lo ok out for the Indians, kill every one who comes, for there are great thiefs here. Ich teilte natürlich den Inhalt so gut ich konnte, unseren Reisegefährten mit. Wir waren dem Flusse wieder nahe gekommen und hatten keine Idee, daß wirklich Indianer in unserer Nähe sein könnten. Das Papierchen hatte ich kaum wieder am gleichen Ort aufgesteckt, als ich links schauend Etwas sich nahern sah, was sehr einem Manne glich. In der That war es dann doch ein Indianer, den wir also auf den Rat der uns Vorausgezogenen sogleich hätten totschießen sollen. Es wurde unter uns allerdings ernstlich die Frage be= sprochen, ob wir den Herannahenden gleich niederschießen sollten oder nicht, denn wir mußten doch annehmen, daß jenes Papier nicht umsonst den Nachreisenden diesen Rat gebe.

Der Wilde kam aber zu ungenirt und unverdächtig auf uns zu, als daß wir ihn tödten konnten. Ich gestand meinen Kamera= den, daß ich einen Dieb, wäre es ein Indianer oder ein Weißer, allerdings todt schießen könnte, aber ohne Not einem Menschen, und wenn's auch nur ein Wilder wäre, das Leben zu nehmen, wollte mir nicht einleuchten.

Der Indianer war schon eine kleine Strecke mit uns ge= gangen und hatte ausgesagt, daß er ein Shoshanee sei und von den hintern Bergen herkomme. Er war ein großer Mann und trug als Kleidung ein ärmelloses, hoch und dick verflicktes Wams, welches jedenfalls von einem Hinterwäldner=Emigranten als aus= gedient weggeworfen worden war. Die Straße führte nahe am Fluß vorbei und wir beschlossen, hier zu lagern. Aber was fangen wir mit dem Indianer an? Kam er vielleicht, um zu

spioniren? Keiner von uns wollte zum Mörder an dem muth=
maßlich unschuldigen Menschen werden. Ginge er aber vom Lager
fort, so mußte man doch riskieren, daß er mit einer größern
Anzahl Genossen uns in der Nacht überfallen könnte. Da ich
mich von uns Allen am besten mit Zeichen verständlich machen
konnte, so suchte ich von ihm Einiges zu vernehmen. Wie ich
ihn zu verstehen glaubte, wollte er uns sagen, daß drei von
seiner Gegend mit einander nach dem Sink auf Marys=River
gegangen seien und daß sie, um jenen Platz zu erreichen, unbedingt
einmal übernachten mußten. Ich zeichnete in den Sand eine
schlangenartige Linie mit einem Punkte am unteren Ende, deutete
dann auf den Fluß und versuchte durch Zeichen zu erfragen, ob
die anderen zwei Kameraden an dem Sink schliefen. Er nickte
mit dem Kopf bejahend. Wir waren vorher schon entschlossen,
den Indianer durch das Versprechen eines Geschenkes bei uns
im Lager zu behalten. Rippstein hatte eine alte Joppe, an
welcher die Ellbogen aus den Ärmeln hinausguckten, wenn er
sie trug, im Vergleiche zu des Indianers Wams aber immer
noch ein Prachtstück von Kleidung. Ein anderer hatte ein Paar
alte Hosen herbeigeholt, welche die Knie ungefähr durchblicken
ließen wie die Joppe die Ellbogen. Wir hatten an der Straße
selben Tags einen alten Korb aufgelesen, den wir mit getrocknetem
Büffelfleisch füllten. Mit diesen Geschenken ging ich zu dem
Indianer und bedeutete, daß er am Morgen diese Herrlichkeiten
als Geschenk bekomme, wenn er bis zum Sonnenaufgang bei
uns schlafe. Der Shoshanee nahm dieses Abkommen willfährig
auf. Wir hatten übrigens unsere Waffen immer in Bereitschaft.
Unserem Indianer gaben wir von unserem Nachtessen, was wir
selber hatten und er ließ sich's wohl schmecken. Bevor wir uns
zum Schlafen legten, wies ich ihm gerade vor der Deichsel des
Wagens auf dem Boden den Platz zum schlafen ·an, den er
augenblicklich wie ein gut gewöhnter Hund einnahm. Dann stieg
ich in den Wagen und·legte mich so hin, daß ich nur die Augen
zu öffnen brauchte, um ihn zu sehen. Meine Doppelflinte und der
Karabiner waren beide geladen und lagen an meiner Seite,

sowie das Waldmesser. Ich glaube, daß ich wenig geschlafen habe, denn ich sah immer den Indianer vor mir, wenn ich ein bischen einnickte.

Derselbe lag ganz ruhig und genau an der vorgeschriebenen Stelle Mitternacht war vorüber, als ich neugierig wurde, ob er wirklich schlafe und leise stieg ich aus dem Wagen hinaus und ging hin und bog mich zu ihm nieder, ihm ins Gesicht schauend, was er bemerkt haben mußte, da er die Augen aufschlug und mir winkte, womit er wohl sagen wollte, daß Alles in Ordnung sei. Es war eine sternenhelle Nacht, so daß man auch in der Umgebung leicht etwas sehen konnte. Ich nickte ihm natürlich auch zufrieden zu und deutete ihm mit der rechten Hand, daß er nur bleiben und schlafen solle.

Am frühen Morgen, es war der 22. September, als der erste von uns sich erhob, that der Indianer desgleichen und half uns beim Feuermachen mit, indem er sich sehr gefällig und anstellig zeigte. An unserm Frühstück ließen wir ihn natürlich teilnehmen. Sobald dies vorüber war, präsentirten wir die Geschenke. Sein altes Wams zogen wir ihm aus und ließen ihn in Rippsteins Joppe schlupfen, auch die Hosen hatten wir ihm angezogen und dann kam der Korb mit dem Büffelfleisch, den ich ihm an den linken Arm hing. Der Shoshonee deutete mir noch einmal, daß die andern Indianer den Fluß abwärts an den Sink gegangen seien und dort schliefen und er nun auch dorthin gehe. Er nickte uns noch einigemale freundlich zu und schritt dann seines Weges weiter. Wir aber fuhren unserm Ziele entgegen. Den Fluß hatten wir den ganzen Tag zu unserer Linken und lagerten dann zwischen großen Felsblöcken, wo wir jedenfalls eine schwere Position gehabt hätten, wenn Indianer gekommen wären, was glücklicherweise nicht der Fall war.

Am 23. glaubten wir auf der Weiterreise einen großen schimmernden See zu sehen, was natürlich wieder ein bloßes Trugbild war und hier oft gesehen wird. Das Abfallen eines Wagenradreifes versäumte uns eine Stunde, da es ohne Werkzeug nicht leicht ist, solche Sachen zu repariren. Auf einigen

Karten ist in dieser Gegend ein See gezeichnet, aber wir trafen keinen, hingegen mag die salzige niedere Fläche zu gewissen Zeiten mit Wasser bedeckt sein. Am Abend spät kamen wir zu dem Sink, von dem unser Indianer sprach und wo also seine Kameraden von ihm übernachten würden. Wir waren sehr müde und dabei noch gleichgültig und schliefen nur zu gut, denn am Morgen fehlten uns 5 Stück von unserm Vieh, nämlich unsere Frontochsen, zwei ausgezeichnete Tiere und die beiden Kühe, sowie ein junger Ochse, welcher Kiburz gehörte. Ich fand auch sofort heraus, daß sie von drei oder vier Indianern fortgetrieben worden waren und zwar nahe dem Flusse nach und hinüber zu den Bergen, von wo nach Aussage des Indianers drei oder vier seiner Leute hieher an den Sink gegangen seien. Natürlich verursachte diese Thatsache große Aufregung, denn wir sollten von hier bis zu dem aus dem Ostabhang der Sierra Nevada herabfließenden Prenkys-River, eine 40 Meilen lange Distanz ohne Gras und Wasser machen, wovon 6 Meilen noch eine tiefe Sandbank war, welche man nur mit doppeltem Vorspann zweier Fuhrwerke überschreiten konnte. Ich hatte wieder in einer niedrigen, strauchartigen Pflanze einen Papierfetzen gefunden, auf dem uns geraten wurde, Wache zu halten, da die Indianer der Umgebung große Diebe seien. Diese sehr verdankenswerte Warnung kam leider zu spät. Waren wir noch bei Tagesanbruch angekommen, so hätten wir den Papierstreifen wohl rechtzeitig gesehen und dann anders gehandelt.

Nun war guter Rat teuer. Nach Rippsteins Meinung hätten drei von uns den Spuren folgen sollen, um das Vieh wieder zu holen. Wir hätten zu diesem Zweck wenigstens etliche 40 Meilen nach rückwärts durch Sand zu laufen gehabt und drüben über den Bergen vielleicht noch viele Meilen weit gehen müssen, bis wir zum indianischen Lager gekommen wären. Und was dann dort todmüde und halb verdurstet anfangen? Und die Rückreise hieher, falls wir auch wieder zu unserem Vieh gekommen wären, ohne Wasser und Futter? Übrigens war ja nicht daran zu

denken, daß die Indianer uns nur so leichthin das gestohlene
Vieh wieder zur Verfügung gestellt hätten. Zehn berittene und
gut bewaffnete Männer hätten vielleicht mit Erfolg dieses Unternehmen wagen dürfen. Und was wäre dann aus den hier Zurückgebliebenen geworden? Kurz, an die Ausführung des von Rippstein gemachten Vorschlages war gar nicht zu denken. Leider
hatten wir mit unnützem Beraten die kühlen Morgenstunden verloren, so daß es auf 11 Uhr ging, bis wir die Reise fortsetzen
konnten. Um dem Kiburz, welcher nun vier Stück Zugvieh verloren hatte, zu ermöglichen, daß er die Reise mit uns fortsetzen
könne, mußten wir aus einem seiner Wagen eine wenigstens
zentnerschwere Kiste in unsern Wagen nehmen. Der eigentliche
Sink (Endpunkt) des Marys oder wie er jetzt meistens benannt
wird, Humboldt-River, ist ein stinkender Pfuhl Wasser zwischen
zwei Hugeln. Nur sehr großer Durst und das Bewußtsein, daß
man noch 40 Meilen weiter marschiren müsse, um zu richtigem
Trinkwasser zu kommen, konnte Einen schließlich dazu bewegen,
daß man ein bischen von dieser Teufelsbrühe trinkt. Es schien
wie eine Mischung von lauem Wasser, Bittersalz und faulen
Eiern zu sein.

Die vor uns liegende, lange Gebirgskette endigte in einer
hohen Spitze. Die Felsen besaßen hier eine eigentümliche Ror-
mation, wie ich sie früher und seither nie mehr gesehen habe.
Offenbar war hier vor Jahrtausenden Alles vulkanisch. Rippstein
und Thomann gingen voraus und wir folgten mit den Wagen
nach. An den heißen Quellen wollten wir uns treffen, aber die
Entfernung war noch so groß, daß wir die Nacht zum Fahren
benutzen mußten. Um Mitternacht sahen wir in der Ferne ein
helles Feuer, das abwechslungsweise hell leuchtete und dann
wieder erlosch. Es war von Rippstein und Thomann angezundet,
um uns zu zeigen, daß sie am Ziel bei den heißen Quellen seien.
Es sind dies mehrere Bassins, die wahrscheinlich unterirdisch miteinander zusammenhängen. Aus dem größten Kessel schoß ein
Strahl kochendes Wasser etwa 10 Fuß hoch. Da der Boden
überall ganz heiß war, so fanden wir es hier nicht sonderlich ge-

heuer, als wir Alle nahe bei einander standen, denn der hohle Ton beim Auftreten bewies, daß auch ein Einbruch der Kruste möglich wäre, womit das Ende unserer Reise zu einer Art Hölle hätte werden können.

Das Wasser in der Nähe dieser Quellen war überall warm, aber doch trinkbar, weil man kein anderes hatte.

VIII.

Von den heißen Quellen bis zum Übergang über die Sierra Nevada. Schicksal früherer Emigranten.

———

Am 25. September schon vor Sonnenaufgang waren wir unterwegs und um 1 Uhr nachmittags kamen wir bei der 6 Meilen breiten, tiefen Sandbank an. Hier trafen wir zwei schöne, junge Amerikaner mit einem kleinen, leichten Wagen und zwei Mauleseln. Sie hatten schon einige Zeit auf die Ankunft nach= kommender Emigranten gewartet, mit deren Hülfe sie über die Sandbank zu kommen hofften. Da wir die Ersten waren, gingen sie uns um Hülfe an, die wir ihnen zusicherten, wenn sie dann auch uns ihre Maulesel anspannen wollten. Der ältere hieß Lang und war ein Doktor, der jüngere John Miner aus Kentuky. Da wir mit unserm reduzirten Zugkräften es nicht wagen durften, mit einem Mal die Durchfahrt zu versuchen, so be= schlossen wir, daß Zins, Thomann, Diel nebst Kiburz und seine Familie mit beiden, dem Kiburz gehörenden Wagen sofort nach dem Trukys=River hinüber sollten, auch Miner müsse seine zwei Esel vorspannen. Am andern Morgen müßten sie dann zurückkommen, um unsere und des Amerikaners Wagen ab= zuholen. Mr. Lang, Rippstein und ich waren freiwillig bei unsern Wagen zurückgeblieben, um Wache zu halten. Ich wäre zwar schon am Abend gerne hinuber gegangen, da mir der Mund nach dem prachtigen Wasser wässerte, welches drüben zu finden war.

Der Himmel hatte sich bewölkt, was für das Vieh gut war. Lang und Rippstein hatten nahe neben unserm Wagen Kiburz's Zelt aufgeschlagen, worin sie des Nachts schlafen wollten,

ich blieb aber im Wagen. Lang und Miner waren vorher am
Truckys Fluß gewesen und Lang wußte uns manches davon
zu erzählen, was uns nicht geradezu freudig stimmte. Er hielt
die Indianer aus dieser Gegend für die gefährlichsten und em=
pfahl uns strenge Vorsicht. Als es Nacht wurde, ging ein außer=
gewöhnliches Wolfsgeheul an, wie wir vorher selten ein stärkeres
gehört hatten. Lang meinte, es sei nur nachgemacht und komme
von Indianern her, die vor dem Angriff so zu heulen pflegten.
Ich hoffte um so eher das Bessere, als ich vom Wassertrinken
her etwas angegriffen war und in der Nacht mehrmals aufstehen
mußte. Ohne ein Ereignis kam der Morgen des 26. September
und der Himmel war ebenfalls bedeckt, was uns lieb war.
Bald kam von der andern Seite unser Zugvieh. Diel trieb das=
selbe und wußte nicht genug zu erzählen von dem frischen, guten
Wasser, das der Trucky enthalte und das das beste von Allem sei,
was wir auf der ganzen Reise gefunden hätten Von Indianern
hatten sie nichts bemerkt, aber der Weg in dem tiefen Sand sei
sehr schwer. Die begeisterte Rede von Diel veranlaßte mich, dem
Wagen voranzugehen. Ich hatte den Karabiner mitgenommen,
aber er wurde mir zu lästig und da ich glaubte, ihn nicht mehr
nötig zu haben, so legte ich ihn quer über die Straße und gab
dem nachkommenden Diel ein Zeichen, daß er ihn mitnehmen
solle. Ich ging durstig wie ein wasserloser Fisch meines Weges
und mochte die Stelle nicht erwarten, wo die Emigranten ihr
Labsal schlürfen, wenn sie über den brennenden Sand kommen,
aber auf der Hut sein müssen, damit sie nicht von Pfeilen durch=
bohrt werden, wenn sie nach dem Trunke aufstehen.

Endlich sah ich ziemlich weit unter resp. neben mir die Stelle,
wo sich das frische, klare Wasser durch's Gebüsch windet.
Ich erinnerte mich an die Erzählung eines Mitreisenden, wie
hier schon wiederholt Angriffe auf Solche gemacht worden seien,
die hier den Durst löschen wollten und sah mich nicht bloß vor=
sichtig um, sondern nahm dann in der Nähe des Bächleins einen
Stein und schleuderte ihn ins nahe Gebüsch. Als ich keine Be=
wegungen in demselben wahrnehmen konnte, eilte ich schnell zum

Waffer, legte mich nieder und trank für die erste Luft, um mich wieder schnell zurückzuziehen und nötigenfalls zum Wagen zu flüchten, da ich ja keine Waffen bei mir hatte.

Als ich abfolut nichts von Indianern entdecken konnte, so ging ich mehrmals hin und löschte meinen Durft bis zur vollständigen Sättigung. Es war mir nur höchft fonderbar, daß ich hier im Sand frifchere Spuren von Indianern wahrnehmen konnte, als die der Ochfen waren, welche man hier getränkt hatte. Dies mußte mich ängftlich und vorfichtig machen, so daß ich meine Doppelflinte fehr vermißte. Im Lager hatte man nichts von Indianern gefehen, aber es waren ficher welche da gewefen und fomit Vorficht geboten. Unfere Wagen kamen dann etwa nach einer halben Stunde an, aber wir fanden links und rechts vom Fluß nur fpärliches Gras.

Diefe Nacht mußten wir wachen, das war ficher und ich fchlug vor, daß nur Zwei hiezu verwendet würden, der Eine vor Mitternacht, der Andere nach derfelben bis zum Aufbruch; aber eben drüben beim weidenden Vieh, nicht bei den Wagen. Ich anerbot mich hiezu für die erfte Nacht und ging anfangs derfelben über den Fluß hinüber. Das Waffer war etwa 1 1/2 Fuß tief. Als Waffe hatte ich meine Doppelflinte und mein Waidmeffer bei mir und als Schutz vor der Nachtkühle, fowie als Bett, meine Büffelhaut. Die Nacht war finfter, trotz des klaren Sternenhimmels. Ich begab mich von einem Gebüfch zum andern und legte mich dann hin, aber der Schlaf übermannte mich fo, daß ich wieder aufftehen und gehen mußte. Die Wölfe heulten diesmal auffallenderweife nicht, dagegen hörte ich gegen Mitternacht das Geläute eines Glöckleins vom Fluffe her unterhalb unferes Lagers. Ich dachte mir: „Dies müffen Indianer fein, welche glauben machen wollen, als ob das Vieh herumlaufe, während fie es forttreiben, auf Nimmerwiederfehen."

Jetzt meinte ich die Rufe Cheel Oh! Haw! zu vernehmen und hielt auch dies für eine bloße Lift, weil ich diefen Kommandoruf auch fchon oft von Indianern ausfprechen hörte. Nun kam aber auch das Knallen der Peitfche und das Knarren von Rädern dazu, so daß ich nicht mehr im Zweifel sein konnte, daß es ein Fuhrwerk sei. Endlich knallte ein Schuß, worauf eine Männerstimme laut fragte: Is there nobody in Comp near?

Unserer Abendverabredung gemäß hätte ich schießen sollen, wenn sich Indianer zeigen würden, aber was nun thun, da es ein Wagen war. Ich hielt es in meiner Pflicht zu antworten und schoß den einen Lauf ab, was natürlich die Schläfer weckte und beängstigte. Ich beruhigte sie aber schnell dahin, daß es ein Wagen sei und bald kam dieser in unserm Lager an. Es war unser ehemalige eintägige Capitain M. Peter Inmann, der ganz allein mit seiner Familie mitten in der Nacht über die Sandbank gekommen war. Rippstein hatte mich abgelöst und ich fand bald den ersehnten Schlaf.

Am 27. morgens früh war Rippstein entgegen unserm Übereinkommen vom Vieh weg zu uns ins Lager hinüber gekommen und als wir 10 Minuten später ersteres holen wollten, so war nichts mehr von demselben zu finden. Sogleich machten sich mehrere von uns auf, rasch den Spuren nach und fanden es weiter oben am Fluß zwischen zwei Hügeln und zwar allein ohne Indianer. Ob sich solche sofort geflüchtet hatten, als sie uns kommen sahen, blieb unermittelt, denn noch nie war das Vieh in corpore so fortgelaufen. Das hatten wir wieder der Gleichgültigkeit Rippsteins zu verdanken. Eine Viertelstunde später wären wir um unser Vieh gewesen und was hatten wir dann angefangen?

Wir fuhren nach dem Frühstück langsam dem Fluß entlang aufwärts, machten aber nur etwa 8 Meilen, denn die Straße war schlecht, führte über felsige Hügel und mehrere Male über den schäumenden Trukysfluß. An unserm neuen Lagerplatz war wieder wenig Gras für das arme abgetriebene und ausgehungerte Vieh. Die Witterung war kühl. Am folgenden Tag war es nicht besser und wir machten nur etwa 12 Meilen bis wir wieder lagerten.

Erst am 29. erreichten wir am Abend ein schönes, offenes Thal, wo wir am Ufer des Flusses schöne Weide für das Vieh

fanden und beim Übergang über ein ganz kleines Bächlein un=
erwartet Fische von 6 bis 9 Zoll Länge entdeckten und davon
leicht einen halben Eimer voll fangen konnten. Obwohl es noch
verhältnismäßig früh war, so blieben wir doch des schönen Grases
wegen hier, denn unser Zugvieh hatte auch Erholung nötig.

Am 30. September führte die Straße anfänglich durch das
schöne Thal weiter, aber dann kamen wieder böse felsige Hügel
und Übergänge uber den Fluß. Überhaupt nahm die ganze
Gegend einen andern Charakter an, denn hohe bewaldete Berge
mit einzelnen Gipfeln traten an die Stelle der sandigen Hügel
Von einem dieser Hugel quoll ein dicker, grauer Rauch auf, also
wieder ein Indianersignal

Am 1 Oktober hatten wir die 27. und zugleich letzte Durch=
fahrt des Truckyflusses gemacht und wir befanden uns am eigent=
lichen östlichen Fuße der Sierra Nevada, deren Nadelholzwälder
bis an den Fluß hinunter reichten. Nun ging es aufwärts durch
Waldungen mit herrlichen Bäumen auf steinigem Grund und
sehr schlechter Fahrstraße bis zu einem engen, feuchten Thälchen,
wo wir zu lagern beschlossen. Ringsum war prachtvoller Wald
mit riesigen Tannen, Föhren, Fichten und Cedernarten. Einige
hatten bis auf 6 Fuß Durchmesser und eine Höhe von 150 bis
200 Fuß. Meine täglichen Einträge ins Journal hatten hier ihr
Ende erreicht, denn die Strapazen waren so ermüdend, daß ich
am Abend froh war, ausruhen zu können Ich erinnere mich
aber noch genau an Manches mit Zeit und Ort, was ich so ge=
treu als möglich erzählen will. Es ging mehrere Tage, bis wir
so gestiegen waren, daß wir durch den Wald zwischen einzelnen
Baumwipfeln auf der Höhe des Berges Emigrantenwagen unter=
scheiden konnten. Wir bekamen in diesen Tagen einen Vorge=
schmack von der zukünftigen Straße durch die Sierra Nevada
Nur zu bald stand die nackte Wirklichkeit vor uns, da wir schon
gegen vier Uhr am Fuße des Gipfels anlangten Der Übergang
des Rückens mochte von der Stelle, wo wir mit den Wagen Halt
gemacht hatten, etwa 200 bis 300 Fuß höher liegen, die vordere
Gesellschaft, deren Wagen wir von ferne über den Baumwipfeln

auf dem Grat des Berges gesehen hatten, war noch an der Arbeit, die letzten Wagen hinauf zu befördern. Es waren mit den unsrigen noch sieben Stück und wir begriffen sofort die Schwierigkeit dieser Operation, denn wo die Kraft von zwanzig Männern nötig ist, reicht der beste Wille von Fünfen nicht aus. Es war dies auch die steilste Stelle des Übergangs. Da kein Vieh dahinauf gehen konnte, so hatten sie die sämtlichen Ochsen= ketten der vielen Wagen aneinander gehängt und nachdem diese zu kurz waren, noch eine Anzahl langer schlanker Tannenbäumchen (Latten) ausgeastet und an beiden Seiten tief eingeschnitten, um daran Ketten befestigen zu können. Oben auf der Höhe waren 20 Joch Ochsen hinter einander gespannt und mit diesen die Wagen dann hinaufgezogen worden, nachdem sie genügend an das aus Lattenholz und Ketten gefertigte Tau befestigt waren. Die Männer stellten sich seitwärts der Wagen auf, um nachzuhelfen, obwohl der Abhang so steil war, daß sie sich kaum halten konnten, ohne rückwärts hinunterzustürzen. So gelang es der vereinten Kraft und Intelligenz, das Hindernis zu überwinden. Die Ochsen hatte man auf schmalen, stufenartigen Pfaden vorher verhältnismäßig leicht hinauf bringen können.

Ich will hier gerade einfügen, was man nachher über das Schicksal anderer Emigranten in betreff dieser schwierigen Stelle erzählt hat, nämlich von der Gesellschaft, die wir an der letzten Durchfahrt am Platt=River getroffen hatten und die zu spät hier angekommen war, um vor Eintritt des Winters noch hinüber zu kommen. Es sollen in der Nähe einige Seen sein, an denen diese Emigranten damals gelagert hatten, um dann den Über= gang noch zu machen. Gleich am Tage nach ihrer Ankunft hier soll es stark geschneit haben, so daß ein weiteres Vorwärts= kommen nicht mehr möglich gewesen sei. Viele hätten dann vor= geschlagen, man solle das Vieh schlachten, damit man nicht ver= hungere, wenn es wirklich ernstlich Winter werden sollte. Zu diesem Vorschlag habe aber die Mehrzahl nicht gestimmt, in der Hoffnung, daß das Wetter wieder milder würde und zufällig seien sie arm an Vieh gewesen, weil ihnen von den Indianern viel gestohlen worden. Auch sollen sie das noch vorhandene zu wenig bewacht haben, so daß es am Morgen nicht mehr da gewesen sei. In der gleichen Nacht sei dann noch Schnee gefallen, wodurch die Spuren vom Vieh nicht mehr aufgefunden werden konnten. An Lebensmitteln habe es vorher schon gefehlt und somit mußte schnell das Vernichtungswerk durch Hunger und Kälte beginnen. Um das Leben zu fristen, habe man altes Leder und Riemenzeug gekocht und gegessen und die Not sei jeden Tag größer geworden. Einige hätten sich dann zu Fuß auf den Weg gemacht, um die ersten Ansiedlungen jenseits zu erreichen, was ihnen noch gelungen sei. Andere wollten bleiben in der Hoffnung, man werde ihnen von den Ansiedlungen aus Hülfe senden, denn sie ahnten nicht, wie weit diese noch entfernt waren. Unter den Zurückgebliebenen befand sich eine Familie Damner, nach welcher man später einen der kleinen Seen den Damner-Lake nannte, resp. jetzt noch nennt. Die Familie soll laut den Berichten aus einer Frau und mehreren Kindern bestanden haben und ziemlich wohlhabend gewesen sein, denn sie habe zwei Wagen mit Gespann und viel baares Geld besessen. Schon vorher habe aber das Unglück diese Gesellschaft förmlich verfolgt, indem ein Mann durch einen Revolverschuß aus Unvorsichtigkeit getötet worden und zwar von seinem eigenen Schwager, der dann bei dem großen Sandhügel am Marys River vom befehlenden Capitain im Jähzorn erstochen worden sei, weil er ihm den Gehorsam verweigert habe und es sei dann also noch die Frau und die Kinder allein übrig geblieben und bis hieher gekommen. Ein anderer Mann aus dieser Gesellschaft sei bei den heißen Quellen und dem Truckysfluß allein vorausgegangen und habe, weil es heiß gewesen, sein Gewehr quer auf die Straße gelegt, wie ich es dort auch gemacht habe. Das Gewehr habe man mitgenommen, aber der Mann sei verschwunden, und nachher habe man Blutspuren gefunden, welche bewiesen hätten, daß man ihn getötet habe.

Von Californien aus kam wirklich einige Hülfe, aber wer nicht zu Fuß gehen konnte, für den war die Aussicht trostlos.

Ein Holländer brachte zwei deutsche, junge Frauen mit nach den Ansiedlungen. Die eine war die Frau des auf der Sandbank von den Indianern entführten Mannes, die andere war eine Frau Käseburg, deren Mann sich zu schwach fühlte, die Fußreise durch den tiefen Schnee zu machen. Käseburg zog vor zu bleiben und er und die kranke Frau Damner waren bald noch die einzigen Überlebenden, weil die meisten dem Hunger und der Kälte unterlegen waren. Man hatte zwar schnell Hütten gebaut, aber diese waren nicht geeignet, Schutz gegen die Kälte zu gewähren.

Im April des folgenden Jahres seien dann wieder mehrere Männer hingeritten, um die allfällig noch Lebenden zu retten, oder, wie man vermutete, um sich mit dem Geld der Verstorbenen zu bereichern, da man behauptete, die Frau Damner sei im Besitze von 1400 Dollar gewesen Als die Männer an der Unglücksstätte angekommen, fanden sie nur noch Käseburg am Leben, aber sehr mager, blaß und entkräftet. Und womit hatte er das Leben gefristet? Man fand verschiedene Eimer mit den Körperteilen und Gliedmassen von Verstorbenen, auch von der Frau Dammer teilweise angefüllt, wovon der arme Mann genossen habe. Sogar das Fleisch seiner eigenen Kinder habe er gegessen, wie man behauptete. Der Anführer der angeblichen Retter war, wie mir der obenerwähnte Holländer sagte, ein sehr großer, waghalsiger Mann, namens Taller und man nahm allgemein an, dieser habe die Rettungs=Expedition nur der lockenden 1400 Dollars wegen gemacht, von denen der halbverhungerte Käseburg aber nichts zu wissen geschworen habe und zwar trotz den Drohungen des Taller, daß man ihn hängen werde, wenn er nicht sage, wo das Geld sei.

IX.

Übergang über den Kamm des Felsengebirges und Reise bis zu den Ansiedelungen.

———

Am 4. Oktober machten wir, die 11 Eigentümer der sieben Wagen, uns an die Arbeit, dieselben ebenfalls über den Kamm zu bringen. Wir hatten lange nicht genug Ketten, um auf dem gleichen Weg hinüberzukommen. Weiter rechts gab es eine viel kürzere, aber nicht weniger steile Stelle und auf dieser glaubten wir den Übergang bewerkstelligen zu können. Beim ersten Wagen spannten wir 9 Joch Ochsen an, alle 11 Männer halfen mit, aber es brauchte fast übermenschliche Anstrengung, bis wir oben waren, so daß wir es mit den übrigen Wagen auf andere Weise versuchten. Vor allem aus entleerten wir diese fast ganz und kletterten dann — von Gehen war keine Rede — mit den Waren hinauf, worauf wir die Wagen holten, was leichter ging, weil sie leer waren. Es war beinahe gegen Sonnenuntergang, als wir fertig waren und wir hatten keine Zeit zu verlieren, weil hier oben weder Gras noch Wasser vorhanden war. Nun gings so rasch hinunter, als ob uns ein Feind verfolgen würde und ich hatte thatsächlich Angst, es könnte oder müsse der eine oder andere Wagen umstürzen, besonders da man des auf-steigenden Staubes wegen fast nichts sehen konnte. Endlich machten wir in einem Wäldchen Halt, als es zu dunkel geworden war. Das Vieh ließen wir los, damit es sich so gut als möglich seine Nahrung selber suchen könne und wir nahmen ein frugales Nachtessen.

Am 5. Oktober schneite es ein wenig und der Himmel war grau überzogen. Das Vieh hatte sich während der Nacht entfernt, weil es Gras suchte, das hier spärlich war, aber man fand es

bald und wir reisten weiter durch ein flaches Wiesenthal, an
dessen unterm Ende, nur drei Meilen vom letzten Lagerplatz,
schönes Gras und genügend Wasser war. Wir lagerten uns hier
in der Absicht, ein paar Tage zu bleiben, damit sich das Vieh
wieder erhole, weil wir noch strenge Touren vor uns hatten.
Als wir aber am 6. aufwachten, lag ein Nebel auf der ganzen
Gegend, so daß man kaum drei Schritte weit sehen konnte. Wir
befürchteten, daß dies ein Vorbote des Winters sei und ent=
schlossen uns, entgegen unserer frühern Absicht, das Lager sofort
zu verlassen, um bald in tiefer gelegene Gegenden zu kommen.
Nun ging's sozusagen über Stock und Stein auf ganz miserablem
Weg, so daß wir riskirten, daß die Wagen zertrümmert würden.
An die Daten erinnere ich mich nicht mehr, sondern bloß an ver=
schiedene Schwierigkeiten, die wir zu überwinden hatten. Das
Schlimmste war der Mangel an guter Weide, was die Ursache
war, daß wir am Morgen unser Vieh beinahe nicht mehr fanden.
Oft mußte es nur mit Blättern von Mais vorlieb nehmen und
es fraß sogar mit Lust Maisröhrenblätter von einem Strohsack,
den man fortgeworfen hatte, weil ein Mann auf diesem gestorben
war. Eine andere Gesellschaft hatte den Sack am Beerdigungstag
fortgeworfen und ich streute das Stroh vor das Vieh ohne anzu=
nehmen, daß es wirklich davon fressen werde, aber, wäre es
nur zehnmal mehr gewesen!

Wir kamen zu einer Stelle, wo zwei Männer bei einem
Wagen stunden und uns um Hülfe ansprachen. Es ging nämlich
über einen Felsen hinunter, wo das Vieh kaum allein passiren
konnte. Die Männer waren glücklicherweise im Besitze eines
langen Seiles, mit dessen Hülfe wir den Wagen hinunter lassen
konnten, indem wir dasselbe um eine Fichte schlugen und tüchtig
hielten, bis der Wagen langsam zu rutschen anfing und glücklich
unten war. So machten wir es dann auch mit dem unsrigen
und wir waren über die Hülfe der andern, namentlich über das
Seil so froh, wie die andern über uns.

Wenn ich nicht irre, so kamen wir am folgenden Tag dann
in die Gegenden, wo wieder Laubholz gedieh, allerdings nur

zwerghafte Bäumchen von kaum Armsdicke, dann kamen der immergrüne Lebensbaum, Cedern, Fichten, Föhren und Tannen von ausgezeichnetem Wachstum und tadelloser Schönheit. Wir schätzten einige auf 200 Fuß Länge und man konnte sich fast nicht daran satt sehen. Die schönsten scheinen Cedern oder eine Art Cypressen zu sein. Die Luft war wunderbar würzig und erfrischend und wir bekamen hier einen Vorgeschmack von Californiens unvergleichlicher Vegetation.

Am Nachmittag war der Weg nicht schlecht und am Abend lagerten wir auf einem offenen Wiesengrund. Am nächsten Morgen kamen wir bald zu einem sehr steilen Abhang, dem größten der ganzen Reise. Zins fuhr mit dem kleinern von Kiburz's Wagen voran, spannte die hintern Räder und glitt mit Vieh und Wagen gleich wie mit einem Schlitten hinab.

Kiburz's zweiter Wagen war schwerer und seine Familie, Frau und Kinder, saßen in demselben; auch hatte derselbe Federn (Springs), die sich hier als unbequem erwiesen, weil sie durch die Last verschoben wurden. Wir hatten Mühe, den Wagen vor dem Umstürzen zu schützen und mußten zu diesem Zwecke sogar ein Seil an kleinen Bäumchen festmachen. Der schlimmste Teil kam aber erst nach und trotz aller unserer Vorsicht warf der Wagen um, so daß wir mehr als eine Stunde mit dem Zusammensuchen unseres kleinen Werkzeuges, Feilen, Zangen, Meisel, Hämmer 2c. versäumten. Die Familie war vorher ausgestiegen und ging zu Fuß. Beim Weiterfahren mußten wir sehr vorsichtig sein, daß wir nicht an Tannen streiften, wodurch die Achse oder die Räder demolirt worden wären.

Ohne weitere Hindernisse erreichten wir endlich Bear Valley (das Bärenthal), wo wir wieder lagerten. Obschon für das Vieh nicht mehr Gras in Fülle zu finden war, so würden wir doch einen Tag geblieben sein, wenn wir nicht schlechte Witterung befürchtet hätten.

Eines Nachmittags kamen wir zu einer prächtigen Quelle, aber es fehlte an Gras. Wir lagerten hier gleichwohl und nährten das Vieh mit Eichenlaub und andern grünen Zweigen

Hier trafen wir mehrere Ochsen, welche krank waren. Sie hielten ihre Mäuler weit offen und hängten die Zunge heraus, dabei athmeten sie sehr schnell und gaben bei jedem Athemzug einen tiefen, kratzenden, rauschenden Ton von sich. Sobald ich einen berührte, so stürzte derselbe wie vom Blitz getroffen zu Boden. Als ich am nächsten Morgen nach unserem Vieh schaute, traf ich unsern alten Ben stark krank und auch er stürzte sofort um. Wir Alle hatten Mitleid mit dem armen kranken Burschen, denn der Streich, den er uns bei der Überfahrt einst gespielt hatte, war längst verziehen. Wir ließen das Tier hier zurück und setzten unsern Weg fort, ohne gute Lagerplätze zu finden. Die Passage war so schlecht, daß wir uns kaum helfen konnten. Dann gings Hügel hinauf und Hügel hinunter, als ob's kein Ende nehmen wollte und wir zweifelten, ob wir mit unserem Vieh die Ansiedelungen erreichen werden. Endlich entschlossen wir uns, ein Paar frische Ochsen anzuschaffen, was nur von den Ansiedelungen aus geschehen konnte. Rippstein war der beste Läufer von uns Allen und er ging dann hinunter zu den nächsten derselben, um sich nach einem guten Gespann umzuschauen. Mittlerweile fuhr Kiburz mit beiden ihm gehörigen Wagen vorwärts, um dann auch den unsrigen zu holen. Ich blieb allein beim Wagen, um ihn zu bewachen und benützte diese Zeit, um meine indianischen Schuhe und meine Kleider zu flicken. Wahrenddem ich da schneiderte, kamen von den steilen Hügeln mehrere Wagen herunter und dann bis neben die unsrigen herauf. Bei diesen war Dicky, mit welchem wir am Windriver-Gebirge bald in ernstliche Konflikte gekommen wären. Von seinem Begleiter, der ein Deutscher war und mich sehr brutal behandeln wollte, werden wir später seiner tollen Streiche wegen noch hören.

Als ich ganz ernstlich am Flicken war, kam unerwartet Diel mit einem Joch starker fetter Californierochsen, die noch ziemlich wild waren und im Führen große Sorgfalt erforderten. Die Handhabung war so schwer, daß wir vom Zurückhalten in den ärgsten Schweiß kamen. Sie zogen unsern Wagen bergauf, wie wenn er ein Kinderwagelchen wäre und bald hatten wir die

Wagen von Kiburz eingeholt. Beim Lagern mußten wir alle Vorsicht anwenden, daß diese Thiere sich nicht losmachen und davon rennen konnten.

Hier machten wir eine interessante Beobachtung. Wir hatten nämlich einige große Eichen gesehen, deren Rinde am ganzen Stamme mit einer sehr großen Anzahl Eicheln gespickt war. In jedem runden Loch, groß genug eine Eichel aufzunehmen, stak eine solche. Wir konnten nicht begreifen, wie sich Jemand die Mühe genommen haben könne, so viele Löcher zu bohren und je eine Eichel hineinzustecken. Später hatte ich dann öfters Gelegenheit, die Arbeiter kennen zu lernen, welche diese Stickerei ohne Maschine ausführten. Es ist nämlich eine kleine häufig vorkommende Spechtart, mit schwarz und weiß scheckigem Gefieder und einer roten Kopfbedeckung, aus welcher die Indianer gerne allerlei Zierarten anfertigen.

An diesem Abend lagerten wir zum letzten mal außerhalb der Ansiedlungen, denn am Morgen führte uns die Straße durch die letzten Hügel der Sierra Nevada. Zum erstenmal hörte ich an diesem Nachmittag den Ruf der kalifornischen, kleinen, stolzen Rebhühner, deren Stimme sehr viel Ähnlichkeit mit derjenigen von kleinen Kindern hat, so daß man anfänglich glaubte, solche rufen zu hören.

Spät am Nachmittag hatten wir das letzte Gebüsch hinter uns und fuhren einige Zeit über ein Stück hochgelegenes Prairieland, von wo aus wir einen Blick auf die ganze Landschaft hatten. Wir hielten unsere Fuhrwerke einige Augenblicke an, um diese californische Landschaft mit Muße zu betrachten und machten dann unserer Freude über das endlich erreichte Ziel mit begeisterten Hurrahs Luft, indem wir das Lied anstimmten: „Hail Columbia, Happy Land."

Zwar gehörte damals Californien noch zu Mexiko, das hinderte uns aber keineswegs, unserer Begeisterung Ausdruck zu geben.

Es war für unsere Wagen höchste Zeit, da wir es nur dem Eisenbeschlag des Deichsels zu verdanken hatten, daß derselbe noch feiner Aufgabe gewachſen war. Die Bear-Creek, welche wir in Bear-Valey zum erſtenmal getroffen hatten, floß nahe neben uns zur Linken nach nordöſtlicher Richtung. Endlich erſchienen ein paar kleine Häuschen, rechts auf der Anhöhe neben der Bear-Creek. Ein neues Adobe-Haus war im Bau begriffen und nackte Indianer arbeiteten an demſelben. Mr. Johnſon, der Eigentümer, ein engliſcher Matroſe, war dabei.

Wenn man eine Reiſe wie dieſe überſtanden hat, ohne dabei weder gute Freunde verloren noch großen materiellen Schaden erlitten zu haben, ſo hat man eine Empfindung, als ob man ſich einer ſchweren Laſt entledigt hätte. Tief durchdrungen war ich von Dankbarkeit gegen ein gütiges Geſchick und Den, der dieſe Geſchicke lenkt.

Unſer Lager hatten wir am linken Ufer des Bear-Creek aufgeſchlagen und unſere gemieteten Ochſen dem Eigentümer zurückgegeben. Dieſer hieß Siger und hielt ſich eine indianiſche Frau, Johnſon ſogar zwei. Das Land worauf wir lagerten, war ein ſchwärzlicher, etwas ſandiger, trockener Bottom. Es ſchien nur wenig unter Kultur gebracht zu ſein, denn die Leute gaben ſich mehr mit der Zucht des beinahe wilden Viehes ab, für welches es hier ſelten Mangel an Gras gab. Das Leben der Rancheros (Farmer), wie die verſchiedenen Landbeſitzer nach dem Spaniſchen gewöhnlich genannt wurden, war ſo ziemlich patriar-chaliſch und gefiel mir nicht übel, da es die vollſte Freiheit in ſich ſchloß. Die ganze Anſiedlung beſtand aus vier Männern, Mr. Johnſon, ein Engländer, Mr. Reiſer, ein Deutſcher, auf dem rechten Ufer des Creek, Mr. Siger, und Mr. Joſ. Vero auf dem linken Ufer, alſo ein Engländer, ein Deutſcher und zwei Franzoſen. Mr Reiſer beſaß damals aber noch kein Haus, ſondern baute ſich erſt im Sommer 1847 ein ſolches. Er ließ tiefe Graben um ſein anzubauendes Feld graben. Reiſer wollte zwar kein Deutſcher ſein und überhaupt gar nicht einmal Deutſch ver-ſtehen.

Hier lagerten wir drei oder vier Tage, um unſerm Vieh Gelegenheit zu geben, ſich ein wenig zu erholen. Während wir hier waren, kam der schon oben erwähnte große Taller, um Freiwillige für die Vereinigten Staaten gegen die Spanier anzuwerben.

Rippstein, dem nun sehr am Herzen zu liegen schien, daß er keinen Cent an mir verliere, nahm sich besonders Mühe, mich zu bestimmen, daß ich mich für drei Monate als Freiwilliger anwerben lasse gegen eine monatliche Gage von 25 Dollars. Er meinte, damit könne ich ihn dann bald bezahlen, denn ich bekäme doch jetzt während des Krieges keine andere Beschäftigung. Ich wollte mich anfangs absolut nicht dazu bestimmen lassen, denn ich war nicht nach Californien gekommen, um Soldat zu werden und bevor ich mich verbindlich mache, wolle ich zu Sutter. Würde ich dort sehen, daß es keine andere Beschäftigung für mich gäbe, so könnte ich noch immer Freiwilligendienst nehmen. Rippstein ließ mir aber keine Ruhe und ich willigte endlich ein.

Da das Rindfleisch so billig war und wir fünf Burschen mit unserm riesigen Appetit schon lange kein gutes, saftiges Stück mehr gegessen hatten, wollten wir uns einmal gehörig für die Entbehrung entschädigen. Wir aßen dann wirklich ein so großes Quantum, daß wir uns vor einander geschämt hätten, wenn nicht alle fünf im gleichen Fall gewesen waren. Wir dachten sogar daran, uns einen ganzen Ochsen zum Abschlachten zu kaufen.

Thomann war uns vorangegangen und wollte gerne das Fort Neuhelvetia sehen. Während dieser Zeit reparirte Zins unsern Wagen, da er in solchen Arbeiten der beste von uns war und wir wollten dann den Weg auch dorthin machen.

Hier hatten wir zum erstenmal Gelegenheit, die californische Reitkunst zu bewundern. Ein Deutscher, namens Cordua, welcher 15 Meilen von hier ein Rancho besaß, hatte eine Anzahl junger Ochsen zum Verkauf an die Emigranten hieher gebracht. Sein Mayordomo (Aufseher) war ein schöner, schlanker, junger Amerikaner namens Nye. Dieser, nebst einigen berittenen Indianern hatten das Einfangen der sehr wilden Tiere zu besorgen. Da man einen ziemlich großen Ochsen billig bekommen konnte, kauften sich größere Gesellschaften oft ganze Tiere. Wir waren also nicht die Einzigen, welche einen guten Appetit mitgebracht hatten. Sobald sich die Leute das betreffende Stück ausgelesen hatten, war es Sache der Vacqueros und Mr. Nyes, dasselbe einzufangen, um es abschlachten zu können. Dieses Einfangen hatte für einen frisch Eingewanderten besondern Reiz. Die Vacqueros (Kuhhirten) umstellten zu Pferde die Heerde Ochsen, während der junge, verwegene Amerikaner ebenfalls zu Pferd mit einem langen Lasso (Wurfschlinge) in der Hand sich anfänglich behutsam zu nähern suchte. Dann schwang er den Lasso in einem weiten Kreise und ritt, so schnell er konnte, dem ausgewahlten Stücke Vieh nach, welches Alles versuchte, unter und mit den übrigen zu entrinnen. Allein plötzlich war es von der Heerde getrennt, der Reiter war ihm ganz nahe gekommen und wie ein Blitzstrahl flog dem Tier die verderbenbringende Schlinge um die Hörner. Der Ochse suchte nun durch Kreuz- und Quersprünge zu entrinnen und hatte dem Reiter auch wirklich den Lasso aus der Hand ge= rissen, auch versuchte er aus Leibeskräften die zerstreute Heerde wieder einzuholen. Der Mann hatte aber dem Pferde die Sporren in die Lenden gesetzt und befand sich bald wieder neben dem auf dem Boden nachgeschleppten Lassoende. Da bog sich Nye, trotz des rasend schnellen Galopps neben dem Pferde zu Boden, hob den Lasso wieder auf und trennte den Gefangenen von der sich wieder nach allen Seiten zerstreuenden Heerde. Der Ochse wurde nun im schnellsten Galopp nach dem Lager der Gesell= schaft getrieben und ich befürchtete, daß dort Verwirrung oder ein Unglück entstehe, denn man suchte sich hinter Wagen oder Zelte zu verbergen. Im nächsten Augenblick mußte ja Ochs, Pferd und Reiter zwischen den Wagen sein. Doch nein! Der Reiter macht mit seinem Pferd eine plötzliche Wendung nach links und der Ochse stürzt so schnell und heftig, daß man meinte, er müsse Hals und Rücken gebrochen haben. Schnell umwickelte der Reiter dem gefallenen Tiere die Beine mit der Schlinge des

Lasso, ähnlich wie die Spinne ihre Beute umspinnt, sprang dann vom Pferde und schnitt dem Ochsen die Kehle ab.

Dies Alles wickelte sich so schnell ab, daß das Lesen der Erzählung fast länger dauert, als der wirkliche Vorgang selbst gedauert hat. Es war für mich ein Schauspiel, welches nach=zumachen mich förmlich gelüstete.

Drei junge Amerikaner nebst Diel und mir entschlossen uns, einen Tag vor dem Fuhrwerk zu Fuß über die Prairie nach Sutters=Fort zu gehen, täuschten uns aber so in der Entfernung und bezüglich des Weges, daß wir beinahe vor Durst starben und mit den Händen an feucht scheinenden Stellen Löcher gruben, um Wasser zu bekommen. Ich mußte hier wieder den richtigen Instinkt der Tiere bewundern, denn ich fand eine Stelle, wo jedenfalls ein Prairiewolf den „Wasserschmecker" gemacht hatte. Hier grub ich mit den Händen ohne Werkzeug ein tiefes Loch, und es kam dann wirklich etwas Wasser zum Vorschein. Diesem Funde und einigen wilden Trauben, die wir im Gebüsche ent=deckten, hatten wir es zu verdanken, daß wir uns wenigstens so weit erholten, um am Abend unser mitgenommenes Stück Rind=fleisch kochen zu können. Erst am Nachmittag des zweiten Tages erblickten wir nach der Ankunft auf einer kleinen Anhöhe das lang ersehnte Sutters=Fort oder Neu=Helvetia.

X.

Sutters-Fort oder Neu-Helvetia. Bekanntwerden mit Sutter. Sein früheres Leben. Ich werde Freiwilliger im Dienste Mexiko's.

———

Wir waren bald neben dem großen von Adobemauern (Pisenbau) gebauten Corals (Einzäunung, um das Vieh beisammenzuhalten) angelangt und traten durch ein Doppelthor in das Innere des Forts. Oben auf dem einen Thürpfosten wehten die langen, schwarzen Haare eines Indianer-Scalps (Kopfhaut). Aus den Adobemauern zu beiden Seiten des Thores blickten die Mündungen zweier eisernen Kanonen. Innerhalb des Forts, gerade gegenüber und vielleicht 50 bis 60 Fuß vom Hauptthor, stand ein großes, zweistöckiges Adobehaus, das Hauptgebäude des Forts, und in der Front dieses Gebäudes war auf zwei Rädern eine schöne, messingene Kanone, deren Mündung gegen die Öffnung des Thores schaute. Uns lag am meisten daran, ausfindig zu machen, wo es etwas zu essen gebe. Man wies uns ein Zimmer östlich vom großen Hause an, wo wir bereits einige junge Leute fanden, welche sich als Freiwillige hatten anwerben lassen. Hier nahmen dann auch wir Quartier und hatten aus einigen großen Stücken frischen Fleisches bald ein Mal bereitet. Mit Heißhunger genossen wir sodann, was Leib und Seele zusammenhält.

Wir blieben hier mehrere Tage lang, um auf die Ankunft von weiteren Freiwilligen zu warten. Thomann trafen wir hier endlich wieder, nachdem er bereits die nächste Umgebung vom Fort ein wenig durchsucht hatte. Von ihm erhielt ich einen Bericht von Sutter, der günstig lautete, denn dieser hatte ihm Allerlei

von seinem mehrjährigen Aufenthalt in Californien erzählt, was
höchst interessant lautete. Wie mir Thomann sagte, habe Sutter
auf seine Erzählungen hin, meine Person betreffend, sich vor=
genommen, mich als Aufseher anzustellen, welchen Posten bis
dahin ein heruntergekommener Engländer innegehabt hatte. Durch
meine Unterzeichnung für den Freiwilligendienst war dies leider
vereitelt. Wie oben bemerkt, ließ mir Rippstein schon mehrere
Tage vorher keine Ruhe, bis ich's that.

Den Namen Capitain scheint sich Mr. Sutter selbst angeeignet zu
haben, indem er behauptete, er habe schon unter dem ersten Napoleon
als Hauptmann unter den Schweizertruppen gedient. Ich war sehr
neugierig, unsern Landsmann kennen zu lernen, über den ich mehrere
Zeitungsartikel gelesen und allerlei abenteuerliche Dinge hatte er=
zählen hören Auf Thomann schien er einen angenehmen Eindruck ge=
macht zu haben, indem er auch seine körperliche Erscheinung als
empfehlend bezeichnete. Als Letzterer sich gerade wieder entfernt
hatte, trat ein Herr aus dem großen Hause und ging über den
Hauptplatz. Nach Thomann's Beschreibung mußte das Capitain
Sutter sein. Ich nahm mir die Freiheit, von mir aus seine Be=
kanntschaft zu machen, indem ich mich als den Mann vorstellte,
der ihm von Thomann empfohlen worden sei. Er sagte, daß er
bedaure, vernehmen zu müssen, ich sei bereits als Freiwilliger
engagiert, aber ich müsse ihm versprechen, nach meiner Dienstzeit
wieder zu ihm zu kommen, indem er mich als Aufseher über seine
Arbeiter anstellen werde. Mir that es natürlich sehr leid, daß ich
mich von Rippstein hatte überreden lassen, aber ich konnte nichts
mehr machen.

Mr. Sutter erzählte mir dann Einiges aus seiner Ver=
gangenheit, was mich sehr interessirte, da viel Romantisches und
Abenteuerliches darin vorkam, was mir damals sehr Eindruck machte.

Weil dieser Mann schon ein paar Jahre später infolge der
Entdeckung des Goldes einen Weltruf — ich darf nicht sagen
„weltberühmt" wurde — bekam, so muß ich hier einschalten, was
ich dann später von ihm selber und von andern Seiten über
seine Abstammung erfahren habe.

Sein Vater sei ein gebürtiger Badenser gewesen und soll sich dann in Liestal, Baselland niedergelassen haben. In Basel habe er die Kaufmannschaft erlernt und als junger Mann die Bekannt= schaft einer Tochter aus Burgdorf, Fräulein Dupont, gemacht, welche einiges Vermögen hatte und die er heiratete. Er verließ aber seine Frau nebst vier Kindern schon in den 30er Jahren (1833?) und reiste nach Amerika. Wenn man ihn hierüber näher fragte, so gab er gewöhnlich zur Antwort, daß er in seinen politischen Gesinnungen zu liberal gewesen und dadurch gezwungen worden sei, seine Heimat, Frau und Kinder zu verlassen. In Westport, Missoury, habe er ein Handelsgeschäft eröffnet und Verbindungen mit Santa Fée in Neu=Mexiko gehabt, wohin er zweimal persönlich gereist sei; das zweite Mal sei er aber nicht mehr nach Westport zurückgekehrt, sondern mit einer Anzahl Personen nach Oregon gegangen.

Hier soll Sutter zufällig mit der Mannschaft eines russischen Schiffes zusammengetroffen sein, welches von Sitka, im russischen Amerika kam und dorthin zurückfuhr. Als ehemaliger Capitain französischer Schweizertruppen sei er mit Achtung behandelt worden und weil dieses Schiff gleich nachher nach Honolulu auf den Sandwichs=Inseln gesegelt sei, so habe er diese Gelegenheit benützt und sei mitgefahren. Man wollte wissen, daß er dort etwa 8 Monate herrlich und in Freuden zugebracht und dann mit einer Anzahl Canakas (Ureinwohner der Sandwichs=Inseln) männlichen und weiblichen Geschlechtes nach Mazolan am Golf von Californien=Mexiko gekommen sei.

Um diese Zeit lernte Sutter, wie er mir selber erzählte, den damals von Mexiko für Californien neu ernannten Gouverneur Alverado kennen, welcher sich einzuschiffen im Begriffe war, um seine Stelle anzutreten.

Dieser hatte die Aufgabe, die zwei großen und sehr frucht= baren Thäler des Sacramento und des San Juquinflusses, welche noch ausschließlich von Indianern bewohnt waren, namentlich das äußerst fruchtbare Sacramentothal, so bald als möglich zu be= siedeln. Sutter schien dem Alvarado, wie ich ganz gut begreifen kann, hiezu der rechte Mann. Meriko lieferte ihm eine Anzahl alter, leichter, eiserner Kanonen und eine kleine, messingene auf einer Lafette angebrachte, nebst mehreren alten Musketen. Als Begleiter und erste Ansiedler nahm sich Sutter seine mitgebrachten Canakas mit.

Im Anfang versah die Regierung die Ansiedler auch noch mit Lebensmitteln, sowie mit Kleinigkeiten zu Geschenken, Perlen, Zierarten, Kleidern 2c. für die Indianer, um diese für die neue Ansiedlung günstig zu stimmen. Sutter sollte dann versuchen, verschiedene Personen zu bestimmen, daß sie für wenigstens zehn Jahre sich am Sacramento, Amerikafork, Pettar-River, Bear-Creek und Ruba-River niederlassen, wogegen ihnen ein Landkomplex von 12 spanischen Leguas als Eigentum überlassen werden würde.

Sutter schiffte sich mit seinen Ureinwohnern von den Sand-wichs-Inseln, mit allen ersten Bedürfnissen wohlversehen, auf mehreren Booten in San Francisco ein und fuhr durch die Bay der Ausmündung des Sacramento entgegen. Nachdem er diese nach langem Suchen endlich gefunden hatte, steuerte er flußaufwärts bis er zu einer offenen, etwas höher gelegenen, schönen Stelle kam, die ihm so gefiel, daß er sich entschloß, dort die erste Ansiedlung zu grunden Die Entfernung von der Bay beträgt etwa 5 Meilen und liegt am linken Ufer des Flusses Die Sacramento-Indianer waren die ersten, welche sich der Ansiedlung näherten, sie beob-achteten aber die neuen Ankömmlinge nur aus respektabler Ferne und wollten die verschiedenen Zeichen zu einer Visiten-Einladung nicht verstehen.

Um das Zutrauen der Indianer zu erwerben, habe man allerlei bunte Kleinigkeiten an Stellen hingelegt, wo sie diese sehen konnten, z. B. Nastücher, Glasperlen, Zucker, bunte Bänder 2c. und ihnen bedeutet, daß die kostbaren Herrlichkeiten für sie be-stimmt seien.

Auf diese Weise brachte man es dann dazu, daß einige ins Lager kamen, wo man ihnen nur Freundlichkeit erwies und das nächste Mal erschien schon eine größere Zahl.

Nachdem diese Menschen genügend Zutrauen gezeigt hätten
sei es dann leicht gewesen, diese gegen Bezahlung (Beschenkung)
auch für Arbeiten zu verwenden und auf diese Weise überhaupt
an Arbeit zu gewöhnen. Die Sacramento=Indianer, welche da
wohnten, wo jetzt Sacramento=City steht und die Busheny=
Indianer, welche am Zusammenfluß des Sacramento mit dem
Amerikafork auf dem rechten Ufer des letzteren wohnten, seien
die tötlichsten Feinde gewesen und hätten stets Fehde miteinander
gehabt. Nur der Fluß habe beiden Stämmen etwelche Sicherheit
vor gegenseitigen Angriffen gewährt. Ihre Sprache war auch
sehr verschieden. Diese Feindschaft sei dann auch schuld gewesen,
daß wohl ein Jahr lang keine Busheny=Indianer in die An=
siedlung gekommen seien. Zuerst war die Furcht vor dem neuen
Nachbar und nachher die Antipathie gegen die andern Indianer,
welche man nun in der Ansiedlung etwa traf, daran schuld.
Endlich sei aber doch auch dieses Hemmnis weggefallen.

Diese Indianer bildeten nun den Hauptteil von Sutters Ar=
beitern, wozu sich noch Weiße, meistens Abenteurer, entlaufene
Matrosen, Jäger ꝛc. gesellten und entweder die den Indianern
noch nicht bekannten Arbeiten verrichteten oder sich wirklich an=
siedelten.

Ich glaube, Sutter habe mir gesagt, daß es im zweiten Jahre
seines dortigen Aufenthaltes gewesen sei, als er sich daran machte,
ein Fort zu bauen, aber nicht am Ufer des Amerikaforks, sondern
eine halbe Meile südlich davon auf einer Anhöhe neben einem
tiefen Wasserloch, welches sich beim hohen Wasserstand des Flusses
füllte. Die Gebäude wurden mit riesigen Sumpfbinsen gedeckt,
welche ein gutes, aber sehr feuergefährliches Dach bilden und so
kam es denn, daß dieses erste Fort niederbrannte. Eine zweite
Baute habe er dann mit Schindeln decken lassen.

Sutter hatte sich nach und nach mit den Indianern der
Umgebung auf freundschaftlichen Fuß zu stellen gewußt und die
Widerspenstigen oder feindlich Gesinnten mit Hülfe der Weißen
und der ihm gut gesinnten Indianer gewaltsam unterworfen
oder gezüchtigt.

In den reichen Bottomländereien (Niederungen) am Amerikafork legte er große Weizenfelder an, wo er überaus reichliche Ernten
erzielte Seine Indianer exerzierte er mit seinen mitgebrachten alten
Musketen zu Militär ein, als es sich bei den spanischen Californiern
um den Versuch handelte, sich von Mexiko loszutrennen. Mexiko
sandte Militär nach Californien und Sutter wurde aufgefordert,
sich mit seinen indianischen Soldaten und etwa 20 Schützen,
meistens Amerikaner und Engländer, und zwei Kanonen am
Kampfe zu beteiligen, und zwar unter Anführung Sutters, was
ich zwar für nicht ganz wahr halte

Der Ausgang des Gefechtes oder wohl besser gesagt des
Angriffs, sei dann die Gefangennehmung Sutters gewesen, aber
man habe ihn wieder freigelassen und gezwungen, sich ins Fort
zurückzuziehen Was hier über Sutter gesagt ist, vernahm ich
selbstverständlich nicht schon in den ersten Tagen meines Aufenthaltes in Sutters-Fort oder Neu-Helvetia, sondern nur nach und
nach, so daß ich diesbezüglich auch nicht für absolute Wahrheit
bürgen kann. Ich kehre daher zu meinen eigenen Anschauungen
und Erlebnissen zurück.

Kiburz, Rippstein und Zins waren endlich mit unsern Wagen
auch im Fort angekommen. Unser Vieh nebst Wagen verkauften
wir an Sutter und Thomann und Rippstein hatten mit diesem
bald einen Handel für Land am Fetha-River abgeschlossen
und zwar für das eigene Geld, welches sie hatten, zuzüglich
deren Guthaben an mich, welches an Thomann 4 30 Dollars und
an Diel und Rippstein je 2 25 Dollars, also im ganzen 9 Dollars
betrug. Zins schuldete an alle drei etwa 11 Dollars

Für die Zeit meiner Abwesenheit vom Fort ließ ich meinen
Koffer, der alle meine Kleider und Bücher, sowie meine Doppelflinte enthielt, zur sichern Aufbewahrung in Sutters-Fort zurück
und nahm nur die Kleidung, welche ich auf dem Leibe trug,
nebst zwei Hemden, Büffelpelz als Decke, ein Taschentuch, meinen
Florida-Karabiner und mein Waidmesser mit Sutter wurde also
für die 9 Dollars, welche ich ihm jetzt durch den Landhandel mit
Rippstein und Thomann schuldig geworden war, mehr als hin-

reichend gedeckt. Mir war dadurch viel Erleichterung verschafft, obschon die Schuld so gering war, daß Rippsteins Ängstlichkeit mich anwiderte.

Unser noch übriges Pulver und Blei teilten wir genau unter uns und somit hatten wir die Bande, welche uns über sechs Monate zusammengehalten, endlich zu Aller Zufriedenheit gelöst Es hatten noch andere ledige Männer miteinander in einem Wagen die Reise zusammen angetreten, sich aber lange vor der Ankunft am Ziel wieder getrennt Wir waren die Einzigen, welche trotz der verschiedenen Charaktere als Freunde von einander schieden

Thomann zog vor, bei Sutter Beschäftigung zu nehmen und blieb daher zurück. Wir vier übrigen bezogen unser Essen von Unkel Sam, in dessen Dienste wir uns hatten anwerben lassen Nach einigen Tagen sammelten sich noch mehr Freiwillige von den jungen, ledigen Männern der uns nachgekommenen Emigranten.

Die ersten Nächte konnte ich im Fort nicht schlafen, weil spielende Indianer einen eigentümlich widerwartigen Lärm machten. Ich hatte damals nicht gedacht, daß ich mich in zwei Jahren so an diesen Spektakel gewöhnt haben würde, wie dies wirklich dann der Fall war.

Es hieß endlich, wir würden in den nächsten Tagen vermittelst Sutters kleinem, zweimastigem Schooner alle miteinander nach San Francisco gebracht werden und daß wir nur noch die Ankunft einiger Freiwilligen abwarten müßten.

XI.

Erlebnisse als Freiwilliger. Drei Tage am Bord des Kriegsschiffes. Reise nach St José.

———

Als wir uns endlich auf dem kleinen Schooner einschifften, fanden wir bald, daß die Bequemlichkeit auf demselben für uns Alle — wohl an die 30 Personen — nicht überaus groß sein könnte, allein das ließ sich eben nicht ändern und so mußte jeder von uns sich nach den Umständen fügen. Wir waren nur wenig den Fluß hinuntergeschwommen, als man schon am rechten Ufer anhielt, um eine — zwecklose — Erfrischung zu nehmen

Anmerkung des Herausgebers: Nun beschreibt der Autor die Reise der Freiwilligen bis nach der Bay von San Franzisco in einer Art, die nur für seine Familie Interesse hat und fährt dann fort·

Ist man an dieser Insel vorüber, so befindet man sich erst recht in der San Franzisco-Bay und hat die Ausmündung derselben gegen das Meer bald gerade westlich neben sich. Wenn ich nicht irre, so beträgt die Distanz von dieser Insel bis nach San Franzisco 6 bis 7 Meilen. Bei der Überfahrt von dieser nach dem Hafenplatz passirt man das felsige, hohe, aber im übrigen nur kleine, beinahe ganz vor der Einfahrt liegende und folglich dieselbe beherrschende Birds-Island, wahrscheinlich so genannt, weil fast immer, aber besonders bei Nacht, eine ungeheuer große Zahl verschiedener Seevögel hier ihr Quartier nehmen.

Beinahe südlich von uns erhob sich ein ziemlich hoher, runder Hügel, hinter welchem der Hafenplatz San Franzisco liegt, oder wie er damals noch genannt wurde Herba buena (Gutes Kraut); so genannt nach einem Kraut, wovon die älteren Ansiedler oft ihren Thee bereitet haben sollen. Links, wohl eine starke englische

Meile östlich vom Hafenplatz, liegt die zweitgrößte Insel der Bai, damals oft auch Herba buena oder Goat Island genannt, es scheint ein Labyrinth von mit Gesträpp bewachsenen Felsen zu zu sein. Der damalige Hafenplatz war eine halbrunde Einbuch=tung nach Westen in die Landzunge, welche die Bai vom Meere trennt und mochte vom Fuße des großen Hügels — Telegraph=hill — bis zu einer südlich in die Bai hinausreichenden Land=zunge, die mit zwergartigen Eichen bewachsen war, kaum eine Meile entfernt sein.

Die ganze Stadt zählte damals etwa 250 Einwohner. Von Gebäulichkeiten war kaum zu sprechen, denn es mogen kaum etwa 50 verschiedene Bauwerke oder Häuser gewesen sein. In der Mitte war die Plaza, der öffentliche Platz, auf welchem ein langes, einstöckiges mit Hohlziegeln gedecktes Wohnhaus stand, das von einer Gallerie umgeben war. Dies war das Stadthaus, in welchem einige Unteroffiziere nebst Marinesoldaten und Ma=trosen als Wache stationirt waren. Auch uns Freiwilligen wies man hier Quartier an, wo wir wie die regulären Truppen der Vereinigten Staaten unsere Rationen an Lebensmitteln erhielten. Im Hafen lag die Vereinigte Staaten Kriegsschaluppe „Ports=mouth" mit Capitain Montgomery als Kommandant vor Anker. Dies war das erste und bis dahin einzige Kriegsschiff, an dessen Bord ich kam und Gelegenheit hatte, kennen zu lernen, denn schon am zweiten Tage unserer Ankunft brachte man uns auf dasselbe. Am Bord der „Portsmouth" befanden sich Offiziere, Mariners und Matrosen, zusammen 200 bis 230 Mann; beinahe lauter kräftige, junge, lebhafte Leute. Die größte Reinlichkeit und Ordnung schien gehandhabt zu werden. Die Verdecke wurden jeden Morgen äußerst blank gescheuert und die Matrazen sahen aus, als ob sie alle Tage Feiertag hatten. Auf die verschie=denen Kommandos wurde zuerst vermittelst einer äußerst schrillen, Mark und Bein durchdringenden Pfeife aufmerksam gemacht und dieselben erst dann vom Oberbotsmann ausgerufen oder durch einen Marineoffizier dem Capitain oder kommandirenden Offizier tkerid überbracht.

So ein Kriegsschiff kam mir vor, wie eine kleine Welt für sich. Alles hatte seinen eigenen Platz, alles seine regelmäßige genaue Zeit, Jeder wußte genau, wohin er gehörte und was seine Pflicht war und alles schien so regelmäßig ineinander zu greifen, wie ein Uhrwerk.

Während der Capitain und die höheren Offiziere ihre Mahlzeiten in den Kajüten zu halten pflegten, nahmen die übrigen Leute ihr Essen im untern Deck in Gruppen von je sechs Mann zusammen. Dasselbe bestand aus gesalzenem Schweinefleisch, gesalzenem Rindfleisch, Reis, Bohnen, Schiffszwieback, Kaffee und Zucker und wurde von besonderen Köchen gut zubereitet, sowie in hinreichenden Quantitäten ausgeteilt. Abends wurden nach einem schrillen Pfiff und Kommando des Hochbootsmanns von sämtlichen Mannschaften die Hängematten von den Seitenbrüstungen des obersten Decks, wo diese tagsüber verpackt waren, in das untere Verdeck hinunter geholt und an starken eisernen Haken, welche an den Querbalken der Decke befestigt waren, aufgehängt. Dieser Schiffsraum hatte dadurch wie durch Zauber ein ganz anderes Aussehen erhalten, denn nun waren auf einmal hunderte von schmalen, langen, sackartigen hängenden Betten da. Wir, in allen solchen Dingen unwissenden Freiwilligen hatten mit Neugierde diesem ameisenartigen Treiben zugeschaut und begriffen, daß man nun aufrecht nicht mehr durch diesen Raum gehen konnte. Droben auf dem Verdecke wirbelte die Trommel, begleitet von den lauten Tönen einer Pfeife. Der Yankeedoodle wurde gespielt und mit dem letzten Ton knallte ein Kanonenschuß, worauf sofort Alles still und ruhig wurde, wie in einer Kirche oder in einem Grab. Es war ein kolossaler Gegensatz zur vorherigen Geschäftigkeit. Nur einzelne wenige und blos lispelnde Laute ließen sich noch da und dort hören, dann wurde es ganz still, bloß auf dem Verdeck hörte man die regelmäßigen Schritte der Wache und von Zeit zu Zeit vernahm man gewisse Schläge der Schiffsglocke nebst dem Ausrufen der Nachtstunde.

Früh am nächsten Morgen wiederholte sich das ähnliche oder vielmehr ganz gleiche Getriebe, der Schuß mit der Kanone, die

Pfeife und die Trommel, wodurch aus der Stille der Nacht und Ruhe ebenfalls durch den Kommandoruf des Hochbootsmanns neues Leben entstand. Überall sprangen die Matrosen aus ihren Hängematten, kleideten sich an, wuschen sich und auf einen zweiten Pfiff und Ruf des Hochbootsmanns wurde von jedem die Hänge= matte von den Haken gelöst, sorgsam zusammengelegt und oben auf den Seitenbrüstungen des oberen Verdecks an der richtigen Stelle eingebunden. Alles ging ohne jegliche Störung mit er= staunlicher Genauigkeit vor sich

Das nächste Geschäft war das Schruppen, Fegen und Waschen des Verdecks, was mit großer Sorgfalt geschah und jedesmal wurde der genäßte Boden wieder sorgfältig abgetrocknet. Sobald dieses Geschäft vorüber war wurde durch schrillen Pfiff und Ausrufen des Hochbootsmanns der Mannschaft zu wissen gethan, daß das Frühstück fertig sei, worauf Alle mit Ausnahme der Wachehabenden sich durch die Luke hinab in das Zwischen= deck begaben, um ihr Morgenessen einzunehmen. Wir Freiwillige erhielten die Mahlzeiten ganz gleich wie die Seeleute, nur blieben wir von der Arbeit frei. Keiner von uns erlaubte sich besondere Freiheiten außer James Savage, welcher durch seine sonderbaren, teils drolligen, teils unverschämten Späße bald die allgemeine Aufmerksamkeit der Seeleute auf sich zog, sie zum Lachen brachte und so eine Art Löwe wurde, bis man ihm zu verstehen gab, daß auch er nicht gegen die Schiffsregeln handeln dürfe, wenn er sich nicht Unannehmlichkeiten zuziehen wolle.

Ich glaube, es sei an einem Vormitttag gewesen, als die Mannschaft zum Grog gerufen wurde, worauf sich Alle sofort einfanden und woran auch wir teilnehmen durften. Das Wort Grogg war für mich neu und ich war begierig, das Ding kennen zu lernen. Einer der niedern Offiziere, Proviant= oder Quartier= meister, erschien mit einer großen, küpfernen Kanne und teilte in ebenfalls küpfernen Becherchen der Reihe nach jedem Mann eines dieser kleinen Gefäße voll Flüßigkeit zu, welche der Betreffende gewöhnlich auf einmal in sich aufnahm und dann das Gefäß zurückreichte. Als die Schiffsmannschaft bedient war und die Reihe

an uns kam, war ich der erste, dem dieses mir unbekannte Naß
dargeboten wurde und da ich die Begierde einzelner nach diesem
Göttertrank, wie ich wähnte, beobachtet hatte, so stellte ich mir
etwas absonderlich Gutes vor. Als ich aber das Gefäßchen zu
meinem Munde brachte, kam mir ein Geruch in die Nase, der
mich vorsichtig machte. Gleichwohl kostete ich ein wenig davon
und überzeugte mich, daß es nichts als' ganz gemeiner Schnaps
war. Ich konnte nicht weiter trinken, nahm aber wahr, daß mir
mehrere Matrosen deuteten, ich solle meinen Teil ihnen über=
lassen. Ich gab den Rest aber mit Dank an den Geber zurück.
Dies war mein erster und letzter Grog, den ich getrunken habe

Die Matrosen beschäftigten sich in der Zwischenzeit mit
allerlei Arbeiten, flicken ihrer Kleider, trieben Holzschnitzerei,
oder lasen Seeromane, sangen, spielten Flöten ꝛc. Die Mann=
schaft sah gut aus und schien aus Amerikanern zu bestehen, ein
Matrose war Indianer.

Unser Shoshawnee = Indianer, welcher von Neugierde ge=
trieben sich den Emigranten angeschlossen hatte und mit uns bis
hieher gekommen war, erregte die allgemeine Aufmerksamkeit der
Schiffsmannschaft. Da der arme Kerl nur überaus notdürftig
gekleidet und mit Ausnahme von einem Bogen und einigen
Pfeilen auch unbewaffnet war, wurde er bemitleidet und man
kam auf den glücklichen Gedanken, daß man ihn kleiden und be=
waffnen sollte, da er doch im Dienste der Vereinigten Staaten
sei. Gesagt, gethan. Er bekam Hosen, Weste, einen dicken Matrosen=
rock, Hut, Schuhe ꝛc. und wurde nun seines Indianerkostüms,
das aus ein paar Lumpen bestand, entledigt, so daß Mr. Shos=
hawnee ein ganz ordentliches Aussehen bekam und sich selbst kaum
mehr recht zu kennen schien. Auch eine alte Büchse mit Pulver,
Kugeln und Zündkapseln brachte man ihm und lehrte ihn diese
laden und handhaben.

Die Portsmouth war gut bewaffnet, sie führte 18 Kanonen,
wovon die meisten 32pfünder, einige aber 64pfünder waren.
Jede war vor einer Schußpforte auf einer Laffette mit starken
Seilen befestigt, ein paar Kugelpyramiden waren auf dem Ver=

deck in Bereitschaft. An den Seiten und um die Masten herum waren an verschiedenen Stellen Enterhaken und Piken, sowie die sogenannten Cutlasses (ein kurzes, gerades, doppelschneidiges Schwert) regelrecht angebracht und bequem zum Gebrauch bei der Hand. Die Masten waren alle sehr hoch und Alles in bestem Zustande.

Wir blieben drei Tage an Bord des Kriegsschiffes, dann brachte man uns wieder ins Stadthaus zurück.

Trotzdem wir zirka acht Tage in San Franzisco blieben, kamen wir nicht über seine damaligen Stadtgrenzen hinaus. Vielleicht war's, weil man sich vor den Spaniern nicht sicher glaubte.

Während nach Nordwesten das damalige San Franzisco von ziemlich hohen Hügeln umgeben war, grenzten an dessen südliche Seite einige Sandhügel, durch welche sich kleinere Thälchen zogen, die fruchtbares Gartenland enthielten. Ein großer Teil dieser Gegend war mit dichtem, zwerghaften, teils immergrünen Buschwerk und Eichen bedeckt, was passende Schlupfwinkel für Wölfe und Panther bildete, deren Geheul man ganz nahe der menschlichen Wohnungen hörte.

Endlich sollten wir diesen Platz verlassen. Eine schöne Nordwestluft wehte und durfte nicht unbenutzt gelassen werden. In zwei großen zur Portsmouth gehörigen Nollen wurden wir eingeschifft. Auf jeder derselben waren mehrere Seeleute als Ruderer und Segler mitgegeben und das Ganze stand unter dem Kommando eines Seekadetten. Da der Wind frisch anhielt, so machten wir recht schöne Fortschritte durch die Bay südwärts und kamen am Abend zu einem zweimastigen Schooner, wo wir ein Abendessen bereit fanden und uns bald schlafen legten.

Einige Matrosen hatten sich während der Nacht betrunken und wurden dafür jeder mit 12 Hieben auf den bloßen Rücken bestraft.

Hier blieben die Seeleute zurück und wir mußten den Weg zu Fuß fortsetzen bis nach Pueblo de San José, wo wir bereits eine Anzahl Emigranten, meistens frisch angeworbene Freiwillige trafen. Unter den Anwesenden befand sich unser Mr. Hastings, der

Mann, welcher uns den vermeintlich kürzeren Weg vom Marys=
River aus zeigte. Diesen beabsichtigten wir, zu unserm Capitain
zu wählen, wenn er sich auch damals betreffend des Weges geirrt
hatte. In San José blieben wir mehrere Tage, damit sich noch
mehr Leute anschließen konnten, denn erst jetzt durften wir uns
recht als in Feindesland betrachten.

Mir kam es übrigens sonderbar vor, daß ich diese mir
fremden Leute, welche mir niemals ein Unrecht gethan hatten,
als Feinde betrachten sollte. San José mochte damals zweimal
so viel Einwohner zählen als San Francisco und hatte ein ent=
schieden spanisches Aussehen. Die Häuser waren alle aus Adobe
mit Hohlziegeldächern; die Fensteröffnungen ohne Fenster, einige
mit eisernem Gitterwerk versehen. Sogenannte Verandas befanden
sich an der Hauptfront. Hinter einzelnen der bessern Häuser gab es
Obstgärten, wo die sogenannten Missouryreben, Feigen, Oliven,
Quitten, Birnen und Äpfel gediehen, deren Zeit aber vorüber
war. Ziemlich allein auf freiem Platze stand die einfache
Kirche aus Adobe gebaut. Unweit von hier im Küstengebirge
wurden vor einigen Jahren die reichen Alameda=Quecksilberminen
entdeckt.

Die reinen, alten, spanischen Ansiedler von Californien sind
im Ganzen ein schöner Menschenschlag, große, schlankgewachsene
Leute mit aufrechter, stolzer Haltung, meistens mit dunkler Ge=
sichtsfarbe und schwarzen, lockigen Haaren Der Spanier fühlt
sich am stolzesten auf einem feurigen Pferde, welches er mit einem
schönen Zaum und Sattel ausgestattet hat

Seine eigene Bekleidung besteht aus, von unten bis zu den
Knieen geschlitzten, mit Sammet besetzten Tuchhosen, welche,
soweit sie offen sind, mit silbernen Knöpfen versehen werden.
Der Körper wird über die Hüften mit einer langen, hellroten
Schlinge oder Binde umschlungen, so daß die beiden befransten
Enden von der einen Seite herabhangen. Unter den aufgeschlitzten
Hosen sollen ein Paar feine, womöglich reinweiße Unterhosen
hervorblicken. An seinen niedlichen, kleinen Füßen trägt er zierliche
Schuhe aus weichem, feinem Leder. Sein Hemd ist meistens zierlich

gearbeitet und von makelloser Reinheit. Ein seidenes Halstuch ziert seinen Nacken und eine feine, blautuchene, mit schwarzem Sammet garnirte Joppe mit erhabenen, silbernen Knöpfen macht die Bekleidung seines Oberkörpers aus. Auf dem Kopfe trägt er stolz einen hohen, breitrandigen, feinen Pelzhut, gewöhnlich ein wenig nach vornhin und seitwärts geneigt, der ihm fast zu klein zu sein scheint, aber durch ein Sturmband bis unter das Kinn fest auf dem Kopf gehalten wird. Nun braucht er zu seiner Ausrüstung in der Kleidung noch einen Mantel, namlich eine mit einem Loch versehene Decke, durch die er sein Haupt stecken kann und womit seine Schultern, der Rücken und die Front bedeckt werden, seine Arme aber frei bleiben.

Solche Decken werden oft von feinem Tuch bereitet und mit feinem Sammet garnirt.

Will er nun eine Reittour machen, so werden seine Absätze an den Schuhen mit reich gearbeiteten, großradrigen und mit Klingler versehenen, silbernen Sporren angethan, seine Glieder vom Knie abwärts mit zierlich gearbeiteten Leggings umschlungen

Ein derartig ausgerüsteter Cavallero, wie jeder fein gekleideter Mann genannt wird, verfügt gewöhnlich auch über mehrere schöne, mutige Renner, welche er mit viel Grazie und großer Leichtigkeit besteigt. Sitzt er einmal zu Pferd, mit seiner nie fehlenden Cigarre oder Cigarette im stolzen Munde, dann läßt er seinen stolzen, feurigen Renner zuerst allerlei Sprünge hin und her machen, grüßt nach allen Seiten höflich und graziös, besonders gegen die schönen Senoritas, berührt endlich mit seinen Sporren die Flanken seines Pferdes und hinweg fliegt er, wozu die Klingeln der Sporren den Takt machen, sein Surrpe aber hoch hinten in den Lüften weht Solche Schauspiele gereichten mir, so oft ich sie sah, zu vielem Vergnügen.

Wir wählten endlich unsern Capitain, natürlich in der Person des Mr. Hastings, und Lieutnant wurde ein schlanker, feiner Amerikaner, der aber vom Exerzieren nichts verstand Eingedenk des Wortes, man müsse den bösen Hunden das Brod ins Maul werfen, schlug ich den Savage als Lieutnant vor.

Unfer Aufenthalt in San José dauerte fo lange, bis wir alle mit Pferden, Sätteln und Zäumen hinreichend verfehen waren. Eines Tages fattelten mehrere unferer Leute ihre Pferde, unter ihnen auch Savage in der Meinung, man wolle nur einen Ausflug unternehmen, um die Umgebung zu befichtigen. Ich wollte mich auch anfchließen und war dazu beinahe fertig. Als ich mich erkundigte, wohin wir denn eigentlich reiten wollten, fo erhielt ich von Savage zur Antwort: „Irgendwohin, wo es Pferde, Sättel, Zäume, Sporren und dergleichen gibt." „Alfo auf eine Diebstour?" fragte ich. „Jawohl, wir holen uns, was wir brauchen!" war die Antwort. „Nun dann mache ich nicht mit, denn ich habe mich nicht anwerben laffen, um zu ftehlen." Man lachte über mich. Ich war ihnen natürlich nicht der rechte Mann. Sie ließen mich willig zurück und ich blieb auch ebenfo willig, als fie mich ließen.

Nachdem die Offiziere unferer Kompagnie, welche etwa 70 Mann ftark war, gewählt waren, wurde befchloffen, daß nachts Wachen neben dem Haus aufgeftellt werden müßten, in dem wir uns verfammelt hatten und man wählte mich, um den allererften Wachtdienft zu übernehmen. Ein Paßwort gab man mir nicht, was fchon in der erften Nacht zu einem Unglück hätte Veranlaffung geben können, da ich ficher den fcharf geladenen Karabiner auf einige abgefchoffen hatte, die mir auf zweimalige Anfrage: „Wer kommt?" gar keine Antwort gaben, bis fie meine Bewegung zum Zielen und Abdrücken wahrnahmen.

Zu unferm Indianer (Shoshawnee) gefellten fich hier noch zwei aus feinem Stamme, ich glaube Vater und Sohn. Sie fchienen über die unerwartete Begegnung fehr erfreut zu fein und unterhielten fich, befonders am Abend, beim Schlafengehen auf ihre eigentumliche halblaute, flüfternde Art miteinander, fo daß die meiften unferer Leute, durch diefe ungewohnten Laute geftört, nicht fchlafen konnten und unferen Alliierten oft zuriefen, endlich einmal ftille zu fein.

Da die Indianer aber noch zu wenig englifch verftanden, fo bekümmerten fie fich nicht um diefe Warnung und mehrere waren auf dem Punkt, sie durchzuprugeln, bis ich aufstand, mich zu ihnen heranbegab und ihnen durch Zeichen endlich die nötige Warnung zustellen konnte, worauf sie schwiegen und die andern bald schlafen konnten.

Noch ehe wir San José verließen, hatte unser Shoshawnee beinahe ein kleines Abenteuer erlebt. Er hatte sich den Ort ein wenig ansehen wollen und sich zu diesem Zweck allein etwas davon entfernt. Seine Kleidung ließ ihn von den Einwohnern sogleich als einen der unsrigen erkennen und wenn ich seine Zeichen recht verstanden habe, so wollte man ihm den Matrosenwamms nehmen und hatte ihm einige Knöpfe daran abgerissen oder ab= geschnitten. Ich bedeutete ihm, daß er sich allein nie mehr ent= fernen solle, weil wir mit diesen Leuten im Kriege seien, suchte ihm auch verständlich zu machen, daß diese Feinde ausgezeichnete Reiter seien 2c. Der Indianer war über diese Mitteilung sehr erregt und zwar weil, wie es mir schien, er von seiner Heimat aus auch einiges von dieser Kunst verstand und Freude daran hatte, sie gelegentlich ausüben zu können.

Ich fühlte mich seit einigen Tagen nicht ganz wohl und empfand eine gewisse Mattigkeit in meinen Gliedern, hatte auch Kopfschmerz und leichtes Frösteln, so daß mir bange war, ich könnte wirklich krank werden. Dies teilte ich dem Capitain Mr Hastings mit, aber er gab mir kein rechtes Gehör. Nun besorgte ich, man könnte mich als Heuchler oder Simulant betrachten, weshalb ich mein Pferd sattelte, am Sattel meinen Bündel mit einigen Hemden, dem Rasierzeug und mein Nastuch befestigte. Über den Sattel legte ich meinen Büffelpelz, weil er mir auch ferner als Bett dienen sollte. Mein Pferd war ein folgsames Tier, dem das Einfangen anderer Tiere nicht fremd zu sein schien. Mein Sattel war stark aber einfach, auch Zaum und Halfter fehlten nicht, nur Sporren hatte ich nicht, was bei der Vor= trefflichkeit meines Pferdes auch nicht geradezu nötig war.

XII.

Reise der Freiwilligen bis Monterey, wo ich im Spital krank zurückbleiben muß. Die zwölfschwänzige Katze.

———

An einem schönen Nachmittag — es war im November 1846 — waren wir endlich zum Weitermarsche fertig. Der Befehl zum Aufsitzen war gegeben und in doppelten Gliedern, Rippstein und ich nebeneinander, verließ unser Zug San José. Wir machten an diesem Nachmittag nur etwa 12 Meilen, dann hielten wir in der Nähe eines Rancho, um zu lagern. Der Ranchero hatte bald ein Stück Vieh geschlachtet, dessen Fleisch an den vielen Feuern gebraten wurde. Das Haus lag an der westlichen Seite am Fuß einer Anhöhe, wo ich den ersten Weinberg in Californien zu sehen bekam. Die Rebstöcke waren weder an Spalieren noch an Pfählen befestigt, sondern standen für sich allein da, wie kleine Bäumchen. Hier traf ein gewisser Capitain Weber zu uns, welcher etliche zwanzig Mann befehligte, jedoch nur zwei Mann bei sich hatte. Er wollte den Mr. Hastings überreden, daß man sich an einen gewissen Fremont anschließe, der ein tüchtiger Krieger sei, wozu man sich endlich auch entschloß

Mein Kopfschmerz und die kalten Schauerfröste wiederholten sich diesen Abend, meine Eßlust wurde geringer und ich konnte nicht schlafen. Am Morgen fühlte ich mich nicht besser und nur mit Not konnte ich die Weiterreise mitmachen Am Abend lagerten wir an einer schönen Wasserquelle, am östlichen Fuße des Küstengebirges, in der Nähe eines verlassenen Hauses. Mein Zustand hatte sich während des Tages verschlimmert und ich trank nur noch etwas leichten Thee. Die Nacht durch hatte ich gefiebert und nie geschlafen und am Morgen fühlte ich mich sehr matt und angegriffen. Nach dem Aufbruch behielt ich noch meinen Platz neben Rippstein. Am Nachmittag wurden zu unserer Rechten in einiger Entfernung einige Ranchos sichtbar. Dort gäbe es gewiß einige Pferde, Sättel, Zäume und Sporren zu holen, hieß es und Jim Savage's Augen glänzten vor Begierde.

Capitain Hastings mochte wohl gedacht haben, daß eine kleine Vermehrung dieser Artikel nichts schaden konnte und ging gern darauf ein, sechs Mann auf diese Annexionstour zu schicken Unter den Begeisterten, welche diesen Streifzug mitmachen durften, befand sich natürlich Savage, der bei derartigen Raubzügen nicht fehlen durfte und dabei ein besonderes Aufspürgenie entwickelte. Aber auch mir wurde die Ehre zu Teil, diesen Raubzug mit= machen zu dürfen Ich war, wie es sich zeigte, von diesen sechs Auserlesenen der einzige, welcher keinen Geschmack an dieser Auszeichnung finden konnte und frug unsern Capitain, ob er uns Geld mitgeben werde, um die zu holenden Pferde, Sättel, Zäume, Halftern und Sporren zu bezahlen, was er verneinte und mich erstaunt ansah, wobei die übrigen, besonders Savage, in helles Lachen ausbrachen „Nun, dann sollen wir also diese Gegenstände den Leuten stehlen. Ich habe mich wohl als frei= williger anwerben lassen, um nötigenfalls mit den spanischen Einwohnern zu kämpfen, aber daß ich sie bestehlen helfen sollte, dazu hätte ich mich nie einschreiben lassen!"

Der Capitain, welcher jetzt sah, daß er mir mit seiner Wahl einen schlechten Dienst geleistet hatte, erwiderte, daß ich nicht gezwungen sein solle, mitzumachen, wenn ich es nicht gern thue und ein Anderer nahm gern den von mir abgelehnten Auftrag an.

Bei unserem Vorrücken erblickten wir bald auf einer etwas erhöhten Ebene die massiven Gebäulichkeiten der Mission San Juan, auf welche wir jetzt zuritten und die wir bald erreichten.

Gar gerne hätte ich die Gebäulichkeiten und die umliegenden Obst= und Fruchtgärten näher betrachtet, allein ich fühlte mich zu elend und bedrückt

Die sechs Männer hatten sich uns wieder angeschlossen und natürlich einige Beute gemacht. Savage glaubte sich besonders als Held der Expedition rühmen zu müssen. Er erzählte, wie er einer alten Frau ein Paar schöne Sporren und Zäume unter den Kleidern hervorgenommen habe, die sie da verborgen gehalten, bis er gemerkt habe, daß da etwas Rechtes zu finden sei

Die meisten unserer Leute schliefen im Freien, ich hingegen lagerte in meiner Büffelhaut in einem geräumigen Zimmer nicht weit von der Kirche, essen konnte ich nicht, nur etwas Thee hatte ich getrunken. Kalte Schauer wechselten fortwährend mit großer Fieberhitze. Der Schmerz im Kopfe und Rücken nahm immer noch zu, dabei träumte ich allerlei unsinniges Zeug und als beste Beigabe wurde ich noch von einer Armee hungriger Flöhe gequält. Nach einer langen, fast nicht endenwollenden miserablen Nacht, brach endlich der neue Tag an

Unsere Leute waren bereits am Bereiten des Frühstücks und machten sich in fröhlicher Emsigkeit zur Abreise bereit. Nur ich konnte mich kaum von meinem Lager erheben, so daß ich wünschte, man möchte mich hier zurücklassen. Mr. Hasting meinte aber, man würde mich hier morden, sobald sie weggezogen wären. Nachdem alles marschbereit war, wurde dem Capitain von einem Missionär die Mitteilung gemacht, daß letzte Nacht Jemand in der Kirche einige silberne und goldene Gefäße entwendet habe Natürlich hatte man uns Freiwillige im Verdacht und es sollte mich gar nicht wundern, wenn der famose Jim Savage der Thäter gewesen wäre. Hasting hielt eine Rede, in welcher er die That verdammte, aber das war Alles.

Das Kommandowort zum Abmarsch wurde nun gegeben und ich nahm wieder meine Stelle neben Rippstein ein, konnte mich aber vor Schmerz kaum halten.

Als wir Nachmittags in die Salinsebene hinab gelangt waren, konnte ich es nicht mehr länger aushalten. Ich verließ meinen Platz, stieg ab und legte mich auf den trockenen Boden.

Capitain Hastings, welcher bei den losen, hinter der Compagnie hergetriebenen Pferden geblieben war, die von sechs Freiwilligen getrieben wurden, war bald an meiner Seite und wollte nicht leiden, daß ich hier bleibe. Ich hatte allerdings schon vorher erfahren, auf welch' abscheuliche Weise die Spanier Einzelne, die ihnen in die Hände gefallen, zu Tode gemartert hatten und ich stieg mit großer Anstrengung wieder zu Pferd. Nun ritt ich etwas langsam vorwärts und hörte das immer näher kommende Getrampel der Hunderte loser Pferde hinter mir, sowie die Zurufe der Treiber, die ich aber nicht verstand, weshalb ich glaubte, man rufe mir, daß ich Platz machen solle, was mich veranlaßte, mehr seitwärts zu reiten. Als ich schnalzte, war mein Pferd in einen leichten Galopp gegangen, jetzt aber, da gerade in diesem Augenblick eine Anzahl des halbwilden californischen Viehs nicht weit von mir die Straße in schnellem Laufe kreuzte, glaubte das Pferd wahrscheinlich, daß ich eines dieser Thiere einfangen wolle, denn kaum hatte es das Schnalzen vernommen, so sprang es in mächtigen Sätzen hinter dem Vieh her und brachte mich bald genug ganz nahe einer Kuh. Ich hatte am Morgen leider meinen guten Zaum einem jungen Manne geliehen, der ein unlenksames Pferd ritt und für mich nur eine Halfter genommen. Jetzt aber, da es hinter diesem Vieh her rannte, waren meine Kräfte nicht hinreichend, das an solche Verfolgungen gewohnte Thier zurückzuhalten. Meine Kappe war mir bald vom Kopfe geflogen, meinen Karabiner hatte ich absichtlich fallen gelassen, meine Büffelhaut hatte sich losgelöst und fiel vom Pferd, ohne daß ich mir die Stelle gemerkt hatte. Mein kleiner Bündel mit den Habseligkeiten hing auf der rechten Seite des Pferdes hinunter und machte alle erdenklichen Schwingungen. Mein Rücken schmerzte mich so, daß ich im Begriffe war vom Pferd zu springen, aber ich riskirte damit bloß, ein Glied zu brechen, anstatt wie ich damals gewünscht hätte, tot zu bleiben. Da ich auch aus den Bügeln gekommen war, so mußte ich, wie ein kleiner Knabe, mich am Sattelknopf halten. Das Pferd blieb erst stehen, als er seine Aufgabe gelöst zu haben glaubte, indem endlich eine Kuh vor Mattigkeit nicht mehr weiter rennen konnte. Dieser unfreiwillige Ritt ging so lange, daß ich von unserer Compagnie nur noch den Nachtrab, die losen Pferde mit den

Treibern ſah und ſie endlich einholte. Man verhöhnte mich auf die lächerlichſte Weiſe, bis die Leute ſahen, daß ich krank ſei. Einer hatte meine Kappe aufgehoben und ein Anderer meinen Karabiner, aber der Büffelmantel war fort.

Als ich endlich bei den Andern im Lager ankam, war es Nacht und ich wäre am liebſten ſofort ins Bett gegangen, aber dieſes war ja verloren. Rippſtein hatte mir dann ſeine Woll= decke angeboten, die ich dankbar annahm, ſchlafen konnte ich natürlich nicht.

Am andern Tag war unſer nächſtes Ziel Monterey Ich wußte, daß es mir nicht möglich ſein werde, mit den Andern gleichen Schritt zu halten, durchſchritt jedoch mit ihnen noch den Fluß, aber traben konnte ich nachher nicht mehr. Daß man mich, den Kranken, ſo einſam zurückließ, erbitterte mich über die ganze Compagnie und beſonders über Rippſtein und Diel.

Damit es mir ja nicht in den Sinn komme, mich bei einem Überfall zu verteidigen ſchoß ich, nachdem mich Alles verlaſſen hatte, die Ladung aus meinem Karabiner Als ich mehr denn eine Stunde ſpäter wie die andern im Lager von Monterey an= kam, waren Rippſtein und Diel die erſten, welche mir entgegen kamen und unter Lächeln nach dem Befinden fragten. „Geht mir aus den Augen! Ihr, die Ihr meine Kameraden ſein wollt, mit mir in demſelben Wagen über die Felſengebirge gekommen ſeid, konntet zugeben, daß ich krank in Feindesland allein zurück ge= laſſen wurde, ohne einen Verſuch zu machen, mich zu ſchützen. Ihr ſeid ſaubere Freunde, von welchen ich nichts mehr wiſſen will.“ Ich ritt an ihnen vorüber einigen Amerikanern zu, die mir aus dem Sattel halfen und ſie breiteten zwiſchen Sätteln, Zäunen, Laſſos u. drgl. ihre Wolldecken aus, worauf ich mich hinlegte. Ich war kaum einige Minuten dagelegen, als ich eine bekannte Stimme meinen Namen ausſprechen und ſich nach mir erkundigen hörte. Where is Henry? I heard he is sick, that he had just arrived and must be somewhere about here! Es= war der alte gute Barben, Kiburz’s Schwiegervater Ich hatte ihn wohl geſehen, aber fühlte mich zu ſchwach, um ihm zu ſagen, wo ich sei. Dieser gute, alte Freund sorgte dann dafür, daß ich in den Spital gebracht wurde.

Hier müssen wir den Faden der eigenen direkten Erzählung für einstweilen unterbrechen, weil Lienhard ernstlich krank war und längere Zeit im Spital bleiben mußte. Aus jener Zeit will ich nun diejenigen Stellen aus demselben wörtlich wiedergeben, welche allgemeines Interesse haben oder zur Illustration dienen.   Der Herausgeber.

Zwischen den Spaniern und den Freiwilligen kam es nicht mehr zu einem ernsten Gefecht und eines Tages hieß es, der Friede sei geschlossen und die Freiwilligen wurden unerwartet entlassen

Aus jener Spital- und Erholungszeit in Monterey sagt der Autor. „Einen Gebrauch oder eine Sitte sah ich hier, die mir neu war und wohl nur den Spaniern oder Californiern eigen sein möchte und diese bestand darin, daß man der Frauensperson, welche man z. B. an einem Ball oder bei einer anderen Tanzbelustigung besonders ehren wollte, ein frisches Hühnerei auf dem Kopf zerbrach und das Weiße auf demselben ein wenig auseinanderstrich, dann eine Hand voll feinen verschnittenen Goldblattes darüber ausstreute, wodurch die Haare ganz damit bedeckt wurden. Die betreffende Schöne war auf diese Auszeichnung nicht wenig stolz.“

An einer anderen Stelle sagt das Original-Manuskript:

„Während der Abwesenheit des Capitäns Madder mit seiner kleinen Schaar passirte nichts in Monterey, was von besonderem Interesse gewesen wäre, außer daß im Hafen das amerikanische Transportschiff „Independance“ und ein Paar kleinere Segelfahrzeuge anlangten. wovon eines die Kriegsschaluppe „Dale“ war. Es hieß, daß die Ankunft dieser Schiffe den alten Ansiedlern nicht besonders gefallen habe, denn dadurch wurden natürlich die Vereinigten Staaten-Kräfte vermehrt und vermittelst deren Kanonen hatte das Städtchen leicht zusammengeschossen werden können, wenn sie sich unterstanden haben würden, die kleine Garnison zu überrumpeln Wir drei zurückgelassene Freiwilligen hatten während dessen gute Zeiten, denn Kochen und Essen war unsere Hauptbeschäftigung.

Wir hatten natürlich genügend Zeit das Wesen und Treiben der zurückgebliebenen Kriegsmannschaft näher kennen zu lernen und so viel sah ich bald ein, daß mir dieses Leben nichts weniger als gefallen würde. Die Matrosen, wie die Marinesoldaten bestanden aus ganz verschiedenen Nationalitäten: Amerikaner, Engländer, Irländer, Deutsche, Dänen und dergleichen. Die Offiziere waren aber so viel ich glaube nur Amerikaner. Natürlich standen die Leute unter gewissen strickten Regeln, welche genau befolgt werden mußten. Wurden diese übertreten, z. B. durch Ungehorsam gegen die Vorgesetzten, zu viel trinken 2c., so wurden die Fehlbaren sogleich eingesperrt und erhielten mit der sogenannten Katze oder Neunschwanz (Cat or Ninetail) 12 kräftige Hiebe auf den nackten Rücken. Diese Katze war ein Schiffsgeräte von neun dünnen Stricken an einer etwa fußlangen, hölzernen Handhabe. Der Delinquent wurde dann in ein besonderes Zimmer gebracht, seiner Kleider oben bis auf die Hälfte entblößt, an seinen Händen mit dem Gesicht gegen die Mauer aufgezogen, so daß er mit seinen Füßen den Boden kaum noch recht berührte. Der Pfeifer, welcher gewöhnlich als Vollstrecker verwendet wurde, war ein schlanker, junger Kerl von etwa 25 Jahren. Dieser zog dann seinen Rock aus, nahm seine Stellung ein, ein paar Schritte hinter dem Delinquenten, hob die Katze rückwärts und machte damit einige Schwingungen durch die Luft um dadurch mehr an Kraft und Wirkung zu gewinnen, dann applizierte er, einen Schritt nach vorne nehmend, die neun Stricke durch die Lüfte sausend auf des Verbrechers nackten Rücken

Ich erinnere mich, wie einen Matrosen schreien gehört zu haben, wie heftig ihm auch die 12 Hiebe vom Pfeifer aufgemessen wurden, denn sie schämten sich, einen Laut von sich zu geben und verbissen die Schmerzen, mochten diese noch so heftig sein.

Die Marinesoldaten schrieen aber schon beim dritten oder vierten Hieb gewaltig auf, so daß es abscheulich war, sie hören zu müssen. Für diese Schreierei wurden sie dann nachträglich von den Matrosen noch recht ausgelacht und verhöhnt Sie

würden, meinten diese Letztern, es den Offizieren nicht zum Ge=
fallen thun, ein solches Geheul zu machen, worüber diese sich
noch freuen würden.

Ich anerkenne, daß es notwendig ist, diese zusammenge=
würfelten Mannschaften unter strenger Zucht zu halten, aber ich
glaube doch, daß mancher auf diese Art gezüchtigt wurde, der
es nicht verdient hatte, je nachdem der Offizier disponirt war.

Einst sollte ein Matrose seine 12 Hiebe erhalten, weil er
am vorhergehenden Abend etwas angetrunken nach Hause kam.
Da aber der Pfeifer nicht anwesend war, wurde von dem komman=
direnden Lieutnant ein alter Matrose, der Unteroffiziersstelle ver=
trat, zu diesem Zweck herausbeordert. Der Matrose behauptete,
daß er nicht hiezu verpflichtet sei und daß es schon seines Alters,
Amtes und langjährigen Dienstes wegen nicht von ihm verlangt
werden sollte. Allein der Lieutnant bestand darauf und erklärte
ihm, daß er selber 12 Hiebe bekomme, wenn er den Befehl
nicht sofort ausführe. Da der Matrose sich nun gezwungen sah,
ging er murrend daran, seinem Genossen die verschriebenen 12
Hiebe zu applizieren, aber so sanft, daß der Lieutnant immer
rief: Härter, härter! Allein der Alte that, als ob er nichts höre
und warf dann die Katze brummend auf den Boden. Der Ge=
züchtigte meinte nachher: „Wenn ich wüßte, daß ich keine
strengere Strafe zu gewärtigen hätte, so würde ich sogleich hin=
gehen und mich nochmals betrinken.

Man sollte glauben ein öffentliches Auspeitschen sollte einen
tiefen Eindruck auf Jeden hinterlassen. Allein mir schien, daß die
Betreffenden nur davon abgestumpft und gleichgültiger wurden;
denn ich hörte mehrere sich damit brüsten, sie hätten, seit sie an
Bord wären, so und so viel Mal die Katze bekommen.

XIII.

Aus meiner Reise von Monterey nach Sutters-Fort zurück, nach der Abdankung der Freiwilligen.

Das Schwierigste der Rückreise von Monterey nach Neu-Helvetia war die Partie von der Ausmündung des Sacramento dem Fluße nach aufwärts. Als Reisegefährten hatte ich einen gewissen Mr. Dawel und einen Indianer.

Leider reichte der tiefe mit Wasser bedeckte Schilfsumpf gar oft bis an den Wald heran. Dann kamen aus demselben wieder mehr und weniger breite und tiefe Wasserläufe, wo das Wasser aus diesen überfüllten Sümpfen angefangen hatte, im schnelleren Abfluß in den im Fallen begriffenen Sacramento zurückzufließen. An solchen Stellen gab es immer einigen Aufenthalt. Wir mußten ausfindig zu machen suchen, ob man da durchkommen könne, ohne durch zu große Tiefen gehindert zu werden. Wir hatten mehrere solche natürliche Kanäle zu durchgehen, wo das kalte Wasser uns oft bis zu den Hüften und sogar bis unter die Arme reichte. Mr. Dawel fand jeden Augenblick, wie er meinte, eine Stelle, wo man gut lagern könnte, ich wollte jedoch noch nichts davon wissen. Wir hatten bis dahin noch keine Raubthiere gesehen, einige Prairiewölfe ausgenommen, so wie einige Stinkkatzen. Antilopen und besonders Hirsche hatten wir öfters aufgescheucht, sogar einmal auf einer offenen grasigen Stelle sechs bis acht Stück.

Bald kamen wir zu einem Ablauf, wo das Wasser zu tief war, um es durchwaten zu können. An solchen Stellen sahen wir uns um, ob wir nicht dicht neben dem Abfluß irgend einen breitastigen Baum entdecken könnten, dessen Äste bis hinüber auf die andere Seite des Kanals reichten. Und da es meistens an

solchen Bäumen nicht fehlte, so gelang es uns über Erwarten
gut, solche zu erklettern und über deren lange Äste hinaus so
weit auf die andere Uferseite zu kommen, daß wir mit einem
kleinen oder größern Sprung trockenen Boden erreichten. Das
Sinken der Äste durch unser Gewicht half dabei wesentlich mit,
so daß wir oft blos den Ast loszulassen brauchten. Es mochte
bald Mittagszeit gewesen sein, als wir wieder mitten im Walde
zu einem tiefen und breiten Ablauf gekommen waren. Einige
Zeit lang war ich der Vorderste gewesen und blieb jetzt stehen,
da eben neben mir ein sehr breitastiger Wachholderbaum dicht
am Ufer stand und in denselben hinein ein langer, beinahe rinden-
loser Sicamora gefallen war, der nun eine Art Steg bildete, um
leicht auf den Baum zu gelangen. Ohne mich lange zu besinnen, benutzte ich diese Naturbrücke und balancirte auf einem
der dicksten und längsten Äste in einer Höhe von 10 bis 12 Fuß
über dem Boden so weit hinüber, bis sich der Ast möglichst senkte
und ich so von Ast zu Ast hinuntersteigen und endlich mit einem
kleinen Sprung auf festem jenseitigen Ufergrund war. Ich hatte,
als ich oben war, auf einem nahe stehenden Sicamorebaum eine
große Anzahl Aasvögel gesehen, Königsgeier, den Turkybussard,
Raben, Krähen und Elstern, also mußte sich irgend ein Aas in
der Nähe befinden, was Alles zusammen einen unheimlichen Eindruck machte. Ich rief meinen beiden Gefährten zu, sie möchten
sich beeilen, der Indianer war mir zuerst gefolgt, aber auch
er hatte mit sich selbst zu thun, ohne auf die Ursache dieser Feder-
viehversammlung zu sehen. Mr. Dawel war bei solchen Ge-
legenheiten sehr langsam, denn seine Revolverbüchse war ihm
hindernd, weil er Angst hatte, sie könnte ihm einmal in die
Tiefe der Wasser fallen. Ich nahm sie ihm ab und er kletterte,
natürlich unbehülflicher als ein großer Affe, von Ast zu Ast hinunter, bis er den kleinen Sprung auf den Boden wagen durfte.
Nun machte der Baum beim Loslassen der Äste jedesmal eine
stark schwingende Bewegung, wobei sich ein entsprechendes Rauschen hören ließ. Kaum hatte der unbehülfliche Mr. Dawel den
letzten Ast losgelassen und den Grund mit einem lauten Tramp

(Aufprall) erreicht, womit die Schwingungen des Baumes viel stärker wurden als vorher, so ließ sich ein lauter Pfiff von dem nahen Sicomorebaum hören und die Aasvögel flogen alle mit einander auf und davon. Zwischen dem genannten Baum und uns war ein dichtes Gebüsch, sogenanntes Unterholz, wodurch der obere Teil desselben unsern Blicken entzogen wurde. Unser Indianer, welcher die Töne und Stimmen der Natur besser verstand, als wir Kulturmenschen und Neulinge in einem Urwald, schien über den lauten Pfiff ganz aufgeregt und sah sich überall um ohne von der Stelle zu gehen. Dies beobachtend frug ich ihn: „Ist's ein Wolf?“ „No, no!“ „Ist es ein Hirsch?“ „No, no!“ „Ist es ein Elen?“ „No, no!“ „Ist's denn ein grauer Bär?“ „Yes, Yes, Yes!“ war die schnelle bestimmte Antwort. Nun fragte ich den Mr. Dawel, ob er seine Revolverbüchse geladen habe. „Nein,“ war die Antwort. „Doch die Pistolen?“ „Auch diese nicht!“ „Nun, dann mag der grisly Bear eine Gelegenheit haben, einen von uns aufzufressen, ohne daß wir uns gegen ihn verteidigen könnten, da wir ihm nicht einen einzigen Schuß entgegenzuschicken hätten, um ihn zu erschrecken. Ich sah mich schnell nach irgend einer Zufluchtsstelle um und entschloß mich, da vor uns der Wald von Unterholz frei war, mich mit meinem Schweizer Scharfschützen=Waidmesser hinter einer großen Eiche so gut als möglich zu wehren. Als der Indianer nicht vorangehen wollte, so nahm ich ihn am Rockkragen und schob ihn vor mir her und der Letzte war Mr. Dawel. Zuerst ging's langsam und vorsichtig, uns überall umschauend, dann schneller und endlich fingen wir an, förmlich flüchtend davonzurennen.

Daß uns der graue Bursche ungeschoren entrinnen ließ, mußte wohl daher kommen, daß er uns bei dem sonderbaren Übergang auf dem Baum=Viadukt beobachtet haben muß und nicht recht wußte, was er aus diesem Schauspiel machen mußte. Das starke Rauschen des Baumes beim Loslassen der Äste und besonders das plötzliche Auffliegen seiner beflügelten Mitbewohner dieser Wildnis muß ihm Furcht eingejagt haben.

In dem jetzt von Unterholz freien Walde bemerkten wir

an mehreren Orten Schweinelager oder Nester, namlich zusammen=
gehäuftes, trockenes Laub. Es stammten diese hier herumlaufenden
Schweine offenbar von Sutters Heerde her. Wie mir dieser nämlich
später erzählte, hatte er früher hier eine große Schweinezucht,
die ein Angestellter von ihm hätte besorgen und bewachen sollen,
der aber seine Zeit anderswie verwendet habe, so daß die Ver=
wilderung der zahmen Tiere und deren Vermehrung im Urwald
leicht möglich gewesen sei. Der König dieser Gegenden, der graue
Bär, mag zur Abwechslung in seinem Menu dann und wann
ein Exemplar dieser Grunzer verspeist haben.

Mr. Dawel hätte hier gerne kampirt, weil so schöne Ge=
legenheit sei, irgend ein Wild zu erlegen, wozu wir nun auch
die hiesigen Schweine rechneten und schließlich ließ ich mir dies
gefallen, nachdem er mir seine Revolverbüchse anbot und ich drei
Schüsse geladen hatte. Nun war aber trotz meiner Mahnung,
möglichst ruhig zu sein, um das Gewild nicht aufzuscheuchen,
Mr. Dawel so unvorsichtig laut im Sprechen und Rufen, daß
keine Rede mehr von einem erfolgreichen Schuß sein konnte.
Dies machte mich ärgerlich und ich erklärte, daß ich nicht hier
bleibe. Mr. Dawel mußte sich fügen und wir wanderten weiter
und kamen bald zu dem sogenannten big Jungle. Dieser Ver=
bindungsgraben zwischen dem Sacramento und dem Binsensumpf
mochte etwa 60 Yards breit sein und das Wasser erwies sich an
einzelnen Stellen als tief. Bäume hätten es uns hier, wenn
auch solche dagewesen wären, nicht ermöglicht, auf ähnliche
Weise wie bisanhin hinüber zu gelangen.

Mehrere hundert Yards oberhalb war eine Stelle, wo
Indianer lagerten, aber wir sahen nirgends ein Canoe, mit
dem man uns hätte hinüber bringen können und es blieb uns
somit nichts anderes übrig, als das Wasser zu durchschreiten. Ich
hatte bald eine Stelle gefunden, wo ich menschliche Fußspuren,
vielleicht von Jägern her, entdeckte. Da ging ich vorsichtig hinein,
denn jeder Schritt vorwärts brachte mich in tieferes Wasser.
Meine Wolldecken hielt ich hoch über die Wasserfläche. Die Mitte
war noch nicht erreicht, als mir das Wasser bis über die Schultern

ging. Mein Vorwärtskommen war sehr langsam, denn ich mußte
immer mit den Füßen sondiren, ob nicht auf einmal eine tiefe
Stelle komme und meine Lippen berührten schon die Oberfläche.
Hier war der Kanal aber auch am tiefsten und ich überzeugte
mich sofort, daß nun das Schlimmste überstanden sei und betrat
bald das Ufer. Mr. Dawel war erst an der andern Seite an=
gekommen und schaute verdrießlich und schimpfend um sich, folgte
aber endlich nach, nachdem ich ihm versichert hatte, daß das
Wasser nicht weiter als an meinen Mund gereicht habe und für
ihn keine Gefahr zum Ertrinken sei. Er war nämlich etwa 2 Zoll
größer als ich. Betreffend den kleinen Indianer war ich unbe=
sorgt, denn ich wußte, daß er schwimmen konnte, wie fast alle
Indianer und er war denn auch bald neben uns, worauf wir
rüstig vorwärts schritten. Beim Indianerlager angekommen, wollte
Dawel für den Gebrauch eines alten Schimmels bis zu Sutters=
fort, welches von hier noch, dem Fluß entlang, in einem Bogen
20 Meilen entfernt war, ein Hemd geben; allein der Indianer
wollte nicht und so war Dawel gezwungen, trotz allem Fluchen
und Schimpfen, wie wir zu Fuß zu gehen. Nicht weit oberhalb
des Indianerlagers war bereits wieder eine tiefe, wenn auch
nicht breite Slongle; da aber zu beiden Seiten größere Bäume
standen, deren Äste aneinanderreichten, so war leicht hinüberzu=
kommen. Der Indianer war schnell drüben und ging rasch weiter,
so daß Mr Dawel mutmaßte, er habe sich gänzlich von uns los=
gemacht, wofür er ihm, sobald er ihn träfe, den Bauch auf=
schlitzen werde. Es war dies Dawels Lieblingsausdruck. Ich war
schon auf dem andern Ufer, als der schimpfende und jammernde
Deval mich ersuchte, wieder zurückzukommen, um ihm seine Büchse
abzunehmen, damit sie ihm nicht ins Wasser falle.

Obschon ich mich in diesen Tagen schon genug an dem
lästermauligen und dabei feigen Dawel geärgert hatte, so will=
fahrte ich ihm doch, aber seine Kameradschaft hatte mich über=
sättigt, denn anständige Worte hatte ich noch wenige von ihm
gehört. Er war überhaupt ein gallsüchtiger Grobian, dem Schimpf=
worte und Gallsucht zur zweiten Natur geworden waren. Da

wir bald den Indianer auf uns warten sahen, so blieb er vor
dem Bauchaufschlitzen verschont.

Der Indianer schritt jetzt wieder voran und sagte das
spanische Wort „Vamos“, auf deutsch vorwärts. Ich erklärte
dem Deval ernstlich, daß wir keine Zeit mehr zu verlieren hätten,
wenn wir das Indianerdörfchen, welches wir in der Ferne
kaum sehen konnten, noch erreichen wollten, er müsse daher ent=
weder mit uns aushalten oder zurückbleiben, indem ich fest ent=
schlossen sei, mit dem Indianer gleichen Schritt zu halten. Wir
mochten wieder etwa eine Meile gegangen sein, als er schon
wieder zurückblieb und fluchend uns nachrief, wir sollen warten
oder er werde uns zu Riemen schneiden ꝛc. Es gelang mir dies=
mal noch, den Indianer zu halten und zum Warten zu bewegen
und Dawel wollte hier lagern, was wir natürlich verneinten.
Vamos, vamos rief der Indianer und vorwärts ging’s abermals
etwa eine Meile weit, dann ging das Schimpfen und Fluchen
wieder an, aber der Indianer ließ sich nicht mehr zum Warten
bewegen. Um dem unverschämten Dawel gleichwohl möglichst
Rechnung zu tragen, packte ich sogar den Indianer am Rock=
kragen, aber er riß sich los und sprach einige unverständliche
Worte auf Deval zeigend. Letzterem gab ich die Versicherung,
daß ich nun mit dem Indianer gehen werde, möge er noch so
lange schimpfen und fluchen.

Ich hörte meinen Vormann noch einige Male etwas sprechen,
aber ich verstand ihn nicht, er schaute sich auch nicht mehr um,
denn es war indessen Dunkelheit eingetreten. Mr. Dawels
Flüche ertönten eigentümlich durch die nächtliche Stille, aber
wir kümmerten uns nicht mehr um ihn.

Es ging noch lange, bis wir endlich das kleine Indianer=
dörfchen erreicht hatten. Mein Begleiter besann sich nicht lange,
sondern schlüpfte bei der ersten Hütte durch deren Thüröffnung
ins Innere derselben, wo sich Licht und Feuer blicken ließen.

Hätte ich nicht vom Hinweg her gewußt, daß diesem In=
dianerdörfchen gegenüber ein holländischer Junggeselle in einem
Häuschen wohnte, wo ich Monate vorher jenen fein schmeckenden

Salm hatte essen helfen, so würde ich wohl dem Beispiele meines
Begleiters gefolgt sein. Ich erinnerte mich aber des Ungeziefers
von damals, das der Begleiter beinahe aller Indianer ist, aber
ebenso gerne auch Blut von Weißen nimmt, wenn sich Gelegenheit
dazu darbietet, was ich zweimal nur zu deutlich erfahren hatte
Um einer derartigen Bekanntschaft vorzubeugen, ging ich an
dem Ufer des Flusses auf und ab, um zu sehen, ob nicht ein
Canoe oder ein anderes Fahrzeug da sei, womit man mich zu
Mr. Schwarz hinüber bringen könnte und ich war bald so glücklich,
das Gesuchte zu finden. Zuerst suchte ich den Indianern be=
greiflich zu machen, daß einer mich hinüberrudern solle, allein sie
schienen mich nicht verstehen zu wollen und ich sah mich daher
gezwungen, es ohne ihre Hülfe zu probieren. Das Canoe war
mit ganz andern Rudern versehen, als ich vorher zu hantiren
gewohnt war und es trieb mich daher flußabwärts, aber ich
konnte dann doch endlich am jenseitigen Ufer Zweige vom Ge=
büsch erfassen und mich daran halten und aussteigen. Nachdem
ich das Canoe befestigt, ging ich dem Fluß nach aufwärts und
hörte Hundegebell, das mir die Nähe der Hütte verriet und wo
ich endlich ankam. Auf den deutschen Ruf „Herr Schwarz“ wurde
die Thüre behutsam geöffnet und ich trat ein, naß, kalt und
hungrig, denn ich hatte seit dem Morgen nichts mehr gegessen.
Mr. Schwarz stellte mir endlich furchtbar versalzenen, geräucherten
Salm und eine Flüssigkeit auf, welche er Kaffee nannte, die aber
wie Abwaschwasser schmeckte.

Schlecht wie dieses Essen war, so aß ich doch herzhaft
d’rauflos, vielleicht für Mr. Schwarz nur zu viel, denn der
Hunger ist der beste Koch. Als ich fertig war, bat ich Mr.
Schwarz um einiges Bettzeug, worauf er erklärte, daß er dieses
selber brauche und sonst sei noch eine Hängematte und einige
Decken hier, die einem Holländer gehörten, die er aber nicht zu
gebrauchen berechtigt sei. Auf meine Frage, ob denn sein Lands=
mann am gleichen Abend noch zurückkehre, wurde diese verneint,
aber beigefügt, daß er sie doch nicht gebrauchen lassen könne.
So blieb mir keine andere Wahl, als mich mit meiner einzigen,

dünnen Wolldecke zu behelfen. Mr. Schwarz bot mir als Bett= lade eine vielleicht 5 Fuß lange und 10 bis 11 Zoll breite Bank an, ohne etwas darüber zu legen. Meine Kleider waren natürlich noch naß und sogar meine Wolldecke feucht. Der feuchtkalte Süd= ostwind blies durch die verschiedenen Spalten und Öffnungen recht empfindlich auf mich herein und das Feuer von Weidenholz verbreitete nur eine geringe Wärme Kurz, es schien mir, als ob sich Alles vereinigt hätte, meine Lage recht unangenehm zu machen. Von Schlafen war fast keine Rede, ich schauerte und fror, obwohl ich das Feuer schürte, so weit es der Holzvorrat erlaubte und legte mich dann wieder hin; aber ich blieb kalt, unbe= haglich müde und wünschte mit Sehnsucht den Tag herbei. Wie Alles einmal ein Ende nehmen muß, so endete endlich auch diese Nacht, eine der unangenehmsten, die ich erlebt habe. Mr Schwarz erwachte endlich, kleidete sich an, schürte das Feuer und be= reitete wieder ein Frühstück aus ebenso geräuchertem, versalzenen Salm nebst dem geschirrwasserähnlichen Kaffee und war dann so liberal und gastfreundlich, mich an diesem Frühstück teilnehmen zu lassen Als dieses vorüber war, mußte ich dem Gastgeber er= klären, daß ich keinen Cents in der Tasche habe, um das Ge= nossene zu bezahlen, worauf Hr. Schwarz nicht antwortete, aber durch sein in die Länge gezogenes Gesicht seine Enttäuschung ver= riet. Auch ich war sehr verlegen, denn ich wußte nicht, womit ich diesen Mann befriedigen könnte. Ich besaß noch einen blechernen Becher, für den ich in Independence vor 9 Monaten mein letztes Stück Silber, 6½ Cents bezahlt hatte und schon dieser Erinnerung wegen gerne behalten hätte In der eitlen Er= wartung, Schwarz würde diesen gewiß nicht als Vergütung an= nehmen, sagte ich zu ihm „Für diesen Becher habe ich in Inde= pendence in Missoury mein letztes Silbergeld bezahlt und möchte ihn gern behalten, dennoch bin ich bereit, Ihnen diesen zu geben, wenn Sie denken, daß ich Ihnen irgend eine Vergütung für die mir erwiesene Gastfreundschaft geben soll". Schwarz warf einen Blick auf den Becher, wie wenn er sagen wollte: „Ist das Alles für die zwei prächtigen Mahlzeiten, welche ich diesem

Manne gegeben, für die Erlaubnis in meinem Hause auf der Bank zu schlafen, sich an meinem Feuer zu wärmen und für den Gebrauch meines Canoe her und hin über den Fluß?" Diesen alten, knauserischen Geizhals hätte ich so gerne bezahlt, wenn ich es nur ohne den Becher herzugeben, hätte thun können. Da Schwarz gar keine Sprache mehr recht sprechen konnte, sondern ein Gemisch von Holländisch, Deutsch, Englisch, Spanisch und Indianerisch, alles untereinandergemischt herproduzirte, war es oft überaus schwierig, ihn zu verstehen, so daß ich oft fragen mußte: „Wie, was sagen Sie?" Daß er gern den Becher haben wollte, verstand ich wohl und ich gab ihm denselben natürlich auch. Ich nahm Abschied und fuhr an's jenseitige Ufer hinüber, wo ich weder den Indianer noch Mr. Dawel fand. Der Himmel war seit langer Zeit zum erstenmal wieder klar und die Sonne schien freundlich

Anfangs war mein Weg trocken und ich hoffte, daß an diesem Tage keine tiefen Wasserläufe mehr zu durchwaten sein würden, aber nur zu bald mußte ich meinen Irrtum einsehen, denn ich war jetzt an einen solchen herangekommen, welcher für mich zum Durchwaten zu tief schien. Ich fand dann eine Stelle, wo einige Bäume diesseits und jenseits durch wilde Weinreben wie ein Netz oder eine Hängematte mit einander verbunden waren. Dies schien mir als Übergangspunkt günstig und ich kletterte so hoch in die Gebüsche, Bäume und Reben hinauf, daß ich hoffte wenigstens über dem Wasser zu bleiben. Bald fand ich indessen, daß ich mich in einer ähnlichen Lage befand, wie eine Fliege im Spinngewebe, machte schlechte Fortschritte und stürzte einmal beinahe ins Wasser, kam aber doch schließlich hinüber. Einige Meilen weit stellte sich mir nun kein Hindernis entgegen, aber nachher kamen doch wieder Stellen, wo das Wasser mir bis unter die Arme ging und ich wohl oder weh durchwaten mußte. Nach Überwindung all dieser Schwierigkeiten kam ich gegen Mittag endlich in Sutters-Fort an. Für 8 Meilen (engl. à ca. 20 Minuten) hatte ich trotz aller Eile drei Stunden Zeit gebraucht.

XIV.

Meine Anstellung in Sutters geplantem Kunstgarten Minal. Mein Verkehr mit den dortigen Indianern und deren Lebensweise. Ein von mir veranlaßter Prairiebrand.

———

Mein erster Gang im Fort war der zu Sutter, den ich in seinem Office fand. Dann ging ich in das Gemach, wo mein Koffer war, legte meine nassen Kleider ab und zog trockene an und ich fühlte mich endlich nach langer Zeit wieder einmal etwas behaglich. Daß ich mich verhältnismäßig glücklich schätzte, die 43 Meilen weite Fußreise durch Wasser, Sumpf und Wald hinter mir zu haben, wird der Leser gewiß begreifen.

Ich war nicht wenig überrascht, zu erfahren, daß Mr Dawel schon im Laufe der Nacht im Fort angekommen sei, aber ich suchte ihn nicht auf, da er uns ja mit Leibaufspalten ge= droht hatte

Hier fand ich unerwartet Kiburz mit seiner Familie wieder; Sutter hatte ihn mit der mir versprochenen Aufseherstelle betraut, so daß ich glaubte, mich nach einer andern Beschäftigung umsehen zu müssen, aber Sutter sagte mir dann bei der nähern Besprechung, daß er eine andere Arbeit für mich habe, für die er nebst zwei andern auch meinen Freund Henry Thomann angestellt habe. Er war nämlich im Begriff, oben am Yuba, einem Nebenfluß des Sacramento, einen großen Gemüsegarten anzulegen und hatte die Oberaufsicht einem vermeintlichen Kunstgärtner, einem Deutschen namens Müller, den ich auf der Reise über das Felsen= gebirge kennen gelernt hatte und der nichts weniger als ein Kunstgärtner war, übertragen.

Sutter versprach mir 25 Dollars Lohn per Monat nebst freier Kost und da ich einerseits ihm noch 11 Dollars schuldig war, anderseits von der Gärtnerei etwas verstand, so besann ich mich nicht lange und nahm das Anerbieten an und schon nach zwei Tagen reisten wir nach dem Bestimmungsort, Mimal genannt, ab

Mit Indianern, die Sutter als Arbeiter angestellt hatte, schiffte ich mich bei Sutters Gerberei am Amerika=River oder Americanfork, wie man den Fluß auch nannte, ein. Sutter hatte mir ein Arobe (25 Pfund) Zucker zur besondern Aufsicht über= tragen, welchen ich dem Harry auf der Hackfarm abliefern sollte. Als Lebensmittel waren in einem Korb 50 bis 60 Pfund Rindfleisch und in einem Sack 20 bis 30 Pfund ungesiebtes, grobes Weizenmehl im Boot. Die Indianer hatten sich im üb= rigen mit großen Ballen geräucherter Fischeier und geräucherten Enten ziemlich gut versehen. Wir stießen vom Ufer ab und bald kamen wir zu dem kleinen Bushnydörfchen, wo die Indianer noch über Nacht bleiben wollten, indem sie ihre Decken mit= nahmen und auch mich zum Mitkommen einluden, während ich gehofft hatte, wir würden nun auf dem Sacramento und dann auf dem Federfluß gleichen Tages ein schönes Stück hinauf= fahren. Die Sonne war noch hoch, so daß wir leicht ein paar Stunden hätten fahren können, wenn es den faulen Indianern gefällig gewesen wäre. Ich fand mich also plötzlich allein an den stillen Ufern des Sacramento auf einem kleinen Stück grasigem Uferland neben dem Urwald. Hier suchte ich mich so gut als möglich in meine Lage zu schicken, fachte mir ein Feuer an, ent= fernte mich aber nie weit vom Boot, worin das Fleisch, Zucker und Mehl waren, denn auf den Zucker schienen die Indianer besonders Bedacht zu nehmen Da weder ein Kochgeschirr noch Salz da war, so schnitt ich zwei dünne Stöcke, an welche ich zwei ganz dünn geschnittene Fleischstreifen spießte und über dem Feuer in den Grund steckte Dann nahm ich eine Handvoll Mehl, tauchte diese in den Fluß, dann wieder in den Sack und wieder in den Fluß und fing an mit beiden Händen zu kneten, so daß ich einen

Klumpen Mehlteig hatte, welchen ich in zwei breite Kuchen aus=
dehnte, diese über zwei in den Grund gesteckte Stäbchen legte
und derart backte. So war bald mein Nachtessen fertig, das mir
trotz dem Mangel an Salz ordentlich schmeckte. Der Vollmond
beleuchtete meine Umgebung hinreichend, um diese ziemlich genau
sehen zu können. Da die Nacht kühl war, so nahm ich noch das
Segel vom Boot zu meiner Wolldecke und legte mich im hintern
Teil des Schiffes zur Ruhe hin. Vorn im Boot war das Fleisch
und Mehl. Meine Flinte war natürlich fertig geladen an meiner
Seite und ich lag längere Zeit, ohne schlafen zu können, denn
bald hörte ich etwas leise rauschen oder sich regen und glaubte
sogar zwei Hörner zu sehen, aber dann meinte ich wieder, es
könne nur Einbildung gewesen sein. Endlich konnte ich deutlich
einen Wolfskopf unterscheiden, mit einem allmälig zum Vorschein
kommenden Hinterkörper. Es war nur ein Cagato, der begierig
und verlangend am Fleischkorbe roch und mich dabei im Auge
hielt. Mit einem Schrotschuß konnte ich ihn dann so verjagen,
daß er sich entfernte und nicht wieder kam, woraus ich schloß,
daß er doch einige Schrotkörner bekommen habe. Ich schlief diese
Nacht wenig, weil ich zu kalt hatte. Am Morgen wurde es
ziemlich spät, bis es den faulen Bushunes gefiel zu kommen
und wir unsern Weg nach Haekfarm fortsetzen konnten.

Als wir oberhalb der Mündung des Americanforks waren,
kam hinter uns auch ein Canoe, von zwei Indianern gerudert
und in der Mitte befand sich ein weißer Mann. Es war ein
Deutscher, der auch nach Haekform fahren wollte Da noch hin=
reichend Platz für mich und den Zucker vorhanden war, so zog
ich vor, diese Gelegenheit zu benutzen.

Mit Mr Kunze konnte ich mich zudem auch noch unter=
halten, was die langweilige Fahrt auf dem Fluß mit ziemlich
hohen Ufern etwelchermaßen verkürzte. Bald nach Mittag zeigten
die Indianer auf einen Waschbär und deuteten, daß ich ihn
schießen solle. Ich hätte dies ohnehin gethan, weil wir nichts
zu essen bei uns hatten Die Schrotladung traf den Kopf und
er fiel augenblicklich ins Wasser. Bald darauf trafen wir noch

zwei solche Tiere, die sich in den Wald hineinflüchteten, aber ebenfalls meiner Mordlust zum Opfer fielen, was ich nachher fast bereut habe. Wir mochten etwa eine Stunde im Halbdunkel der Nacht gefahren sein, als wir aus dem Gebüsch und Wald am rechten Ufer mehrmals rufen hörten. Wir fuhren hinüber und fanden zwischen dem Gesträuch einen englischen Sonderling mit einem Indianerknaben als Koch und Diener. Mr. Harry, so hieß der Mann, hatte ein Land-Claim am Sacramento-Ufer gegenüber dem Federflusse, wo der Boden grasig und ohne Holz war.

Wegen der Nähe des Feuermaterials hatte Mr. Harry vorgezogen hier zu lagern, besaß aber anstatt eines ordentlichen Zeltes nur einen Fetzen eines solchen und sein Geräte bestand aus einem eisernen Kochkessel und einer großen Büchse nebst ein paar untergeordneter Dinge. Er schien aber die Autorität eines Fürsten beanspruchen zu wollen, indem er sich berechtigt glaubte, jedermann, der den Sacramentofluß auf- oder abwärtsfuhr, anrufen und eine Art Paßwort verlangen zu dürfen, damit man zu ihm hinüberfahren und sich zeigen müsse. Dieser Mr. Harry soll übrigens seine Capricen vom Trinken her bekommen haben, also muß sein Zustand eine Art Säuferwahnsinn gewesen sein.

Wir kehrten sofort wieder ans jenseitige Ufer zurück, wo wir lagerten und weil wir nur wenig Lebensmittel hatten, so waren wir froh über die geschossenen Waschbären, denen ich am Abend noch die Haut abzog und die Eingeweide wegnahm, um am Morgen bald fertig zu sein. Auffallenderweise aßen aber die Indianer nichts von dem wohlriechenden und mir wohlschmeckenden Braten und auch Mr. Kunze ekelte davor. In der Nähe dieser Lagerstätte haben früher zahlreiche Indianer gewohnt, welche durch eine epidemische Krankheit hingerafft wurden. Weiter flußaufwärts wohnte ein deutscher Mann aus dem Badischen, namens Nikolaus Algier, welcher hier an einer sehr schön gelegenen Stelle eine Farm angelegt und sich eine Hütte gebaut hatte und mit einer Indianerin verheiratet war. Algier war in den Felsengebirgen Jäger gewesen und schließlich in dieses schöne Thal gekommen. Er erhielt von Sutter dieses Stück Land, um eine Farm anzulegen und da zu wohnen, denn letzterer war verpflichtet, innerhalb einer gewissen Zeit eine bestimmte Zahl Männer auf dem ihm von der Regierung zur Verfügung gestellten Lande anzusiedeln, wenn die Schenkung oder Abtretung desselben Gültigkeit haben solle. Obschon Nikolaus Algier in der Wahl seines neuen Wohnsitzes viel guten Geschmack verriet, so beurkundete die Wahl seiner Ehehälfte das Gegenteil, denn seine Squaw war eine dreckige, schielende, hinkende, langnasige, durch die Nase redende Schönheit.

Mr. Kunze hatte hier ein Geschäft mit Algier abzumachen und dann fuhren wir weiter und kamen erst anfangs Nacht in Haekform an. Hier blieb ich über Nacht, konnte aber der Kälte wegen nicht gut schlafen, obwohl ich wegen dem unbequemen Sitzen im Canoe sehr müde war. Haekform besteht aus mehreren Gebäulichkeiten, teils zum wohnen, teils für die Ökonomie bestimmt. Hier befindet sich auch ein Coral, das heißt ein von einer Adobemauer (getrocknete Backsteine aus Lehm oder Thon) eingefaßter Hofraum, welcher dazu bestimmt ist, das Vieh hineinzutreiben und es zu schlachten, oder Pferde und Maulesel, um sie zu markiren, also mit einem glühenden Eisen den Namen des Besitzers aufzubrennen.

Vom Haekfarm bis Minal — also meinem Bestimmungsort — war die Entfernung nur noch wenige Meilen, aber die beiden Indianer zögerten mit dem Aufbruch so, daß ich den Abmarsch kaum erleben mochte und deshalb eine Naturgeschichte mit Abbildungen hervornahm und den andern wartenden Indianern zeigte. Wenn dabei einheimische Tiere zum Vorschein kamen, so hatten jene eine kindische Freude. Die Indianer hatten meine mitgebrachten Sachen auf die Köpfe genommen und bald war der bloß zwei Meilen weiter entfernte Garten zu Fuß erreicht. Hier traf ich also meinen Reisegefährten über das Felsengebirge, Thomann, worüber wir Beide uns sehr freuten.

Nachdem ich genaue Einsicht von den Gebäuden genommen, die ich schon deshalb heimeliger gefunden hatte, weil eine Schar

Hühner mit ihrem Herrn und Beschützer Hahn lebensfroh ihr Dasein verkündeten, besichtigte ich die Anlagen und fand diese nichts weniger als kunstvoll oder auch nur geschmackvoll angelegt.

Zwischen den Gebäuden befand sich auch ein Coral aus Eisenpfosten gebaut. Die Hausgeräte waren natürlich primitiv und das Gartenwerkzeug bestand aus einigen Hacken (Hauen), Spaten, Rechen, einem Karst und einer Schnur oder Leine. Im Haus gab es noch eine große Anzahl Ureinwohner, die mir fast allzu traulich vorkamen und denen ich trotz meiner mir anerborenen Humanität den Tod geschworen hatte, ehe ich recht ihre Bekanntschaft machte. Dies waren nämlich eine Unzahl so zahmer Mäuse, daß sie während unsern Mahlzeiten auf dem Tisch umherspazirten und ungenirt zugriffen, so daß ich einige mit bloßer Hand ergreifen konnte. Ich verfertigte dann alsobald eine sogenannte Studentenfalle mit Brettchen und Sperrwerk, bis ich eine richtige Falle bekommen konnte. Eine andere Art Ungeziefer ließ sich nicht mit Fallen vertreiben, was mich anfänglich ganz unglücklich machte. Es waren die überall bekannten Schnellhüpfer, die in ein paar Dutzend Sprüngen weiter kommen, als ein englischer Renner, sofern sie sich in der gleichen Richtung fortbewegen. Diese nächtlichen Quälgeister ließen mir wahrscheinlich deshalb am wenigsten Ruhe, weil mein Blut ihnen als ungewohnter Leckerbissen vorkam, während dasjenige meiner Kameraden, die doch auch Weiße waren, nur Alltagskost schien. Ich lag faktisch wie auf Brennnesseln. Auf meine Klagen am Morgen gab man mir die Antwort, ich werde mich auch wie sie an diese nächtliche Hauptfütterung der kleinen Kannibalen gewöhnen. Andere Ruhestörer waren die Wölfe, die uns allnächtlich Besuch machten und uns mit ihrem Geheul im Schlaf störten, bis ich auch an diese Konzerte wieder, wie auf der Reise gewöhnt war.

Als ich Sutter verließ, bat er mich, ihm dann meine Meinung über den Garten mitzuteilen, da er so verschiedenes darüber gehört habe, was ich dann auch that und aus Überzeugung nur tadeln konnte, denn er entsprach nicht einmal den Anforderungen eines ganz gewöhnlichen Gemüsegartens. Ich hatte das Bewußtsein, daß ich die mir versprochenen 25 Dollar unmöglich verdienen konnte, und bereute jetzt dahin gekommen zu sein. Wäre ich nicht in Sutters Schuld gewesen, so würde ich den Platz sofort wieder verlassen haben. Freund Thomann gab seiner Empfindung in verschiedenen Donnerwettern Ausdruck und versicherte, daß er je bälder, je lieber diesen verdammten Platz verlassen werde.

Ein großer Teil unserer Lebensmittel bestand aus Rindfleisch. Wir waren damit beinahe aus, aber Sutter hatte uns sagen lassen, daß wir von Smitts Rancho, welcher 2 bis 3 Meilen ober= halb Minal am Yuba lag, einen jungen, zweijährigen Ochsen bekommen sollten Mr. Smitt war aber zufälligerweise nicht zu Hause. Thomann meinte, daß wir alle Viere auch ohne Pferd und Lasso einen jungen Ochsen einfangen könnten. Dies wollte ich nämlich nicht glauben, da ich wußte, wie wild und schnell= füßig Ochsen werden können. Da aber Thomann auf seiner Meinung beharrte und zu donnern anfing, erklärte ich mich be= reit, den Versuch mit den andern gemeinsam zu machen. Wir marschirten dann eines Morgens gegen Smitts Rancho und wurden des Viehes bald ansichtig. Unter der Heerde waren auch ein paar Antilopen, da diese im Frieden mit dem Rindvieh leben. Wir suchten das Vieh zu umgehen und einen Teil davon in den Coral zu treiben, aber es ging, wie ich gedacht hatte; die ganze Heerde kam in Lauf und nur die Antilopen blieben stehen, um zu sehen, was wir dummen Kerls denn eigentlich wollten. Wir überzeugten uns sofort, daß es am klügsten sei, heimwärts zu gehen, denn auch um die Donner und Wetter Thomann's kümmerte sich das Vieh nicht.

An einem der folgenden Tage trieb einer von Smitts Vaqueros einen jungen Ochsen unserm Platz entgegen. Da aber der Graben um unseren Kunstgarten herum noch nicht fertig war, so versuchte das Tier seinem Verfolger durch denselben zu entrinnen und so kam es denn, daß sowohl der Ochse, als der ihn verfolgende Vaquero mit seinem Pferde in unsere sorgfältig zubereiteten Samenbeete rannten und sie verwüsteten.

Obschon unser Kunstgärtner Müller nur ein kleiner Mann

war, so hatte er doch eine kräftige Baßstimme, die er nun er=
schallen ließ, ohne indes vom Ochsen berücksichtigt zu werden
Da sprang ich diesem mit einem hellblauen Überrock in den Händen
entgegen, indem ich denselben im Kreise herumschwang, was dem
Ochsen Furcht einjagte, so daß er auf einmal verdutzt stehen
blieb. An einen möglichen Angriff auf mich dachte ich nicht, bis
der schnell nachkommende Vaquero mir zuschrie, ich solle mich
flüchten. Ich hatte nämlich den Rock vor den Ochsen hingeworfen,
war hinter ihn gesprungen, hob den Lasso auf, den er nachschleppte
und gab ihn dem Vaquero schnell in die Hände Dies ging na=
türlich schneller, als ich es hier schreibe und erst nachdem die
Gefahr vorüber war, erkannte ich sie recht; denn wäre ich von
dem erzürnten Ochsen mit seinen spitzigen Hörnern aufgespießt
worden, so würde es mit meinem Erlernen der Kunstgärtnerei
bei dem famosen Gärtner Müller ein plötzliches Ende gehabt
haben. Von Thomann hatte ich ein Paar bocklederne Indianer=
hosen gekauft, welche ihm zu groß waren, mir aber vollkommen
paßten und ich gefiel mir in diesen gar nicht übel, wenn ich mein
Bild beim Waschen im klaren Yubafluß sah, denn ich trug über
diesen schön gearbeiteten von oben bis unten seitwärts mit Fransen
aus gleichem Leder verzierten Hosen ein breitkragiges Matrosen=
hemd mit einem weißen Stern auf jeder Ecke des Kragens und
um die Taille einen ledernen Gurt, an dem ich anstatt eines
Taschenmessers ein mittelgroßes Metzgermesser in einer ledernen
Scheide trug. Dies alles gab mir ein räuberähnliches Aussehen,
besonders da ich meine schwarzen, krausen Haare längst nicht
mehr schneiden ließ und diese in ein paar Wellen über meine
Schultern und den Rücken herabhingen. In jedem andern Lande
als in Californien würde man mich gefürchtet haben und ich
dachte oft, was man wohl zu Hause sagen würde, wenn ich
unerwartet in diesem Kostüm dort auftauchte.

Das Frühjahr 1847 war sehr mild und für's Wachstum
günstig und die Arbeit ging im ganzen gut von statten. Bald
nach meiner Ankunft in Minal kamen täglich viele Indianer zu
unserem Hause von den naheliegenden Ortschaften Sidume, Yuba

und Minal, wovon mehrere bei uns damit beschäftigt waren
den Graben um den Garten aufzuwerfen und ich muß gestehen,
daß diese die Arbeit gar nicht übel ausführten.

An Sonntagen waren fast immer mehr oder weniger von
diesen broncefarbigen Herren um unser Haus herum, bald aus
Neugierde getrieben, bald um sich irgend ein altes, ausgedientes
Kleidungsstück gegen ein kleines Fuchs= oder Wildkatzenfell voll
vortrefflicher Pfeile nebst Bogen von uns einzuhandeln. Diese
Pfeile waren alle mit Feuersteinspitzen versehen. Irgend ein altes
Kleidungsstück, welches wir als unbrauchbar beiseite gelegt hatten,
wurde von diesen Naturmenschen noch als wertvoll angesehen
und brachte uns einen Tierfellkocher voll Pfeile nebst Bogen ein,
so daß wir, Thomann und ich, sowie der kleine Gartenkünstler
bald jeder mit ein paar Bogen und Pfeilen versehen waren. Die
Indianer luden uns dann ein, mit ihnen nach verschiedenen
Gegenstanden zu schießen, ich war der einzige, der dieser Ein=
ladung folgte. Begreiflicherweise schoß ich anfänglich oft fehl,
was allgemeine Heiterkeit erregte, aber bald kam es besser, so
daß ich bei den Indianern in den Ruf eines guten Bogenschützen
kam. Die Indianer Californiens oder wenigstens vom Sacramento
und Federfluß sind im ganzen schön gewachsen, viele unter ihnen
sind schlank und von gutem Ebenmaß. Der Mund ist breit und
volllippig, die Haare grob und schwarz, sowie nicht selten lockig
Die Männer tragen gewöhnlich einen Schnurr= und Kinnbart
à la Napoléon von tiefschwarzer Farbe, dieser scheint aber von
selbst so zu wachsen, ohne daß sie ihn pflegen. Die Armmuskeln
sind selten stark entwickelt, wahrscheinlich, weil sie sich wenig in
strenger Arbeit üben. Ihre Fußspitzen sind einwärts gerichtet, wie
die aller Indianer, während der Weiße die seinigen mehr nach
außen kehrt. Die härtesten Arbeiten lassen sie ihre Frauen ver=
richten; diese müssen das Eichelmehl vermittelst Stampfen mit
schweren Steinen bereiten, Wurzeln und Gras sammeln, sowie
die Lasten in großen, oft wasserdichten, trichterförmigen Körben
mit Hülfe eines Tragbandes über den Kopf auf dem Rücken
tragen, während ihre Herren in stolzer, gerader Haltung mit

Pfeil und Bogen in der Hand ihnen vorangehen. Die Männer beschäftigen sich mit Fischfang, der oft sehr erträglich ist, besonders wenn die Lachse zu Tausenden den Fluß hinaufkommen, um zu laichen, wo sie dann in großer Zahl leicht gefangen werden, um sie geräuchert längere Zeit aufzubewahren. Ebenso werden die Rogen gedörrt und geräuchert und als Delikatesse aufbewahrt. Auch der Fang von Vögeln, Enten und Gänsen und andern Wasservögeln wird mit Nutzen betrieben. Da es den Flüssen entlang überall sogenannte Sloughs oder sogenannte Sumpfbecken gibt, in denen das Wasser zur Regenzeit hoher steigt und dann in der trockenen Jahreszeit wieder fallt, namlich in den Fluß zurückfließt, so bieten diese Sloughs (Teiche) schöne Gelegenheit zum Fangen von Enten und Gänsen zu Tausenden.

In jedem Dörfchen sieht man zur Zierde ausgestopfte Vögel, die mitunter als Lockvögel gebraucht werden, um die im Herbst und Frühjahr zu Tausenden vorüberfliegenden Zugvögel leichter zu fangen. Gewöhnlich gibt es an diesen Teichen auch dichte Gebüsche, in denen sich die Indianer verbergen können. Mit Binsen und Schilf hergestellte Flöße, welche mit trockenem Gras und über diesem mit trockenem Grund bedeckt sind, also kleine, schwimmende Inseln bilden, werden mit Samen bestreut, die den Enten und Gänsen als Leckerbissen dienen. Auf diesen Inseln werden einzelne der ausgestopften Enten und Gänse günstig der Natur ähnlich aufgestellt und etwas im Hintergrund ist ein Bogen von der Länge der künstlichen Insel und seiner Breite angebracht, an welchem ein Netz befestigt ist. Dieser Bogen steht ungefähr, wenn er offen ist, im rechten Winkel zur Bodenfläche und oben ist an demselben ein Seil befestigt, welches von einem im Gebusch versteckten Indianer gehalten wird.

Kommen die Schwärme von Enten und Gänsen herangeflogen, wie dies fast unaufhörlich der Fall ist, so lassen die im Gebüsch versteckten Indianer die täuschend ähnlichen Töne der betreffenden Vögel hören, was die hungrigen Reisenden anlockt, um das zubereitete Mahl zu sich zu nehmen. Der Indianer mit dem Strick am Bogen hdlt sich so lange verborgen bis der günstigste Moment da ist und zieht dann mit kräftigem Ruck den Bogen über das schnatternde Federvieh. Ein Entweichen ist nicht mehr möglich und nun wird Stück um Stück herausgenommen und getötet. Ist der Fang so groß, daß die Tiere nicht frisch gegessen werden können, so werden die übrigen geräuchert und aufbewahrt. Aus den Federn machen die Indianer große, warme Decken, welche sie bei kaltem, nassen Wetter um sich schlagen. Die Decken schienen damals fast das einzige Kleidungsstück der Männer wie der Weiber gewesen zu sein, denn diese waren ebenso nackt wie die Männer, mit Ausnahme einer Anzahl etwa 1 1/2 Fuß langer Fransen, welche sie an einem Gurt um ihre Lenden befestigt hatten, und wovon die eine Hälfte vorn, die andere hinten herabhing, während die Lenden ziemlich frei und unbedeckt waren. Zum Fangen kleiner Fische stricken die Frauen Netze und ebenso zum Fangen von kleinen Vögeln. Die Baumspechte, deren es in Californien viele gibt, werden mit Fackeln gefangen, indem man sie aus ihrem Schlaf aufweckt und erschreckt, so daß sie aus dem Nest zu fliehen suchen, während man ein Netz vor die Öffnung hält. Die Hasen sucht man ebenfalls mit einem langen Netz zu bekommen, mit welchem man den Ort, wo man solche vermutet, mit einem Netz absperrt und die Hasen durch Schlagen auf das Gebüsch zur Flucht veranlaßt und dann zu schießen sucht. Im Sommer beschäftigen sich die Indianer mit dem Fangen von unzähligen Heuschrecken und zwar auf kluge Weise. Es werden nämlich eine beliebige Zahl Löcher in den Grund gegraben von trichterförmiger Form, oben etwa 3 bis 4 Fuß weit und nach unten bis auf 1 1/2 Fuß verengt, zuletzt senkrecht noch einen Fuß tiefer und etwa ein Fuß weit. Der obere Teil wird sorgfältig abgeglättet, damit die Tiere keinen guten Stand haben. Wenn diese Gruben fertig sind, nimmt jeder der am Fang Beteiligten einen grünen Ast und mit diesem schreitet er, also auch alle andern, langsam in einem weiten Kreis um das oder die betreffenden Löcher herum, indem sie die Tiere dem Loch entgegenscheuchen oder teilweise wischen und jagen. Je näher man der Grube kommt, desto wilder geberden sich die Grashüpfer und zuletzt bleibt ihnen nichts anders übrig, als die Sprünge quasi auf Geratwohl hin zu machen, so daß sie dann in die Grube fallen und nicht mehr aus derselben herauskommen können. Nun sind die Fänger bereit, Handvoll um Handvoll aus der Grube herauszunehmen und in den Korb zu werfen, indem jemand dafür sorgt, daß die Tiere nicht mehr herauskommen können, was mit einem breiten Pflanzenblatt leicht zu verhindern ist. Sobald die Gruben geleert sind, bringt man die Körbe zur Lagerstelle oder heim ins Dörfchen, wo man die Tiere mit heißer Asche tötet oder Stück für Stück röstet, indem man sie, an einem Stäbchen eingeklemmt, auf glühende Asche hält, bis dies geschehen ist. Auf diese Weise wird die verderbenbringende Land= plage auch teilweise ein Segen für hungrige Magen. Ob diese Insekten gut schmecken, kann ich aus Erfahrung nicht sagen, da ich es nie über mich gebracht habe, selber einen Versuch zu machen, sondern bloß dahin, geröstete Heuschrecken zwischen die Zähne zu bringen, allein ich schreckte dann vor dem Kauen zurück. Man versicherte mich allgemein, daß gebratene Heu= schrecken sehr gut seien.

Meinem Freunde Thomann war der Aufenthalt in Minal bald verleidet, denn es mangelte uns gar manches zu unserer Bequemlichkeit, auch wollte er nicht mehr länger an einer Arbeit bleiben, an der schließlich nichts herauskomme und somit blieben nur noch der kleine Lord Müller und ich zurück. Mehrmals hatte ich Sutter brieflich ersucht, dieses Unternehmen gänzlich auf= zugeben, jedoch ohne Erfolg. Bald kam es dann zwischen dem kleinen Müller, vulgo Gartenkünstler, und Sutter zu Differenzen so daß ich noch allein blieb oder bleiben mußte, denn mir lag daran, ein wenig Geld zu bekommen, da die 200 bis 300 Dollars, die ich von Haus mitgenommen hatte, schon längst fort waren, ohne daß ich sie verspielt oder verlumpt hatte. Jetzt war ich in meinen besten Lebensjahren, entweder mußte ich ernstlich und unentwegt suchen, mir eine Existenz zu gründen, oder ein armer Taugenichts werden, wozu ich mich denn doch noch zu gut be= trachtete. Ich war dann auch entschlossen, so lange als immer

möglich da auszuhalten, trotz den vielen Entbehrungen punkto
Unterhalt; denn es war ein wohlthuendes Bewußtsein, jeden
Monat um 25 Dollars reicher zu sein und zugleich die Beruhigung
zu haben, daß das Geld auf ehrlichem Weg mit der Hände Arbeit
verdient sei. Zum Verbrauchen des Erworbenen gab es sozusagen
keine Gelegenheit, denn ich hatte das bare Geld ja nicht, sondern
Sutter war es mir bloß schuldig, obwohl es laut Übereinkunft
monatlich hätte ausbezahlt werden sollen.

Im Juni, mehrere Wochen nach Müllers Abreise, wollte ich
einmal zu Pferd nach Sutters-Fort, um einiges mit Sutter abzumachen. Ein Canadeser Franzose, der oberhalb Minal wohnte,
hatte die Güte mir zu diesem Zweck sein Pferd zu leihen. Die
Reise ging ohne besondere Abenteuer glücklich von statten und
ich langte am zweiten Tage in Sutters-Fort an. Hier war es
ziemlich lebhaft, denn eine Anzahl Freiwillige, welche von den
Vereinigten Staaten gekommen, waren hier garnisonirt unter dem
Befehl eines Lieutnants. Ich machte die Geschäfte mit Sutter
möglichst schnell ab, um sofort wieder nach Minal zurückzukehren,
nachdem ich zufällig hier die beiden Frauen kennen gelernt hatte,
welche am Felsengebirge noch gerettet werden konnten, sowie den
Kdseborg selbst, der sein Leben dort mit Menschenfleisch gefristet
hatte, bis ihm nach überstandenem Winter im April jene sonder-
bare Hulfe zu Teil wurde.

In Minal war mein kleiner Gefährte froh, daß ich wieder
zurückgekehrt, denn während meiner Abwesenheit hatten sich einige
junge Sisum-Indianer einige Spässe und Freiheiten mit ihm
erlaubt. Ich tröstete ihn damit, daß ich ihm versprach, die Burschen
dafür zu bestrafen, wenn sie sich wieder zeigen würden.

Um uns nicht verhungern zu lassen, hatte man uns wieder
einen kleinen Ochsen zum Haus getrieben und geschlachtet. Damit
sich das Fleisch gut erhalte, schnitten wir es in dünne, lange
Riemen, wobei uns einige Minal-Indianer halfen. Ich hatte mich
mit Stützen und Stangen versehen, um damit ein Rahmenwerk
über das ausgedehnte Feuer zu machen, an welches ich das
Fleisch dann zum Dörren und Räuchern hängen wollte. Dieses

Geſtell war mehrere Fuß hoch und ich beabſichtigte, einen unweit
davon liegenden Eichenblock als langſam brennendes Material
zu benutzen Dieſer ſchien mir dürr zu ſein und ich ſchätzte ihn
daher bei weitem nicht ſo ſchwer, als er wirklich war. Es lag
mir daran, die Anweſenheit des Häuptlings der Minal=Indianer
nebſt zweien ſeiner Leute zu benutzen, um den Eichenblock zur
Feuerſtelle zu tragen und ich deutete denſelben in dieſem Sinn, ſie
machten aber große Augen und ſchienen mich gar nicht zu ver-
ſtehen. Als ich mich endlich verſtändlich machen konnte, zeigten
dieſe Leute Widerwillen und ſagten: „Na hanni dennin“, das
ſollte heißen, das Stück ſei zu ſchwer. Auch der Häuptling, den
ich durch Zeichen bat, den Indianern zu befehlen, fand dies ſo
daß ich ſchließlich zeigen wollte, daß es kein Wunder ſei, den
Block wegzutragen. Ich faßte ihn an einem Ende, um damit un-
gefahr das Gewicht zu probieren, worauf die Indianer den
Überraſchungs= oder Verzweiflungston „hum, hum“ ertönen
ließen, was etwa ſagen wollte: „Laß’ du es nur hübſch bleiben “
Dies ärgerte mich und ich ſetzte meine ganze Kraft ein, das
Stück auf einer Seite zu heben, denn das „hum, hum“ tönte
mir in den Ohren. Als ich den Block mit der größten Anſtrengung
aufgeſtellt hatte, erinnerte ich mich, daß ich in meiner Heimat
immer auch zu tragen vermochte, was ich auf dieſe Weiſe aufgeſtellt hatte und im Gedanken „probieren ſchadet ja nichts“ gelang
es mir den Block auf die Schulter zu nehmen und ſofort trug
ich ihn auch an den beſtimmten Platz, aber mit ſolcher Anſtrengung, daß ich beinahe umfiel. Gleichwohl hatte ich mich ſtolz,
wie höhniſch gegen die Indianer gedreht, ehe ich ihn niederwarf.
Dieſe hatten ſich ob meiner Wunderthat entfärbt, ob aus Scham
oder Verwunderung weiß ich nicht. Sie blickten mich lange de-
mütig an, wie angewachſen und verließen mich dann, um in ihre
Heimat zu gehen. Gewiß kam ich in den Ruf eines wunderbar
ſtarken Weißen, was übrigens für mich kein Nachteil war. Ich
machte genügend Feuer und das Fleiſch war ſchon in wenigen
Stunden ziemlich trocken, denn auch die Sonne half noch bedeutend mit, aber das dürre Gras von bedeutender Höhe rings-

um den Räucherungsapparat fing ebenfalls Feuer, welches bald
unliebsam große Dimensionen annahm, so daß mir um die Ge=
bäulichkeiten bange wurde, obgleich diese aus Adobe bestanden, denn
die Flammen näherten sich dem Coral, dessen Einfriedigung aus
Eichenpfosten gemacht und sehr dürr waren. Glücklicherweise hatten
die Indianer, welche in der Nähe arbeiteten, den Rauch noch
zeitig genug entdeckt und sofort waren mehrere Männer zur Hülfe
herbeigeeilt. Wir trugen Wasser aus dem nahen Yuba herbei
und konnten den schon an mehreren Orten brennenden Coral
retten. Das Feuer hatte sich während dieser Zeit in dem trockenen
Grase ausgebreitet, so daß jeder Versuch, dasselbe zu löschen,
vergeblich gewesen wäre. Bald konnte man von allen Seiten
große, dunkle Rauchwolken aufsteigen und ganze Kränze von
hellen, um sich greifenden Flammen sehen, die sich über ver=
schiedene Anhöhen hin walzten.

Den durch meine Unvorsichtigkeit verursachten Schaden konnte
ich nicht genau schätzen, denn ich vernahm erst später, daß der
Brand sich meilenweit verbreitet habe, namentlich gegen Süden
und Westen in der Richtung des damaligen Windzuges. Ich
wunderte mich daher nicht, daß die anstoßenden Viehzüchter über
meine Nachlässigkeit unzufrieden waren, aber doch weniger, als
ich befürchtet hatte. Einen Vorteil hatte es übrigens gehabt, denn
das Feuer hatte Millionen von Heuschrecken den Tod gebracht.

Da einige Wochen nach diesem Vorfall auch mein kleiner
Gefährte Lord Miller fortging, war ich nun ganz allein in dieser
Wildnis, so daß ich mir vorkam, wie ein Robinson Krusoe oder
ein nach Sibirien Verbannter. Nicht daß mir dieses absolute Allein=
sein etwa gefiel, aber es lag mir eben viel daran, einen kleinen
Anfang zu einer Existenz zu haben. Da ich keine Menschen mehr
um mich hatte, so benutzte ich diese Gelegenheit, das Leben und
Treiben einzelner Tiere zu beobachten. Viel Spaß machte mir eine
4 bis 6 Zoll lange, bläulich=graue Eidechse, welche sich besonders
gern auf alten, umgestürzten Bäumen aufhielt und sehr neugierig
war, sich aber schnell zurückzog, wenn sie ihre Wißbegierde be=
friedigt hatte. Eine andere, viel größere hatte eine gespaltene Zunge,

die sie nach Schlangenart bewegte, sie ließ sich oft kaum weg=
scheuchen und drohte mit Beißen. Ein Indianer zeigte mir ein=
mal eine Feldmaus mit großen Backentaschen und kurzem Schwanz,
von der halben Größe einer Ratte. Die Indianer hatten diese
an einer dünnen, langen Schnur an die hintern Beine angebunden.
Die Maus wurde auf einem freien, rasigen Platz losgelassen,
aber das Ende der Schnur in der Hand behalten, sie kam dann
so in Zorn, daß sie sich auf eines Indianers Füße stürzte und
vor Aufregung und Wut laut zu schreien anfing. Ich fand ge=
legentlich einmal eine von diesen Mäusen, welche ihre Backen=
taschen mit Wurzelstucken und Krautstengeln gefüllt hatte. An
Grundeichhörnchen, die viel Ähnlichkeit mit den sogenannten
Prairiehunden haben, war hier in Minal und Umgegend Überfluß,
da sie oft in Gesellschaft in Wohnungen und Höhlen zwischen
den Wurzeln alter Eichen leben. Diese Tierchen sind sehr
schwer zu schießen, weil sie sich blitzschnell in ihre Höhlen zurück=
ziehen, sobald sie sich beobachtet sehen. Ich konnte einmal beob=
achten, wie ein mit einem Pfeil geschossenes Grundeichhörnchen
sich bemühte, den Pfeil herauszuziehen, was ihm auch gelang,
worauf es sich dann in seiner Angst vor uns auf eine Eiche
flüchtete, es sah aber bald ein, daß dies nicht der rechte Zuflnchts=
ort sei, kam rasch zurück und schlüpfte in eine Höhle. Eines abends,
als ich beim Kerzenlicht am Lesen war, kam durch die offene
Thüre ein Tierchen etwa halb so groß wie eine Katze. Das
Licht schien ihm etwas Neues zu sein, denn es blieb stehen,
setzte sich auf seine Hinterfüße und schaute mit seinen großen,
runden, schwarzen Augen verwundert das Licht an. Weil es für
mich ein nie gesehenes Geschöpf war, so ergriff ich einen Stock
und konnte es ganz leicht totschlagen. Es schien mir ein kleines
Känguru zu sein, denn seine Hinterfuße oder =Beine waren drei=
mal so lang als die vordern. An Stinkkatzen gab es da viel
mehr, als mir lieb war und ich hatte einmal Gelegenheit, die In=
tensität der sonderbaren Waffe, die sie zu ihrer Verteidigung haben,
kennen zu lernen. Eines abends bei ziemlich starker Dämmerung
hatte ich mich einmal einen Augenblick von Hause entfernt, ohne die

Thüre zuzumachen. Da sah ich, daß ein Tier in das Gemach
schlüpfte. Im Glauben es sei ein Waschbär, machte ich die
Thüre schnell zu, nachdem ich im Zimmer war. Ich war aber
barfuß und da ich immer noch der Meinung war, ich habe es
mit einem Waschbär zu thun, so suchte ich meine Flinte, wie
Bogen und Pfeil und fand diese im Augenblick nicht und das
Tier schien auf mich loszukommen und beißen zu wollen. Ich
wußte mich auf keine andere Art zu verteidigen, als daß ich
aus einem vollen Backot (Wassergefäß) einen Schöpfer voll
Wasser nahm und dem in eine Ecke geflüchteten Tier hinwarf.
Mein junger Hund — Tiger — war noch unerfahren und wollte
gegen das Tier hineilen, als plötzlich ein solch' fürchterlich durch-
dringender, tausendfach konzentrirter Knoblauchgestank mir das
Atmen unmöglich machte und mein Hund zu heulen anfing. Das
Tier muß seinen sämtlichen Stinksaft ausgespritzt haben. Nun
war guter Rat teuer, wie ich diesen grauenhaften Gestank wieder
aus dem Zimmer bringen könne. Auswaschen half absolut nichts,
so wenig wie Durchzug. Auch machte ich vergeblich ein großes
Feuer auf dem Lehmboden, auf welches ich spanischen Pfeffer
legte und verbrannte, während ich die Fenster schloß und erst
nachher öffnete, um mit dem Rauch auch den Geruch zu entfernen. Auch dies half nur wenig und ich bekam von beiden
zusammen Kopfweh, so daß ich's beinahe nicht mehr im Zimmer
aushalten konnte, bis ich noch längere Zeit gelüftet hatte.

Ich hatte auch ein Fäßchen mit Getreidekörnern für meine
Hühner, die ich allabendlich nach dem Nachtessen noch fütterte.
Als ich nun einmal im Begriffe war, mit einem kleinen Gefäß
Futter für die Hühner aus dem Fäßchen zu nehmen, sah ich auf
dem Boden etwas länglichrundes, das wie ein Ring aussah.
Bei näherer Beobachtung fand ich, daß es eine Klapperschlange
war und ich schätzte mich glücklich, nicht von ihr gebissen worden
zu sein, ehe ich sie erkannte. Ich tötete sie leicht mit einem Stab.
Sie war nur etwa 3 Fuß lang und hatte sieben Ringe. Ein
anderes Mal kam mein stummer Indianer und deutete mir, ich
solle doch ins Freie kommen und er zeigte mir dann in einer

Ritze der Adobemauer eine Klapperschlange, die ich mit einem eingespaltenen Holzstab anfaßte und dann zum Gaudium des Indianers auf einem Häufchen feuriger Kohlen röstete. Einmal war ich Zeuge, wie eine Henne ihr Küchlein gegen eine Klapper= schlange verteidigte und dabei ihr eigenes Leben einbüßte und zwar nicht durch plötzliche Vergiftung, sondern nur infolge einer Verletzung, die sie an einem Flügel erlitten hatte. Als ich an einem Sonntag zu meiner Unterhaltung mich mit Pfeilschießen auf Eidechsen amüsirte, sah ich im Grase zwei ineinander= verschlungene Klapperschlangen. Ob dieses Zusammensein ein freundschaftliches oder feindliches war, konnte ich nicht aus= mitteln. Ich wollte sie beide zusammen mit einem Pfeil durch= bohren, traf aber nur eine und diese biß heftig in den Pfeil, so daß man nachher die Narben sehen konnte. Ich wollte nun aus= findig machen, ob der Biß einer Schlange andere Schlangen auch töte und suchte sie daher immer zu reizen, damit sie die andere beiße. Mein Vorhaben gelang mir nicht, denn sie lösten sich sorgfältig von einander und ich mußte froh sein, daß ich infolge meines Experimentes nicht gebissen wurde.

Sehr unangenehme Gäste waren die Wölfe, welche es auf die Hühner abgesehen hatten, aber ich ruhte nicht, bis ich den= selben Respekt vor meinen Hofräumen und Ställen eingeflößt hatte, denn mancher hauchte seinen Geist infolge meiner Doppelflinte aus.

XV

Die Indianer bestehlen mich. Ich verwunde einen derselben. Bauart der Indianerwohnungen. Kriegszug behufs Erbeutung von Frauen.

Wie schon mehrmals bemerkt, gab es in der nahen Umgebung hauptsächlich drei Indianerortschaften, Sisum, Nuba und Minal, wovon die Bewohner der zwei ersteren diebischer als die von Minal waren. Es verging selten ein Tag, wo nicht einige dieser Indianer sich bei meinem Hause einstellten, besonders die Männer, die meistens ganz nackt herumliefen. Da unsere Hausthüre kein Schloß hatte, so war es eben keine Seltenheit, daß ich nach Ausgängen bei meiner Rückkehr dies oder jenes vermißte, aber vorläufig konnte ich nichts machen, sondern erst, als im Garten die Melonen zur Reife kamen.

Da die Indianer angefangen hatten, über den die Gartenanlagen umgebenden Graben zu springen und, wie ich glaubte, auszuspioniren, wo sie während der Nacht sich etwas passendes holen könnten, so hielt ich es für nötig, ihnen dies für die Zukunft zu verbieten. Eines Morgens kamen zwei Sisum-Indianer an meinem Hause vorbei dem Fluß entlang aufwärts. Ich bedeutete ihnen, daß sie nicht über den Graben hinüber dürften. Sie lachten aber nur und gingen gleichwohl in der Richtung gegen denselben. Dieses bemerkend, nahm ich meinen Karabiner und eilte damit an das Ufer des Flusses, als die Indianer bereits hinüber in den Garten gesprungen waren, wo sie thaten, als ob sie nach Fischen schauten. Ich hielt den Karabiner an einen Baumstamm, um sicherer zielen zu können, denn ich wollte vorläufig keinen treffen, sondern ihnen nur Schrecken einjagen, weshalb ich bloß auf den Boden in der Nähe derselben zielte und den Schuß abfeuerte. Wie ich beabsichtigte, verursachte das Geschoß in dem trockenen Grund ein Aufsteigen des Staubes, auch entstand durch die Kugel, die ein Loch hatte, ein eigentümliches Pfeifen, so daß die Indianer glauben mußten, ich habe auf sie geschossen, aber nicht getroffen. Sie beeilten sich aus dem Graben herauszukommen und ich that, als ob ich den Karabiner wieder laden würde, was sie zur eiligen Flucht veranlaßte, namentlich als sie mich beim Rückwärtsschauen noch zielen sahen

Mein Freund d. h. der Indianer Seie, dessen Bruder Häuptling war, hatte mir schon oft gesagt, daß es hauptsächlich die Sisnms und Nubas wären, welche sich mit Stehlen meiner Erzeugnisse abgeben. Der jüngere Bruder des Häuptlings Pumel kam einst krank zu meinem Hause und da ich diese Leute für treu und ehrlich hielt, lag mir daran, ihnen meine Freundschaft zu beweisen. Ich wies ihm in dem geräumigen, sogenannten Rauchhaus einen Platz an, wo er sich legen konnte und ich bereitete ihm Thee von Salbei, Dill, Weinwurzel, spanischem Pfeffer ꝛc, damit er schwitzen könne, gab ihm zum Essen etwas Brot und hatte das Vergnügen, ihn nach einigen Tagen wohler zu sehen. Bald nachher kam auch Pumel, der Häuptling, krank zu mir und ich kurirte ihn ebenfalls, wofür er sehr dankbar war

Nach einiger Zeit wurde ich selbst ernstlich unwohl, was mein indianischer Freund Seie bemerkte und mich mit der größten Sorgfalt pflegte. Ich erholte mich nur sehr langsam und konnte daher auch meinen Arbeiten nicht recht obliegen und den Garten zu wenig bewachen, so daß ich wiederholt Spuren von Indianerbesuchen im Garten hatte Nun wollte ich trotz meinem Unwohlsein ein abschreckendes Beispiel konstatieren.

Als ich einmal an einem Abend Verdacht hatte, daß jemand in den Garten geschlichen sei, stellte ich mich auf die Lauer, wollte dann aber bald heim, weil ich nichts Verdachtiges mehr beobachten konnte. Schon auf dem Heimweg begriffen, klopfte ich noch an einer Wassermelone, um zu untersuchen, ob sie ganz reif sei. Da meinte ich wieder ein Geräusch gehört zu haben und diesmal war es kein Irrtum, denn kaum 30 Schritte vor

mir stand ein schlanker Indianer, welcher wohl die Tone, welche
die Melone durch mein Anschlagen verursacht hatte, hörte und
jetzt die Ursache davon erspähen wollte. Der feste Entschluß, den
darfst Du nicht ungestraft davongehen lassen, war gefaßt, aber
ich hatte in meiner Büchse eine ziemlich große Kugel, die unter
Umstanden hätte töten können und toten wollte ich nicht. Wahrend
er zu lauschen schien, hatte er seine untern Gliedmaßen auseinander=
gespreizt, so daß ich hoffen konnte, ihn nicht in ein Bein zu treffen.
Der Schuß wurde abgegeben und der Bursche fiel augen=
blicklich hin, aber ich hielt dies bloß für eine List, denn ich glaubte,
gesehen zu haben, daß er Bogen und Pfeil in der Hand hatte
und erwartete also eine Antwort durch Pfeile. Um ihn nicht im
Vorteil zu lassen, schoß ich nach ihm noch einige Pfeile und sprang
dann mit dem Karabiner und dem gezogenen Waidmesser der
Stelle zu, wo er lag. Aber er war ebenfalls aufgesprungen und
eilte dem nahen Graben zu, den er mit Leichtigkeit übersetzte
Seine Schnelligkeit im Springen brachte mich auf den Gedanken,
daß er wahrscheinlich gar nicht oder nur wenig verwundet sei
und dies reizte mich so, daß ich alles aufwandte, ihn einzuholen.
was mir endlich gelang Ich zwang ihn nun, in mein Haus zu
kommen, damit ich ihn bei Licht besehen und mich überzeugen
könnte, wer er sei. Zu diesem Zwecke mußte ich ihn wiederholt
mit dem flachgehaltenen Waidmesser auf den Rücken schlagen
Ich überzeugte mich, daß es ein Sisum=Indianer mit Namen
Laggot war. Der Gefangene zeigte mir seinen Schenkel, indem er
sein Hemd auszog und zu einem Bündel machte und nahm auch
den Baumwollenfetzen, den er um den Leib trug, dazu Weil ich
besorgt war, er habe irgend etwas im Plan, so entriß ich ihm
den Bündel. In der That sprang er dann auf einmal in den
Nuba, wo er sehr tief war und verschwand im Wasser. Ich
war bis dahin immer so nahe hinter ihm, daß er ganz in
meiner Macht war, aber ich wollte ihm ja kein Leid mehr an=
thun, sondern ihn eben nur beim Feuerschein recht ansehen
Bald konnte ich ein Plätschern im Wasser von der andern Seite
des Flusses hören. was mir bewies, daß er wenigstens nicht er=

trunken ſei. Erſt nachdem ich den Bündel Laggots auseinander=
gelegt, konnte ich ſehen, daß der arme Kerl viel bedeutender
verletzt ſein mußte, als ich vermutet hatte und erſt jetzt fing
ich an zu begreifen, daß er viel Blut verloren und heftige
Schmerzen auszuſtehen hatte und noch ferner zu leiden haben
werde. Es gab dann Momente, wo ich mir ernſte Vorwürfe
machte, ſo gehandelt zu haben und dann fand ich wieder, daß
ich in meiner Stellung nur ſo handeln durfte. Ich fürchtete,
infolge der Aufregung und Reue auf's Neue krank zu werden.
Einige anweſende Minal=Indianer bat ich, nach Siſum zu
gehen und dort bekannt zu machen, daß ich den Laggot wegen
Diebereien verwundet habe und daß man ihn jenſeits des
Nuba ſuchen möchte, falls er noch nicht heimgekommen ſei. Das
Lendentuch und Hemd könne er bei mir abholen, wenn er wieder
zu gehen im ſtande ſei. Die Minal hatten meinen Auftrag be=
folgt, aber ich ſah weder an dieſem noch am nächſten Tage etwas
von Indianern, was mich auf die Vermutung brachte, daß man
mich des Nachts überfallen und vielleicht ermorden werde, weshalb
ich ſtets meine Waffen neben dem Bett hatte, auch die Axt war
dabei und eine Anzahl Knotenſtöcke, denn ich war entſchloſſen, ſo
lange zu kämpfen, als Leben in mir ſei.

Am dritten Tag kam ein einzelner Siſum=Indianer zu mir,
von dem ich erfuhr, daß man den Laggot erſt am zweiten Tag
in einem dichten Gebüſch gefunden habe, daß er ſehr ſchwach
und ſein Bein ſtark geſchwollen ſei. Ich hatte an jenem Vor=
mittag ein Stück Schweinefleiſch erhalten, an dem eine Niere mit
dem ſie umſchließenden Fett war. Schnell nahm ich ein Stück
von einem alten Leinwandhemd und ſtrich etwa einen Zoll dick
friſches Nierenfett darauf und gab dem Siſum zu verſtehen, daß
Laggot dies auf ſein verwundetes Glied binden ſolle, damit da=
durch der Schmerz gelindert werde. Der Indianer nahm es und
verſprach zu thun, wie ich geſagt hatte. Ein paar Tage ſpäter
vernahm ich, daß Laggot ſeine Schmerzen verloren habe und
beſſer ſei.

Dieſe Schießerei hatte übrigens doch zur Folge, daß die

Indianer meine Kunst mehr achten lernten und meine Garten=
erzeugnisse in Ruhe ließen, wenigstens so lange, als sie mich in
der Nähe wußten. Auch versicherte ich die Indianer, daß es
ja in meiner Macht gelegen hätte, den Dieb zu töten, wenn
es meine Absicht gewesen wäre.

Für die Indianer am Federfluß war dieser Sommer ein
unheilvoller, denn eine Seuche hatte viele, namentlich Frauen
und Kinder dahingerafft. Einige Dörfchen hatten sogar fast alle
Frauen verloren, versicherte man mir nachträglich. Etwa 400
Schritte von meinem Hause hörte ich längere Zeit die Trauer=
töne ihrer Totenklagen und man sah mitunter ganz schwarz an=
gestrichene Männer und Frauen, was abscheulich aussah. Ich
glaube, daß diese große Sterblichkeit die Folge von verkehrter
Behandlung war, denn ich sah selber einmal, wie man ein
fieberiges, krankes Kind mehrmals nacheinander in dem von der
Schneeschmelze hochgehenden Nubafluß mit dem ganzen Körper
untertauchte, weil man meinte, es habe sehr heiß und diese Ab=
kühlung sei eine Wohlthat und heilsam. Wie ich vernahm starb
bald darauf das Kind.

Noch bevor diese Seuche grassirte, war ich einmal im Lager
von Indianern, um zu sehen, wie es da zugehe. Da brachte mir
eine Frau ihr fettes, braunfarbiges Knäblein, welches etwa acht
Monate alt sein konnte. Ich nahm den Kleinen aus ihren Armen,
hätschelte ihn und schwang ihn durch die Lüfte, worüber der
Knirps große Freude an den Tag legte. Als man meine Freude
an dem Kinde sah, brachte eine andere Mutter mir ihr noch
kleineres Kind, ebenfalls ein Bübchen, so daß ich zum allgemeinen
Vergnügen der Anwesenden nun mit Zweien zu tändeln hatte.
Nun that ich, als ob ich beide mit mir fortnehmen wollte,
worauf die Mütter aber schnell ihre Kinder zu sich nahmen.
Was die Wohnungen anbelangt, so gibt es deren zweierlei,
Sommer= und Winterhäuser. Die letztern sehen einem riesigen
Maulwurfshügel nicht unähnlich. Ein Teil dieser, etwa 3 Fuß,
ist unter dem Niveau des Bodens, also in die Erde eingegraben
und mitten in demselben sind mehrere starke Pfosten angebracht,

welche die Hauptstütze des Gebaudes bilden, auf die die Dach=
first zu ruhen kommt. In einem Durchmesser von 12 bis 20 Fuß,
je nach der wünschbaren Größe des Hauses, werden starke, aber
biegsame Stangen in dem Boden befestigt oder eingesteckt und
gegen die Mitte hin so gebrochen, daß der dünnere Teil auf die
Mittelpfosten zu liegen kommt und dort befestigt werden kann,
was mit Schlingpflanzen leicht möglich ist. Wenn dieses Rahmen=
werk ähnlich einem Schirmgestell fertig ist, so kommen quer auf
diese Stangen, die als Rafen dienen, wieder im ganzen Umkreis
des Daches leichtere, biegsame Stangen über und unter diese
Rafen und werden zusammengebunden je eine obere mit einer
unteren, bis das ganze Dach eine Art Geflecht bildet. Auf dieses
kommt dann eine Schicht gutverarbeiteten Lehms oder Thons,
welcher gut gestampft, geschlagen, getreten und geglättet wird
und zwar auf alles vorhandene Geflecht, Wande wie Dach und
beidseitig, inwendig wie auswendig. Oben wird mitunter ein
Rauchloch oder Luftloch offen gelassen und vorn über der Erde
ist die Eingangspforte, namlich ein Loch von 2 bis 3 Fuß Breite
und Höhe und der Palast ist fertig. Der Hausrat besteht aus
einer Anzahl verschiedener Korbe, von welchen einige wasserdicht
sind und als Wassergefäße benutzt werden. Ich mußte oft staunen
über solche Korbarbeiten, die auch zur Zierde gemacht werden
und wahre Kunstwerke sind.

Zu der Mitte der Wohnung versieht ein Loch im Grund
oder ein Häufchen Steine den Feuerherd und an den innern
Hauswänden sind einige Lager oder Betten angebracht, über
welche einfache Matten von Sumpfgras oder Binsen als Unter=
bett gelegt sind.

Die Sommerhäuser oder Sommerwohnungen bestehen meistens
aus Dula (Binsen) und Dulamatten schichtenweise über ein Rahmen=
werk, wie bei den Winterhäusern gelegt, aber alles leichter, weil kein
Gewicht darauf kommt, wie bei den Winterhäusern. Diese Sommer=
häuser kommen aber auf, also über den Grund zu stehen, sonnt
flach mit dem außern Boden der Umgebung. Von außen angesehen
haben diese die größte Ähnlichkeit mit einem Heu= oder Streueschober.

Um das Haupthaus herum werden oft kleinere, ähnlich verfertigte Hütten erstellt, die zum Aufbewahren von Vorräten dienen, wie Getreide, Eicheln, Wurzeln 2c.

Wie bei den Weißen der Weizen als Hauptbrodfrucht betrachtet wird, so ist es beim Indianer die Frucht des Eichbaumes, also die Eichel. Je nach der Art der Eichbäume ist auch die Frucht sehr verschieden in Form und Geschmack. Aus dem Mehl der Eicheln bereitet sich der Indianer eine Art Mehlsuppe und auf Steinen gebackene Kuchen verschiedener Art, die aber selten angenehm schmecken und noch seltener ohne Sandbeimischung sind, was zwischen den Zähnen höchst unangenehm knirscht. Wie bereits schon mehrmals bemerkt, fehlt es auch nicht an Fleisch aller Art, Fischen und Heuschrecken. Als Gemüse benutzen sie verschiedene Kräuter, Wurzeln Grassamen. Sehr geschätzt ist die Wurzel der Eschholzia California, die Ähnlichkeit mit unsern Kartoffeln hat. Sie wird auf Steinen gebraten, indem man sie auf Unkrautblätter legt und auf heißen Steinen mit Erde bedeckt. Auch Knoblauch und Zwiebel ähnliche Knollen kennen die Indianer, so daß sie in dieser Beziehung, also punkto Nahrung, nicht zu bemitleiden sind.

Obwohl Californien damals ein Paradies für Jäger hätte genannt werden dürfen, so waren die Indianer doch selten gute Schützen An Wild aller Art fehlte es nie; das stolze Elkatier von der Größe eines Maultiers war nicht selten, die Böcke derselben hatten majestätische Geweihe, mehrere Sorten Hirsche und Rehe, eine Unzahl von Antilopen bis gegen 200 Pfund schwer, der graue Bär, in den gegen Oregon gelegenen Bergen der californische Löwe, von besonderer Größe und Stärke, verschiedene Katzenarten, der Dachs, der europäische Hase und verschiedene Kaninchenarten, eine kleine Art Füchse mit langen Zehen versehen, ähnlich einer Kinderhand, welche flink klettern und arge Hühnerdiebe sind, Waschbären, Seeratten, Biber und die schon früher vielfach erwähnten Büffel und Wölfe, sowie eine Unzahl von Enten und Gänsen. Von den Vögeln und deren Fangweise habe ich schon gesprochen.

Ich konnte mir die Gleichgültigkeit der Indianer gegen die Jagd nur damit erklären, daß sie Fische und Geflügel auf sehr leichte Art zur Genüge bekommen konnten, denn sie verachteten weder Hirsch-, Reh-, Elk-, Antilopen- noch Bärenfleisch, sondern sie aßen, nein, verschlangen solches in unglaublichem Maße, wenn man es ihnen anbot.

Da die Federfluß-Indianer so viele ihrer Frauen durch den Tod verloren hatten, so waren sie auf Mittel und Wege bedacht, wie sie diesen Verlust wieder ersetzen könnten. Es wurde von ihnen ein Kriegszug gegen die Berg-Indianer beschlossen, deren Männer sie umbringen, die Frauen aber als Hauptbeute mit sich heimführen wollten. Um einen Anlaß zu einem Kriege zu haben oder vorschützen zu können, benutzten sie die Beschwerde, daß ihnen die Vaqueros von Cordua Vieh gestohlen hätten. Zur Sicherung eines Sieges wurden längere Zeit vorher die Bogen und Pfeile und Lanzen ausgebessert und Übungen veranstaltet. Irgend ein Cagato mußte den Feind vorstellen. Drei Hauptrufe wurden als Kriegsgeschrei geübt und wie mit einer einzigen Kehle momentan ausgestoßen und zwar immer in Oktaven vom höchsten bis tiefsten Ton. Als ich diese Rufe zum erstenmal hörte, war ich gerade im Garten beschäftigt und da ich nicht wußte, was dies Geschrei zu bedeuten habe, so stieg ich auf eine Anhöhe und sah zu meiner großen Überraschung eine große Zahl nackter mit Bogen, Pfeilen und Lanzen versehener Indianer in der Richtung gegen mich eilen. Hätte ich damals den Caggot schon verwundet gehabt und nichts von dem Unternehmen gegen die Berg-Indianer gewußt, so würde ich schnell die Flucht ergriffen haben, so aber blieb ich unter einer Eiche stehen, um zu sehen, was diese Schar nackter Kerls eigentlich wollten. Es stellte sich heraus, daß sie als Laufübung einen Wolf verfolgten und der beste dieser Schnelläufer war der nämliche Caggot, den ich später verwundete. Ich bin in meinen Erzählungen namlich in chronologischer Hinsicht nicht immer genau, weil ich viel aus dem Gedächtnis nehmen muß. Die Thatsachen selbst sind absolut auch bis ins allerkleinste wahrheitsgetreu.

Der Kriegszug wurde endlich unternommen, von einigen dem Cordua angehörigen Vaquero's und Pumel zu Pferd, sämtlich mit Lasso's versehen, begleitet, scheint aber ohne Erfolg gewesen zu sein, denn sie sollen keine einzige Frau als Beute heimgebracht haben. Einige Minal=Indianer erzählten mir, daß sie schon am Abend gegen das erste Dorfchen der Berg=Indianer vorgerückt seien, aber den Angriff erst am Morgen gemacht hätten und zwar erfolglos, weil der Feind von dem Vorhaben inzwischen Kenntnis erhielt. Ein einziger Berg=Indianer sei umgekommen und zwar durch meinen Freund Seie. Er selber erzählte mir, daß jener gerade ihn habe töten wollen und mit großer Schnelligkeit auf ihn geschossen habe, einige Zeit sei er den Pfeilen ausgewichen, dann aber habe er ihn scharf ins Auge gefaßt und ihm dann einen Pfeil in den Leib gesandt, worauf der Getroffene laut aufschreiend rücklings gefallen sei. Er — Seie — habe ihm dann den Hals abgeschnitten und ihn seiner Pelikanknochen beraubt, die er um den Hals getragen und um seinen eigenen Nacken als Siegeszeichen gehängt. Von den Thal=Indianern sei niemand umgekommen, aber die Beute sei auch nicht bedeutend gewesen, abgesehen von den Heiratsplänen, die sie zu diesem Feldzug veranlaßt hatten.

Zur Charakteristik der damaligen Zustände oder als Illustration muß ich nun auch noch einiges von Weißen, also Eingewanderten aus jener Zeit erzählen.

———

XVI.

**Ansichten, Sitten und Gebräuche der ersten Ansiedler.
Erlebnisse in Minal. Kartenorakel zweier Verliebten.**

Ich glaube irgendwo schon von einem Manne Tailor ge=
sprochen zu haben, dessen Frau und deren zwei Schwestern bei
Johnsons Rancho wohnten. Die ältere dieser Schwestern war eine
schöne Witwe von etwa 30 Jahren und besaß nichts als ein
kleines Mädchen von ihrem auf der Reise über das Felsengebirge
verunglückten Manne, weil sie in der Sierra Nevada beinahe alles
eingebüßt hatten. Bei ihnen wohnte noch die dritte Schwester,
welche Mary hieß und sehr schön und liebenswürdig war, die
ich aber damals noch nicht persönlich kannte. Wie wir bereits
gesehen, war Nye Teilhaber an einer Rancho nebst Vieh und
Pferden und zudem ein schöner, schlank gewachsener, noch junger
Mann, hatte aber wie die meisten früheren Ansiedler es gethan,
eine Indianerin zur Frau genommen, die ihm zwei Kinder ge=
schenkt hatte. Dieses Verhältnis betrachtete Nye jetzt, als er die
schöne Witwe gesehen hatte, als ein großes Hindernis, sich dieser
nähern zu dürfen, denn die früheren Beziehungen blieben einer=
seits kein Geheimnis, anderseits schien mir Nye damals ein zu
ehrenhafter Charakter, als daß er die schöne Witwe hätte be=
trügen wollen. Nun war diese alleinstehende Frau so klug, sich
dahin zu äußern, sie finde es ganz natürlich, daß Weiße in Er=
mangelung von weißen Mädchen Indianerinnen heiraten. Da aber
das Zusammenleben von weißen Männern mit Indianerinnen
nur ein freiwilliges, durch kein eheliches Versprechen sanktionirtes
sei, so stehe es beiden Teilen jederzeit frei, sich zu trennen. Nye
war infolge dieser Kundgebung noch nicht dreist genug, die schöne
Witwe um ihre Hand zu bitten, sondern fragte diese noch aus=

drucklich, ob sie denn einen weißen Mann verachten würde, wenn dieser seine indianische Frau und Mutter seiner Kinder fortschicken würde, um eine weiße Frau zu heiraten, worauf diese mit „Nein“ antwortete, sofern nämlich der Vater für seine Kinder sorge, wie es sich gebühre und der Indianerfrau es überlasse, zu gehen, wohin sie wolle. Trotz dieser für Nye mehr als ermunternden Antwort beriet dieser doch noch seine Freunde und mich über diesen Fall und ich sprach mich dahin aus, daß ich da nicht gut urteilen könne, indem ich unter allen Umständen so lange zu warten gedenke, eine Frau zu nehmen, bis ich eine Weiße bekommen werde, die mir gefalle. Diese Antwort paßte dem Fragesteller nicht ganz recht und nun fragte er mich, ob eine Weiße Ursache hätte, ihn zu verachten oder nicht.

„Wäre ich an Ihrer Stelle so würde ich der Betreffenden alles der Wahrheit getreu offenbaren, damit sie das Ganze zum Voraus wüßte und mir daher nachträglich nicht Vorwürfe machen könnte, sie hintergangen oder betrogen zu haben“, war meine Antwort und Nye sagte mir nun erst, daß sie sich bereits in oben angegebener Weise geäußert habe.

„Nun da haben Sie ja nichts mehr zu riskiren, aber was fangen Sie mit Ihrer Indianerin an? Diese dürfen Sie nicht mehr neben der weißen Frau behalten, das würde Ihren Hausfrieden stören!“

„Das weiß ich schon“, meinte Nye, „sie ist auch bereits eifersüchtig auf die Wittwe und böse mit mir, aber das kann die Sache nicht mehr ändern, ich werde sie einem meiner Vaqueros geben oder sie mag gehen, wohin sie will.

Mr. Nye hatte meine drei schönen Röcke, welche ich besaß, aber nie trug, oft gesehen. Als er dann bald zu heiraten gedachte, so meinte er, es gehöre zu einer so schönen Frau auch ein schön gekleideter Mann. Mich hatte er immer nur in meiner Matrosenkleidung gesehen und wahrscheinlich dabei gedacht, er könne von Lienhard billig einen von seinen Röcken kaufen, denn er brauche sie ja nicht. Nach einem seiner Besuche bei seiner Braut rückte er nun unverholen mit seinem Anliegen heraus.

„Lienhard, Sie haben da in dem Koffer mehrere Kleider, die Sie niemals zu tragen scheinen und da ich nächstens Hochzeit zu machen gedenke, aber keinen passenden Rock dazu habe, so dachte ich, daß Sie mir einen der Ihrigen verkaufen könnten."

Ich erklärte meinem Freunde, daß, obschon ich in Minal es als unnötig betrachte, die schönen Röcke zu tragen, ich es doch später wieder thun werde und da ich diese Kleidungsstücke noch von meiner alten Heimat mitgebracht und sie nach der neuesten Mode habe machen lassen, so hätte ich kein Verlangen, sie zu verkaufen. Nye bestand aber darauf, daß ich ihm einen der Röcke abtreten müsse und wollte auch sogleich einen derselben probieren. Ich ließ ihn den schönsten und modigsten sehen und er zog ihn an. Dieser paßte so gut, als ob er extra für ihn gemacht worden wäre.

„Well", meinte Nye, „ich werde Ihnen den Rock abkaufen sobald ich Hochzeit mache", aber ich gab ihm den Rat, sich lieber anderwärts nach einem Rock umzuschauen, indem ich den meinigen nie verkaufen wolle.

Einige Wochen später kam Nye an einem Nachmittag, stieg ab und wollte, daß ich ihm den Rock abtreten sollte, ansonst er ja nicht Hochzeit machen könne.

„Nun, was wollen Sie mir für denselben bezahlen?" fragte ich."

„Lassen Sie mich den Preis hören", war seine Antwort."

„So will ich Ihnen denn sagen, Sie geben mir drei zahme Milchkühe!"

„Was, drei zahme Milchkühe? Wo denken Sie hin? Nein, lieber gehe ich doch in meinen Hemdärmeln und mache Hochzeit."

„Gut, thun Sie, wie es Ihnen gefällt, das ist mir ganz gleich, es liegt mir nicht daran, den Rock zu verkaufen."

Aber Nye wollte sich nicht abwendig machen lassen und sagte: „Ich muß den Rock haben, nun wollen Sie, weil Sie das wissen, mich übervorteilen"

„Nein, das will ich nicht, darum habe ich Ihnen früher schon geraten, sich anderswo nach einem solchen umzusehen."

Endlich kamen wir miteinander überein, daß er mir zwei zahme Milchkühe und eine zugerittene Stute dafür bezahlen solle, sobald ich bei ihm dafür anfragen wolle.

Nye zog den Rock sogleich wieder an, schwang sich auf sein Pferd und flog nun seiner Braut so rasch entgegen, daß die Rockflügel in den Lüften flatterten, denn am nächsten Tag wollte er hinunter nach Squire Sinclaire, um sich trauen zu lassen.

Am folgenden Tag kam Charles Cleaveland zu mir herüber, aber nicht, um bei mir zu bleiben, sondern er wollte der schönen Mary, der neuen Schwägerin von Nye, von der er mir vorher schon oft erzählte, einen Besuch machen. Ich ahnte schon lange, daß Cleaveland's Herz an ihr hing. Er schien der Hoffnung zu sein, daß an diesem Tage sein Schicksal für's ganze Leben entschieden werde. Auf dem Rückweg sollte er mir den Erfolg seiner Werbung mitteilen, aber o weh, er kam nicht zurück bis am andern Tag und in sehr niedergeschlagener Stimmung, denn er hatte die Ersehnte gar nicht gesehen, weil sie mit der Schwester, dem neuen Schwager und dem alten Johnson zu Sinclairs hinuntergeritten sei, und zwar zum Zwecke, um sich mit Johnson zu verheiraten, wovon niemand eine Ahnung hatte. Trotz seiner Traurigkeit schien ein gewisser Trotz in seinem Wesen zu liegen und es kam mir vor, als ob er Pläne schmiede, weil er mir sagte, daß er glaube, man habe Mary gezwungen, gegen ihre Neigung den alten Johnson zu heiraten. Einen Monat später hatte ich Gelegenheit, die Richtigkeit dieser Mutmaßung durch Mary selbst bestätigt zu hören, denn sie habe Johnson schon wieder verlassen und dieser seine Indianerin oder richtiger gesagt, Indianerinnen wieder zurückkommen lassen.

Ich übergehe hier die egoistischen Gründe und Details ihrer Beeinflussung durch ihren Schwager Nye, der überhaupt gar nicht so gewissenhaft war, wie er bei der Werbung um seine Frau scheinen wollte und füge nur bei, daß Mary gleich nach der Trauung und trotz dieses Aktes nie mit Johnson zusammengelebt hat und von Cleaveland erfuhr ich, daß Nye nur so lange ein Ehrenmann sei, so lange dies in seinem eigenen Interesse liege. Er riet mir daher dann auch, meinen Rockhandel mit ihm zu verschreiben, wenn ich nicht geprellt werden wolle. Ich überzeugte mich bald von der Richtigkeit dieser Annahme und brachte es mit Klugheit dazu, daß er mir, nicht wie er es im Sinne hatte, schlechtes Vieh für gutes geben konnte. Um mit ihm nicht unangenehme Differenzen zu bekommen, trat ich dann meine Forderung an Cleaveland mit einem schönen Rabatt ab. Dieser Cleaveland war ein Franzose, von Bordeaux geburtig, und schon mehrere Jahre in Amerika, hatte sich früher in St Joseph aufgehalten, dort die Küferei erlernt und dann wie ich die Reise über das Felsengebirge nach Californien gemacht, woselbst angekommen, er noch sechs Dollars in der Tasche gehabt habe. Der Farmer Cordua stellte ihn dann an, damit er ihm Fässer zur Verpackung von eingesalzenem Rindfleisch verfertige und nebenbei allerlei Flickarbeit mache. Er war damals etwa 30 Jahre alt, hatte gute Manieren, schöne Gesichtszüge, war fest gebaut, von mittlerer Größe und sprach besser englisch als die andern Franzosen, sowie er auch eine schöne Schrift führte; er war also eine Art französischer Yankee.

Während meines Aufenthaltes in Minal lernte ich diesen Mann kennen und wir werden später sehen, warum ich mich hier so einläßlich mit seiner Herkunft und Vergangenheit beschäftige. Waren seine Hoffnungen auf die Hand der Mary durch die Heirat mit Johnson auch einstweilen vereitelt, so gab er diese doch nicht ganz auf und zwar mit Recht, wie wir später sehen werden.

Die Copulationen der beiden Ehepaare hatten Ende Juni 1847 stattgefunden und es hieß, daß diese am 4. Juli zu Cordua auf Besuch kommen werden, um sich da gütlich zu thun, resp. nachträglich die Hochzeiten zu feiern. Auch ich wäre gern hingegangen, da ich bei Cordua sozusagen zu Hause war und sowohl Frau Nye als die Hochzeitsgäste Herr und Frau Foster persönlich kannte, keineswegs aber Frau Johnson, die schöne Mary. Ich wurde aber um jene Zeit wieder ernstlich unwohl, so daß ich eine Schwitzkur nötig fand und deshalb besorgte, daß ich das Bett längere Zeit hüten müsse.

Cordua war früher in Columbia, wo er mit einer Mulattin verheiratet war und mehrere Kinder hatte, die er nach seiner Heimat Mecklenburg schickte, um sie schulen zu lassen. Gegen Ende des Jahres 1839 kam er nach Californien, wo er von Sutter etwas Land und Vieh kaufte und bei der üppigen Grasvegetation bald eine schöne Heerde hatte. Er wohnte in der Nähe von Minal am Nubafluß und war somit mein Nachbar, wenn auch mehrere Meilen weit von Minal, also von meiner Einsamkeit entfernt. Da der Mann zu Hause eine gute Erziehung genossen hatte und aus Erfahrung viel wußte, auch eine Bibliothek besaß, so besuchte ich ihn an Sonntagen sehr oft und wir wurden gute Nachbarn, wenn nicht Freunde. Seine damalige Frau war natürlich auch eine Indianerin und durch diese wurde ich dann mit Nye und dessen erster Frau, der nachher abgedankten Indianerin, bekannt. Dies bloß als Einschaltung zum Verstandnis der Beziehungen zu Nye, den ich oft bei Cordua gesehen.

Während ich gerade in meinem Schwitzbad, d. h. im Bett war, hörte ich Pferdegetrampel, welches sich meinem Hause näherte und bei der Laube aufhörte. Wer immer es sein sollte, dachte ich, so kann ich eben jetzt nicht aufstehen, um sie willkommen zu heißen, also blieb ich liegen. Nach einer kleinen Weile kam eine schöne Jungfrau in die Thüröffnung und schüchtern um sich blickend, bat sie um einen Trunk Wasser als sie meiner ansichtig wurde. Ich bat sie, mich zu entschuldigen, da ich nicht wohl sei, also das Gewünschte nicht selber darreichen könne, aber sie bitte, sich selber aus dem gefüllten Pokal zu bedienen. Sie sagte dann, daß Frau Nye draußen auf dem Pferd warte und bei Frau Johnson sei und alle nach Corduasfarm wollten. Ich drückte den Wunsch aus, am folgenden Tag auch dorthin kommen zu können, wenn mir etwas besser sei, was denn auch der Fall war, indem ich mich wieder ganz munter fühlte.

Bei Cordua waren nebst dem Eigentümer, Foster, Johnson und Nye und ihren jungen Frauen noch Herr Hartwing, der

Botaniker, der Mitbewerber Charles Cleavelands und ein mir unbekannter Deutscher, namens Karl Röder, also zusammen acht Männer und drei Damen, lauter Weiße, wohl mehr Personen, als je vorher in Corduasfarm auf einmal gewesen waren.

Es wurden zur Feier dieses Tages weder Kanonen noch Raketen abgefeuert, noch Festreden gehalten, aber man unterhielt sich angenehm über allerlei Gegenstände, wobei das Hauptthema bei Foster und Nye die Vieh= und Pferdeheerde bildete. Der Neuvermählte, Mr. Johnson, saß so ziemlich allein in einer Ecke und schien eher mißmutig, als froh gestimmt zu sein. Seine schöne Frau, Cleaveland und ich saßen an einem Tisch und machten allerlei Künste mit Spielkarten, worauf man auf's Wahrsagen zu sprechen kam, für Frau Johnson und Cleaveland das Hauptthema der Unterhaltung, was wir sofort sehen werden. Erstere behauptete nämlich, sie verstehe das Wahrsagen mit Karten gründlich und und auch Cleaveland versicherte, diese Kunst sei ihm absolut nicht fremd und so beschloß man dann, sich gegenseitig die Zukunft zu offenbaren. Zuerst gab Mrs. Johnson ihre Kunst zum besten; die Wahrsagerin mischte die Karten und Cleaveland hob sie ab. Diese zeigten, so viel ich mich noch erinnern kann, folgendes: „Sie leben der Hoffnung, die Hand einer Person zu erwerben, die Sie geliebt haben und von der Sie ebenfalls geliebt wurden, sind aber getäuscht worden und zwar, ohne daß Ihre Geliebte eine Ahnung davon hatte. Ein widriges Geschick ist zwischen Sie beide getreten, so daß man fast meinen sollte, es sei eine glückliche Lösung nicht mehr möglich. Aber es sind Zeichen da, daß noch nicht alle Würfel gefallen sind und bei Mut und Ausdauer kann noch alles gut werden. Fahren Sie also fort, Ihre Geliebte fernerhin unverbrüchlich zu lieben, denn Sie werden auch von ihr in gleichem Maße geliebt und der Erfolg wird Ihre Treue belohnen."

Diese Orakelsprüche aus dem Munde der liebreizenden Mary, wenn sie auch jetzt Frau Johnson hieß, schienen auf Cleaveland einen tiefen Eindruck zu machen und nun war es ja an ihm, zu beweisen, daß er ebenfalls Meister in dieser Kunst sei.

Er mischte die Karten und Frau Johnson mußte ab=
heben.

„Wie sonderbar! Schon die erste Karte verrät sehr verhang=
nisvolle Verhältnisse. Eine Schranke, welche mit Ausdauer nieder=
zureißen möglich scheint, zeigt sich in denselben, denn Sie haben
gegen Ihre Neigung sich binden lassen und dies muß wieder
gelöst sein und kann es auch. Ein Anderer liebt Sie so sehr, daß
er alles für sie thut, sogar sein Leben für Sie lassen könnte.
Dieser Mann ist zwar arm, aber mit der Zeit wird sich dies
ändern, so daß er Ihnen eine schöne Lebensstellung zu verschaffen
im stande sein wird, ertragen Sie Ihr Loos also mit Ausdauer
und Geduld, die Liebe wird siegen." So lautete ungefähr
Cleavelands Wahrspruch.

Es kam mir sehr amüsant vor, von diesen zwei Menschen
solche Worte als Beweis dafür zu hören, daß sie einander gut
durchschauten oder von dritter Seite gut orientirt wurden. Als
ich Beide bat, mir doch auch meine Zukunft ein wenig zu ent=
schleiern, so wollten sie nichts davon wissen, denn ihr Zweck war
ja auf's Gelungenste erreicht, was wollten sie mehr? Von der
Erfüllung hören wir später!

Ich verlasse hier die beiden hoffnungsvoll sich Liebenden
für einige Zeit, um nicht in der Zeitrechnung beim freundlichen
Leser eine Verwirrung in der Reihenfolge der Ereignisse herbei=
zuführen. In meiner noch immer fortdauernden Einsamkeit in
Minal hatte ich oft Besuche von Bekannten und Unbekannten,
welche die Einförmigkeit meines Lebens nicht immer zu meiner
Freude unterbrachen. Auch der saubere Savage fand mich hier
und hatte mich wahrscheinlich gern bestohlen. Auf meine Frage,
wie viel er für sein Pferd, seinen Sattel, Leggings und Sporen 2c.
bezahlt habe, erfolgte die Antwort: „Narr, ich habe nichts
dafür bezahlt, ich habe alles gestohlen, meinst du denn, daß ich
solche Dinge kaufe und bezahle·"

Auch mehrere Reisegefährten aus unserer Emigranten=
gesellschaft über das Felsengebirge besuchten mich, so z. B. jener

Burſche, welcher die von mir vergeſſene Axt am Marie=River anexirt und den „Halm" abgeſägt hatte und andere mehr.

Ich hatte dem Capitain Sutter zu wiederholten Malen ge= ſchrieben, daß ich nicht länger in Mimal bleiben werde und wurde dann mit guten Worten abgeſpieſen, bis ich es endlich dahin brachte, daß er mir auf die nächſten Tage einen Nachfolger verſprach. Um dieſe Zeit war die Familie des bei Sutter angeſtellt geweſenen Capitain Batty in Mimal, um ſich etwas zu erholen. Da kam eines Morgens ein zu dieſer Familie ge= höriger Engländer und ſagte, daß ihm in der Nacht ein Kind geſtorben ſei und fragte mich, ob ich nicht einen Sarg für das= ſelbe machen und ein Grab herrichten wolle. Ich hieß ihn das Maß nehmen, jedoch lieber etwas zu groß, als zu klein. In den knochenharten Grund ein ſechs Fuß tiefes Loch zu machen, hatte ich wenig Luſt, dagegen nahm ich ein paar alte Bretter, die ſehr ſchwer zu bekommen waren und zimmerte mit meinem alten Beil und der Handſäge ſo gut als möglich ein Särglein, aber als wir das Kind hineinlegen wollten, war der Sarg 5 Zoll zu kurz, denn der alte Narr hatte mir nicht einmal das richtige Maß geben können und ich mußte meine Arbeit auf's Neue beginnen. Dann wurde das unſchuldige, lebloſe, ſchöne Geſchöpfchen hineingelegt und zwar in dem Augenblick, als mein Nachfolger eintraf und ſich als ſolchen unter dem Namen Mr. Burns vorſtellte.

Seine Ankunft hatte mich freudig aufgeregt, denn nun war die Erlöſung aus meiner freiwilligen Gefangenſchaft endlich ge= kommen und ich brauchte nur noch auf die Ankunft des Indianers mit dem Canoe im Yuba zu warten, der mich mit meinen Habſeligkeiten aufnehmen ſollte. Weil Mr. Burns den letzten Teil ſeines Weges zu Fuß unternommen hatte, während ſein Fährmann noch den großen Bogen auf dem Federfluß und Yuba machen mußte, ſo wollte ich inzwiſchen meinen Nachfolger noch über alles Nötige belehren, aber dieſer belehrte umgekehrt mich und zwar dahin, daß er nicht gekommen ſei, hier zu arbeiten, ſondern um es hier angenehm zu haben. Ich antwortete ihm,

daß er es wohl etwas leicht zu nehmen scheine, aber am besten
selber finden werde, wie dies zu erzwecken sei. Mr. Burns hatte
mir, um zu zeigen, daß er ein Mann von etwelcher Bedeutung
sei, erzählt, daß er bis vor kurzem bei Ramehamcha, König der
Sandwichinseln, Dolmetscher gewesen sei. Auf die Bitten Burns
ließ ich ihm meinen treuen Hund Tiger als Gesellschafter zurück,
aber sehr ungern. Endlich erschien mein Fährmann und bald
trug mich das Canoe abwarts zu Menschen von meiner Rasse,
nach denen ich mich längst gesehnt hatte.

XVII.

Mein Aufenthalt in Sutters-Fort. Lerne als Aufseher und Thürschließer Sutters Charakter kennen.

———

Wir kamen am Abend glücklich in Sutters-Fort an, aber ich übernachtete in der Gerberei und ging am Morgen dann sofort zu Sutter, der mich freundlicher aufnahm, als ich nach seinem letzten Brief erwartet hatte. Ich beschwerte mich über die Art seiner Briefe, aber er entschuldigte sich damit, daß er um jene Zeit sonst viel Unangenehmes gehabt habe und deshalb gereizt gewesen sei, ich möchte ihm also verzeihen.

Bei Sutter wollte ich nun absolut abrechnen, aber er wußte alles so zu sagen und einzurichten, daß ich immer wieder geduldig wartete und schließlich mich wieder von ihm engagieren ließ. Sogar als Schiffs-Capitain auf Sutters Schooner, der die Fahrten nach Sacramento und St. Franzisco machen mußte, war ich bei ihm betätigt. Ich kannte eben damals Sutters Charakter noch nicht, fand aber nur zu bald Gelegenheit hiezu, denn ich war dann immer in seiner Nähe, als ich Aufseher über alle seine Arbeiter wurde und nach außen quasi sein Stellvertreter. Jeden Morgen wurden von mir die Fortthore geöffnet, dann begab ich mich in das Privatzimmer Sutters, die Office, wie es gewöhnlich benannt wurde, um das Tagebuch und die täglichen Instruktionen zu holen. Bei dieser Gelegenheit entdeckte ich, daß Sutter ein Freund vom Trinken war.

Da er für den Bau einer Getreidemühle am American-River und die etwa 50 Meilen entfernte Sägemühle viele Arbeiter angestellt hatte, so gab es für mich alle Hände voll zu thun. Nebst den vielen Weißen hatte er auch eine Anzahl Berg-

Indianer zu verschiedenen Zwecken zur Verfügung. Diese wurden ihm von verschiedenen Häuptlingen, welche ihm als Rottenmeister dienten, zugeführt. Sutter nannte die indianischen Herren auch Capitaine, um ihrer Eitelkeit zu schmeicheln und sie erhielten mehr Lohn als die gewöhnlichen Arbeiter, welche für ein ordinäres Mousselinehemd oder Stoff zu einem solchen oder auch Stoff zu einem Paar Mousselinehosen zwei Wochen arbeiten mußten. Die Art, wie diese indianischen Arbeiter gefüttert wurden, mahnte mich an das Füttern einer Anzahl Schweine. Sie erhielten in lange Troge geschüttet gekochten Weizen, zu dem sie in Reihen hinkauerten und das dampfende Getreide vermittelst ihrer dreckigen Hände zum Munde führten, wobei sie ein Geschnatter machten, welches dem einer Anzahl Gänse nicht unähnlich war. Sie erhielten aber auch mitunter Rindfleisch, welches ja sehr billig war und das sie am liebsten am Morgen früh oder am Abend auf glühenden Kohlen brateten, wobei sie sehr vergnügt schienen. Damit diese Arbeiter sich nicht etwa in ihre Bergheimat davonmachen konnten ohne Abschied zu nehmen, so mußte ich sie — Männer und Weiber — in ein großes Zimmer einschließen. In diesen Schlafräumen gab es weder Betten noch Stroh und es war jedem überlassen, nach seinem Belieben sich auf dem Boden zu lagern. Öffnete ich dann am Morgen die Thüre, so quoll mir ein eigentümliches Aroma entgegen, da keine Abtritte eingerichtet waren. Wie diese Räumlichkeiten nach 10 oder 14 Tagen ausgesehen haben mögen, kann man sich vorstellen, denn bälder wurden sie nicht gereinigt. Daß diese Art des Daseins nicht allen gefiel, bewiesen die vorkommenden Desertionen.

Innerhalb des Forts wohnten damals nur zwei weiße Frauen, die eine war Frau Kiburz, die Tochter meines alten Freundes Barben, eine ziemlich fleißige und reinliche Person und gute Haushälterin, und die andere war die schon früher erwähnte Frau des Herrn Kaseborg, welcher erst im April aus den Schneeregionen der Sierra Nevada in kränklichem Zustand ins Fort gebracht wurde, nachdem er sein Leben mit dem Genuß des Fleisches

seiner Hungers gestorbenen Mitmenschen hatte fristen müssen.
Dieser Kaseborg wurde dann bei gesundem Körper ein stattlicher
und auch ziemlich kenntnisreicher Mann und bei Sutter damals
als Capitain auf dem Schooner angestellt, der die Fahrten
zwischen Sacramento und San Franzisco machte, um dem Agenten
der Russen (Mr. Leidsdorff) den Weizen zu bringen, den Sutter
für seine Schulden, oder die Zinsen dafür, an diese abzuliefern
hatte. Frau Kaseborg war eine blühend aussehende Frau von
ungefähr 23 Jahren, um die schon geworben wurde, ehe man
wußte, ob ihr Mann noch am Leben oder tot sei.

Im Fort waren ferner als Arbeiter angestellt: Ein Mor=
mone namens Trifield, als Schmied, welcher sein Fach voll=
kommen verstand und ein anderer dieser Sekte angehöriger Mann
namens Headson als Wagenmacher. Dazu kamen noch zwei
Landsleute von mir, ein gewisser Schmid von Appenzell und
Huggenberger von Erlinsbach (Aargau), welch' letzterer ebenfalls
die Schmiedprofession kannte. In ihm fand ich einen aufrichtigen,
guten Freund, den es freute, wenn es mir gut ging und der
mir gern seinen aufrichtigen Rat erteilte, den ich ebensogern be=
folgte, weil ich wußte, daß er ein welterfahrener Mann war.
Er kam mit einem Freunde, Huber aus dem Knonaueramt, im
Jahr 1847 von Philadelphia um's Cap herum per Segelschiff
nach Californien. Außerhalb des Fort's besaß Sutter ostwärts
noch ein Adobehaus, das er vermietet hatte und südlich ein
kleines Haus, das ein Dr. Bates bewohnte, der da als Arzt
praktizirte. Später gesellte sich ihm ein gewisser Schmitt zu,
welcher vorgab, daß er ein Verwandter von dem Mormonen=
prophet Schmitt sei und nachdem Dr. Bates den Platz verließ
kam ein Samuel Branan, welcher mit Schmitt dann eine kleine
Store einrichtete. Die letzteren waren Mormonen und mit einem
Transport Glaubensgenossen um das Caphorn herum nach
Californien gekommen.

Als Wollenspinner und Weber waren einige Zeit lang auch
noch Indianer angestellt, aber dieser Erwerbszweig wurde dann
bald aufgegeben. Die Müller, Bäcker und Köche waren alle

Indianer, sowie die Vaqueros, deren Sutter für seine Vieh=
und Pferdeheerden mehrere bedurfte, und weiters kamen dazu
noch etwa 30 jüngere Indianer, die als Fuhrleute und Feld=
arbeiter verwendet wurden.

Sutters Weizenfelder bestanden aus einem Komplex von
einigen hundert Acres zwischen einer sogenannten Slough und
der großen Biegung des American=River. Der Boden war von
vortrefflicher Güte und brachte herrliche Ernten, obwohl die
Arbeiten nicht aufs beste von den Indianern ausgeführt wurden
Als Fruchtspeicher dienten die größten Zimmer im Fort, jedoch
brachte man den Weizen so bald als möglich nach San Franzisco.
Das nötige Mehl wurde im nordwestlichen Turm des Forts mit
einer primitiven Mühle, die durch Maultiere getrieben wurde,
gemahlen, aber weder gesiebt noch gebeutelt.

Da der faule Bäcker die richtige Zeit beim Aufgehen oder
Treiben des Sauerteiges meistens versäumte, so hatten wir trotz
des herrlichen Weizens meistens versäuertes, schlechtes Brot,
welches schwer war, wie Backsteine und daher den Spottnamen
Adobebread erhielt. Nebst Weizen pflanzte man auch Erbsen für
unsern Bedarf.

Sutters=Fort war der Hauptsammelplatz dieser obern Inlands=
gegend, alle Bedürfnisse wurden, wo möglich, von hier aus be=
friedigt. Dies will aber nicht viel sagen, wenn man bedenkt,
daß mit Ausnahme der letzten anno 1846 stattgehabten Ein=
wanderung die weiße Einwohnerzahl von Sacramento samt der
von San Juaquin wohl nicht über 60 Männer betrug. Freilich
wurde durch die am Mühlenbau beschaftigten Arbeiter diese Zahl
vielleicht verdoppelt und das Verkehrsleben wurde dadurch reger.

Wie schon oben bemerkt, war Sutter ein Freund von geisti=
gen Getränken.

Ich glaube, es sei in der zweiten Woche meines Aufent=
haltes in Sutters=Fort gewesen, als ich ihn eines Tages ver=
schiedene schwankende Bewegungen machen sah, welche mich über
seinen Zustand nicht mehr im Zweifel ließen; aber ich glaubte,
daß dies nur ausnahmsweise vorkomme und aus Rücksicht für

seine Stellung, sein Alter und als Landsmann erachtete ich es als meine Pflicht, ihn in diesem Zustand den Augen der Öffentlichkeit zu entziehen. Ich faßte ihn daher unter dem einen Arm und sagte, es sei besser für ihn, wenn er ein wenig der Ruhe pflege. In seinem Zimmer entledigte ich ihn seiner äußern Kleidung und legte ihn in sein Bett. Leider ging es nur kurze Zeit, so kam Ähnliches wieder vor und ich wußte also, daß das zu viele Trinken ihm bereits zur Gewohnheit geworden war. Wenige Tage nachher wurden für den Mittagstisch zu wenig Teller aufgetragen und als ich deshalb reklamirte, vernahm ich, daß Sutter das ganze Tischgedeck in der Trunkenheit zertrümmert habe. Leider kamen auch noch andere Unrühmlichkeiten aller Art zum Vorschein, über die ich aus Pietät für sein Andenken und aus Rücksicht auf das sittliche Gefühl des Lesers stillschweigend hinweggehen will. Diese Entdeckungen waren mir um so schmerzlicher, als Sutter auf jedermann, der ihn zum ersten Mal sah, einen sehr guten, einnehmenden Eindruck machen mußte.

Leider lieh er sein Ohr auch Schmeichlern, die seine Hauptschwächen kannten und daraus ihren Vorteil zogen und man darf sich also nicht wundern, wenn er auch ökonomisch rasch stark rückwärts kam, was wir später noch sehen werden.*)

Die Art und Weise, wie bei Sutters-Fort der Weizen gedroschen wurde, war für mich wieder neu, wenn er auch der bei Highland üblichen etwas ähnelte; denn anstatt daß man sich dort auf die Pferde setzte und im Kreise herum über das Getreide ritt, wurde hier eine Anzahl wilder Pferde herbeigeholt und innerhalb eine etwas vom Getreidestock entfernte, hohe Einzäunung getrieben, wo man vorher schon eine dicke Lage der Fruchtgarben auf den harten Grund gelegt hatte. Auf dem Fruchtstock oder Fruchthaufen hatten schon vorher einige mit Stöcken bewaffnete Indianer Platz genommen und rings um den äußern Kreis stellten sich ebenfalls einige auf. Dann wurden die verwilderten

---

*) Das Manuskript enthält — weil es ja nur für die Hinterlassenen bestimmt war — detaillirte Angaben haarsträubender Einzelheiten, die hier weggelassen sind.　　　　　　　　　　　　Der Herausgeber.

Tiere unter dem ebenfalls wilden Geschrei der Indianer in schnellen Lauf gebracht und erschreckt, so daß sie wie rasend davonrannten, bis die Körner aus dem Stroh hinausgeworfen waren. Nun wurde das Stroh entfernt und frische Garben hingelegt, worauf die wilde Jagd wieder auf's Neue begann Zeigten die Pferde endlich Ermüdung, so wurden frische geholt. Die Reinigung der Frucht geschah wie überall durch Windmühlen.

Da viel Fleisch verbraucht wurde, so ließ Sutter miteinander etwa 30 schöne Ochsen kommen, die er in Sinclairs gekauft hatte und in die Corals treiben ließ. Es waren alles wilde Tiere, die aus freien Weidgründen geholt und durch die Vaquero's noch wilder gemacht waren. Kein Mensch durfte sich zu Fuß zwischen sie hineinwagen, denn sie würden ihn augenblicklich getötet haben. Der Coral war in der Mitte durch eine Adobemauer von Osten nach Westen zuerst in zwei Teile geteilt und die eine Hälfte ebenfalls nochmals quer durch eine gleiche Mauer, jedoch mit Verbindungsöffnungen, die man schließen konnte. Da man zwei Stück von den dreißig schlachten wollte, so war es die Aufgabe der Vaquero's, diese einzufangen oder einfach umzubringen und zu diesem Zweck trat einer derselben mit einer Buchse hinein, um sie zu schießen. Je ein Schuß in die Stirne brachte die Getroffenen augenblicklich zu Fall, aber die andern nahestehenden Tiere wurden durch den Knall so aufgeregt und wild, daß sie ihre Wut und Rache unter schrecklichem Gebrüll an ihren geschossenen Kameraden ausließen. Diese wurden von ihnen von allen Seiten gehörnt und hin und her gewälzt, bis einige berittene Vaquero's mit Lasso's versehen mit Upah Upahrufen und Lassoschwingen sie von den getöteten Tieren wegschrecken konnten. Die letzteren wurden mit Lasso's, die an den Hörnern angebunden waren, an den Sattelknöpfen festgemacht und so mit den Pferden aus dem Bereich der andern Tiere weggezogen, wo man sie dann ungehindert aufschlitzen und ihr Fleisch zerteilen konnte.

Ich war mit einem Indianer auf der cirka 6 Fuß hohen Adobemauer gestanden, um dem wilden Treiben der wütenden

Tiere zuzuschauen, denn hier hielten wir uns vor ihnen ganz
sicher. Ein sehr wilder Ochse schien sich hierüber besonders zu
ärgern, denn er schüttelte seinen Kopf mit den langen Hörnern,
peitschte sich mit dem Schweif die Flanken, stampfte, öffnete
grinsend sein Maul und machte so rachsüchtige Augen, als ob er
uns durchbohren wollte. Diese drohenden Geberden hatten uns
belustigt, denn wir wähnten uns absolut sicher in unserer Position und der Indianer suchte ihn noch zu reizen. Da kam das
wütende Tier gegen die Mauer gerannt und stieß mit Kopf und
Hörnern so an dieselbe, gerade vor und unter uns, daß wir
im Schrecken beinahe auf dessen Kopf gefallen wären und
es vor Angst kaum fertig brachten, wieder auf guten Grund
außerhalb des Corals zu gelangen. Das gräßlichste in dieser
Art hatte ich einmal mitangesehen und will dies bei dieser Gelegenheit noch erzählen. Man hatte unter andern Ochsen einen
sogenannten Stog d. h. ein erst als erwachsen verschnittenes Tier
gebracht, welches man an einem Morgen schlachten wollte. Die
Vaqueros beim Fort hatten in der Regel magere, geschwächte Pferde
und halb verfaulte Lasso's, und so war es auch bei dieser Gelegenheit,
wie man konstatieren konnte. Drei Vaqueros versuchten es, diesen
alten Sünder von einem Exbull mit ihren morschen Lasso's zu
fangen. Zwei Schlingen waren ihm bereits über seine dicken, kurzen
Hörner geworfen, wodurch das Tier am Fortlaufen verhindert
war, allein die Pferde waren viel zu schwach ihn nachzuschleppen.
Da wurde er auf einmal ganz rasend, zerriß die beiden Lasso's,
als ob sie nur Bindfaden wären, stürzte sich auf eines der
Pferde, riß diesem den Leib so auf, daß dessen Eingeweide
heraus bis auf den Boden hingen und zwar derart, daß das
Pferd mit seinen eigenen Hinterfüßen auf diese trat und sie zerriß. Als ein anderer Vaqueros versuchte, den Ochsen an seiner
Mordarbeit zu verhindern, wandte er sich plötzlich gegen ihn
und hob das Pferd am Hinterkörper so schnell in die Höhe, daß
der Reiter vorn über dasselbe hinunterstürzte, aber schnell entfliehen konnte. Das reiterlose Pferd machte sich schnell aus
dem Wege des wütenden Stier's, der sich jetzt auf das dritte

stürzte und es in die Flucht jagte. Als der Stoß sich plötzlich
frei fand, rannte er fort und einem Teiche zu, in dessen
Schlamm er stecken blieb, so daß man dann seiner Meister
werden konnte. Ähnliche Scenen gab es mitunter.

XVIII.

Urfachen von Sutters ökonomifcher Bedrängnis. Die Entdeckung des Goldes.

————

Ich kehre zu meinem Rechnungsverhältnis mit Sutter zurück.
Die Ruffen hatten von der Mexikaner Regierung die Erlaubnis
erhalten, an der Podega Bay eine kleine Station zu erbauen,
wo fie den Seeotter= und Robbenfang betreiben wollten. Sie hatten
dort ein kleines Fort angelegt, welches man Podega=Fort hieß,
kauften fich auch viel wildes Vieh, das fich stark vermehrte, so
daß fie bald große Heerden hatten. Als die Mexikaner dann zu
furchten begannen, daß fich die Ruffen in Californien förmlich
festfetzen wollten, so wurden die letzteren gezwungen, diefen Platz
zu verlaffen und fie mußten fomit ihr Vieh verkaufen. Sutter
wurde nun Käufer, konnte aber ebenfo wenig bar bezahlen,
als die eingegangenen Konditionen halten, so daß er immer tiefer
hineinkam und fchließlich den Ruffen feine fämtlichen Ländereien
als Pfand einfetzen mußte. Auch von einem californifchen Farmer
foll er damals viel Vieh erworben haben und fchuldig geblieben
fein, denn er kaufte immer, wenn er auch zum voraus mußte,
daß er nicht bezahlen konnte. Mit den Worten: „In einem neuen
Land kann man nicht alles fo genau halten, wie man möchte",
entfchuldigte er fich fo lange es ging, um fich die Kreditoren vom
Hals zu halten. Zum Glück für ihn kam dann die Goldent=
deckung, da er fich fonst nicht mehr zu halten vermocht hätte.
Es war im Dezember 1847, als ich endlich ernstlich auf Ab=
rechnung und Zahlung drang und entfchloffen war, ihm irgend
etwas abzukaufen, was ich nachher verwerten könnte, wenn ich
nicht bares Geld bekommen würde. Nun hatte Sutter auf feiner

Haekfarm seinen Sandwichinsel=Freund Canace Harry als Ver=
walter, dem er ja seine frühere Favorita Mannawitti als Frau
überlassen hatte, woraus man hätte schließen können, daß dieser
auch so viel Vertrauen bei Sutter genießen würde, um mit mir
einen Handel über eine Anzahl Pferde abzuschließen. Offenbar,
um mich zu betrügen — denn der Preis für die schönsten
Pferde war schon ausgemacht — mußte der falsche Kiburz mit=
kommen und ich bekam anstatt guter Pferde schlechte, denn
Harry kannte ja die Eigenschaften eines jeden Pferdes genügend.
Ich hatte nämlich gerade damals den Auftrag, anstatt Sutter,
der von der Regierung zum Indianer=Agenten ernannt war, eine
Volkszählung bei den Indianerstämmen vorzunehmen und konnte
deshalb nicht bei der Auswahl der Pferde zugegen sein.

Bei dieser Volkszählung überzeugte ich mich, beiläufig gesagt,
daß die Einwohnerzahl bedeutend zurückgegangen sein mußte,
denn ich kam zu mehreren ganz verlassenen Ortschaften und traf
in einigen Dörfern oder Lagerplätzen sehr viel menschliche Knochen
auf dem Boden zerstreut liegen.

Nachdem ich nach Sutters=Fort zurückgekehrt war, ver=
folgte ich wieder meinen Plan, fortzugehen, was ich vor Sutter
nicht geheim hielt und was ihm sichtlich sehr unangenehm war.
Es gelang ihm dann, mich nochmals zu binden, indem er mir
vorschlug, gemeinsam mit ihm an einem sehr günstigen Platz
eine Gärtnerei, Gemüse= wie Obstbau, einzurichten und mir die
selbständige Leitung zu überlassen Alle Bedingungen waren aus=
gezeichnet günstig und wir verschrieben alles ganz genau. Vorher
mußte ich aber meinen gekauften Viehstand, namentlich die auf
der Haekfarm geholten Pferde wieder verkaufen, was dann in
der Weise möglich war, daß ich von Sutter für diese Pferde und
meine restirende Forderung ein schönes Stück Land kaufte und
mit ihm verrechnete. Dann ging es an die Anlegung des ge=
meinschaftlichen Gartens, wo ich nun täglich mit großer Lust
arbeitete und wozu ich mir die besten Arbeiter, die ich ja alle
kannte, als Gehülfen auswählte.

Durch Vermittlung eines Bekannten konnte ich mir Setzlinge

und Schnittlinge von Reben, Feigen, Oliven, Quitten, sowie
junge Bäumchen von Pfirsich, Aprikosen, Mandeln, Zwetschgen,
diversen Pflaumen, Nektarinen, Äpfeln und Birnen zur Genüge
verschaffen und rasch mußte alles eingepflanzt sein. Da ich exakt
war, während die Indianer meinten, die Bäume können wachsen,
ob sie in gerader oder krummer Linie gepflanzt seien, so hatte
ich große Mühe mit diesen Menschen, von denen nur einer sich
die Sache angelegen sein ließ, nämlich ein junger Berg=Indianer
mit Namen Könnöck, dessen Onkel Häuptling war Um dessen
Anhänglichkeit zu gewinnen und seiner Eitelkeit und Lernbegierde
etwas zu schmeicheln, erklärte ich ihn in Anwesenheit seiner Ge=
fährten als meinen Majordomo, der in meiner Abwesenheit für
mich zu befehlen habe.

Da das Wetter meine Arbeit begünstigte, so sah in kurzer
Zeit die neue Anlage einem schön kultivirten Garten gleich, was
mir, ehrlich gestanden, ein bischen schmeichelte oder mich eitel
machte, besonders da man in einer der ersten englischen Zeitungen
von San Franzisco rühmlich von diesem Garten sprach. Letzteres
hatte ich jedenfalls dem Capitain Hasting zu verdanken, der mich
einmal besuchte und alles schon so schön fand Zu dieser Zeit
kam ich immer viel nach Sutters=Fort, um dort mangelnde Ge=
räte 2c. zu holen. Bei einem solchen Anlaß that Sutter sehr ge=
heimnisvoll, aber ich drang nicht in ihn, obwohl es mir schien,
er würde mir gerne etwas mitteilen. Natürlich hatte ich gar
keine Ahnung davon, daß dieses Geheimnis nichts geringeres sei,
als die epochemachende Entdeckung des Goldes,
welcher Californien seine wunderbar rasche Kultur=
entwicklung zu verdanken hat.

Ich hatte zwar schon einige Zeit vorher von einem Fuhr=
mann beim Bau von Sutters Sägemühle gehört, daß er dort
Gold gefunden habe, aber man glaubte es ihm nicht, weil er
als Aufschneider bekannt war. Dieser Mann war ein Solothurner,
namens Wittmer und auch bei meinem Besuch in Sutters=Fort
zugegen. Er behauptete, daß so viel Gold vorhanden sei, daß ein
Mann in einem Tag ein Quart sammeln könne. Man lachte ihm

natürlich ins Gesicht und bezeichnete seine Aussage als eine freche Lüge, was er aber nicht zürnte, denn er wußte, daß ihm niemand etwas glaubte. Ich trat zu der Gruppe und nannte ihn einen dummen Kerl, daß er nicht einen Tag Gold gesucht und gerade ein Quart mitgebracht habe, da er ja in einem ganzen Jahr bei Sutter als Fuhrmann nicht soviel verdiene. Er reduzierte dann bald das Quart auf einen Eßlöffel voll. Alles lachte und ich schämte mich für ihn als dessen Landsmann, weil er ein so unverbesserlicher Gewohnheitslügner war.

„Wenn Du Gold entdeckt hast so wirst Du doch gewiß etwas davon in die Tasche gesteckt haben, laß einmal sehen", sagte ich. Nun griff Wittmer in die Tasche, nahm einen beschmutzten Fetzen Leinwand heraus und wickelte diesen Lumpen auf. Er hatte wirklich etwa 20 gelbe Körnchen, von denen die größten etwa so groß wie ein Stecknadelknopf waren. Wir wurden stutzig und ich schlug vor, er solle das größte Körnchen davon nehmen und dem Schmied Trisield bringen, damit er es erhitze und dann hämmere. Alle waren damit einverstanden und der Schmied reinigte einen Blechlöffel und machte in demselben das Körnchen weißglühend, worauf er es auf den Ambos brachte und zu einem ganz dünnen Blättchen hämmern konnte. Mit vielem Interesse — nein, es war mehr als dies — mit Spannung und Herzklopfen sahen wir dieser Probe zu und fanden einstimmig, daß es Gold sein müsse. Anwesend waren nebst Wittmer und mir und dem Schmied auch Hudson, der Wagner, John Muot, der lustige Schneider, welcher jetzt Aufseherstelle bei Sutter vertrat, und Charles Burch. Die lautlose Stille der Beobachtung machte plötzlich einem lauten, wilden Jubelruf Platz. Die eben noch so ruhig gewesenen Männer wurden auf einmal wie wahnsinnig, man jauchzte, schrie, pfiff, sang, jodelte wie toll. Der kleine John Muot machte komische Sprünge, wie eine Katze auf der Baldrianwurzel und der Ruf: Gold, Gold erschallte durch das ganze Fort. Obschon auch ich mich freute, lachte und mit einstimmte, so glaube ich doch der ruhigste gewesen zu sein. Ich erinnerte mich sofort an meine angenehme Beschäftigung und meine Gartenliebhaberei und war der erste, der die Schmiede verließ. Sutter trat infolge des Lärms auf die Brücke heraus und rief mir zu, daß ich hineinkommen solle, denn wie es scheine, so sei sein Geheimnis entdeckt! „Wir werden nun alle reich werden und daraufhin wollen wir eine Flasche Wein nehmen." Mit diesen Worten nahm er aus dem Schrank eine Flasche Rotwein und füllte damit drei Gläser, die wir nebst Mr Rodel, einem Badenser, auf's gut Glück erhoben und leerten. Ein ganz eigentümliches Gefühl kam über uns alle, denn die Überraschung kam zu schnell und unerwartet. Trifield, der Schmied, und Hudson, der Wagner, hielten es nicht mehr lange im Fort aus, sie wollten sich selber von der Richtigkeit des Ereignisses überzeugen Sie versahen sich mit genug Lebensmitteln, um daraus ein paar Tage leben zu können, nahmen Pickel, Schaufel, einen Kochsapparat, zwei Blechbuchsen, auch ein paar wollene Decken mit und begaben sich als erste Pioniere im Goldsuchen nach Coleria, wie der Platz, wo die Sägemühle erbaut wurde, später hieß. Das Gold wurde aber dort nicht, wie mein Landsmann Wittmer behauptete, durch ihn entdeckt, auch nicht durch Sutter, sondern von einem schlichten Tabak kauenden Hinterwäldner namens Marshall, der mit Sutter Teilhaber an der Mühle war, und einem Angestellten namens Weimer oder Weemer, einem Amerikaner, der eine Frau und viele Kinder bei sich hatte Es war derselbe, der mit uns beim Abgang unseres Emigrantenzuges 24 Meilen außerhalb Independence von der Indian Creek am 12. Mai 1846 die Landreise über die Ebenen und das Felsengebirge angetreten hatte. Da Weimer viele Kinder hatte, wovon noch mehrere klein waren, blieb das Geheimnis der Goldsentdeckung eben nur so lange unbekannt, so lange niemand dorthin kam, denn als Wittmer mit seinen Fuhrleuten den Platz kannte, war alles verraten und er suchte als der Entdecker zu gelten. Die wirkliche Entdeckung verdankte man übrigens einem Zufall, indem niemand eine Ahnung von einem möglichen Vorhandensein dieses nervus rerum aller irdischen Glückseligkeit hatte.

Die Sägemühle stand am Südarm des Americanflusses, wo derselbe durch ein enges Thälchen zwischen Bergen und Hügeln fließt und eine starke Biegung nach rechts macht. Für den Kanal= bau durchschnitt man die Biegung, um genügend Gefäll zu be= kommen und nachdem er ausgegraben war und man zur Probe das Waffer durchströmen ließ und dann wieder abstellte, um quer eine Schleuße anzubringen, so entdeckte man im Kies oder Sand einzelne gelbglänzende Körnchen, die man aufhob, weil sie an der Sonne goldähnlich glänzten. Marshall und Weemer waren die ersten, welche diese Beobachtung machten, als sie zu= sammen durch das Kanalbett gingen, nachdem das Waffer wieder abgelaufen war. Von diesen Körnchen hatte man dann eine An= zahl durch Sutter nach Montherey gesandt, um sie dort unter= suchen zu laffen, aber ehe der Bericht zurückgekommen war, hatten wir die Probe in der Schmiede von Sutters=Fort gemacht und es verbreitete sich das Goldfieber rascher, als jede epidemische Krankheit. Schmied Trifield und Hudson blieben oben, bis sie ihre Lebensmittel aufgebraucht hatten und gingen dann nur nach Sutters=Fort zurück, um sich für eine neue Expedition ein= zurichten. Einige junge Mormonen, welche an der Getreidemühle arbeiteten und sich Trifield und Hudson beigesellten, waren dann die ersten wirklichen Ausbeuter oder Goldwascher und jene Stelle erhielt deshalb den Namen Mormon Island, welcher bisher bei= behalten worden ist.

Es waren nur wenige Wochen vergangen, als man allerlei Nachrichten vom Goldreichtum erhielt, die aufregend auf das Gemüt jedes gewöhnlichen und ruhigen Menschen wirken mußten, man sprach von Hunderten von Dollars, welche ein einzelner in einem Tage herausgewaschen habe. Sutters bereits fertige Ge= treidemühle wurde bald von sämtlichen Arbeitern verlaffen, welche Mormon Island zueilten, was nicht weit davon lag, denn Mars= hall und Sutter gestatteten natürlich das Ausbeuten nicht auf dem Grunde der Getreidemühle, was aber ziemlich gleichgültig war, da man überall in der Nähe Gold fand und bloß Waffer zum Auswaschen haben mußte, woran ja auch kein Mangel war

XIX.

Ich werde Goldwäscher. Meine Erlebnisse in den Minen. Korruption in jeder Richtung.

———

Alles geriet in Aufregung und die frühere Ruhe war gänzlich gewichen. Es kam einem vor, als ob das ganze Volk den Verstand verloren hätte. Man glaubte zu träumen, so daß man sich die Stirne rieb und oft fragen mußte: „Ist dies alles Wahrheit, Realität, was sich vor unsern Augen abspielt, oder ist es nur Trug und Phantasiegebilde? Wohl aus diesem Grunde wollten Viele die Ächtheit des Goldes bezweifeln, da es fast unglaublich schien, daß man Gold mit solcher Leichtigkeit aus dem Flußkiesel herauswaschen könne. Trotzdem kamen aber immer mehr Leute von allen Seiten her, um ihr Glück in den Minen zu versuchen. Um zu beweisen, wie der Gedanke an die Goldgewinnung jeden andern in den Hintergrund drängte, will ich nur einiges anführen.

Als in San Francisco bekannt wurde, daß man Goldminen entdeckt habe, welche so reichhaltig seien, liefen die Seeleute von ihren Schiffen fort und da die Capitaine für den Dienst niemanden mehr bekommen konnten, so gab es für sie auch nichts besseres, als dem Beispiel ihrer entlaufenen Matrosen zu folgen. Wer irgend eine Beschäftigung hatte, der hängte sie an den Nagel und eilte mit Pickel und Schaufel oder in Ermangelung derer auch bloß mit irgend einem Eisenstab oder Kratzer und einer Kochpfanne den Minen zu

So erzählte man von einem Schneider in San Franzisco, welcher ein Paar Hosen in Arbeit hatte, aber nebenbei seine Gedanken in die Goldminen wandern ließ, daß er nicht mehr

wußte, was denn eigentlich noch an den Hosen fehle, bis sein
Kunde gekommen sei und reklamirt habe. Als dieser Mann
dem Schneider wieder von neu eingetroffenen, günstigen Berichten
erzählte, sei der Schneider so in Aufregung gekommen, daß er
die Hosen einfach fortgeworfen habe und sie nicht mehr zur Hand
nehmen wollte, bis der Kunde ihm 8 Dollars Arbeitslohn bezahlte. Sogar die Herren Pfarrer hatten alle Ruhe verloren und
ihre Schäflein dem Schicksal überlassen, um sich ein wenig mit
dem goldenen Kalb abzugeben. Mr. Sinclaire hatte ein Feld von
200 Acres Weizen, welches geerntet sein sollte, aber er ließ ihn
stehen und nahm die Indianer, die ihn hätten einsammeln helfen
sollen, mit in die Goldminen und bald hieß es, er könne das
Gold mit dem Bushel messen. Als Sutter es nicht über sich
bringen konnte, seine Ernte ebenfalls stehen zu lassen und diese
noch mit großen Kosten einsammelte, die Frucht an große
Haufen setzte und mit einem Zaun umgab, da trieben es die
Goldgräber so weit, daß sie für ihre hungrigen Pferde und
Maultiere diese Vorräte angriffen und nach und nach förmlich
raubten. Ich erinnere mich, wie zwei Männer hergeritten kamen,
nach dem Weg in die Minen fragten, und dann wie wahnsinnig den Pferden die Sporen in die Flanken setzten, so daß die
armen Tiere beinahe zusammenbrachen und die aufgebundenen
Habseligkeiten: Schüsseln, Schaufeln, Pfannen den Takt klapperten.
Am tollsten geberdeten sich Viele im Rückweg von den Minen,
also im Heimweg, denn sie hatten nun Geld zum Trinken und
berauschten sich schon auf dem Weg, so daß sie schrieen, brüllten,
sangen und fluchten. Sie verlangten meistens etwas Starkes und
tranken davon viel. Schnapsflaschen fand man überall leer umher-
liegen, auf den Straßen, vor und hinter den Häusern, in Bächen
und Flüssen. Innerhalb des Forts gab es bald ganze Haufen
derselben, denn dasselbe war für den Augenblick der Sammelplatz
aller nach den Minen Gehenden und von dort Kommenden. Es
war auch der Platz für diejenigen, welche mit Hunderten und
Tausenden von Dollars in Gold von den Bergen kamen und
meinten, sich für erlittene Entbehrungen und Mühsale hier ent-

schädigen zu müssen, ein tüchtiger Suff in Spirituosen, gleich=
gültig ob French oder Brandy, schien ihnen das Geeignetste für
diesen Zweck zu sein. Der Aufenthalt im Fort, welcher früher
bloß reges Leben bot, wurde zum Tummelplatz wüsten, wilden
Treibens und allerlei unflätige Auftritte waren fast täglich zu
erleben.

Spiel, Betrug, Raub, Sauferei und selbst Mord schien bald
zur Tagesordnung im Fort zu werden, von Gesetz und Ordnung
blieb kaum noch ein Schatten übrig. Viele der ersten Goldgräber
waren entlaufene Matrosen, Soldaten oder Vagabunden, welche
früher vielleicht nie 100 Dollars zu eigen hatten, daher schien
ihnen ihr Reichtum, wenn sie mehrere Hundert oder gar Tausend
Dollars besaßen, fast unerschöpflich. Nicht selten kam es vor, daß
diese Subjekte anstatt ihrem Geld bloß einen moralischen oder
physischen Katzenjammer hatten, indem das Gold ihnen gestohlen
wurde, wenn sie im Rausch besinnungslos in irgend einer Ecke
lagen.

Als ich einst in das Fort kam, bemerkte ich einen betrunkenen,
großen Mann von etlichen vierzig Jahren. Er stürzte wiederholt
zu Boden, von wo er sich nur mühsam wieder erheben konnte
Da in einem Zimmer, dessen Thüre offen stand, die Tafel schon
gedeckt war, taumelte er hinein und stieß an den Tisch, weshalb
er von ein paar Männern gepackt und in den Hofraum ge=
worfen wurde, wo er in Schmutz und Kot liegen blieb. Ein
anderer älterer, aber weniger betrunkener Mann, den man
hierauf aufmerksam machte, meinte: „So, ist der alte Narr
wirklich schon betrunken und hat doch erst 25 Drinks genommen?
„Da schaut einmal mich an, ich bin doch der ältere und habe
35 mal Branntwein getrunken und ich bin doch noch ein ganzer
Mann; auch werde ich nicht damit aufhören, bis ich 50 Drinks
genommen habe und selbst dann werde ich noch ein Mann sein,
aber dieser da ist ein Freund von mir, ich werde mich seiner
annehmen müssen." Er ging dann dem im Schmutz Schnarchenden
entgegen, gab ihm einige Tritte, indem er laut rief: Say here,
old fellow, what are you doing here? Get up fool! you!

Er schüttelte ihn dann, zog seinen eigenen Pantoffel aus und schlug ihm mit demselben einige Male derb uber das Gesicht. Der Mann im Kot stöhnte und grunzte, vermochte sich aber kaum zu erheben. Sein Freund aber schimpfte und schwatzte dazu auf englisch dummes Zeug, das ich nicht gut ins Deutsche übersetzen kann. Ein Zuber oder Bütte frisches Wasser wurde herbeigebracht und der gute Freund damit übergossen, namentlich das Gesicht so reichlich, daß er fast erstickte. Auch zwischen Rockkragen und Nacken wurde aus einem zweiten Bucket die Hälfte gegossen und mit dem Rest der ganze Mensch abgespült, bis man ihn mit Hülfe eines Dritten auf die Beine brachte. Triumphirenden Blickes drehte der Wasser= doktor sich gegen die Zuschauer und war stolz auf seine Hand= lungsweise. Das Wasser und die Schläge mögen vielleicht etwas dazu beigetragen haben, daß der Betrunkene wenigstens wieder stehen konnte. Jedenfalls mußte man dem 35 Drinks=Mann zu= gestehen, daß er das Erfrischungswerk an seinem Freunde voll= kommen verstanden und richtig ausgeführt habe. Ähnliche Auftritte kamen häufig vor und wirklich nüchterne Männer gab es sehr wenige. Es war in der That ein Leben und Treiben, wie man es sich nicht gemeiner und ekelhafter denken könnte und ich kehre daher gerne zu meiner Gartenarbeit zurück, nur muß ich noch bemerken, daß das Gold schon am 19. Januar (also an meinem 26 Geburtstag) von Marshall und Weemer entdeckt, aber erst am 8. Februar von Wittmer bekannt gemacht wurde. Auffallend ist, daß die Mormonen erst nach der Goldentdeckung sich zur Reise an die Salzsee'n vorbereiteten, ohne Zweifel ging es ihnen wie mir· Sie bekamen Ekel an einem Leben, wie es in Sutters= Fort zu Tage trat.

Im Garten hatte alles ein gutes Aussehen, obschon im April und Mai die Witterung etwas kuhl war. Meine Melonen, von welchen ich verschiedene Sorten hatte, meine Gurken und Tomaten, von welchen ich wohl ein Acre besaß, mein Mais und auch die Kartoffeln, alles war vielversprechend. Wenn das Gold nicht entdeckt worden wäre, mochte ich mich ganz zufrieden ge= fühlt haben, allein bei den täglich eingetroffenen Nachrichten aus den Minen daß dieſer oder jener ſo und ſo viel hundert Dollars Gold geſammelt habe, ließen einem keine Ruhe mehr. Mir war es oft, als ob man mich an den Haaren nach den Minen zöge

Als einmal die Nachricht kam, daß ein einzelner Mann in einem Tag bis 60 Dollars waſchen könne, ſo war es mit meiner Geduld vollkommen zu Ende Ich ging zu Sutter und ſagte ihm, daß ich es nicht mehr länger im Garten aushalten könne und entſchloſſen ſei, denſelben zu verlaſſen und in die Minen zu gehen. Meinen Anteil am Garten hätte ich ihm gerne verkauft, aber er wollte nichts davon wiſſen Das nötige Arbeitsgeſchirr hatte ich bereit, um am Morgen rechtzeitig nach den Minen aufbrechen zu können Es war meine Abſicht, nur dann dort zu bleiben, wenn ich wirklich einen ergiebigen Platz finden ſollte, ſonſt würde ich lieber wieder zurückkehren, damit meine Gartenarbeit nicht ver= nachläßigt werde. Während ich mich mit derartigen Gedanken beſchäftigte, machte ich einen Rundgang durch die verſchiedenen Gartenwege, beſah mir die Pflanzen mehr als gewöhnlich. Es war mir ſchon, als ob ich ſie ferner nicht mehr ſehen ſollte und es bemächtigte ſich meiner eine Art Heimweh, denn alle waren mir ſo ſchön gediehen, weil ich es auch nicht an Pflege fehlen ließ. Wie werden ſie aber in acht oder vierzehn Tagen ausſehen, wenn ſie aller Pflege entbehren müſſen? Ich war voll Wider= ſpruchs Sollte ich jetzt, nachdem die Hauptarbeit gethan war, meine Schöpfung verlaſſen, um in den wilden Bergen nach Gold zu ſuchen? Je mehr ich mich mit dieſen Gedanken beſchäftigte, deſto unentſchloſſener wurde ich, bis ich endlich den Gedanken an die Goldminen wieder aufgab, denn ich beſorgte, mich nicht recht glücklich fühlen zu können, wenn ich dieſen Platz verließe. Da mir Sutter verſprochen hatte, daß ich meine Minengeräte vermittelſt eines nach der Sägemühle fahrenden Fuhrwerkes mit= nehmen laſſen könne, welches am nächſten Morgen abgehen ſollte, ſo hielt ich es für meine Pflicht, ihm meinen Entſchluß, daß ich bleiben wolle, ungeſäumt mitzuteilen. Er war erfreut und ſuchte mir Mut einzuflößen und ich war in einer Art froh, als ich zum Garten zurückkam Charles Cleaveland, der Wahrſager in

Cordua, war schon bei mir gewesen und hatte mir zugeredet, den Garten zu verlassen, als er aber selbst Handel mit den Indianern treiben wollte, hatte er gemeint, ich solle mit ihm als Teilnehmer eintreten. Hätte ich genug Geld gehabt, um eben so viel wie er ins Geschäft zu bringen, so würde ich wahrscheinlich auf den Vorschlag eingegangen sein, allein das konnte ich nicht und darum wollte ich lieber bleiben.

Bis am 20 Mai waren meine Kartoffeln bereits am Bluhen und das Korn hatte eine Höhe von 3—4 Fuß erreicht

Als ich an jenem Morgen erwachte, kam mir die Luft viel kühler vor als sonst. Ich sprang schnell aus meiner Hutte ins Freie, aber wie fühlte ich? — Das Gras war ganz steif gefroren, meine Hoffnungen waren mit einem Schlag wie vernichtet. Am 21. Mai noch solcher Frost und dieses in Californien, in einem Land, welches halb tropisch sein sollte. Nun, dachte ich, jetzt ist es aus mit der Gärtnerei. O, hätte ich diesen Platz doch schon vor der Goldentdeckung verlassen! Nachdem die Sonne aufgegangen war, lief ich im Garten herum und fand alle Melonen und Kürbisse, Tomaten, Bohnen ꝛc. vollkommen tot und schwarz. Die Kartoffeln, welche am Tag vorher so prachtig bluhten, waren bis auf einen halben Fuß vom Grund erfroren Das Korn bestand noch aus fußhohen Stummeln. Die Reben, welche bereits Trauben hatten mit Beeren so groß wie Schrotkörner, ließen diese herabhängen. Nur die Zwiebeln, Kraut- und Rübensorten schienen nicht beschädigt zu sein Nach dem Frühstück marschirte ich dem Fort zu, um Sutter die Hiobspost zu bringen und nun erklärte ich ihm, daß ich nicht mehr bei der Gärtnerei bleiben und nichts verdienen könne, während sonst jedermann reich werde. Ich anerbot ihm die Abtretung meines Anteils am Garten, aber er wollte nichts davon wissen. Endlich schlug ich ihm vor, daß ich noch neun Monate — von der Übernahme des Gartens an gerechnet — als Angestellter resp. Gärtner bei ihm bleiben und für alles besorgt sein wolle, wie wenn ich Anteilhaber wäre, dagegen solle er mir 900 Dollars bezahlen, was für die damaligen Verhältnisse ein sehr geringer Verdienst ſei. Sutter war ſofort einverſtanden und die Übereinkunft wurde ſchriftlich abgefaßt. Nun wußte ich doch, daß, ob es friere oder nicht, mir Sutter dieſe Summe ausbezahlen mußte und auch zahlen könne, indem durch die Goldentdeckung ſein rieſiger Grundbeſitz ungeheuer im Wert ſteigen mußte

Ich begab mich viel froheren Mutes zu meiner Arbeit zu= rück, legte friſche Samen ein 2c, kurz that alles, um den Schaden möglichſt bald wieder gut zu machen. Schon am fünften Tag waren die Samen von den Rankengewächſen wieder auf= gegangen, allein es gab noch drei kalte Nächte, ſo daß auch dieſe zum zweiten Mal eingelegten Samen radikal zerſtört waren. Zum Glück hatte ich noch genügenden Vorrat, um zum dritten Mal nachzuſetzen und anzuſäen. Das Wetter änderte ſich und ſchon anfangs Juni trieb alles auf's Neue und es war das Wachstum ſtaunenswert, beinahe wie in einem Treibhaus.

Sutter kümmerte ſich um meine Arbeit und das Reſultat derſelben ſo wenig, daß ich wiederholt an ihn ſchreiben mußte, beſonders weil er mir auch die verſprochenen Gartengerätſchaften nicht verabfolgen ließ. Aber meine brieflichen Reklamationen ſchienen ihm wenig Eindruck zu machen. Ich begab mich daher perſönlich ins Fort und ſtieg ihm auf die Bude Trotz meiner Beſchwerden, daß er auch den ſchriftlichen Vertrag nicht halte, blieb Sutter gelaſſen und voll von Höflichkeit und Güte. Kommen Sie und ſuchen Sie das ganze Fort aus, Sie wiſſen ja am beſten, wo alles iſt, nehmen Sie davon, was Sie brauchen. Sie wiſſen ja, daß wir uns in einem neuen Land befinden, wo man nicht alles ſo haben kann, wie man es ſich wünſcht 2c. Dies hatte er in ſo väterlicher Weiſe geſprochen und mich überhaupt ſo freundlich zu beruhigen gewußt, daß mein ganzer Groll, mit welchem ich gekommen war, ſich legte und ich ihn wieder gern haben mußte. Ich kehrte alſo wieder zu meiner Arbeit zurück, immer wieder das beſſere hoffend. Als ich mich einmal etwas länger im Fort aufgehalten hatte, weil mein Freund Huggenberger zufällig dort war, ſo hörte ich plötzlich von der nördlichen Fallthüre her meinen Namen rufen. Meine ſämtlichen jungen Indianer waren

da und trugen ihre Kleider bei sich, als ob sie alle davonlaufen
wollten. Sie kamen aber bloß, um mir zu sagen, daß, als sie
meine Pferde in den Coral hätten treiben wollen, zwei Männer
aus dem Waldsaum heraus über den Köhlerplatz gekommen
seien und zwar mit Büchsen bewaffnet, von denen der eine auf
sie gezielt, während der andere die Pferde in den Wald
hineingetrieben habe. Sofort machte ich im Fort hievon Anzeige
und bat um Waffen, weil ich keine solchen bei mir hatte. Ein
anwesender Deutscher, Herr Dr. Haimann, anerbot sich, mich zu
begleiten, indem er seinen Gläufigen Revolver mitnahm und wir
schritten zum Garten zurück. Als wir uns meiner Hütte näherten,
konnte ich deutlich jemanden aus dem Garten schleichen und auf
uns zukommen sehen. Das helle Mondlicht ließ mich bald anstatt
eines vermuteten Räubers meinen nackten Berg-Indianer erkennen, welcher ohne Waffen war und während die Kameraden
sich davon machten, vorsichtig die Räuber beobachtete. Schlau
hatte er sich zu diesem Zweck versteckt gehalten und konnte uns
sagen, in welcher Richtung diese fortgegangen seien. Wir verfolgten die Spur vorsichtig durch's Gebüsch, weil wir ja nicht
sicher waren, ob sie noch in der Nähe seien und vom Versteck
aus sicherer auf uns zielen und schießen könnten. Wir näherten
uns bald einer Lichtung und ich war glücklich, da nebst
meiner weißen Stute auch alle andern Pferde zu finden. Als
wir so weit vom Gebüsch entfernt waren, daß man nicht mehr
mit Sicherheit auf uns hatte schießen können, rief ich meine
Tiere beim Namen und weil sie meine Stimme kannten, ließen
sie mich ohne Furcht an sie herankommen, so daß ich die Stute
an der Mähne fassen und in den Coral führen konnte, wobei
die andern nachfolgten. Unsere Pferde waren also für diesmal
gerettet, da die Räuber eingeschüchtert waren. Weil die Stute
nur gezwungen ihre Fohlen verlassen hätte und die Räuber
nicht wußten, wie sie diese mit oder ohne die Jungen über
den vorhandenen Schutz- oder Grenzgraben hinüber bringen
wurden, so mißlang ihnen ihr Vorhaben. Meinen Indianern
schärfte ich ein, daß sie nie mehr den Platz verlassen dürften,

wenn sie jemand im Gebüsch vermuten wurden und mich sofort benachrichtigen sollten.

Meine übrigen Erlebnisse in meiner Hütte und dem Garten waren nicht derart, daß die Mitteilung derselben mit allen Details großes Interesse hätte, denn es waren einerseits kleine Veruntreuungen durch meine Indianer und namentlich Melonen- und Früchtediebstähle durch die Wölfe, anderseits Besuche von Bekannten und Unbekannten, die sich auch gerne an den herrlichen Melonen erlaben wollten, was mir immer selber auch Freude machte, weil der Vorrat so groß war, daß ein großer Teil zu Grunde gegangen wäre, wenn ich nicht durch Gastfreundschaft etwelchen Absatz gefunden hätte. Aber auch alle andern Gartengewächse gediehen gut und fanden raschen Absatz zu guten Preisen. Auch Deserteuren mußte ich Obdach gewähren, denn im Fort war ein Militärposten, der die zahlreichen Deserteure einfangen sollte, welche das Goldgraben dem Militärdienst vorzogen. Besuche von Freunden oder ehemaligen Reisegefährten waren für mich wie Festtage, wenn ich die Betreffenden wirklich als Freunde kannte.

Ich erwähne hier nur speziell des Besuchs von Huggenberger und des Wahrsagers Cleaveland, an dem sich die Prophezeiung der schönen Frau Johnson ebenso verwirklichen zu wollen schien, als umgekehrt die seinige an der schönen Mary: Frau Johnson. Wir kennen den Inhalt jener Orakelsprüche bei Anlaß des Besuchs bei Cordua einige Tage nach der Hochzeit der beiden schönen Schwestern mit Nye und mit dem alten Johnson. Die schöne Mary lebte damals nie mit ihrem Manne zusammen, sondern reiste bald nach jenem Besuch nach San Francisco zu ihrem Schwager Foster, um Johnson nebst seinen Indianerinnen sich selbst zu überlassen. Cleaveland blieb noch einige Zeit bei Cordua und versah dessen Küfer, Wagner, Schreiner so gut es ging. Bald nach der Goldentdeckung ging er an den Americanfluß, um irgendwo Gold zu suchen, wo er in kurzer Zeit mehrere hundert Dollars Wert herausarbeitete. Mit diesem, dem Guthaben bei Cordua und einigen Hundert Dollars, die er von dem

alten canadifchen Franzofen borgte, welcher oberhalb Minal in
der Nachbarfchaft von Nye's und Smitt's Rancho am Nuba
wohnte, brachte er etwa 1500 Dollars zufammen. Als er mir
dies bei Anlaß feines Befuches mitteilte, verficherte er mich, daß
er nicht eher ruhen werde, als bis er 10,000 Dollars erworben
habe, dann werde er nach Bordeaux zurückfehren, ein fchönes
Mädchen heiraten und der glücklichfte aller Glücklichen fein Ich
lachte, ohne zu ahnen, daß er fo nahe am erhofften Ziele fei
und meinte, daß ich fchon mit ein paar Taufend Dollars zufrieden
wäre Er ging von hier nach San Franzisco, faufte fich für fein
Geld allerlei Zeug, was die Indianer liebten, Glasperlen, Meffer,
Nastücher, Tabak, Kleidungsftücke und Stoffe, die er dann oben
in den Minen gegen Gold austaufchte. Er hatte fich auch in
feiner Anficht betreffend Vorhandenfein von Gold in Nuba nicht
geirrt und dort mit feinen Indianern Gold gewafchen und
nebenbei feinen Taufchhandel betrieben, der ihm viel Geld ein=
tragen mußte, denn für ein 20 bis 25 Cents wertiges Meffer
befam er eine Unze Gold (16 Dollars), für ein wenig Tabak
von etwa zwei Unzen Gewicht eine Unze, für ein Nastuch eine
Unze, für ein paar Nards Mouffeline eine Unze, für Glasperlen
ebenfo fchwer Gold. Mit dem fo erworbenen Geld faufte er
von Cordua die Hälfte von feiner Rancho, um den lächerlich
billigen Preis von 12,000 Dollars famt Vieh= und Pferdebeftand
(von erfteren zirka 2000 Stück und von letzteren 800 Stück).
Nun wurde er erft recht reich, weil er an die fich täglich
mehrenden Goldgräber Lebensmittel verfaufte, die er ihnen nicht
billig abtrat, denn für ein Pfund geringes Bullfleifch (Zucht=
ochfen) erhielt er einen Dollar, während man früher einen leben=
den Bullen für den Wert der Haut und des Talges hergab. Dies
ging fo fort, bis endlich auch hier Konkurrenz entftand. Aber
Cleaveland hatte ja genug. Die fchöne Mary hatte fich im Jahr
1849 von ihrem früher angetrauten Mann gefetzlich fcheiden laffen
und wurde dann, wie jene Prophezeiung lautete, die glückliche
Frau des glücklichen Cleaveland. Er forgte dann dafür, daß
die andere Hälfte von Cordua's Rancho von feinen Schwagern

Foster und Nye angekauft wurde. Nun waren die drei Schwä=
ger die einzigen Besitzer dieser Ländereien und da Cleaveland
der halbe Teilhaber daran war und glaubte, daß gerade
die Stelle, wo die Gebäulichkeiten der Rancho waren, sich gut
zu einer Stadt eignen würde, so ließ er einen Teil davon als
Stadt anlegen und vermessen und gab ihr den Namen Marys=
ville zu Ehren seiner schönen, jungen, geliebten Frau. Marys=
ville ist heute noch eine der größten Städte Californiens und
hat also seine eigene Geschichte. Cleaveland wurde später ein
sehr reicher Mann und als solchen treffen wir ihn dann wieder
nach meiner Rückkehr aus der Schweiz ein Jahr später.

Ich besorgte den Garten wieder mit der größten Gewissen=
haftigkeit, bis ganz unerwartet eines Tages im Monat August
Sutter mich ersuchte, ich möchte mit ihm in Gemeinschaft in die
Minen gehen. Zu diesem Zweck solle ich mir so viele Indianer=
knaben mitnehmen, als ich wolle. Er liefere mir für sie die
Lebensmittel und Arbeitswerkzeuge und dann solle ich ihm die
Hälfte der Goldausbeute geben. Er sprach von einer reichen
Stelle unterhalb Mormon=Island, die er mir zeigen wolle. Im
fernern erklärte er sich bereit, mir die vollen 900 Dollars zu be=
zahlen, die er mir für die Gartenarbeit erst nach einem Monat
zu vergüten gehabt hätte. Ich war mit diesem Vorschlag ein=
verstanden und zufrieden.

Von meinen Indianern nahm ich nebst Könnöck den Abaye,
Walltop und Kemula, sowie einen kleinen Indianerknaben als
Koch mit, auch von Sutters Indianern noch sechs, die ich nur
teilweise kannte. Ehe ich das Fort verließ, hatte ich noch die
eine Stute nebst Fohlen für 120 Dollars verkauft und die weiße
Stute nebst Fohlen und Janny einem von Sutters Indianern
zur Besorgung übergeben. Als unsere Vorbereitungen fertig
waren, wollten wir gleich am Abend noch mehrere Meilen
machen, weil der Vollmond uns leuchten würde und wir ver=
ließen das Fort, als eben die Sonne unterging. Gegen Mitter=
nacht lagerten wir ein paar Stunden und setzten dann den Weg
bis unterhalb Mormonen=Island fort, wo einige Indianer uns

laut Sutters Angaben eine günstige Stelle zum Ausbeuten zeigen sollten. Da niemand kam, so waren wir genötigt, bis nach Mormonen-Island vorzurücken.

Weil ich zum erstenmal in die Minen kam, so war mir alles ganz neu und unbekannt und ich sah mich gezwungen, anfänglich den übrigen Goldwäschern zuzuschauen. Bald wählte ich mir dann dicht neben dem Wasser eine Stelle aus, wo ich mein Glück versuchen wollte. Die Maschine, die mir auf dem Wege ein befreundeter, zurückkehrender Herr geschenkt hatte, wurde aufgestellt und die Arbeit begonnen. Dieses primitive Handwerksgeräte besteht aus Gitterwerk in der Form einer Wiege mit Querstücken, welche das zu rasche Vorrücken und Rollen des hineingeworfenen Kieses verhindern sollen. Durch das Zugießen von reichlichem Wasser wird das Kies von den erdigen Bestandteilen gereinigt, also gewaschen und nachher wird dasselbe auf das Vorhandensein von Gold untersucht. Die spezielle Manipulation ergab sich nach und nach von selbst. Später war die Ausbeutung eine andere und es wird jetzt Quecksilber dazu verwendet, um alles vorhandene Gold zu bekommen.

Obwohl ich in der Ausbeute nicht gar glücklich war und selten mehr als eine Unze pro Tag herausbrachte, so bedauerte ich doch sehr, daß ich nicht schon längst meine Alltagsarbeit im Garten aufgegeben und dafür Gold gegraben hatte.

Als ich ungefähr für 600 Dollars Wert gewaschen hatte, benützte ich eine Gelegenheit, die Hälfte davon dem Sutter zu schicken, da sein Mühlebauer oder Monteur gerade nach dem Fort ging.

Als die Indianer meinen Vorrat an Wassermelonen, die ich anstatt Getränk mitgenommen hatte, entdeckten, ließen sie mir keine Ruhe, bis ich ihnen einige davon verkaufte und zwar für eine Unze Gold per Stück, also für 16 Dollars. Nachher nahmen sie zu diesem Preis meinen ganzen Vorrat. Ob wohl je einmal eine Melone aus einem Triebbett zu 80 Fr. gekauft wurde, wie hier?

Einen eigentümlichen Eindruck machten die Physiognomien

der meisten Goldgräber auf mich. In der That hätten ja mit
Recht viele dieser Menschen an den Galgen gehört. Die Namen,
Gesetz und Ordnung waren nur tote Buchstaben. Es war eine
Zeit des Faustrechtes. Man mußte bis auf die Zähne bewaffnet
sein und machte hier Bekanntschaft mit allen Sorten von Schieß=,
Schneid=, Schlag= und Stechwaffen. Ein desertirter Freiwilliger,
den ich schon früher gekannt hatte und dem ich einige Tage
Gastfreundschaft erwies, anerbot sich, bei uns zu bleiben, was
ich annahm, weil ich der einzige Weiße in unserm Lager war.
Wir suchten immer nach einer besseren, ergiebigeren Stelle und
fanden endlich eine solche durch Zufall, indem ich einmal aus
Ärger, daß wir keine Brechstangen (Hebeisen), sondern nur Bickel
bei uns hatten, den Bickel so tief in die Erde einhackte, daß
unter der schwarzen Erde auch Kies mit Goldkörnchen zum Vor=
schein kam. Hier fanden wir reichlich Gold, aber diese Kiesbank
war nicht groß und ergab nur etwa 260 Dollars, dann war
wieder das alte Lied und Leid da. Unerwartet kam von Sutter
ein Brief, worin er mir mitteilte, daß er ein Fuhrwerk schicken
wolle, um uns abzuholen und nach einer ergiebigeren Stelle zu
führen, die man ihm bezeichnet habe und wo man pro Mann
und pro Tag wenigstens 50 Dollars waschen könne. Da ich
Sutter genügsam kennen gelernt hatte, so war ich nicht sehr be=
geistert und rechnete höchstens auf den Drittel Wahrheit seiner
Angaben. Fast zu gleicher Zeit kam mein neuer, deutscher Freund
— wenn man einen Bekannten so nennen darf — und machte
mir das Anerbieten, daß ich mich nun mit ihm und mehreren
andern Deutschen als Partner beteiligen könne, um eine sehr
reiche Stelle auszubeuten, aber keine Indianer mitbringen dürfe.
Eine Ausbeute von mehreren hundert Dollars pro Tag sei sehr
wahrscheinlich. Ich kam mit mir selber in Widerstreit, denn einer=
seits kannte ich die Unzuverlässigkeit Sutters in allen Be=
ziehungen und anderseits fand ich es doch nicht recht, mich auf
einmal von ihm loszusagen. Die letztere Erwägung siegte und
ich sagte dem wohlgemeinten Anerbieten nicht zu. Zur Kenn=
zeichnung der Verhältnisse in den Minen muß ich noch anführen,

daß auch Menschenraub nicht ausgeschloffen war. Eines abends, als die Indianer zur Lagerstätte kamen, erschien der kleine Koch nicht und einige ältere Indianer sagten, es seien zwei weiße Männer gekommen und hätten denselben mit fortgeschleppt. Am Morgen ging ich auf die Suche und richtig fand ich ihn. Ich mußte aber troß aller meiner Vorstellungen ohne den Knaben in mein Lager zurück und froh sein, daß man nicht thätlich gegen mich vorgegangen war, denn es waren etwa sechs Weiße, vermutlich Amerikaner, welche den Knaben als ihr Eigentum ansprachen, indem sie ihn von einem alten Indianer gekauft hätten. Was konnte ich machen, Gewalt ging über Recht!

Der Aufbruch von unserm Lager erfolgte schon nach einigen Tagen und mit den ausgeruhten Ochsen hatten wir bald die vermeintliche Glücksstätte erreicht. Sutter kam persönlich mit, weil viele der dortigen Goldgräber ihre Lebensbedürfnisse von ihm bezogen und er durch sein Erscheinen „guten Willen" machen wollte. Dieser Platz war die unwegsamste, schauderhafteste Stelle am Südarm des American River, welche ich je gesehen. Wir fanden hier eine Anzahl Canacas (Sandwichinsulaner) und andere verschiedene Männer aus aller Herren Länder. Sutter, der einmal gesagt hatte „Mr. Lienhard, Sie sollen es nicht bereuen, daß Sie bei mir ausgehalten, das werden Sie schon noch erfahren," hatte bereits ganz unter den gleichen Bedingungen, wie er mir die indianischen Arbeiter überlassen, einen Fremden, den er vorher nie gekannt hatte, als Antheilhaber aufgenommen. Ich erkannte zu spät, daß die Abweisung des vorgestrigen Anerbietens eine große Thorheit von mir war. Sutter brachte nebst mehreren weißen Männern auch einen Neger mit, deffen Geruch ich faft nicht ausstehen konnte, und doch sollte ich in seiner Nähe schlafen.

Obwohl sich bald herausstellte, daß sich die gehofften 100 Dollars pei Mann und Tag auf kaum 50 reduzieren werden, so war ich doch mit der Ausbeute ziemlich zufrieden. Sutter bekam Bericht, daß sein Sohn August aus Europa gekommen sei und er sofort ihm bis nach San Francisco entgegenreisen müsse. Er äußerte den Wunsch, möglichst viel Gold mitzunehmen, um damit zu glänzen und zu überraschen oder, wie man vielleicht am besten sagt, zu windbeuteln. Er versicherte, daß er davon keines brauche und ich wieder alles bei seinem Sohne in Empfang nehmen könne. In meiner Einfalt ging ich natürlich wieder auf den Leim. Ich hatte 1040 Dollars, die ich ihm mitgab, nachdem er mir die bestimmtesten Versicherungen gegeben hatte, daß dieses Gold nur von ihm in Verwahrung genommen, aber nie angegriffen werde.

Nach etwa zehn Tagen hatte ich wieder 2000 Dollars beisammen, und wenn ich ein Hebeisen oder Brecheisen gehabt hätte, so wäre dies von ungemeinem Vorteil gewesen. Mit den beiden weißen Männern Holms und Müller, welche ich anfänglich mißtrauisch betrachtete, wurde ich allmählich besser bekannt und ich bekam Zutrauen zu ihnen. Nach einiger Zeit kam von Sutter Bericht, daß wir das Lager verlegen sollten, weil er zuverlässige Nachrichten erhalten habe, daß irgendwo in den Bergen südlich von Cosumnis ein einzelner Mann täglich 150 Dollars waschen könne. Sutter wolle ein paar Wagen schicken, um unsere Geräte, wie die der Canacas abzuholen und inzwischen sollten wir nach seinem alten Lager gehen und dort seine Wagen erwarten.

So brachen wir dann eines Morgens mit unsern Habseligkeiten auf. Zwei meiner Jungens nahmen sich der Maschine an, welche nur durch den schäumenden American River hinuntergebracht werden konnte, was für die jungen Bursche keine leichte Aufgabe war. Die übrigen mußten das Gepäck und Arbeitswerkzeug tragen; aber auch dies war bei dem felsigen, pfadlosen Ufer ziemlich schwierig und der Weg etwa vier Meilen weit Hier mußten wir etwa vier Tage auf Sutters Wagen warten und dann ging's dem neuen Lagerplatz zu, den wir erst nach drei Tagen erreichten. Sutter war auch wieder da und hatte sein Zelt aufgeschlagen und in seiner Gesellschaft waren einige Subjekte, die man eher zu Wegelagerern gezählt hätte, als zu Leuten, welche ihr Brod durch Arbeiten zu verdienen suchen. Ich Thor, der ich war, nahm mein an der letzten Stelle gewaschenes Gold hervor, um Sutter die Hälfte davon zu geben,

anstatt daß ich mir seinen Anteil für das ihm geliehene, so weit
es gereicht hätte, behielt. Ich denke noch oft an meine Dumm=
heit, denn sein Anteil betrug gegen 1000 Dollars und mit diesem
Gold ging er überaus liederlich um, so daß ich mich wundern
mußte, daß ihm dasselbe nicht fast unter seinen Augen gestohlen
wurde, besonders da er solche zweideutige Leute um sich hatte.

Da wir gekommen waren, die reichhaltigen Stellen zu be=
arbeiten, so wunderten wir uns, so viele müßige Leute zu finden.
Sutter selbst mußte eingestehen, daß man alles übertrieben habe
und er, der alte Narr, die Reise umsonst hieher gemacht habe.
Holms, Müller und ich bildeten eine Allianz, weil uns die
Freunde Sutters durchaus nicht gefielen, denn sie schienen sich zu
sehr um unsere vorhandenen Quantitäten gewaschenen Goldes
zu interessieren, so daß wir auf der Hut waren. Meinem längst
zurückerhaltenen treuen, wachsamen Tiger schenkten sie besondere
Aufmerksamkeit, da sie bereits wahrgenommen, daß dieser nachts
niemand erlauben wollte, sich mir zu nähern, auch war er bereit,
jeden anzugreifen, wenn er meinte, daß man mir ein Leid an=
thun wolle. Der Hund schlief immer neben mir und überm
Kopf hatte der Kleine, den ich Cogota nannte, seine Schlafstelle.
Unsere geladenen Gewehre lagen stets schußbereit zwischen und
neben uns und unser Gold hatten wir unterm Haupt als Kopf=
kissen. Alles dies war natürlich diesen verdächtigen Subjekten
bekannt.

Sutter hatte seit der Ankunft seines Erstgeborenen viel
Wesens daraus gemacht, welche unermeßliche Kenntnisse dieser besitze,
und man war natürlich bei seiner damaligen Stellung begierig
zu sehen, was an der Sache sei, da jedermann mit etwelcher
Menschenkenntnis einsehen mußte, daß in Sutters Fort ein an=
deres Regiment nötig sei. Es war ja nicht bloß Sutters Hang
nach geistigen Getränken, sondern ganz besonders auch seine Sucht
zu glänzen und belobt zu werden. Daß sich unter diesen Um=
ständen nach der Entdeckung des Goldes genug Schmeichler fan=
den, welche des Rühmens nicht genug thun konnten, liegt in der
Natur der Sache. Ich war wohl der einzige Mensch in seiner

Umgebung, der nicht nach der allgemeinen Geige tanzte. Ein sogenannter Gentleman führte den anderen ein, und wenn ein einzelner dieser Hochstapler kam, so hieß es ungefähr so:

„Capitain Sutter, wie ich voraussetze," — worauf Sutter dies bestätigte.

Fremder: „Capitain, es thut mir außerordentlich leid, daß ich hier niemand kenne, welcher mich bei Ihnen einführen und bekannt machen kann. Ich bin ein Fremder, just eben aus den Staaten hier angekommen; ich habe aber so viel Lobens= und Ehrenwertes von Ihnen gehört und gelesen, daß es mein drin= gender Wunsch werden mußte, Ihre Bekanntschaft zu machen."

Sutter: „Wen habe ich die Ehre, vor mir zu sehen?"

Fremder: „Mein Name ist Major v. X.'

Sutter, sich verbeugend: „Freut mich sehr, Herr Major v. X., Ihre geehrte Bekanntschaft zu machen, nehmen Sie ge= fälligst Platz. — Also Sie haben schon in den Staaten von mir gelesen und erzählen gehört, Herr Major v. X."

Fremder: „Ja wohl, Capitain, wer sollte dies denn nicht! Ihr Name wird rühmlichst erwähnt für Ihre vielen Zuvorkom= menheiten, welche Sie schon so manchem erwiesen haben und man achtet Sie darum auch allgemein sehr hoch."

Durch ähnliche Schmeicheleien wurde Sutters Ehrgeiz immer genährt und um dann alles zu erfahren, was der vornehme Militär von auswärts gehört und gelesen habe, hieß es gewöhn= lich: „Herr Major v. X., Sie nehmen wohl ein Glas ächten französischen Brandy mit mir?"

„Ganz wie es Ihnen gefällt, Capitain, ich fühle mich da= durch nur geehrt" 2c.

Die Komplimente werden dann noch eine Zeitlang gewechselt und der Fremde weiß ja nur zu loben. Ein zweites Glas Brandy wird geleert und vielleicht noch ein drittes. Der Fremde spricht jetzt gern über Geschäfte, die sich auf diese oder jene Art machen ließen und womit man 30,000 oder 100,000 Dollars machen könnte, wenn man das Ding recht angreifen würde.

Sutter, deſſen Kopf ſchon beim Weggang früherer Beſucher begeiſtert wurde, gibt natürlich dem vornehmen Major v. X. Recht, ohne wohl die Hälfte von dem zu verſtehen, was dieſer ihm vorgeſchwatzt hatte.

An ſeiner Thüre wird wieder geklopft und auf das „Herein" öffnet ſich dieſelbe diesmal, um zwei Gentlemen eintreten zu laſſen, und Major v. X. entfernt ſich, ſich höflichſt verneigend Die neuen ſeinen Herren haben von dem Abziehenden Sutters Name nennen hören, ſomit iſt der Faden für die Bekanntſchaft bereits angeknüpft.

„Alſo Herr Capitain Sutter, wenn wir recht verſtanden haben "

„Ja wohl, meine Herren, zu Ihren Dienſten."

„Sie werden wohl entſchuldigen, daß wir bei Ihnen er=ſcheinen, ohne eingeführt worden zu ſein. Wir ſind eben erſt angekommen, kennen alſo niemand hier, aber es war uns ganz unmöglich, auf unſerm Wege an Ihrem weltberühmten Fort vor=überzugehen, ohne Sie, Verehrteſter, perſönlich kennen gelernt zu haben. Erlauben Sie, daß wir in Ermangelung anderer Gentle=men, die uns bei Ihnen hätten einführen können, dies ſelbſt thun. Herr Capitain, dieſer Herr hier iſt Richter A. B von C."

Beide verneigen ſich gegenſeitig mit großer Würde und nun benützt Richter A. B. die Pauſe, um den Capitain auch mit ſeinem alten Freund Oberſt D. F. von G. bekannt zu machen. Beide Gentlemen gehoren ja, wie ſie ſelber ſagen, hervorragen=den Familien an, ſind alſo auch ſelbſt hervorragende Perſönlich=keiten. Sutter iſt alſo voll Höflichkeit gegen ſeine neuen Bekannten aus der Klaſſe der „Auserleſenen". Es mag ihm wohl ſchon ordentlich im Kopf herumſchwirren von den Drinks, welche er bereits mit ſeinen vorher gemachten Bekanntſchaften genommen, aber daß er dieſe beiden, jedenfalls vornehmſten ſeiner Beſucher ſollte weggehen laſſen, ohne ſie mit einem Glas ſeines extra french Brandy traktiert zu haben, wäre in ſeinen Augen ein Vergehen gegen Anſtand und Sitte geweſen. Sutter hatte alſo wieder drei Gläſer gefüllt und man erhebt ſie zum Trinken, aber nicht ohne daß der Richter irgend einen hochtönenden Trinkspruch auf den hochzuverehrenden Capitain Sutter ausbringt, an den sich auch von Seite des Herrn Oberst die Wünsche für die Prosperität des edlen Goldentdeckers und Beglückers der ganzen civilisierten Menschheit anschließen.

Sutter ist bereits im Vorstadium der Betrunkenheit, wie seine Augen und seine Begeisterung und Redseligkeit beweisen, und dies scheinen die Gentlemen auch beobachtet und Ähnliches wohl auch schon selber erfahren zu haben, so daß sie sich für diesmal zurückziehen, glücklich, die neue Bekanntschaft ferner pflegen zu dürfen.

Die Thüre hat sich geschlossen; Sutter schwankt, gerührt von der unermeßlichen Ehre, die man ihm in der ganzen Welt zu zollen scheint, seinem breiten, mit Vorhängen versehenen Bett zu, in welches er halb hineinfällt und endlich ganz hineinkrabelt und — „der Vorhang fällt".

Dieser Art Scenen konnte man bei Sutter während des ersten Sommers nach der Goldentdeckung fast täglich sehen und er ließ sich mit mehreren dieser Art Gentlemen in verschiedene Geschäfte ein, wobei er fast immer angeschmiert wurde. Sein übermäßiger, thörichter Ehrgeiz machte ihn blind gegen die Kniffe und Hinterlist von Männern, welche mit hochtönenden Namen ganz fremd daher kamen, um ihn zu beschwindeln.

Ich suchte ihn wiederholt zu warnen, aber er meinte, ich verstehe von diesen Sachen nichts.

Nach diesen Einschaltungen, die ich nötig fand, um einesteils die böse Finanzlage Sutters begreiflich zu machen, anderseits die damaligen Zustände überhaupt zu illustrieren, kehre ich wieder zu unserm resp. Sutters Goldlager zurück.

Sutter wollte, wie bereits erwähnt, bald nach Sutters=Fort zurück, um sein eigenes und das geborgte Gold dorthin zu bringen. Im Lager war es sehr lebhaft, es gab da Deutsche, Amerikaner, Engländer, Schottländer, Franzosen, Indianer und Neger, also weiße, braune und schwarze Menschen. Man machte sich reisefertig und ich verpackte das Gold in Säcke, welche aus Ochsenhaut verfertigt waren. Als alles wirklich zum Aufbruch bereit

war, entdeckte ich zu meiner unangenehmen Überraschung, daß
Sutter sehr betrunken war In diesem Zustande fing er dann an,
allerlei dummes Zeug aus seiner Vergangenheit in den früheren
Kriegsdiensten zu erzählen, daß er darob das Abreisen ganz ver=
gaß und wir also an diesem Tage nicht fort konnten. Er sprach
in diesem Zustande auch von seinen Erlebnissen in der alten
Heimat in einer Weise, als ob er von „edlem Geblüt“, also vor=
nehmer Abkunft sei. Auf die verschiedenen Fragen seiner Bewun=
derer, warum er eigentlich sein Vaterland verlassen habe, stellte
er sich als ein politisch Verfolgter, also gewissermaßen als Mär=
tyrer dar. Er habe in der konservativen Schweiz allzu freisinnige
Ansichten gehabt und sei deshalb dann so gehaßt worden, daß
er schließlich sich gezwungen gesehen habe, alles zu verlassen,
seine Frau und mehrere Kinder, seine Heimat, gute Gesellschaft
und alles, was ihm lieb und teuer gewesen sei. Ich vernahm,
beiläufig gesagt, später von seinem Sohn und seiner Frau, daß
Sutter immer mehr aristokratisch als freisinnig oder liberal gewesen sei.

Sutters diesmalige Schwelgerei dauerte drei Tage, was für
ihn übrigens nichts Neues war, denn man könnte eher sagen,
es sei bei ihm die Nüchternheit eine Ausnahme gewesen.

Nachdem er am folgenden, also am vierten, Tag endlich
nüchtern geworden, schien er auch einen moralischen Katzenjammer
bekommen zu haben. Als ich ihm begegnete und er nicht mehr aus=
weichen konnte, lenkte er sofort das Gespräch auf diese bedauer=
liche Angelegenheit und meinte, es sei doch fatal mit dem Trinken,
er habe gestern wieder einmal zuviel gehabt und glaube, er wolle
den verdammten Schnapsfässern den Boden einschlagen lassen.
Ich that aber, als ob ich seine Worte gar nicht gehört hatte,
bis er sich direkt an mich wandte und von mir wissen wollte,
was für einen Eindruck sein Thun auf mich gemacht habe.

Meine Antwort mag ungefähr so gelautet haben: „Soll
ich Ihnen die Wahrheit sagen, Herr Capitain, so bekenne ich, daß
ich mich schon als Ihr Landsmann außerordentlich über Ihr
gestriges Betragen geschämt habe. Ich hätte nie geglaubt, daß

Sie zu einer so gemeinen Aufführung fähig wären, wie Sie sie gezeigt haben In Ihrem Lager befinden sich viele Leute aus ganz verschiedenen Ländern und Nationalitäten und da man von Ihnen anderwärts nur gutes wissen möchte, so muß eine solche Enttäuschung von ungeheurem Eindruck sein. Glauben Sie etwa, daß Ihr Betragen verschwiegen bleibe? Was muß Ihr Sohn, der jetzt aus der Schweiz gekommen ist, von seinem so lange vermißten Vater halten, wenn er solches erfährt? Wäre ich Ihr Sohn und hätte Ihr gestriges Betragen mitanschauen müssen, so würde ich an meine Mutter und Geschwister schreiben: Bleibt weg von hier, tausende von Meilen, damit nicht auch Ihr durch das schimpfliche Betragen unsers Vaters unschuldig der Schande ausgesetzt werdet. Ich bin nur der Sohn eines schlichten aber ehrenhaften Bauersmanns, aber ich bin stolz darauf, wenn ich eine Vergleichung mit Ihnen anstelle Ich weiß, Sie finden meine Worte hart, aber ich kann nichts dafür, denn Sie wollten ja meine Meinung hören und viel lieber hätte ich geschwiegen, weil ich zum voraus weiß, daß diese Ihnen so wenig einen bleibenden Eindruck machen wird, wie meine früheren Ermahnungen." Obwohl ich es als selbstverständlich betrachtete, daß es nun mit meiner Gunst bei Sutter ein Ende haben werde, so hat er doch ein paar Tage nachher mich seinem Sohne als den Einzigen bezeichnet, welcher ihm aufrichtig treu geblieben sei.

Alle diese Verhältnisse in Sutters Lager und besonders der Umstand, daß in der ganzen Umgebung desselben keine viel versprechenden Stellen zum Ausbeuten aufzufinden waren, reiften in mir den Entschluß, die Minen zu verlassen. Sutter sprach so zu mir, als ob sein Sohn mich gleich nach meiner Ankunft im Fort für Alles sofort bezahlen würde und meine Absicht war, für mein sämtliches Geld solche Gegenstände zu kaufen, welche von den Indianern gerne gegen Gold eingetauscht werden.

Der Tag zum Aufbruch war da und meine wenigen Habseligkeiten eingepackt. An Gold hatte ich etwa 1000 Dollars bei mir, was ich nebst dem bessern meiner Gewehre selbst trug, während vier meiner zuverlässigsten Indianer das andere trugen.

Etwas Lebensmittel durften für diese Fußreise nicht fehlen. Wir hofften bis am Abend nach Perry Mc. Rewus' Farm zu kommen. Voll frohen Mutes verließ ich den Ort, wo ich so viele Enttäuschung erfahren mußte.

Diese Fußreise mit dem Gepäck war viel anstrengender, als ich mir vorgestellt hatte und wir erreichten die Rewus-Rancho am Abend nicht mehr, sondern lagerten uns etwa 3 Meilen näher am Flußufer. An diesem Abend hatten wir nichts zu essen, aber die Ruhe war uns fast erwünschter, als Speise. Ich glaube, nur ein einziges Mal ebenso müde gewesen zu sein, wie an diesem Tag.

Am Morgen waren wir frühe auf den Füßen, denn es bangte mir vor dem großen Marsch, den wir noch bis Sutters-Fort zurückzulegen hatten. Die Sonne war bei unserer Ankunft bei Perry Mc. Rewus schon aufgegangen, dieser aber noch nicht aufgestanden. Ich entschloß mich, hier nicht bloß das Frühstück zu nehmen, sondern auch einige Stunden auszuruhen, bei welchem Anlaß ich auch seine junge Frau kennen lernte, von der ich bei Sutter oft gehört hatte, weil sie die Nachfolgerin der Indianerfrau war, die Rewus von ihm (Sutter) als Geschenk erhalten hatte, als er sie aus Rücksichten für seinen Ruf entlassen mußte. Dieser Rewus war, beiläufig gesagt, einer der ersten Ansiedler in Californien. Er war früher Matrose und hatte den Dienst verlassen, um Farmer (Ranchero) zu werden. Von der mexikanischen Regierung erhielt er ein Landgrant, auf welcher er wohnte. Sein Land lag hart am Cosumno und bestand größtenteils aus vortrefflichem Bottomland, welches durch die Goldentdeckung erst recht wertvoll wurde. Er war leider ein leidenschaftlicher Trinker und Spieler und im Jahre 1850 soviel als ein Bettler, als ich ihn nach meiner Reise nach Europa wieder sah.

Für das bei ihm genossene Frühstück hat er, im Widerspruch zu der früher üblich gewesenen Gastfreundschaft, eine gute Bezahlung abgenommen. Zufällig war hier ein von Sutter dagelassenes Pferd, welches ich dann mit nach Sutters-Fort nahm, was mir sehr diente, da es hier so ausgeruht hatte, daß es mich

wieder zu tragen vermochte, man hatte es nämlich wegen Über=
müdung hier stehen lassen. Da ich selbstverständlich aus Rücksicht
für die Indianerjungen immer nur Schritt ritt, so kamen wir erst
am Abend in Sutters=Fort an.

Ich kannte den Sohn Sutters persönlich noch nicht und
suchte daher den Indianeraufseher Broy auf, damit dieser mich
bei ihm bekannt mache. Als August Sutter meinen Namen nennen
hörte, bewillkommte er mich freundlich, indem er bemerkte, daß
sein Vater ihm gesagt habe, ich sei der einzige Mann gewesen,
der zuverlassig und treu geblieben sei, während alle andern ihn
während des Goldfiebers verlassen hätten. An diesem Abend er=
wähnte ich nichts Geschäftliches, hoffte aber, daß ich mein Geld
am folgenden Tag bekommen werde, weil Sutter ja des be=
stimmtesten versichert hatte daß er dasselbe nie angreifen werde.
Mein Nachtquartier nahm ich bei meinem Freund Huggenberger,
welcher noch immer dasselbe Zimmerchen bewohnte, wie früher.
Am andern Morgen rückte ich mit meinem Anliegen an den
jungen Sutter aus, worüber dieser überrascht „große Augen"
machte.

„Mein Vater hat mir allerdings gesagt, daß ich Ihnen
wieder für 1040 Dollars Kredit geben soll, aber daß ich dieses
Geld zu Ihrer Disposition aufbewahren solle, davon hat er zu
mir nicht ein Wort gesprochen. Ich begreife auch nicht, wie mein
Vater gewirtschaftet hat."

Dann nannte er mir die Summe, welche er an verschiedene
Kreditoren seines Vaters ausbezahlt habe und noch scheine kein
Ende zu kommen, fügte er hinzu.

Er gab mir die Zusicherung, daß ich der Erste sei, den er
bezahlen werde, wenn es ihm möglich sei; auch sei er bereit, mir
für mein Guthaben irgend etwas zu verkaufen, wenn ich nicht
absolut Geld haben wolle oder haben müsse. Ich erklärte ihm,
warum ich unbedingt Geld haben sollte, denn es liege in meiner
Absicht, einen Handel mit den Indianern anzufangen. Ich schrieb
dann an Sutter, daß ich mich also, wie es scheine, abermals in
ihm getäuscht und was mir sein Sohn gesagt habe, worauf

er mir seine alte Leier von dem neuen Lande wiederholte, die ich schon längst kannte, und mich mit Versprechungen tröstete oder wenigstens zu trösten versuchte, denn meine Lage war schon deshalb eine unangenehme, weil ich für meinen Unterhalt im Fort täglich 60 Dollars brauchte, also eine sehr kostspielige Wartezeit hatte.

Da die gegenseitige Korrespondenz zwischen Sutter und mir nicht nur von heute auf morgen abgemacht werden konnte, so war ich gezwungen, mehrere Tage ohne spezielle Beschäftigung im Fort zuzubringen, wodurch ich Gelegenheit erhielt, meine Beobachtungen über das Leben und Treiben in jener Zeit zu machen.

Täglich kamen Männer, welche nach den Minen wollten, und solche, welche von dort zurückkehrten. Letztere meistens, um hier einen Teil ihrer leicht gewonnenen Schätze zu verprassen, wenn nicht alles wieder zu verlieren. Ähnliche Scenen, wie ich sie oben schon beschrieben habe, waren an der Tagesordnung. Eine Trinkbude war in einem Kellerzimmer im großen Hause innerhalb des Forts in dessen Südwestecke errichtet worden, wo man einen sogenannten Drink oder Dram (etwa zwei Deciliter) Whisky zu $\frac{1}{2}$ Dollar haben konnte. Natürlich mußte jeder im Besitz einer Wage sein, und da hier von Gesetz keine Rede mehr sein konnte, so schienen die gebräuchlichen Gewichte schwer genug und die Wagen balancierten immer sehr schwer, so daß der Trinker seinen Drink oft eher zu einem Dollar als zu einem halben bezahlen mußte. Eine Anzahl sogenannter Gambler (Spieler) hatten in einem der südlichen Zimmer im östlichen Teil des Forts bereits ein Spielzimmer errichtet, wo jeder, der es wünschte, sein Glück versuchen konnte.

Das Erste aber, was ein frisch von den Minen Kommender meistens that, war, in die Trinkbude zu gehen, um sich dort für die in den Minen ausgestandenen Entbehrungen zu entschädigen. Die hirschledernen Goldsäcke wurden dann hervorgenommen, schnell einige Drinks abgefertigt und dann ging erst das eigentliche Saufen los. Waren zufällig Leute in der Nähe, was meistens der Fall war, so wurden diese von den trinkenden Goldausbeutern famt und fonders eingeladen mitzutrinken, und zwar nicht gerade in der höflichsten Art. Wollten manchmal etliche Zuschauer sich entschuldigen oder die Einladung dankend ablehnen, so wurde dies nicht selten als Beleidigung betrachtet und mit den roheften Scheltworten erwidert oder sogar mit dem Messer oder Revolver gedroht. Während den drei Wochen, die ich im Fort zubrachte, um auf Bezahlung von Sutter zu warten, soll ein Mann gestochen und ein anderer geschossen worden sein. Das Subjekt, welches die Bude hielt, war einer der gemeinsten, niederträchtigsten Menschen, die mir damals bekannt waren. Ich erinnere mich noch ganz genau, als ich diesen Kerl zum erstenmal sah. Damals trieb er ein Ochsenfuhrwerk mit einem einzigen Gespann; er war barfüßig, seine Hosen hatten an den Knieen große Löcher, so daß mit jedem Schritt das nackte Knie zum Vorschein kam. Sein Hemd war fast noch mehr zerrissen, als seine Hosen, so daß seine Arme nur notdürftig bedeckt waren. Seine hellen, fast weißen, langen, glatten Haare hingen ihm unter einem sehr zweifelhaften Überrest von einem Hut unordentlich über sein Gesicht hinunter. Er mochte gegen die 30 Jahre alt sein und war plump, breit und grobfüßig, wie ein Bär. Seine Gesichtszüge zeugten von Gemeinheit und Niederträchtigkeit im höchsten Grade. Dies war also der nachherige Schenkwirt in Sutters-Fort. Er prahlte damit, daß er 10,000 Dollars Gold habe, kein Wunder also, wenn so viele der unbedachten, vollgetrunkenen Goldgräber, nachdem sie wie halbtot auf dem Boden herumlagen, des Morgens ihr Gold nicht mehr fanden. Dieser gleiche Bursche wurde später noch Constabler, wahrend ein anderer Kerl von zweideutigem Charakter, ein Schwager des Constablers, zum Friedensrichter gemacht wurde. Von wem sie ihre Ämter erhielten, kann ich nicht sagen, denn vom Volk der Umgegend wurden sie nicht gewählt. Später formierte sich im Fort eine Bande von Pferdedieben, wovon der saubere Constabler ein aktives Mitglied und der Friedensrichter ein stiller Teilhaber war. Es soll nicht selten vorgekommen sein, daß im Hofe des Forts Pferde weggenommen wurden, während die Besitzer in der Schenke tranken.

Schon während der ersten Tage nach meiner Ankunft im Fort war der junge Sutter einmal zu mir gekommen, um meine Ansicht darüber zu vernehmen, was ich zu einem ihm von einem früheren Mormonen-Ältesten empfohlenen Plan halte. Derselbe habe ihm nämlich gesagt, daß es thöricht sei, dort, wo sein Vater die Stadt Suttersville angelegt habe, eine Stadt zu gründen, da man ja nicht landen könne, ohne einen Kanal von etwa einer Meile Länge zu bauen, was bei den enormen Arbeitslöhnen von 16 Dollars Gold per Tag ein ungeheures Geld koste. Er solle lieber ganz am Fluß (Sakramento) sofort eine Stadt anlegen, da gerade ein Ingenieur da sei; wenn auch die Lage etwas tief, also die Ufer dort etwas flach seien. Mir leuchtete dieser Rat sofort als sehr vorteilhaft ein und trotzdem, daß ich schon ein paar Lots (Parzellen) bei Suttersville eignete, konnte ich nicht anders als ihn dazu zu ermuntern. Nur beging ich einen Fehler, den ich nachher immer bereut habe. Ich riet ihm den Namen Suttersville ab und empfahl ihm den Namen Sakramento City, den er ihr dann auch gab. Hätte ich damals an Sutters Eitelkeit gedacht, so würde dessen Name, auf den er, allerdings sehr unverdienterweise, so stolz war, jetzt unauslöschbar verewigt sein. Dafür kann ich mir allerdings zum Trost für meine diesbezügliche Unterlassungssünde sagen, daß Sakramento City ihren Namen meiner Wenigkeit verdankt.

Leid, sehr leid that es mir damals um den alten Mann, weil er, vermöge der unbedingten Vollmacht, die er seinem Sohne für die Dauer eines Jahres gegeben hatte, unfähig war, das Geschehene umzustoßen. Er soll sich sehr über das Mißlingen seiner Lieblingsidee geärgert haben und diese Angelegenheit hatte jedenfalls auch dazu beigetragen, daß sich Vater und Sohn für immer entzweiten. Ich konnte und kann mir mit ruhigem Gewissen sagen, daß ich den Rat des Mormonen Branon aus Überzeugung gutgeheißen habe, und schließlich hat es Sutter weder um die Menschheit, noch um mich verdient, hier verewigt zu werden.

Da ich vergeblich etwa drei Wochen im Fort auf Bezahlung in Gold gewartet hatte, wobei der Lebensunterhalt zu circa 60

Dollars per Tag eine bedeutende Summe ausmachte, so wurde ich des Wartens endlich überdrüssig. August Sutter, das konnte ich sehen, war dies nicht lieb und ich glaube, daß er mich wirklich bezahlt hätte, wenn es in seiner Macht gelegen hätte, denn er anerbot sich, mich auf irgend eine andere Weise zu bezahlen, ich solle ihm nur sagen, ob ich Land, Vieh, Pferde, Schweine oder Schafe an Zahlungsstatt nehmen wolle, er werde gegen mich in allem gerecht sein

Da ich meinen Lieblingsplan, mit den Indianern Handel zu treiben, nun aufgeben mußte, so entschloß ich mich endlich, Sutters Schafherde, circa elfhundert Stück, zu kaufen. Wir einigten uns auf den Preis von 3 Dollars per Stück, mit dem Recht zur Benutzung der extra für die Schafe errichteten Corols (Pferche) samt Schäferhäuschen, und im fernern konnte ich nur drei von den Indianerjungen solange als Schäfer behalten, als ich noch von diesen Schafen haben würde. Der Betrag belief sich auf circa 3500 Dollars, auf welche ich ihm noch etwa 900 Dollars schuldig blieb, jedoch mit Zahlungsfrist bis Ende März 1849. Als Schäfer nahm ich meinen zuverlässigen Könnöck, nebst Aboga und einem Knaben von etwa 7 Jahren, der als Koch für die andern dienen sollte.

XX

Bekomme von Sutter anstatt Geld dessen Schafherde. Unglück und Geduldsproben. Handel mit den Indianern. Diebereien und Mord. Rachezug der Weißen gegen die Indianer. Beerdigung (Verbrennen) des ermordeten Häuptlings Könnöck. Nächtliche Totenklage.

———

Ich war froh, das Fort endlich verlassen zu können und wurde in meiner Schäferei wieder mein eigener Herr in Gottes freier Natur Der Coral war gut gebaut, indem die Umfassung aus Adobemauer von etwa 6 Fuß Höhe bestand. Ganz in der Nähe war ein großer Teich, der aus einem Slough des American=Flusses gespiesen wurde Meine Hütte aus Adobemauer, ohne Fenster, war natürlich ganz primitiv, wie das Mobiliar, das aus einer Holzbank, einer Kiste, meinem Koffer, zwei Sesseln, einer Kaffee= oder Theekanne, einigen Blechschüsseln, Tellern und Blech= bechern bestand. Auf dem Boden brachte ich mein Bett an, denn eine Bettlade hatte ich nicht, sondern nur einen Strohsack und eine Wolldecke. Außer Mehl, Zucker, Thee und manchmal Bohnen oder Erbsen bestanden unsere Hauptlebensmittel in Schaffleisch, so daß wir nie Mangel hatten.

Da durch die Goldentdeckung in dieser Umgebung von den außergewöhnlich vielen Tieren (Maulesel und Pferde der Gold= gräber) das Gras viel mehr abgefressen worden war, als ge= wöhnlich, so wurde die Weide für die armen Schafe allmählich immer spärlicher und ich fand mich gezwungen, den Weizenstock, den ich noch eingemarktet hatte, schon frühe aufzufuttern, beson= ders auch, weil sonst die Goldgräber ihn für die Pferde ge= nommen hätten. Als Reitpferd benutzte ich meine Jenny jetzt fast ausschließlich; sie war während meiner Abwesenheit in den Minen

unter der Obhut Jacobs, wie der Vaquero hieß, ganz zahm
geworden. Dieses Tier und meinen Tiger zählte ich zu meinen
besten Freunden. Mit der Übernahme dieser Schafherde begann
für mich sozusagen eine ganz neue Lebensweise und schwere
Prüfungen oder Geduldproben lagen im Gefolge dieser Änderung.

Solange die Schafe noch dem Sutter gehörten, hieß es nicht
selten, daß während der Nacht solche gestohlen worden seien und
ich nahm mir vor, solchen Freveln ein Ende zu machen, koste es,
was es wolle. Außer mir hatte in dieser Gegend nur noch Mr.
Sinclair etwa 30 Stück Schafe, aber dieser wohnte auf der an=
dern Seite des Flusses und war etwas abseits vom Verkehr mit
den Goldgräbern, daher weniger den Diebereien derselben aus=
gesetzt, wie ich.

Bald nachdem ich die Schäferei übernommen hatte, kam der
mehrmals erwähnte Käseburg nebst Frau und Kind als Miets=
leute zu mir, indem sie eines meiner Schäferhäuschen bewohnten
und dafür monatlich 45 Dollars bezahlten. Als Zahlung dafür
nahm ich bei ihm die Kost, natürlich gegen weitere Vergütung
an ihn. Er war ein guter Jäger und versah seine Tafel gar
oft mit wildem Gänsefleisch, welches er auf französische Art zu=
bereitete, wobei nicht selten das reine Blut noch aus dem Fleisch
quoll, wenn er dasselbe auf dem Tisch tranchierte. Es kostete
mich besonders anfänglich viel Überwindung, von diesem rohen
Gänsefleisch zu genießen, denn mit dem besten Willen war es mir
fast unmöglich, den Gedanken aus dem Sinn zu bannen, wie mein
Tischgenosse, als er allein in der Sierra Nevada eingeschneit war,
sich ähnliche Gerichte aus dem Fleische seiner verhungerten Mit=
menschen bereitet habe. Schon mehrere Male wollte Käseburg
unsere Unterhaltung auf seinen alleinigen Aufenthalt in dem Ge=
birge und seinen schaurigen Lebensunterhalt lenken, aber jedes=
mal suchte ich auszuweichen, da meiner Phantasie diese Menschen=
fleischkost zu greulhaft vorkam, als daß ich davon hätte reden
können. Käseburg muß dies beobachtet oder vermutet und dabei
gedacht haben, daß mir diese Geschichte nicht richtig erzählt wor=
den sei, denn er wurde einmal, als ich wieder ablenkte, beinahe

heftig und sagte: „Mr. Lienhard, Sie haben gewiß allerlei über meinen Menschenfleischgenuß gehört, aber gewiß alles sehr entstellt und übertrieben. Ich verlange, daß Sie auch mich anhören und ich gebe Ihnen die Wahrheit ohne Entstellung." Wie widerwärtig es mir auch war, so konnte ich doch nicht anders, als mir die ganze traurige Geschichte von Anfang bis ans Ende erzählen lassen. Da ich die Hauptmomente derselben bereits oben bei Anlaß des Überganges der Emigrantenzüge über das Felsengebirge erzählt habe, so unterlasse ich hier die Wiedergabe seiner Erzählung, welche mir die Überzeugung beibrachte, daß Käseburg absolut nichts gethan habe, was berechtigt gewesen wäre, ihm die Achtung der Nebenmenschen zu entziehen. Wer nicht in ähnlichen Lagen gewesen ist, kann unmöglich sich ein richtiges Urteil bilden in solchen schrecklichen Ausnahmsverhältnissen.

Während meines Aufenthaltes in der Schäferei, die eben von Sutters-Fort nur wenig entfernt war, hörte ich immer noch oft bedenkliche Dinge über das Thun und Treiben der Menschen daselbst, von Gerechtigkeit war kein Schatten mehr zu finden und man sprach offenkundige Mörder frei.

Was der Erfolg meiner geschäftlichen Anstrengungen betrifft, so ging anfänglich alles ziemlich gut und meine Hauptsorge war die Erhaltung meiner Herde, um sie dann gelegentlich zu Geld zu machen.

Zu meiner Verwunderung fand ich eines Morgens ein halbgewachsenes Schaf derart gebissen, daß ich es meinen Jungen zum Schlachten überließ. Ein andermal horte ich, ebenfalls gegen Morgen, daß die Schafe wild hin- und herrannten. Mit der Flinte in der Hand eilte ich hinaus und sah durch eine Öffnung im Coral dem ängstlichen Treiben der Schafe zu. Plötzlich entdeckte ich einen Cagoten inmitten der Schafe, der seine Zunge wie ein ermüdeter Hund heraushängte und wirklich müde schien. Er war einige Schritte vor den Schafen stehen geblieben und schaute diese an, und das thaten auch ihrerseits die Schafe gegen ihn Dann sprang der Cagote, als ob er an einem Erfolg zweifle, leicht auf die sechs Fuß hohe Mauer hinauf und warf sehnsüchtige

Blicke hinunter, ehe er sich auf einen abgefeuerten Schuß hin
entfernte. Als ich dann auch entdeckte, daß die großen Wölfe
Jagd auf meine im Coral befindlichen Schafe machten, so mußte
ich ernstere Maßregeln gegen diese Raubtiere ergreifen und ich
fing an, ihnen allnächtlich aufzulauern, was sie dann ängstlicher
machte und von dem Coral fern hielt. Schließlich mußte ich mich
überzeugen, daß auch Menschen nach meinen Schafen trachteten.
Im nächsten Haus von der Schäferei an den Ufern des American
Flusses hielten sich fortwährend eine Anzahl Sandwichinsulaner
auf und ich erfuhr, daß diese oft Schaffleisch verspeisten,
ohne daß sie von mir Schafe gekauft hatten. Sinclair aber
wohnte auf der andern Seite des Flusses und verkaufte über=
haupt keine Schafe von seiner kleinen Herde. Der erste dieser
Sandwichinsulaner war Canaca Harry mit seiner Manawitte,
Sutters früherer Lieblingsfrau, welcher er diesen Platz geschenkt
hatte. Es stellte sich dann heraus, daß dieser Canaca Harry
meine Schafhüter betrunken machte, um dann bei hellem, heiterm
Tag Schafe wegzulocken und in sichere Verstecke zu bringen. Ich
bestrafte meine Jungen nicht dafür, sondern suchte sie zu belehren,
daß dieses geistige Getrank ihr Untergang sein würde, und zu
meiner angenehmen Überraschung hörte ich einmal aus den Ge=
sprächen, die sie vor dem Einschlafen mit einander hielten, daß
sie ganz vernünftige Betrachtungen über die früheren Verhältnisse
vor der Goldentdeckung im Vergleich zu den jetzigen machten und
sich namentlich darüber beklagten, daß die vielen Weißen ge=
kommen seien und thun, wie wenn sie über alles Herr und
Meister wären, während doch immer ihre Eltern und Voreltern
hier gewohnt hätten; man habe es auch machen können, ohne
die glänzenden Dinge, die sie mitgebracht (Perlen 2c.) und ohne
Kaffee und Zucker. Auch über meine Person sprachen sie Ver=
schiedenes, woraus ich schließen konnte, daß die Art, wie ich sie
behandelte, so ziemlich die richtige sei.

Die sich ewig wiederholenden Störungen meiner Schafe
verursachten, daß ich mich keiner rechten Ruhe mehr freuen
konnte, denn selten verging eine Nacht, wo ich nicht zwei=

oder dreimal mit der Flinte in der Hand die Runde um die Coral machen mußte, um nach der Ursache zu schauen. So lange die Witterung angenehm und trocken war, ging es schon noch an, allein als diese kalt, naß und frostig wurde, da waren die Patrouillen des Nachts, oft in der Eile barfüßig, nichts weniger als angenehm und gewiß auch meiner Gesundheit nicht zuträglich.

Bald nachdem Käseburg fortgezogen war, kamen Rippstein, Diel und ein Berner, nur der Berner-Jocki genannt, alles frühere, zum Teil oft genannte Reisegefährten von mir, und bewohnten das von Käseburg verlassene Häuschen, wofür ich ihnen aber keine Hausrenten oder Zinse berechnete, denn ich war froh, jemand, mit dem ich vertraut war, in demselben zu haben. Es war eines der ersten Gespräche, die wir zu unserer Unterhaltung hatten, daß ich ihnen das ungefähr erzählte, was ich von meinen Indianerjungen gehört hatte, denn ich gestehe, daß diese mir aus dem Herzen gesprochen hatten und daß ein gewisses Rachegefühl mich erfüllte, wenn ich an das dachte, was ich selber mit ansehen und anhören mußte in der kurzen Zeit meines damaligen Aufenthaltes in der Nähe der Ureinwohner oder sogen. Wilden! Wie oft habe ich in meinen einsamen Stunden darüber nachgedacht, wie es mir wäre und wie ich mich an den unverschämten, habgierigen Weißen rächen wollte, wenn ich einer dieser rechtmäßigen Besitzer des von den Voreltern ererbten Landes wäre!

Ich zweifle nicht, daß es unter den Indianern genug Männer gab, welche ebenso dachten, allein sie sahen ihre Ohnmacht ein, sie wußten, daß ihnen die Weißen in allem überlegen waren, namentlich im Besitze und der Anwendung ihrer Mordwaffen. Sie wußten auch, daß eine Gegenwehr in ihrer Bedrängnis und Not nur um so sicherer und schneller sie ins Verderben gestürzt hätte und daß auch in der Ausführung von Racheakten, ähnlich der bei den Wilden üblichen Blutrache, die Weißen sie auch an Raffiniertheit und Rachedurst übertreffen würden und nicht früher gesättigt wären, als sie. Wie heldenmütig haben sich nicht die

Florian-Indianer und in letzter Zeit*) eine Handvoll Indianer unter der Führung des Capitaine Jack an der Grenze von Oregon und Californien gewehrt. Die „civilisierten“, „christlichen“, „humanen“ Weißen — welche infame Lüge liegt nicht in diesen Worten? — sind das Gift und Verderben aller einheimischen Menschengeschlechter, d. h Ureinwohner Anfänglich kommen Missionäre, Jäger, Abenteurer in die neuen Länder. Die erstern, um das Christentum, das Wort Gottes zu predigen, gemäß dem Bibelwort· Du sollst deinen Nächsten lieben, wie dich selbst. Diesen folgen die Abenteurer, welche das Wort Gottes durch ihr ganzes Benehmen zu einer Lüge machen und anstatt Liebe Raub, Mord und Verdorbenheit in allen Beziehungen bringen. Dies zusammen ist die Quintessenz der Civilisation, über die ich mich schon oft geärgert, ja sogar mich ihrer geschämt habe. Der freundliche Leser mag meine Abschweifung vom Zweck dieser Erzählungen damit entschuldigen, daß ich eben wenig Anlaß gehabt habe, mich in dieser Beziehung zu andern auszusprechen oder, wie wir populär sagen, das Herz zu leeren, und doch so mitten drin Wochen und Monate lang all dieses Treiben mit ansehen mußte. Der Hauptinhalt unserer Unterhaltung im einstöckigen, fensterlosen Schäferhaus ist in obigen Herzensergießungen ungefähr wiedergegeben, denn nicht einer von uns vieren wagte eine Lanze für die Weißen zu brechen, eher hätte ich es dazu gebracht, daß wir alle in die Worte eingestimmt hätten: Herr, sei uns Sündern gnädig Nachher kamen wir auf dortige Tagesneuigkeiten zu sprechen und unsere philosophischen Betrachtungen bezogen sich auf das Naheliegendste, indem wir uns fragten, wie man sich die maßlose Thorheit derer erklären müsse, welche in den Minen keine Entbehrungen scheuen, um sich einige tausend Dollars zu erwerben, und dann hinunter ins Fort kommen, um sich zu betrinken und im Spiel ihres sauer erworbenen Goldes wieder los zu werden. Über die Beispiele, die ich hier in dieser Richtung gesehen habe, könnte man ganze Bücher schreiben und man steht

*) Ich muß wiederholen, daß diese Biographie schon im Jahre 1870 geschrieben worden ist. Der Herausgeber.

da mit Fragen und Rätseln, wie wenn man sich in einer
Gesellschaft von lauter Irren und Zuchthäuslern befinden
würde

Als ich einmal ganz ruhig über diese Verhältnisse und Er-
scheinungen gesprochen hatte, hörte mir ein junger Mann zu und
sagte zu mir: „Sie haben da ganz genau mein Schicksal getroffen. Ich kam vor drei Tagen mit circa 2100 Dollars nach
dem Fort, trank dort gerade so, wie Sie eben bemerkten, kam
angetrunken ins Spielzimmer und wollte auch mein Glück versuchen, spielte und verlor alles, so daß ich jetzt keinen Dollar
mehr in der Tasche habe und hätte ich nicht 200 Dollars bei
Bill Daily am Cosuma gelassen, so wäre der letzte Cent fort"

In den letzten Wochen des Dezembers 1848 war mein lieber
Freund Mr Miller plötzlich zu mir gekommen. Er war im Fort
gewesen und wollte die 600 Dollars Gold dort beim jungen
Sutter holen, denn der alte hatte ihn, wie seinerzeit mich, an
seinen Sohn im Fort verwiesen. Dieser hatte aber immer noch
so viel Schulden für seinen Vater zu bezahlen, daß Miller unverrichteter Sache abreisen mußte Es war am 31. Dezember 1848
als er abreiste und ich sah ihn damals zum letztenmal. Es war
ein schöner Tag und am Abend unterhielt ich mich mit meinen
drei Kameraden bis gegen 1 Uhr nachts, wonach ich mich in
meine Hütte begab. Ich war noch nicht eingeschlafen, als ich im
Coral wieder irgend etwas Verdächtiges hörte. Ohne Waffen
ging ich hinaus gegen das niedrige Thor des Corals und schaute
in denselben hinein. Bei dem leichten Mondschein glaubte ich eine
Person zu sehen, war aber nicht ganz sicher. Anstatt eine Waffe
zu holen, stieg ich thörichterweise auf die Adobemauer und ging
auf derselben einige Schritte vorwärts, dann sah ich deutlich
einen Mann. Dieser schien mich jetzt auch entdeckt zu haben, denn
er suchte sich des Südwesteckens zu nähern, wahrscheinlich um sich
dort zu verbergen. Ich war von der Coralmauer hinunter-
gesprungen und ging langsam der Stelle entgegen, wo ich ihn
gesehen hatte. Erst jetzt war ich mir recht bewußt, daß ich ohne
Waffe war, ging aber doch immer langsam vorwärts und der

Mann ebenfalls und zwar dem Thore zu, aber so schwankend, als ob er betrunken wäre. Er blieb einigemale stehen und sah nach mir, wie wenn er sich überzeugen wollte, ob ich bewaffnet sei, dabei gab er mehrere „aufstoßende Töne“ von sich, ganz wie ein arg Betrunkener. Jetzt war ich bald bei ihm und donnerte ihn an, was er da wolle, zugleich rief ich meinen Indianer Aboga. Nun gab sich der vermeintlich Betrunkene als Canaca Harry zu erkennen und bat, ihm den Weg zu zeigen, weil er sich in der Trunkenheit verirrt habe. Aboga war inzwischen auch da und schüttelte den Kopf, womit er sagen wollte, Harry sei nicht betrunken. Wir sprachen nun laut miteinander, wobei ich sofort auch Verdacht bekam, daß die Trunkenheit nur eine simulierte sei. Auf einmal hörte ich hinter mir rufen: „Was ist los Lienhard? Was gibt's denn?“

Es war Rippstein, denn alle drei Freunde waren aufgestanden, um mir allfällig beizustehen. Aboga führte den Kerl etwa 80 Schritte weit und rief dann zurück: „Der Schelm ist auf einmal nicht mehr betrunken.“

Ich ärgerte mich nicht wenig darüber, von dem Schurken noch so zum Narren gehalten worden zu sein, doch war ich nun sicher, daß mein Verdacht auf die Canacas begründet war. Harry und Sutters Mannawitti waren die Eigentümer des Hauses, in welchem die verschiedenen Sandwichinsulaner ihren Unterschlauf fanden und die gestohlenen Schafe verzehrt wurden. Ich ließ dem saubern Nachbar sagen, er werde das nächste Mal dann so empfangen werden, daß er das Heimgehen für immer vergesse. Solches Volk gehörte also zu Sutters Freunden, wenigstens zu seinen Begleitern von den Sandwichinseln.

Am nächsten Morgen, dem Neujahrstag 1849, wünschten wir uns gegenseitig Glück zum neuen Jahr und bekamen dann Besuch von einem Amerikaner, der sich sehr über unser Schweizerdeutsch verwunderte, besonders als der Berner Jakob beim Einschenken des Kaffees wiederholt sagte: 'S ischt gnueg, 's ischt gnueg. Der fremde Herr meinte, ob das wohl englisch sein sollte oder überhaupt gar keine Sprache sei. — Wir feierten diesen

Neujahrstag mit einem Überblick über das miteinander Verlebte und bauten Luftschlösser.

Am Abend blieb ich bis 9 Uhr bei meinen Kameraden und ging dann in meine Hütte, um mich zu Bett zu legen. Damit ich alles, was draußen vorging, besser höre, ließ ich die Thüre immer drei bis vier Zoll weit offen und band sie inwendig nur mit einer dünnen Schnur an einen Nagel fest. Meine Kleider legte ich gar nicht mehr ab, mit Ausnahme des Hutes. Da mir das kleine Abenteuer von der vorigen Nacht wieder in den Sinn kam, so hielt ich meine Waffen sorgfältig in Bereitschaft. Kaum mochte ich eine halbe Stunde gelegen sein, und zwar ohne Schlaf zu verspüren, so meinte ich fernes Pferdegetrabe zu vernehmen. Je mehr ich horchte, desto sicherer konnte ich das Herannahen hören und es mußten mehrere sein. Bald fingen meine Hunde an unruhig zu werden. Man war bei der Hütte angekommen und machte Halt. Ich war leise aufgestanden und hatte mich der Thüre genähert. Die Männer riefen: Guten Abend (evening) und ich dankte. Da der Mond noch nicht aufgegangen war, so konnte ich nur mit Not zwei Pferde mit Reitern unterscheiden, von denen mir der eine ein Weißer, der andere ein Brauner oder Schwarzer schien, ein Neger, Indianer oder Canaca. Die Männer wollten wissen, ob nicht hier Schafe zu verkaufen seien. Ich antwortete: „Ja, bei Tage!"

„Wir kommen soeben von den Minen und sind hungrig, wir wollen aber jetzt ein Schaf kaufen, wie theuer sind sie?"

„Bei Tage verkaufe ich sie zu 8 Dollars das Stück, bei Nacht verkaufe ich gar keine."

„Acht Dollars das Stück! Mann, wir könnten sie ja in den Bergen zu 3 Dollars das Stück kaufen!"

„Wirklich? Dann thut Ihr besser, wenn Ihr in die Berge reitet und dort Euere Schafe kauft."

„Wir sind hungrig und wollen jetzt essen; wissen Sie was, wir zahlen Ihnen einen Dollar in Silber und sind dann mit einem Lamm von 5—6 Monaten zufrieden."

„Behaltet Euern Silberdollar, ich will ihn nicht, Gold ist
mir gut genug; aber heute Abend könnt Ihr keine Schafe mehr
von mir kaufen, es ist jetzt finster und ich kenne Euch nicht. Sobald es Tag wird, könnt Ihr ein Schaf für 8 Dollars bekommen,
wie ich sie sonst auch verkaufe, die Lämmer nicht billiger als
die Alten."

Sie frugen jetzt nach der Distanz bis zum Fort und nach
der Fähre über den American-River, was ich ihnen der Wahrheit gemäß sagte. Sie entfernten sich, ohne weitere Rede, und
ich legte mich wieder auf meinen Strohsack und dachte mir: Das
sind entweder Spitzbuben, welche beabsichtigen, mich auf leichte
Art zu berauben, oder dann sind es zwei von den ärgsten Geiz-
hälsen, die es gegenwärtig in Californien gibt. Wer wird denn
in der Nacht kommen und für einen Dollar ein Schaf kaufen
wollen?

Ich dachte über alles das nach, als ich auf einmal die
Schafe sehr unruhig werden hörte. Ich lauschte, es war wieder
still. Zum zweitenmal schienen mir die Schafe unruhig zu sein,
aber wieder wurde es still. „Sind vielleicht Wölfe in der Nähe?"
dachte ich wieder. Als dann zum drittenmal Lärm im Coral entstand, so rief ich dem Aboga, er solle doch einmal hingehen und
nachsehen, was das sei. Aboga that, was ich befohlen und kam
nach ein paar Minuten zurück und sagte leise: Nehmt die Flinte,
es sind Diebe draußen und zwar mehrere, sie haben Pferde und
wollen eben in den Coral hinein. Mit der Doppelflinte in der
Hand folgte ich schnell dem Jungen, der an der Ecke der Hütte
stehen blieb und auf zwei Gestalten hinwies, die man deutlich
gegen den Horizont unterscheiden konnte. In dem einen Flinten-
lauf hatte ich eine Kugel, in dem andern eine Ladung Enten-
schrote. Schieße ich die Kugel ab und treffe, so ist der Kerl tot,
und das will ich nicht, gebe ich den Schrotschuß ab, so kann ich
auf diese Entfernung bloß verwunden und das genügt vorläufig.
Ich zielte und drückte los, und ein halb unterdrückter Schrei bewies, daß ich getroffen hatte. Ich war jetzt nach Art der Indianer bücklings nach der nordöstlichen Ecke geeilt und kam gerade

zeitig genug, um zu sehen, wie ein Mann zu Pferd, ein gesatteltes
Tier hinter sich führend, vorüber kam und ein zweiter Reiter
folgte. Ich schoß auf das unberittene Pferd die Kugel ab und
sah, wie die Tiere aufsprangen, war aber nicht sicher, ob die
Kugel getroffen hatte oder bloß der Knall die Pferde erschreckte.
Die Räuber hatten es nun sehr eilig, um aus dem Bereich meiner
Schüsse zu kommen, denn Rippstein, Diel und Brunner waren
auf den Lärm hin gekommen. Ersterer gab mir seinen Revolver,
mit welchem ich die Diebe verfolgte und trotzdem ich niemand
mehr sah, eine der singenden Kugeln nachsandte. Diese haben
nämlich den Vorteil, daß der Verfolgte weiß, was er zu riskieren
hat, wenn sie nahe bei ihm vorbeipfeift. Ich begab mich wieder
in mein Häuschen, lud beide Läufe meiner Doppelflinte mit je
16 Bockschroten und schnallte das Waidmesser um, aber die Diebe
kamen nicht mehr. Eine halbe Stunde mochte vorbei sein, als ich
ein Rauschen oder Platschern des Wassers von der Durchfahrt des
American her vernahm, was vom Durchwaten des Flusses mit
den Pferden herrührte. Obwohl ich also annehmen konnte, daß
diese Bande nicht mehr nach Sutters-Fort gegangen war, so ritt
ich am Morgen doch schnell hin und erzählte den Vorfall

Daselbst traf ich zufällig Major Reading, einen schönen und,
wie ich glaube, braven Amerikaner, dem ich das Vorgefallene erzählte. Dieser machte ein bedenkliches Gesicht und meinte, ich
hätte den Kerl unbedingt totschießen und wo möglich den andern
gefangen nehmen sollen, denn nach solchen Vorfällen sei fast
immer Rache zu gewärtigen. Was konnte ich nachträglich machen,
als das Bessere hoffen.

Da ich unter meiner Herde eine große Zahl unalterierter
Widder besaß, so hätte ich gerne einen Teil derselben ändern
lassen. Ein Amerikaner unternahm dann diese Arbeit, aber es
kam mir vor, als ob er das Geschäft nicht verstehe und viel zu
wenig unterbinde, denn ich wußte, wie mein Vater zu Hause dies
gemacht hatte. Auf meine Reklamation ging der Mann nicht ein,
sondern behauptete, seine Methode sei die richtige und die Folge
davon war, daß ich nebst der Entschädigung für diese Kunst noch

obendrein alle kastrierten Widder verlor, nämlich nicht weniger
als 60 Stück. Dies schien der Anfang von einer Glücksperiode
eigener Art zu sein, denn gegen Ende Januar änderte sich die
Witterung und es fing sogar an zu schneien und hörte nicht auf,
bis überall der Grund 3 1/2 Zoll tief bedeckt war, was in Cali=
fornien eine Seltenheit ist. Dann wurde es so kalt, daß der Teich
eine Eisdecke bekam und diese Kälte hielt etwa vier Tage an

Dies war eine bedenkliche Zeit für meine armen, schwachen,
hungrigen Schafe, um so mehr, als auch die Wölfe hungriger
wurden und infolge dessen auch zudringlicher Die gefräßigen
Raubtiere stürzten sich sogar einmal auf meine Hunde ganz in
meiner Nähe. Meine wachsame, tapfere Schäferhündin mußte
sich sogar einmal vor den Wölfen in mein Zimmer flüchten.

Da ich für die Schafe nur einen Pferch oder Coral, aber
kein wirkliches Obdach hatte, unter welchem die Tiere trocken
hätten liegen können, und der Mist und Schmutz bald zu einer
Höhe von 5—6 Zoll stieg und eine förmliche Schlammpfütze
bildete, so war guter Rat teuer. Die Nahrung während des
Tages auf der Waide war natürlich auch spärlich und die circa
80 Stück Mutterschafe, welche ihre Jungen säugten, kamen bald
so herunter, daß sie kaum mehr stehen konnten. Einige alte
Widder, welche von der schlechten Operation her noch überblieben
waren, machten den Anfang zu der nachfolgenden großen Sterb=
lichkeit.

Anfänglich fanden die hungrigen Tiere noch einen Ersatz für
die gewohnte Nahrung an der Rinde der Gebüschstämmchen des
Unterholzes, aber auch dieser Ersatz dauerte nicht lange und die
Bäumchen waren weit hinauf vollständig abgenagt, so daß auch
diese Nahrung ausging. Ich befand mich in einer höchst bedenk=
lichen Situation, denn ich mußte befürchten, daß die ganze Herde
zugrunde gehen werde. Der Wölfe wegen mußte ich am Abend
die Tiere in den Coral bringen lassen und dann kam es nicht
selten vor, daß einige vor Schwäche nicht mehr heimgehen konnten.
Ein Widder, den wir auf dem Wege stehen ließen, um zuerst die
andern Schafe zu versorgen, ward bis zu unserer Rückkunft eine

Beute der Wölfe. Er lebte noch, aber ein Cagote hatte ihm den Bauch aufgerissen, so daß die Gedärme herausquollen. Ich brach ihm das Genick, um seinem Leiden ein Ende zu machen. Die 80 Mutterschafe, welche schon mehrere Wochen ihre Lämmer gesäugt hatten, starben alle, weshalb ich meinen Jungen befahl, die neugeborenen Lämmer sofort zu töten. Es gab Tage, wo am Morgen 8 Schafe tot im Coral lagen. Wenn bei Tage kranke Schafe ruhig auf dem Boden lagen, so kamen Raben und pickten ihnen die Augen schon vor ihrem Tode aus. Mehrere hiemit beschäftigte hatte ich geschossen. Vergeblich hoffte ich Tag für Tag auf besseres Wetter, also mußte ich auf andere Mittel denken, der Sterblichkeit ein Ende zu machen, wenn ich nicht alles riskieren wollte.

Ich sah mich nach einer Stelle um, wo die armen Tiere wenigstens bei Nacht nicht im tiefen Schlamm liegen mußten. Auf einer kiesigen Anhöhe, nicht weit weg, glaubte ich Spuren von einem früheren Coral gefunden zu haben. Vielleicht aus ähnlichen Gründen, wie jetzt, war dieser einst provisorisch errichtet worden. Allerdings fehlte auch dort das Futter, aber ich war zu der Annahme berechtigt, daß der Futtermangel weniger die Todesursache sei, als das schlechte, nasse Nachtlager. Auffallenderweise hatten alle erkrankten Tiere entzündete Mägen und ein Loch in demselben von der Größe eines Silberdollars infolge des Platzens. Ungefähr 200 Stück hatte ich bereits verloren, was einen Ankaufsbetrag von 1600 Dollars ausmachte.

Schon am nächsten Morgen wollte ich übersiedeln und nach dem Frühstück trieben meine Schäfer die armen Tiere jener Stelle zu. Zum Zwecke der Ausbesserung oder Errichtung des Corals nahmen sie Äxte mit und ich wollte mit einem Zelt bald nachfolgen. Um die Mittagszeit fiel ein heftiger Regen vermischt mit Schnee, so daß ich besseres Wetter abwarten wollte. Schließlich mußte ich aber trotz des förmlichen Unwetter hinüber ins neue Lager, wo ich bei strömendem Regen das Zelt aufschlug. Da wir kein genügend erwärmendes Feuer anfachen konnten, so hatten wir eine entsetzliche Nacht, wie ich noch keine durchgemacht hatte. Es war noch gut, daß ich mehrmals patrouillieren mußte, was beſſer war, als bloß auf dem naſſen Boden zu liegen. Ich fürchtete die Folgen, aber was konnte ich machen. Zu allem dem litten wir noch vom Rauch, denn es war kein trockenes Holz zu bekommen.

Als ich am Morgen ins Freie trat, glaubte ich, es liege über der ganzen Gegend ein dichter Nebel, mußte aber bald die Entdeckung machen, daß eine heftige Augenentzündung die Urſache dieſes vermeintlichen Nebels ſei. Nun war das Maß der Miſère voll. Ich befahl, die Jenny zu ſatteln und ritt zur Schäferei wo Diel mir zuerſt begegnete, er ſagte: „Du ſiehſt heute blaß aus.“

„Aber dafür ſind meine Augen deſto röter, ſieh mich nur an,“ gab ich zur Antwort, „und dabei bin ich um 900 Dollars in Schulden, viele tauſend Meilen von meinen Verwandten entfernt und verliere meine Schafe im großen.“

Diel hatte Mitleiden mit mir, wie es mir wenigſtens ſchien, und er ſagte: „Gehe Du nur in dein Haus und pflege deine Augen, wir ſind ja unſer drei und können abwechſelnd ſchon jeden Abend für dich wachen, während am Tag die Indianer gut genug aufpaſſen können.“

Ich begab mich in mein Häuschen, öffnete dort meinen Koffer, nahm ein altes Leinwandhemd heraus, von welchem ich ein Stück abriß, um meine Augen mit lauwarmem Waſſer zu baden und zu decken. Ich that dies mehrere Stunden ununterbrochen, ſogar auch während der Nacht und des folgenden Tages, bis mich der Schlaf endlich übermannte und mich zum Aufhören zwang. Zu meiner großen Freude verſpürte ich ſchon am zweiten Tage Beſſerung, aber kleine, eiterartige Belege bedeckten noch die Hornhaut längere Zeit, obwohl ich das Baden noch lange fortſetzte. Seit jener Zeit litt ich ſehr oft an Augenentzündung und die Spuren davon werde ich wohl mein ganzes Leben lang nicht mehr verlieren.

Meine Kameraden hatte jeder eine Nacht in dem Zelt bei den Schafen zugebracht, ohne daß etwas beſonderes vorgekommen wäre. Jene Regennacht ſchien für dieſen Winter die Regenzeit abgeſchloſſen zu haben, denn ſchon an dem Tag, als ich zurück=

kam, schien die Sonne wieder freundlich und während der zwei folgenden Tage hatte der warme Sonnenschein die Morastmasse im alten Coral fast ganz aufgetrocknet, so daß wir die Schafe wieder zurückholen konnten. Schon nach wenigen dieser anhaltend warmen Tage überzog sich der Boden mit einer wohlthuenden grünen, sprossenden Vegetation, welche mit jedem Tag kräftiger wurde, und es war eine Lust zu sehen, wie auch in der Schaf=herde ein ganz anderes Leben sich bekundete. Mit der Munterkeit und dem Gedeihen dieser Geschöpfe kam auch meine Hoffnung und mein Mut wieder, denn ich besaß doch noch 900 Schafe, welche mir noch ein gut Stück Geld einbringen konnten.

Ich habe schon früher eines Baslers, namens Dürr, er= wähnt und dieser war seit einiger Zeit mit seiner Indianerfrau bei mir und hatte mir schon früher gesagt, daß er mit mir in Gemeinschaft treten würde, wenn ich die Hälfte der Schafe ver= kaufen wolle. Da diese bei dem schönen Wetter so gut zugenommen hatten, war er jetzt willens, mir die Hälfte abzukaufen und wir wurden um die Summe von 2400 Dollars einig. Dürr hatte im Sommer auch Gold gewaschen und irgendwo in den Minen in zwei Flaschen circa 3000 Dollars im Boden vergraben, nach welchen er nun hinritt, sie zu holen, um davon die Schafe zu bezahlen. Ob Dürr die Stelle, wo er sie verborgen hatte, nicht recht bezeichnete, weiß ich natürlich nicht, er meinte zwar, daß er ganz gewiß gewußt habe, wohin er sie gethan, allein er fand nur die eine der Flaschen, glücklicherweise die größere mit circa 1500 Dollars, während die verlorene 1200 Dollars enthielt. Dürr schien so halb seine Mary und einen ihrer Landsmänner, nämlich einen Oregon=Indianer, im Verdacht zu haben, daß man sie ihm gestohlen habe. Ich erhielt jedoch die 1500 Dollars so= gleich und das andere, was er mir noch schuldig war, auch bald nachher.

Wir beabsichtigten, sobald das Gras hoch genug sei, die Schafherde nach den Minen zu nehmen, um sie den Goldgräbern zu verkaufen.

Von diesem Manne wüßte ich sehr viel zu erzählen, aber ich

will mich auf das Wichtigste beschränken, was ich des Lesens
wert finde.

Durr war ein gutgewachsener, fast sechs Fuß hoher Mann
von militärischer Haltung, trotz seiner 54 Jahre. Er hatte bis
1830 in der französischen Schweizergarde gedient und wurde nach
der Julirevolution entlassen, ging dann in Ermangelung einer
passenden Bethätigung nach Amerika, wo er nach St. Louis und
von da ins Fort Laramie kam, von dem ich bereits schon bei An=
laß meiner Reise über das Felsengebirge gesprochen habe. Hier
ward er dann einer der kühnen Boten, die vom Fort aus, mit
Gewehr, Proviant und Wolldecke versehen, durch die Wildnis
streifen mußten, um Nachrichten zu bringen und zu holen und
nebenbei auch der Jagd oblagen. Da dieser Dienst ein sehr an=
strengender und gefährlicher war, so suchte er gelegentlich zu
desertieren, was ihm schließlich auch gelang. Er hatte nämlich
gehört, daß, wenn es einem Entronnenen, oder überhaupt jemand,
gelinge, plötzlich in einem Indianerdorf zu erscheinen und daselbst
um Schutz zu bitten, die Indianer dem Betreffenden wirklich
vollen Schutz und Gastfreundschaft angedeihen ließen und daß
keine Belohnungen sie veranlassen könnten, von ihren Pflichten,
welche sie heilig hielten, abzuweichen Dürr hatte erfahren, daß
in irgend einem Thale der Laramie=Gebirge ein großes Lager
oder Dorf der Sioux=Indianer sei, über dessen genaue Lage er
sich möglichst erkundigt hatte.

Als er dann bald einen Auftrag erhalten habe, den er
mehrere Tagreisen weit hätte ausführen sollen, sei, der gewaltthäti=
gen Behandlung müde, sein Entschluß, wegzulaufen reif geworden;
denn anstatt seinen Auftrag auszuführen, habe er sich nach der
Richtung des indianischen Lagers begeben und dabei jede Vor=
sicht beobachtet, um nicht einem Indianer zu begegnen, bis er
das Dorf selber betreten konnte. Er wußte, daß er bei einem
Zusammentreffen an Stellen, die nicht zu einem Verkehrsweg ge=
hörten, entweder als Deserteur abgefaßt oder beraubt, wenn nicht
ermordet würde. Für ersteres wurde eine große Belohnung be=
zahlt, das wußte er auch Er hatte es zustande gebracht und

schritt zum Erstaunen der Indianer durch das Dorf zu einem
der größten Zelte, wo er den Häuptling vermutete. Dort an=
gekommen, machte er Zeichen, daß er zu bleiben wünsche und die
Beschützung von Seite der Bewohner in Anspruch nehme. Sofort
ging ein Häuptling durch das Dorf, indem er etwas ausrief,
was Dürr zwar nicht verstanden, aber vermutet habe, daß dem
Volk geboten wurde, ihm vollen Schutz angedeihen zu lassen.
Darauf hielten die Häuptlinge eine Ratsversammlung und das
Resultat war, daß man ihm ein Zelt anwies, in welchem eine
verwittwete Tochter eines der Geheimnismänner wohnte. Er war
also auf einmal ein Bürger der Sioux=Indianer geworden und
wurde auch sofort als einer der ihrigen behandelt, fand aber
bald, daß er von einem jungen Indianer gehaßt wurde und zwar
aus Eifersucht, weil man ihm die junge Witwe zur Frau ge=
gegeben hatte.

Im Fort Laramie hatte man seinen Aufenthalt erfahren
und dem Häuptling wurde ein besonders hoher Preis offeriert,
wenn man ihn ausliefere, was aber von dem Hauptling ab=
gewiesen wurde.

Einige Monate waren dieser Art verflossen; die Sioux=In=
dianer besprachen sich über Kriegszüge gegen andere Stämme,
und wenn Dürr unter ihnen bleiben und als ein Mann betrachtet
werden wollte, mußte er sich natürlich an ihren Zügen beteiligen
Dürr meinte: „Obschon ich elf Jahre lang Soldat gewesen bin
und dem Tod auf manche Art ins Auge geschaut habe, so fand
ich doch nie, daß man die Gefangenen zu Tode gewartert hätte.
Wollte ich bei diesen Leuten bleiben, so mußte ich in allem es
ihnen gleich thun. Würde ich es nicht, sondern mich weichherzig
gezeigt haben, so wäre es mit meinem guten Namen als Krieger
aus gewesen und man würde mich als eine Squaw beschimpft
haben." —

Schon längere Zeit habe er gewünscht, so erzählt er weiter,
eine günstige Gelegenheit zu finden, um diese Leute wieder zu
verlassen, und diese habe sich unerwartet eingestellt. Einige Mis=
sionäre in Begleitung von Jägern und Falkenstellern, welche nach

Oregon reiſten, ſeien im Dorfe angekehrt und er habe ſich dieſen angeſchloſſen. In Oregon habe er bloß als Jäger die Wildniſſe durchſtreift und oft monatelang keinen Weißen geſehen Der Biberfang habe ihm einige Zeit viel eingetragen, weil die Felle teuer geweſen ſeien. Als Jäger habe er das größte Abenteuer mit einem Bären erlebt, den er angeſchoſſen und dann verfolgt habe, bis er in einen förmlichen Zweikampf mit ihm gekommen und von ihm beinahe tot gebiſſen worden ſei. Als er mit dem Waidmeſſer gegen den Bären gekämpft habe, ſei ſein Kopf zwi= ſchen die ſich im Todeskampf noch öffnenden Kiefer geraten, ſo daß er ſo gebiſſen worden ſei, daß man die Narben jetzt noch ſehe. Wirklich zeigte Dürr dieſe Narben und nach den Ausſagen von Gewährsmännern hatte Dürr die Wahrheit geſagt. Er war auch überhaupt kein Aufſchneider und ſeine Erzählungen ſtimmten jedesmal wieder mit dem, was er etwa ſchon einmal erzählt hatte, überein Sein Aufenthalt im Felſengebirge dauerte etwa acht Jahre, dann kam er nach Oregon und bald darauf nach Californien, wo er ſich in einem Aufſtand der ſpaniſchen Cali= fornier gegen Mexiko an einem Kriegszug beteiligte und ſich, wie alle Emigranten und Amerikaner und Sutter mit ſeinen Indianern, auf Seite der Mexikaner ſtellte. Durr befehligte eine Kanone und wurde vom mexikaniſchen General Machalterrena als Kom= mandant angeſtellt, wie Sutter gleichzeitig auch. Nur ſoll Machalterrena bald eingeſehen haben, daß Sutter als Militär nichts tauge.

Wenn man beide, Durr und Sutter, von jenem Feldzug reden hörte, ſo konnte man den Unterſchied in der Wahrheit zwi= ſchen beiden Darſtellungen faſt mit den Händen greifen Dürr machte aus dem gefangenen Helden Sutter einen Feigling, der geweint habe, als die californiſchen Reiter ihn gefangen ge= nommen hätten.

Dürr war nach jenem Feldzug wieder nach Oregon zuruck= gekehrt, wo er wieder ſein romantiſches Jägerleben fortſetzte, und dann von einem Indianer, der eine 13jährige Tochter hatte, dieſe gegen einen alten Grauſchimmel eintauſchte. Da das Mädchen dem Dürr gefiel, so war der Handel bald abgeschlossen. Der Indianer erhielt den alten Schimmel und Dürr endlich eine Frau, welcher er den Namen Mary gab und welche hinfort seine stete Begleiterin war.

Als das Gold entdeckt wurde, kam Dürr natürlich auch nach Californien und hatte, wie bereits erwähnt, sich beim Goldgraben einige tausend Dollars erworben, mit denen er nun mein Teilhaber an den Schafen geworden war. Dürr wußte oft seine Mary nicht genug zu rühmen, nach ihm wäre sie über jede weiße Frau erhaben gewesen und ich will zugeben, daß sie für das Jäger= oder Nomadenleben besser paßte, als es mit einer weißen Frau der Fall gewesen wäre. Sie war für eine Indianerin ziemlich gut aussehend und nichts weniger als dumm, kochte, flickte, wusch seine Kleider nicht übel und was das Wanderleben anbetraf, so hatte sie selbst daran Wohlgefallen.

Als Dürr mit mir den Schafhandel abgeschlossen hatte und wir nur noch auf etwas mehr Weide in den Bergen für unsere Schafe warteten, brachte er eines Tages einen Landsmann seiner jungen Frau mit nach Hause, womit er eine große Dummheit beging, denn wir hatten absolut keine Arbeitskraft mehr nötig und zudem war dieser Mensch ein Taugenichts, Säufer und Wüterich. Er brachte auch Unfrieden zwischen Dürr und seine Frau, so daß er sie einmal mit einem circa ½ Zoll dicken Stock ganz jämmerlich durchprügelte. Wir hatten dieses Strolches wegen viel Ärger, da der Bursche beinahe nicht mehr fortzubringen war und sich eine Art Liebesverhältnis zwischen der braven Mary und dem sauberen Landsmann zu bilden schien, wovon ich hier vorläufig nichts sagen will, da mir andere Vorkommenheiten zur Zeichnung der damaligen Verhältnisse zu Gebote stehen.

Eines Abends ziemlich spät klopfte jemand an der Thüre und rief: „Wo ist der alte Green?" Diese Anrede galt Dürr, der sich den Mann ansah und in ihm einen alten Bekannten zu erkennen glaubte. Der Fremde machte nicht Miene, abzusteigen, nahm aber eine noch zu zwei Dritteilen volle Schnapsflasche aus der Tasche und verlangte, daß wir daraus trinken sollten. Ich

ſah Dürr nur ſelten Branntwein trinken und wenn er es that,
war er mäßig. Ich meinerſeits dankte, da aber der Mann uns
immer nötigte, nahm ich einen kleinen Schluck. Napolion, wie ihn
Dürr nannte, meinte, wir ſollten mehr trinken und ſtieg ab. Er
band das Pferd an das äußere Ende meines Laſſos, mit welchem
ich meine Jenny außen neben der Hausthüre an einen Dachbalken
angebunden hatte, und kam in unſer Zimmer. Nicht bloß uns
nötigte er zum Trinken, ſondern er trank ſelber am meiſten und
gab die halb volle Flaſche dem Dürr, indem er nach einer an=
dern, vollen, griff und aus der Taſche zog, die er auch zum
Trinken darbot. Da die beiden alte Bekannte waren und wohl
einander manches aus ihren Erlebniſſen hatten erzählen können,
ſo wünſchte Dürr, daß Napolion bei uns über Nacht bleiben
möchte. Napolion weigerte ſich aber und ging aus dem Zimmer,
um draußen ſich am Pferd etwas zu ſchaffen zu machen. Ich
glaubte, er wolle daſſelbe beſſer anbinden und ich ging eben auch
hinaus. Dies war gut, denn der braune Napolion hatte mein
Pferd vom Balken losgebunden und ſaß wieder auf dem ſeinigen,
zugleich damit beſchäftigt, das äußere Ende meines Laſſos um
ſeinen Sattelknopf zu binden, woran ich ihn aber verhinderte.
In einigen heftigen Worten fragte ich ihn, was er damit wolle
und hieß ihn, ſich ſo ſchnell als möglich zu entfernen, was er
auch that, indem er dem Pferd die Sporren in die Flanken ſetzte
und davon galoppierte. Als wir den Laſſo unterſuchten, war er halb
durchgeſchnitten und es war augenſcheinlich, daß er das Pferd,
d. h. unſer Pferd, mitzunehmen beabſichtigt hatte. Ich hatte
übrigens einigemale Verdacht, daß Durr es mit dem fremden
Eigentum auch nicht gar ſo genau nehme, wie ich, und er wollte
einigemale Dinge gefunden haben, welche von andern als Eigen=
tum reklamiert wurden. Bei einem diesbezüglichen Geſpräch
meinte er, er könnte andern viel nehmen, bis er ſo viel hätte,
als ihm ſchon genommen worden ſei, welche Bemerkung ſeine
Grundſätze am beſten kennzeichnete.

Die Pferdediebsbande im Fort zählte fünf Glieder, wovon
der eben erwähnte Schnapsſchenker noch faſt der bravſte war.

Ich beobachtete mehr als einmal, daß sie in die Nähe unserer Pferde kamen und da Geheimnisse berieten; übrigens hatte ich seit dem nächtlichen Besuch des sauberen Freundes von Durr meine Jenny bei der Schäferei angebunden und zwar innerhalb des Corals. Meine von Sutter gekaufte Stute mit ihrem Fohlen, die erstere mit dem Brandeisen gezeichnet, lief frei mit Dürrs Pferden in dem grasigen Bottomland herum und zwar nur wenige hundert Schritte von der Schäferei entfernt. Wir konnten die Tiere nie lang allein lassen, aus Besorgnis, sie könnten uns gestohlen werden und dennoch waren sie auf einmal fort, als wir wieder nach denselben sehen wollten. Durrs Augen schienen Feuer zu sprühen. Ich war auf die Coralmauer gestiegen und sah in der Ferne gegen das Fort hin Staub in die Höhe steigen, ein Zeichen, daß dort Pferde rannten. Währenddem Dürr meine Jenny sattelte, die ich, wie bereits bemerkt, nun immer beim Coral angebunden hatte, lud ich in meine Doppelflinte eine schwere Ladung Rehposten und gab sie Dürr, der bereits auf meinem Pferde saß. Mit Blitzesschnelle und einem echt indianischen Kriegsgeschrei verfolgte der alte, bewahrte Krieger den oder die offenbaren Diebe. Ich konnte naturlich nicht mit, weil wir ja nur noch dieses mein Pferd besaßen. Ich stieg wieder auf die Coralmauer und konnte sehen, wie Dürr einen zu Fuß kommenden Mann anhielt und um Auskunft fragte und dann wieder davonsprengte. Ich hatte keine Ruhe mehr, denn ich furchtete, Durr könnte im Kampfe mit den Dieben umgebracht werden, aber was konnte ich für ihn thun? Nichts! Nach vielleicht zwei Stunden kam Dürr mit unsern Pferden, ohne die von Dürr angeblich einmal gefundene weiße Stute zurück und erzählte, wie er gerade noch unsere Pferde dem Coral beim Fort zutreiben gesehen und dann diese sofort als die unserigen reklamiert habe. Die Diebe hätten sie aber nicht herausgeben wollen, indem sie behaupteten, diese seien nicht unser Eigentum. Zum Glück waren die Pferde aber, mit Ausnahme des Schimmels, mit Brandeisen markiert, so daß die Sache entschieden war, wenigstens fur unsere braunen Pferde, den Schimmel hingegen, den Durr einmal herren=

los gefunden haben wollte, mußte er zurücklaffen, was mich im
Geheimen beinahe freute, denn er kam mir immer so halb als
unrechtes Gut vor. Nach der Erzählung von Dürr ging die
Sache aber nicht so kurz und leicht ab, da er gegen fünfe stand.
Nur die Furcht vor dem ergrauten, wilden Jäger und Kriegs=
mann schien zur Zurückgabe der Pferde geholfen zu haben, denn
auch Dürrs Stute brachte man ihm noch am folgenden Tag.

Die Pferdedieberei mit gunstigen Erfolgen wirkte animierend
auf ein paar junge Leute, welche dann ihr Glück auch versuchen
wollten. Wir hatten unsere Waffen immer schußbereit, was uns
nach etwa 14 Tagen sehr zugut kam, da die paar Taugenichtse
es wirklich einmal auf unsere Pferde abgesehen hatten, aber von
uns nicht aufs beste empfangen wurden, so daß sie den Finken=
strich nahmen.

Die Witterung und die vorgerückte Vegetation bestimmten
uns, gegen die Minen hin zu ziehen, als Rippstein und Diel, die
bereits wieder mehrere Wochen oben gewesen, gerade auf
dem Rückweg von dort uns begegneten und uns Nachrichten von
oben brachten, welche uns sehr zur Vorsicht mahnten. Geringe
Ergiebigkeit, immerwahrender Wechsel der Plätze, feindliche In=
dianer, Streit derselben mit den Weißen, das waren Punkte,
welche uns zu denken gaben. Rippstein zeigte uns eine Narbe
an der Hand, die ihm ein Indianerpfeil beigebracht hatte, und
er erzählte uns den ganzen Hergang, wie er zu dieser Wunde,
beziehungsweise zu einem Kampf mit Indianern gekommen sei.
Rippstein war schon bei seiner Reise über das Felsengebirge immer
zu wenig vorsichtig und ein paarmal konnte man sehr von Glück
sagen, daß seine Vertrauensseligkeit nicht üblere Folgen hatte. So
war es auch hier, denn beim Lagern ließen sie, also er nebst
Diel und einem Franzosen, das Feuer brennen, was den Indianern
die Lagerstelle verriet. Sicher waren alle drei ermordet worden,
wenn nicht der Franzose noch so viel Geistesgegenwart gehabt
hatte, seine Wolldecke aufs Feuer zu werfen, wodurch die In=
dianer auf einmal verhindert wurden, die Feinde vor den eigenen
Leuten zu unterscheiden und es dadurch den Angegriffenen möglich

wurde, die Flucht zu ergreifen. Der Franzose wurde von fünf Pfeilen getroffen und starb einige Tage später an den Folgen der Verwundungen.

Wir zogen nun mit unsern Schafen nach einer ganz andern Richtung, nämlich gegen Calama, wo das Gold zuerst entdeckt wurde. Schon auf dem Wege verkauften wir eine ordentliche Anzahl Schafe von unserer Herde zu 12 Dollars und größere Tiere, z. B. Mutterschafe und Widder, zu 18—22 Dollars, denn das Schaffleisch war den Indianern, die sonst von den amerikanischen Händlern nur versalzenen, geräucherten Lachs oder Schweinefleisch bekommen konnten, ein Leckerbissen. Eines Tages kam eine große Zahl von den ersten per Schiff von New-York angelangten Goldsuchern, die nach den Minen gingen. Sie waren bis an die Zähne bewaffnet und gehörten jedenfalls zum Auswurf der östlichen Staaten. Als ich von ihnen die Äußerung hörte, daß sie große Lust hatten, ihre Gewehre an diesen nackten, braunen Leuten zu probieren, so bedeutete ich ihnen, daß wir, Dürr und ich, es nicht zulassen würden, diese harmlosen Leute zu beleidigen, worauf sie bald ihres Weges weiter zogen. Das waren wieder die civilisierten Leute, und zwar von der Nation, welche so christlich sein will wie Katholiken und Protestanten, und waren doch mordlustige Gesellen.

Wir erhielten an diesem Tag aber auch schon einen Konkurrenzbesuch von einem Amerikaner, der den Indianern Lebensmittel verkaufte. Es war der dicke Storekeeper in Begleitung eines andern Mannes. Er ließ uns nicht lange im Zweifel, weshalb er uns einen Besuch abstattete, indem er zu uns sagte: „Ihr Leute mußt diesen Platz verlassen, ihr beeinträchtigt mein Geschäft, was ich nicht länger dulden werde. Zieht ihr nicht freiwillig weg, so werde ich Männer genug bringen, um euch zum Abzug zu zwingen, denn ihr verkauft den Indianern euere Schafe zu billig, so daß sie uns nichts mehr abkaufen wollen!“ Als ich erwiderte, daß er hier nicht mehr Recht habe, als jeder andere, so behauptete er, es sei dies sein Claim*). Aber ich belehrte ihn

*) Landrecht.

dahin, daß niemand mehr als Claim beanspruchen könne, als 3 bis 6 Wards, und daß es bezüglich des Preises unserer Schafe niemand etwas angehe, wie viel wir dafür verlangen. Da den Indianern unser Bleiben erwünscht war, so zogen wir vorläufig nicht weiter, besonders da uns diese einen schönen Lagerplatz für uns und unsere Herde anwiesen. Es war ihnen daran gelegen, uns in der Nähe zu haben, damit sie von uns Schafe kaufen könnten und durch ihre Mithülfe fanden wir dann ein schönes, abgeschlossenes Thälchen, was alles ausgezeichnet für ein längeres Lager mit Coral paßte und wohin wir nun zogen. Es war dieser Platz auch deshalb sehr günstig, weil die Goldgräber, die hier meistens Indianer waren, nahe vorbeipassieren mußten. Es mochten ihrer etwa zwanzig sein, welche sich hier mit Goldwaschen abgaben und unsere Abnehmer wurden. Der Handel selbst wurde sehr reell betrieben und ging so vor sich, daß meine Jungen die Schafe dicht in einen Knäuel zusammentreiben mußten, so daß die Käufer ihre Auswahl treffen konnten. Dann nannten wir den Preis und die ersteren zogen ein, meistens in einen alten Fetzen Tuch eingewickeltes, Stück oder Korn Gold im Wert von 5 à 6 Dollars hervor, das man auf die Wage legte, dann ein zweites oder drittes 2c, bis alles das verlangte Gewicht hatte. Mein Könnöck fing dann das betreffende Schaf mit dem Lasso und übergab es dem Käufer. Anfänglich tötete ich die Tiere vermittelst Abschneiden der Kehle, aber die Indianer wollten dies nicht, sondern hatten eine in der That viel weniger blutige Tötungsart. Zwei Männer hielten das Schaf am Körper und ein dritter drehte ihm rasch den Kopf um, wodurch das Wirbelgelenk gebrochen und ein plötzlicher Tod herbeigeführt wurde.

Es war eine Freude, den Indianern zuzusehen, wenn sie das gebratene Schaf schmausten und ihnen das Fett aus den Mundwinkeln tropfte. War ein äußeres Stück abgetrennt und das Gebratene abgegessen, so legte man die unfertig gebratenen Stücke wieder aufs Feuer. Das Interessanteste war mir das Verspeisen der Haut, was, wie mir schien, eine Art Dessert und Delikatesse sein mußte. Die Haut wurde nämlich mit der Wolle auf die glühen-

den Kohlen gelegt, was natürlich einen wundervollen Duft ver=
breitete. Die ganze Haut war in kurzer Zeit zu einer unförm=
lichen Masse zusammengeschrumpft, die dann mit Wonne verspeist
wurde. Auch die Gedärme wurden gegessen, wobei sie sogar noch
die Zehen zum Halten derselben gebrauchten. In den ersten Tagen
kauften diese Leute 10—14 Stück, die sie so verspeisten, nachher
aber etwas weniger und zuletzt nach etwa zehn Tagen täglich
nur noch 4 Stück. Wir mußten daher darauf denken, ein anderes
Absatzgebiet ausfindig zu machen. Als wir dies indessen bekannt
machten, so ersuchten uns unsere Kunden, das nicht zu thun und
versprachen wieder bessere Losung. In der That kauften sie dann
wieder täglich etwa 7 Stück, bis sie dann so vollgestopft waren,
daß sie vor Faulheit nicht mehr arbeiten mochten

Beim Verlassen unseres Lagers hatten wir Gelegenheit, die
Indianer recht schlau zu finden. Sie gaben uns nämlich die Ver=
sicherung, uns auf einem näheren Weg zu Sutters Sägemühle zu
führen und weil wir ihnen Glauben schenkten, so kamen wir in
große Reiseschwierigkeiten. Nachher stellte es sich heraus, daß sie
uns nur deshalb diesen Weg angeraten hatten, damit der Store=
keeper (der früher genannte Konkurrent) nichts von unserm Weg=
zug vernehme, weil er sonst mit den Preisen wieder steigen würde
Nur mit sehr großen Schwierigkeiten erreichten wir nach mehreren
Tagen Calama. Auf diesem Weg war Dürr wieder einmal
genötigt, seiner unartigen Mary, welche starrköpfig ihm nicht kochen
wollte, mit einem Stocke eine tüchtige Tracht Prügel zu appli=
zieren und zwar in einer Weise, wie man sie nur bei kleinen
halsstarrigen Mädchen anwendet.

Bei der Sägemühle fanden wir alles noch beinahe so un=
vollendet, wie zur Zeit der Goldentdeckung und waren daher
sehr enttäuscht, weil wir hier viele Leute zu treffen hofften. Dies
zwang uns, einige Zeit lang ein wahres Nomadenleben zu führen,
was mir besonders deshalb nicht behagte, weil Dürr immer noch
den Landsmann seiner jungen Frau als Angestellten duldete und
doch wußte, daß dieser und seine Ehehälfte ihn nur verlachten.
Dieser Mensch war in betrunkenem Zustande gerade wie ein

grimmiges Tier und geradezu lebensgefährlich, so daß ich fest
entschlossen war, ihn niederzuschießen, wenn Dürr ihn nicht ent=
lasse. Letzterer mochte zur Überzeugung gekommen sein, daß das
Maß nun voll sei, denn ich erklärte ihm zugleich, daß ich von
einer Gemeinschaft des Schafhandels nichts mehr wissen wolle
und lieber meinen Teil, um 5—600 Dollars billiger, weggebe, wenn
er den Kerl und Nebenbuhler nicht entlasse, und er schien sich
nun ernstlich zu überlegen, wie dies am besten möglich sei.

Inzwischen traten Verhältnisse ein, welche uns nahe be=
rührten, ohne daß wir selber in irgendwelcher Weise aktiv be=
teiligt waren.

Da nämlich unser Mehl stark zur Neige ging, so gab ich
Dürr den Rat, meine Anwesenheit zu benutzen, um einige hundert
Pfund Mehl aus dem Thal zu holen, womit er einverstanden
war und am nächsten Tage schon abreiste, weil er vier Pferde
hiezu verwenden wollte, damit er wo möglich am gleichen Tage
zurückkommen könne. Die Entfernung war circa 40 Meilen, also
hin und zurück 80 Meilen oder etwa 25 Schweizerstunden.

Die vier Pferde brauchte er, um sowohl mit Reiten als
Packtragen unterwegs abwechseln zu können. Es war an einem
Samstag früh, als Dürr aufbrach. Der Tag ging, wie seit einiger
Zeit alle vorhergehenden, ohne besondere Störungen zur Neige und
ich erwartete die baldige Ankunft Dürrs. Da kamen einige Indianer=
jungen aus dem nahen Dörfchen zu unserem Lager und ich hörte,
wie einer derselben meinem Könnöck hastig eine, wie mir schien,
geheimnisvolle Mitteilung machte. Die Worte waren im Dialekt
gesprochen, so daß ich nur etwas wie tot oder töten verstehen
konnte. Könnöck machte ein sehr bedenkliches Gesicht und frug
den Knaben wieder, als ob er sich überzeugen wolle, ob er ihn
recht verstanden habe. Auf meine Frage an Könnöck, ob der
Knabe etwas von töten gesprochen habe, gab dieser zur Ant=
wort: „Ja, die weißen Männer, welche oben im Fluß Gold
waschen, sollen meinen Onkel und noch einen andern Indianer
getötet und ihnen zugleich die Kopfhaut abgeschnitten und mit=
genommen haben.“

„Ift dein Onkel und der andere fchon begraben?"

„Nein, aber fie werden ihn bald hieher bringen, da hier feine Ortfchaft war. Sie werden ihn verbrennen und die Afche dann vergraben!"

„Was fagft du, deine Verwandten wollen feinen Körper hier verbrennen und die Afche dann vergraben, und das diefen Abend?"

„Ja, fo hat mir der Knabe gefagt."

Das fchien mir eine fehr bedenkliche Gefchichte zu fein und je mehr ich darüber nachdachte, defto gefahrlicher kam fie mir vor. Daß die Indianer gar noch von den deutfchen Goldgrabern, unter welchen auch meine drei Kameraden Thomann, Rippftein und Diel fich befanden, gemordet und fcalpiert worden fein follten, konnte ich nicht begreifen. Ich wußte zwar nur zu wohl, wie diefe fogenannten chriftlichen Goldgräber fogleich die Indianer verdachtigten, wenn etwas geftohlen wurde und wegen jeder Kleinigkeit, ohne von der Schuld überzeugt zu fein, mit Niederfchießen drohten, alfo durfte ich mit Recht ängftlich fein und fomit auch mich fragen, ob die Weißen, welche ja faft ganz in der Gewalt der Indianer waren, nun eine beffere Behandlung von letzteren erwarten durften. Und daß fie noch den Hauptling, Könnöcks Schwager töteten — was mochte fie zu diefer That veranlaßt haben?

Der getötete Häuptling war mit feinem Bruder am vorhergehenden Tag noch bei uns gewefen, und weil fie unferes Könnöcks Verwandte waren, fo hatten wir fie gaftfreundlich bewirtet. Sie waren auch immer freundlich mit uns gewefen und fomit die Letzten, denen ich etwas Böfes hätte gönnen mögen.

Dürr kam endlich an, gerade als die Dämmerung fich einftellte. Ich erzählte ihm, was ich foeben erfahren hatte, worüber er fehr bedenklich fein Haupt fchüttelte. Er meinte: „Diefe Indianer hier herum find gutmutige, dumme Leute. Wären fie wie die Indianer im Felfengebirge, dann wäre es um uns gefchehen. Sie würden einfach fagen: Die Weißen haben von unfern Leuten getötet, folglich müffen wir auch Weiße töten, fie würden nicht lange fragen, ob wir fchuldig oder unfchuldig wären."

Wir setzten unsere Waffen in Bereitschaft; ich gebot über drei Schüsse und Dürr über sieben.

Kaum fing es an zu dunkeln, als von weitem her die mir von Minal, der Gärtnerei, her bekannten Trauertöne zu vernehmen waren und die Indianer uns mit Fackelzug näher kamen. Am untern Ende der Ortschaft machten sie Halt. Es war schon zu finster, um unterscheiden zu können, ob sie den Körper des Getöteten mitgebracht. Mein Könnöck wollte seinem Onkel auch noch die letzte Ehre erweisen und ich sagte ihm, er solle doch den Verwandten und Bekannten sagen, daß ich selbst recht erbost sei über die Weißen und den Tod ihres Häuptlings sehr bedauere, aber wir würden uns aufs äußerste verteidigen, wenn wir uns entgelten müßten. Könnöck meinte indessen sofort, daß man uns nichts zu leide thun werde, er wolle deswegen schon für uns sprechen.

Als Könnöck gegangen war, wollte der Mogriner Indianer, der immer noch bei Dürr war, nebst seiner Landsmännin Mary, Dürrs Frau, auch gehen, allein mein Indianer Aboga riet entschieden ab, indem er sagte: „Die Leute sind jetzt aufgeregt und wild, zeigte sich ein anderer Mensch als Ortsangehörige bei dem Verbrennen, so wäre es gar nichts Besonderes, daß die Verwandten sich an solchen Personen rächen würden. Ich bin ja auch ein hiesiger Indianer, nur von Sakramento, und doch möchte ich nicht wagen, hinzugehen, denn ich weiß noch, wie wir uns in ähnlichen Umständen verhalten haben, die Leute sind jetzt über alles empört.“

Unten wurde nun ein Feuer angezündet, welches bald lebhaft brannte und von dunkeln Gestalten umstanden wurde, die einzeln Trauertöne anstimmten, denen nach und nach sich andere anschlossen, bis wohl alle an dem unharmonischen Singen, Wemen und Heulen unter wilden Gestikulationen teilnahmen, welchem meine Hunde mit ihrem Geheul antworteten, was mir ganz leid that. — Allmählich wurde diese Raserei wieder etwas leiser und fast alle Stimmen hörten auf. Nur dann und wann hörte man noch einige Töne, auch die Bewegungen um das Feuer herum

wurden viel ruhiger Es war, als ob die Betreffenden von einer
strengen Arbeit ausruhen würden, um sie dann wieder mit er=
neuter Kraft fortzusetzen. Dies war auch wirklich so, denn all=
mählich, nicht etwa auf einmal, begann das gleiche ohrenzer=
reißende Gekreisch und Geheul wieder und steigerte sich bis zum
höchsten Punkt der denkbaren Möglichkeit, worauf dasselbe dann
wieder vom unheimlichsten Gipfelpunkt bis zu schauerlicher Toten=
stille sank. Dies ging so die ganze Nacht fort und erst gegen
Morgen wurde alles ruhiger und nur in Zwischenpausen ließ sich
noch eine Stimme hören, welche in weinerlichen, milderen Tönen
dem Schmerz Ausdruck zu geben schien. Wenn zufällig der Wind
den Rauch gegen uns hin trieb, so war immer der Geruch von
verbranntem Fleisch mit dem Rauchgeruch verbunden, was das
Schauerliche an der Sache noch erhöhte. Dies war zwar nur im
Anfang der Fall Meine Hunde bellten und heulten die ganze
Nacht hindurch und von schlafen war natürlich keine oder wenig
die Rede, denn immer hatte ich die Doppelflinte in der Hand,
wenn ich aus dem Zelt hinauskroch, um Umschau zu halten, ob
nicht ein Rachezug gegen die Weißen vorbereitet werde.

Die Sonne erhob sich allmählich und man sah von uns aus
niemand mehr auf der Begrabnisstelle, aber man meinte immer
noch, eine Stimme zu vernehmen in schwachen Klagetönen, ähn=
lich wie ein schwaches Gestöhne eines Kranken Nach unserem
Frühstuck ging ich hin und traf dort den Bruder des Häuptlings
neben einer Bodenerhöhung, ähnlich einem sehr großen Maul=
wurfshügel, kauern Er war sehr schläfrig und müde, so daß er
anfänglich meine Ankunft nicht gewahrte, aber doch dann und
wann schluchzte. Als er mich endlich erblickte, schien sein Auge
sehr grollend. Ich winkte mit der Hand und mit möglichster,
aber auch ernstgemeinter Mitleidsgeberde, daß ich nicht in böser
Absicht komme. Auch hatte ich mein Waidmesser absichtlich
nicht mitgenommen. Wir wechselten nach dem Gruß nur wenige
Worte der Beileidsbezeugung, indem ich sagte: „Das waren böse
Männer, welche den Bruder getötet haben.“ — „Si senior, muy
malos“, war seine Antwort.

Der kleine Erdhügel, welcher die Asche eines uncivilisierten, aber ich möchte fast auch sagen unverciwilisierten Menschen unter sich barg, war etwa zwei Fuß breit und schön glatt abgerundet, oben mit einer bassinartigen Vertiefung, in welche Perlen aus Pelikanknochen sorgfältig hineingelegt waren.

Der Trauernde erhob sich nun und sagte auf mexikanisch: „Ich bin sehr hungrig." Ich hieß ihn zu mir ins Lager kommen und gab ihm Brot und Schaffleisch, worauf er sich mit dem spanischen Gruße „Adios" entfernte.

Natürlich war ich nun sehr neugierig, zu erfahren, warum man den armen Häuptling getötet habe, brachte aber von Könnöck so viel heraus, daß nicht die deutschen Goldgräber die Mörder waren, sondern fünf berittene Männer, Leute aus Oregon, teils Halbindianer, teils Weiße, welche von dem North Fork des American kamen, den armen Häuptling, welcher nach Coloma gehen wollte, antrafen und ohne weitere Veranlassung sofort Jagd auf ihn machten. Als der Indianer die fünf Männer unter wildem Geschrei auf sich zureiten sah, habe er die Flucht ergriffen, sei verfolgt worden bis an den Fluß und sei dann hineingesprungen. Weil er vor Müdigkeit nicht unter dem Wasser hinüberschwimmen konnte, so habe eine Kugel sein Haupt getroffen und er sei plötzlich tot gewesen. Der Mörder sei dann noch ganz kaltblütig vom Pferd gestiegen und habe, da das strömende Wasser den leblosen Körper ans Ufer geschwemmt hatte, diesen noch scalpiert und die Kopfhaut als ein großes Siegeszeichen an den Zaum des Pferdes gehangt. Auch einen zweiten Indianer, den sie auf dieser Menschenjagd getroffen, sollen sie umgebracht und scalpiert haben. Das sind die Heldenthaten eingewanderter Weißen.

Nachdem ich an diesem Mittag fertig gespeist hatte, ließ ich schnell meine Jenny satteln und ritt wohlbewaffnet nach dem Indianerdorf, wo der Gemordete gewohnt hatte. Ich kam an dem Platz vorüber, wo die Deutschen kürzlich noch Gold gewaschen hatten, aber es war niemand mehr da. Auch das Indianerdörfchen war leer. Ich ritt aufs Geratewohl hin weiter, um meine weißen Freunde zu suchen, da begegnete mir der Spaß,

daß Indianerfrauen vor mir flohen, weil sie mich auch für einen
Räuber und Mörder hielten, und immer vor mir fortrannten,
wenn ich sie beruhigen wollte. Eine Schar Indianer, welche in
der Nähe badeten und mich kannten, riefen den Frauen zu, daß
ich ein guter Mann, also kein Mörder sei. Endlich sah ich in
der Ferne ein Zelt und dies gehörte zum Lager meiner Freunde,
welche mir sagten, Rippstein nebst einem andern Deutschen seien
nach Coloma gegangen, um die Ursache der Tötung des Indianerhäuptlings näher kennen zu lernen, denn sie fürchteten Rache.
Auf die Vorwürfe, die ich den Weißen im allgemeinen machte,
gab man mir die Versicherung, daß man den Mördern zugerufen
habe, die harmlosen Indianer doch nicht zu belästigen.

Thomann und Diel wünschten, daß ich die Ankunft Rippsteins abwarten solle, da er Neuigkeiten bringe. In circa einer
halben Stunde kam Rippstein mit seinem Begleiter und sie erzählten, daß in Coloma große Aufregung und Erbitterung gegen
die Indianer herrsche und daß etliche vierzig Weiße dort einen
Rachezug gegen sie auf den folgenden Tag vorbereiteten und
beabsichtigten, alle Indianer zu töten, denen sie begegnen würden.
„Ihr habt indianische Diener und wenn sie euch unter den Indianern fanden, so würden sie gewiß keinen Unterschied machen,
und wolltet ihr euch für sie verwenden, so wäre dies für die
Verfolger ein guter Anlaß, euch die Pferde und Schafe zu rauben
oder, schöner gesagt, zu erobern, denn schließlich nennen solche
Banden dies einen regelrechten Eroberungszug.“

Als Veranlassung zu diesem Mordzug gab man das Gerücht
an, es seien von Indianern fünf Weiße getötet worden. Ich für
meinen Teil vermutete, daß die fünf Mörder des Häuptlings und
seines Begleiters dieses Gerücht bloß ausstreuten, um ihre eigene
That damit zu beschönigen.

Wir befolgten aber doch am folgenden Morgen ganz früh
den Rat und trieben unsere Schafe dem früheren Lager zu. Ich
hielt es jedoch für meine Pflicht, die Indianer auf die ihnen
drohende Gefahr aufmerksam zu machen, aber man hatte mein
Geberdenspiel entweder zu wenig verstanden oder man war zu

gleichgültig, denn gleich nach unſerem Wegzug am Morgen kamen
eine Anzahl Weiße und mordeten faſt alle Indianer, die ich am
Abend noch gewarnt hatte. Der Zufall wollte, daß mehrere In=
dianer, vielleicht aus Dankbarkeit für meine Warnung, uns halfen,
die Schafe fortzutreiben, und trotz aller Einſprache gegen ihre
Begleitung und aller Drohungen, daß wir ihnen keine Belohnung,
als allfällig Schläge, geben werden, brachten wir es nicht dazu,
daß ſie zurückblieben. Dürr hatte nämlich Angſt, daß man auch
uns niedermetzeln würde, wenn wir ſo viel fremde Indianer bei
uns hätten, ſo daß er ſogar mit dem Laſſo diejenigen ſchlug
welche uns noch weiter begleiten wollten. Sie blieben einfach
nicht zurück und kamen dann am folgenden Tag in unſer Lager,
um uns mitzuteilen, daß während der Zeit, als ſie uns begleitet
hätten, alle andern, alſo alle Zurückgebliebenen, gemordet und
ſcalpiert worden ſeien Dieſe uns Begleitenden hatten ſomit ihr
Leben uns oder ihrer Dankbarkeit gegen uns zu verdanken. Nach
ihren Angaben hätten die Wölfe und Raben bereits begonnen,
die toten, natürlich unbeerdigten Körper zu verzehren. Bill Daily,
deſſen Rancho, wie derjenige ſeines Schwagers, Mr. Sheldon, am
Coſumna war, erzählte mir, wie kurze Zeit nach dieſer Abſchläch=
terei eine ähnliche von einer Bande von 19 Weißen in ſeiner
Gegenwart neben ſeinem Hauſe an zweien ſeiner Arbeiter verübt
worden ſei. Sheldon waren zwei Kinder geſtorben, Daily, als
deſſen Schwager und Nachbar, ließ durch zwei ſeiner Indianer
die Gräber zur Beerdigung dieſer Kinder ganz in der Nähe
ſeines Hauſes graben. Während dem die Indianer an der Arbeit
waren, dieſe herzuſtellen, kam eine wohlbewaffnete Bande von
19 Mann in die Nähe des Rancho und ſchoſſen die beiden In=
dianerjungen ſofort nieder, ohne daß irgend eine Veranlaſſung
dazu vorlag. Nachdem ſie dieſe Schandthat verübt hatten, war
der Anführer der Bande noch ſo frech, Daily anzufragen, ob er
ihm nicht einen Ochſen verkaufe

Dies ſind die mir bekannten reſp. von mir erlebten Greuel=
thaten; aber wie viele mochten noch verübt worden ſein, ohne
daß ich etwas davon vernahm.

Mein ganzes Sinnen und Denken ging nun dahin, bald mög=
lichst aus diesen Verhältnissen herauszukommen. Mein Zelt ver=
kaufte ich an einen Holländer, namens Schwarz, für 40 Dollars
und mein Pferd für 200 Dollars. Dürr hatte ich mittlerweile
genauer kennen gelernt und die Überzeugung gewonnen, daß er
zu schwach sei, den Freund und Landsmann seiner Mary fort=
zuschicken, bevor es zu spät sei. Ich besorgte nämlich, daß
dieser Indianerschurke Mordpläne gegen mich schmiede, weil er
sah, daß ich ihm mißtraute und ihn durchschaute. Dies alles trieb
mich zur Eile an und ich hatte keine Ruhe mehr, bis alles zur
Abreise in Ordnung gebracht war

Da mir von Sutter die beiden Indianerknaben für so lange
überlassen wurden, als ich Schafe besäße, die ich von ihm gekauft
hatte, so war ich genötigt, einige derselben zu behalten, damit
die Indianer diese mit den übrigen Schafen der an Dürr ver=
kauften Herde hüten konnten Ich that dies in einer guten Ab=
sicht für Dürr, damit nicht der Fall eintreten könnte, daß ihm
auf einmal seine Schafhirten weggenommen wurden. Anstatt dessen
zeigte sich aber Dürr, der mir hätte dankbar sein sollen, zuletzt
etwas schmutzig, indem er mir verschiedene beim Verkauf der
Schafe ausbedungene Gegenstände, die ich zum Verpacken nötig
hatte, nicht verabreichen wollte. Die Restzahlung für die Schafe
hatte ich erhalten, also gab es nichts mehr, was mich noch im
Lager hätte zurückhalten können. Zwei in den letzten Tagen an=
gekommene Franzosen wollten den Weg nach Sutters=Fort auch
machen, ich hatte also angenehme Reisegesellschaft. Die Rück=
erinnerung an die Empfindungen jener Abreise, als ich auf dem
sicheren Pferde saß, an den schönen Maimorgen, wo alles grünte
und blühte und sproßte, mit 6000 Dollars Gold gut verpackt bei
mir, wohlbewaffnet, und mich in guter, höherer Begleitung wissend,
wird mir stets bleiben.

Die Reise ging ohne irgendwelche Störung von statten und
wir langten am Abend bei Sutters Weizenfeldern an, wo wir für
unsere Pferde herrliches Gras in Fülle hatten Auch uns fehlte
es nicht am Nötigsten, und wir blieben hier bis am Morgen.

Im Fort selber angekommen, wollte ich mich vergewissern, ob mein Gold wirklich etwa 6000 Dollars ausmache, indem ich meine Ledersäcke auf einer Apothekerwage wog und das Gewicht richtig fand. Meine Absicht war nämlich, für dieses Geld solche Gegenstände zu kaufen, welche sich zum Handel mit den Indianern am besten eigneten.

XXI.

Capitain Sutter, Sohn, macht mir das Anerbieten, seine Mutter und seine Geschwister in der Schweiz zu holen.

———

Ganz unerwartet sollten sich meine Pläne ändern, denn der junge Sutter machte mir die Offerte, daß ich nach der Schweiz reisen könnte, um seine Mutter und Geschwister zu holen. Er gab mir die schmeichelhafte Erklärung, daß er nur zwei Männer kenne, denen er diese Mission anvertrauen dürfte. Der eine sei Mr. Richard, der mit ihm angekommen sei, ein Bremer, welcher einst in Neapel als Hauptmann gedient, später in Bahia Sklavenaufseher gewesen war und nun bei Sutter als Aufseher fungierte. Der andere sei ich, der ihm von seinem Vater als der einzige Getreue dargestellt worden sei Sutter bemerkte mir unverhohlen, daß er am liebsten selber ginge, wenn er nicht besorgen müßte, daß während seiner Abwesenheit alles drauf und drüber ginge und am Ende nichts mehr da wäre, was seiner Mutter Freude machen und ein angenehmes Auskommen sichern würde.

Ich muß gestehen, daß mich dieser Antrag in meinen Vorsätzen und Plänen schwankend machte, weil ich so wie so beabsichtigte, einmal eine Reise nach der Schweiz zu machen, sobald ich ein ordentliches Spargut beisammen haben würde, ich war daher neugierig zu erfahren, wie viel ich als Belohnung über die Reisekosten hinaus erhalten sollte. Auf Sutters erste Offerte, mir über die Reisespesen hinaus 2000 Dollars zu geben, wollte ich nicht eingehen, denn ich rechnete 6—8 Monate für die möglichst beschleunigte Reise, also eine Zeit, die mir mit meinem geplanten Handel auch viel Geld eintragen sollte, dann fürchtete ich die Cholera, die damals in den Staaten herrschte, und das Chagrasfieber, welches man als noch gefährlicher darstellte als Cholera anfälle. Hr. Sutter offerierte mir dann 3000 Dollars, aber ich verlangte 4000 Dollars und machte die Bedingung, daß ich überall erste Klasse reisen und nur die besten Hotels besuchen werde. Sutter willigte ein, indem er sagte: „Gerade wie ich selbst auch reisen würde." Nun hatte ich aber noch eine andere Bedingung zu machen und die lautete, daß die Bezahlung zum voraus geleistet werden müsse. Ich sagte zu Hrn. Sutter: „Obschon Sie und nicht Ihr Vater mir diesen Auftrag erteilen und obschon ich soweit keine Ursache habe, an Ihrem Versprechen zu zweifeln, so geht es doch hauptsächlich Ihren Vater an und ich bin schon so oft getäuscht worden und dadurch in Schaden gekommen, daß ich nichts mehr für ihn thun kann, ohne daß ich sofort dafür meine Bezahlung erhalte. Wenn Sie sich in meine Verhältnisse versetzen, so können Sie mir deshalb nicht zürnen." — In der That schien dies auch nicht der Fall zu sein und er fragte mich, was ich für die Reisekosten ungefähr in Voranschlag nehme — „Etwa 8000 Dollars," gab ich zur Antwort, „also würde alles zusammen 12,000 Dollars ausmachen."

Da ich bezweifelte, daß Sutter in der nötigen Zeit dieses Geld zusammenbringe, so machte ich ihm das Anerbieten, mir für 1000 Dollars ein Lot (Bauplatz) in Sacramento-City an Zahlungsstatt zu geben, mit der Bestimmung, daß ich dasselbe bei meiner Rückkunft behalten oder zurückgeben könne. Auch dies ging Sutter ein und so wurde dann diese Angelegenheit abgemacht und alles gehörig verurkundet.

Ehe ich diesen Vertrag mit Sutter fertig abgeschlossen hatte, lagerten meine Gefährten und ich am gleichen Ort bei Sutters Weizenfeldern, weil die Frühlingsvegetation hier wundervoll prangte und auch die Nächte sehr mild waren. Eines Tages kam auch Diel aus den Minen und machte etwa 50 Schritte von uns Halt. Wir sahen, wie er auf einmal am Boden zu kratzen anfing und wußten nicht, was das zu bedeuten habe, bis wir beobachteten, daß er eine Bouteille Gold aus der Erde hervorzog. Unser Lachen verwandelte sich in ein befriedigendes Erstaunen, als wir wußten, daß er hier sein Gold vergraben und glücklich

wieder gefunden habe Auch Thomann und Rippstein kamen bald
ebenfalls aus den Minen, um einige Zeit hier zu bleiben, wäh=
rend ich ins Fort zog, um dort bis zu meiner Abreise zu warten
und wo möglich meine pressanteren Angelegenheiten fertig zu er=
ledigen. Mein großes, weißes, von Dürr gekauftes Pferd, sowie
die von Sutter gekauften, konnte ich ohne Schaden „an Mann"
bringen Mein in drei Flaschen befindliches Gold vergrub ich an
einer mir geeignet scheinenden, sicheren Stelle oder, besser gesagt,
an drei verschiedenen Orten, damit doch nicht alle drei Flaschen
gestohlen werden könnten. Ich deckte die Stellen mit dürrem,
altem Laub und machte dann ein mir unvergeßliches Zeichen,
um den Ort wieder zu finden, indem ich an einem Ast eines
Baumes kleine Einschnitte machte. Die verschiedenen Distanzen
notierte ich in mein Taschenbuch. Als ich nachher noch einmal
hier vorüberging, sah ich zu meinem Schrecken, daß eine dieser
Flaschen sichtbar war, weil die Erde weggekratzt wurde Ich ver=
mutete mit Recht, daß dieses Loch von einem Tier herausgekratzt
war, und weil ich aus Erfahrung wußte, daß Schießpulver das=
beste Mittel gegen die Naschlust der Tiere ist, so streute ich unter
das Laub eine Handvoll dieses gefürchteten Präparates und deckte
wieder Laub darüber

Daß man mich wegen der Abmachung mit Sutter beneidete,
versteht sich von selbst. Er bekam verschiedene billigere Offerten,
auf die er aber nicht einzugehen geneigt schien Man prophezeite
sogar, ich werde nicht mehr zurückkehren, obwohl man wußte,
daß ich auch noch ein Lot (Bauplatz) in San Francisco gekauft
hatte. — Vom alten Sutter verlangte ich auch noch ausdrückliche
Zustimmung zu dem Abkommen, damit er mir nicht später Vor=
würfe machen könnte

Während meiner Wartezeit im Fort lud mich der alte
Sutter einmal ein, mit ihm nach Hackfarm zu reiten, dort wollte
der Aufseher mir Briefe und Geld für Bekannte in der Schweiz
mitgeben. Ich hatte zur Zeit meines dortigen Aufenthaltes Ge=
legenheit zu hören, wie man dem alten Manne schmeichelte und
„höbelte" und vorschwatzte, daß er Gouverneur werden müsse 2c.

Die Unterhaltung mit zwei Fremden war ungefähr so, wie ich bereits früher angedeutet habe, geradezu ekelhaft, so daß es mir um den alten Mann fast leid that. Auch von seinem bösen Sinn gegen seinen Sohn mußte ich mich überzeugen, als er einmal in angetrunkenem Zustande sein Herz leerte. Ich beschwichtigte ihn so gut als möglich, aber wahrscheinlich ohne Erfolg.

Nach dem Fort zurückgekehrt kam mir die Zeit recht lang vor, bis es endlich hieß, daß ein kleiner Schooner aus den Vereinigten Staaten bereit sei, nach San Francisco abzugehen, auf welchem ich als Passagier mitreisen könne. Es war nämlich ein Marineschiff.

Ich nahm Abschied von Capitain Sutter mit dem aufrichtigen Wunsche, daß es ihm besser gehen möchte, als die Aussichten dazu vorhanden waren, und der Sohn begleitete mich noch bis zum Landungsplatz Sacramento. Schwer kam mir die Trennung von meinem treuesten Freund Tiger vor, der mir ebenfalls das Geleite bis zum Schiff gab, denn er winselte und heulte in unterdrückten Tönen, als ob er fühlte, daß wir uns hier zum letztenmal gesehen. Sutter versprach allerdings, gut für ihn zu sorgen, hat aber sein Wort nicht gehalten.

Ich hatte in meinem Besitz als Reisegeld und für andere Zwecke etwa 17,000 Dollars, wovon 1000 Dollars dem Richard gehörten, der mir sie zum Heimnehmen mitgab. Einen Empfangschein, den ich dem jungen Sutter für die 7000 Dollars Reisegeld geben wollte, wies derselbe zurück, indem er erklärte, daß dieser ihm nichts nütze, wenn ich nicht ehrlich und treu in der Erfüllung meiner Pflicht sei. Es war dies ein schöner Beweis seines Vertrauens zu mir, wenn auch nicht geschäftsmäßig.

Die erste Nacht auf dem Ocean war vielleicht die unangenehmste von allen, die ich erlebte, denn unser Schooner, der verhältnismäßig große Segel hatte, rivalisierte mit einem andern größeren Schiff dermaßen, daß wirkliche Gefahr da war. Der Capitain sah das schließlich ein und fuhr nachher vernünftiger.

Wir erreichten indessen glücklich San Francisco früh am folgenden Tage. Ich bezahlte dem Capitain das Passagiergeld und begab mich ins beste Hotel der Stadt, was freilich nicht viel heißen wollte, da diese damals nur wenige Häuser zählte

Der Dampfer Panama, unter Befehl eines alten Seemanns Batly, lag vor Anker und ich sicherte mir auf demselben einen Platz für 300 Dollars. Seine Abfahrtszeit war der 20. Juni 1849 nachmittags und ich hatte somit Zeit, mir noch das allfällig für die Reise Nötige anzuschaffen, sowie mir die Verbesserungen des Platzes seit meinem ersten Besuch vor circa 2½ Jahren anzusehen. Hier kaufte ich mir dann noch ein Stück Ecklot an der Dupont and Pacific Street, 30 × 60 Fuß für 3000 Dollars, so daß ich nun 4000 Dollars für Stadtlot-Spekulation ausgelegt hatte Mit dem Ankauf von verschiedenen Kleidungsstücken und einigen Waffen hielt ich meine Ausrüstung für die Reise für komplet und der 20. Juni war endlich gekommen Etwa um 4 Uhr nachmittags wurden die Anker gelichtet, am sogenannten Wässerungsplatz mußten wir noch frisches Wasser und Rindfleisch einnehmen, der Bug des etwa 1100 Tonnen haltenden Dampfers wurde gegen das offene Meer gerichtet und jetzt ging's hinaus auf den dunkeln Fluten des Großen oder Stillen Oceans

Das Originalmannskript über die Reise nach der Schweiz und wieder zurück enthält 39 Foliobogen à 4 Seiten, also 156 Seiten; aber aus diesen sind nur wenige Bruchstücke so von allgemeinem Interesse oder kulturell belehrend, daß eine wörtliche Wiedergabe sich rechtfertigt. Es sind dies die im nächsten Kapitel folgenden.

XXII.

Fahrt von Acupolca nach Panama. Reise durch den Urwald. Fahrt per Canoes auf dem Chagresfluß Prellerei durch den Schiffskassier. Gefährliche zweideutige Kutscher.

Wir fuhren in den Hafen von Acupolca durch eine verhältnismäßig schmale Einfahrt zwischen Hügeln hindurch in die vielleicht eine Meile weite runde Bai hinein Acupolca selbst liegt am nordwestlichen Winkel der Bai, welche hier von einer schmalen, aus niedrigen Hügeln bestehenden Landzunge oder Halbinsel getrennt ist. Dieser Hafen soll früher der frequentierteste für den Handel Mexikos am Stillen Ozean gewesen sein und es fuhrt die Hauptstraße nach der Residenz hier durch. Diese hat durch die Entdeckung des Goldes natürlich wieder bedeutend gewonnen

Ein junger Schweizer, an dessen Namen ich mich nicht mehr erinnere, war auf dieser Straße aus dem Innern gekommen und erzählte, wie er hier in Gesellschaft Anderer, die auf Maultieren gekommen seien, seines Geldes beraubt worden sei Man habe anfänglich, als man auf die Räuberbande aufmerksam geworden sei, gemeint, man wolle sich gegen diese verteidigen; aber die Mehrzahl der Reisenden habe davon abgeraten, weil sie befürchteten, ermordet zu werden, wenn sie dies thun würden Die Räuber seien ganz höflich gewesen, hätten aber Jedem alle seine Wertsachen, so wie Juwelen, Gold, Uhren und Waffen abgenommen und während einige die Reisenden untersuchten, und das Wertvolle in Empfang nahmen, seien andere mit der Waffe in der Hand bereit gewesen, Jeden niederzuschießen, der sich hatte wehren wollen Mein Landsmann sagte, er habe den Burschen Vorstellungen gemacht, indem er bemerkt habe: „Ihr habt mich ganz und gar beraubt und ich wollte nach Californien, aber wie kann ich nun nach Acupolca kommen und mir unterwegs mein Essen kaufen?" Darauf habe man ihm wieder zwei Dollars zurückgegeben. Das waren doch noch trotz ihres verbrecherischen Handwerks nicht ganz herzlose Kerls

Als ich mir die Umgegend während des zweitägigen Aufenthaltes hier besehen wollte, kam ich zu einer Quelle, an welcher Negerfrauen Kleider wuschen In der Nähe waren prachtvolle Kakteen, die ich nicht blos bewunderte, sondern auch eine davon pflucken wollte Als ich mich zu diesem Zweck bückte und die Hand nach einer reizenden Blüte streckte, schlug mir eine der Frauen schnell die Hand weg. Ich frug die betreffende Frau, was sie damit meine? Sie antwortete mir, daß wenn sie mich hätte die Blume fassen lassen, so würde ich jetzt die Hand voll feiner Stacheln haben und längere Zeit heftigen Schmerz empfinden. Ich besah mir jetzt meine Hand, mit der ich die Blume nur schwach berührt hatte und wirklich entdeckte ich mehrere borstenartige feine Stacheln, welche ein juckendes Gefühl verursachten, das ich dann noch tagelang als Schmerz empfand Ich blieb übrigens auch hier meistens auf dem Schiff, anstatt daß ich mich allen Lustbarkeiten der Stadt hingab, wie die Mehrzahl der jungen Männer es zu thun pflegte und dafür meistens den Lohn ernteten

Nachdem wir hier an Proviant alles eingenommen, was wir nötig gehabt hatten, setzten wir die Reise fort und zwar meistens in einer Entfernung von der Küste, daß man noch alles gut unterscheiden konnte. Ungefähr unter dem 8 Grad nördlicher Breite beginnt der Staat Panama und die Vegetation ist vollständig eine tropische , Städte und Dörfer sahen wir da nicht mehr, aber die ganze Landschaft schien mit einem Urwald bedeckt. Die Palmbäume zeichneten sich deutlich vor den übrigen Waldbäumen aus

In unserem Kurs kamen wir ganz nahe an einem kleinen, kaum eine Quadratmeile großen Inselchen vorüber, das laut

Aussage eines Mitreisenden eine wundervolle Vegetation besitzen und doch unbewohnt sein soll. Auf dem Schiff war ein deutscher Oberkellner, der besonders aufmerksam auf mich war und sich beeilte, mir jeden Wunsch zu gewähren, was mir auffiel. Sein Name hieß Weinmann und ich muß dieses Mannes und einer Nebensächlichkeit deshalb erwähnen, weil wir ihn dann nochmals in Californien treffen, als ich mit Madame Sutter wieder nach dorten zurückkam. Es stellte sich nämlich heraus, daß er im Sinne hatte, mir etwas Geld für seine Frau in New-York mitzugeben. Ich begriff zwar nicht recht, wie er dazu kommen konnte, mir, einem absolut Unbekannten, eine größere Summe Geld anzuvertrauen. Mr. Weinmann bemerkte mir: „Wie ich erfahren habe, hat Sutter Sie angestellt, nach der Schweiz zu reisen, um seine Familie zu holen und soll Ihnen zu diesem Zweck viel Geld mitgegeben haben, oder ist dies nicht so?" — Ich bestätigte die Richtigkeit dieser Angabe

„Nun, ich denke, Sutter wird Keinem so viel Geld zu diesem Zweck anvertraut haben den er nicht als vollkommen sicher und ehrlich kennt und somit riskiere ich auch unbedenklich 616 Dollars, wenn Sie die Güte haben wollen, meiner Frau dieses Geld abzuliefern."

Ich hätte viel lieber das Geld nicht genommen, aber der Mann hatte mir schon mehrere kleine Gefälligkeiten erwiesen, ehe er wußte, ob ich ihm seinen Wunsch erfüllen würde und so durfte ich nicht wohl ihm eine abschlagige Antwort geben. Mr. Weinmann zählte mir die 600 Dollars in 5 und 10 Dollars in Vereinigten Staaten Münzen vor und legte dann noch eine Golddublone von 16 Dollars für sein kleines Söhnchen bei. Da er keinen Empfangschein wollte, so nötigte ich ihn, einen solchen zu nehmen, bemerkte aber in demselben, daß ich mich nicht verpflichte, das Geld zu ersetzen, falls es mir auf irgend eine Weise ohne meine Schuld abhanden käme, womit Weinmann zufrieden war. Ich wiederhole, daß wir später in Californien nochmals auf diesen Mann zu sprechen kommen werden, ansonst ich dieser Bagatellsache keine Erwähnung thun würde

Mit Sehnsucht erwarteten wir die Ankunft des Schiffes in Panama, leider war es aber Nacht, als wir dort ankamen. Am Morgen des andern Tages kamen viele Canoes von Panama zum Dampfboot gefahren und zwar darunter so große, daß bis auf 25 Passagiere samt Gepäck auf denselben Platz hatten. Sie waren mit Masten versehen und hatten Balancierstangen, um das Umstürzen zu verhindern, denn die Entfernung bis zum Lande war etwa drei Meilen. Das Landen war amüsant, da man die Passagiere ein Stück weit durchs Wasser tragen mußte, je nach dem Tiefgang des Canoes. Wir Männer setzten uns den Bootsleuten dragonermäßig auf die Schultern, was ganz gut von statten ging. Pferde mit Wagen, also Fiaker oder Droschken gab es keine, sondern man mußte das Gepäck durch Lastträger ins Hotel spedieren lassen. Am Landungsplatz war ein schlanker, schön gewachsener junger Mann erschienen, der mir seiner wachsweißen Gesichtsfarbe wegen auffiel. Da derselbe gut englisch sprach, so machte ich die Bemerkung zu ihm: „Ich habe mich bisdahin zur weißen Menschenrasse gezählt, aber seit ich Sie vor mir sehe, muß ich glauben, daß ich mich geirrt habe und zu der kupferfarbigen gehöre und S i e zu den Weißen." Der junge, feine Mann sah mich eine Weile an und antwortete mir dann einiges auf englisch, so daß ich mich veranlaßt fand, ihn zu fragen, ob er denn nicht hier geboren sei? „Nein, ich bin ein Nordamerikaner und habe, ehe ich hieher kam, auch, wie Sie, fleischfarbig ausgesehen, allein die 6 Monate meines Hierseins haben mich zum weißen Mann gemacht. So würde es auch Ihnen gehen, wenn Sie hier blieben und viel am Schatten wären, denn hier ist's sehr ungesund." — Das war ein Dämpfer auf meine Begeisterung für weiße Männer und die Herrlichkeit der Natur. Ich logierte im Hotel American ungefähr in der Mitte der Stadt und mein erstes Geschäft war die Besorgung von Maultieren für die Reise nach Cruzes, etwa 24 Meilen von Panama entfernt, von wo man die Fahrt auf dem Chagresflusse per Canoe etwa 60 Meilen weit zu machen hatte. Da es zu spät wurde, bis alles besorgt war, um die Reise am gleichen

Tage noch anzutreten, so bestellte man die Maultiertreiber auf
den andern Morgen früh. Es wurde aber über 10 Uhr bis wir,
unser sieben an der Zahl, endlich auf unsern Tieren saßen. Für
meinen Koffer nahm ich einen sehr hohen, starken Maulesel, der
über alle andern weit emporragte, zum Reiten für mich selbst
aber ein mittelgroßes, kräftiges, gut zugerittenes Tier. Als
Treiber nahmen wir vier Mozas (Diener) und bald hatten wir
die Stadt hinter uns und kamen auf eine etwas erhöhte Savanna
oder Prairie mit prachtvoller Aussicht auf die Bay von Panama,
die uns das Wasser wie flüssiges Silber erscheinen ließ. Wir
mochten etwa drei Meilen geritten sein, als wir am Anfang des
Urwaldes waren.

Ein tropischer Urwald! Ein vielsagendes Wort, das Herrlichkeiten in sich schließt, die keine Feder richtig schildern kann.
Um alles würdigen zu können, muß man es mit eigenen Augen
angesehen haben und quasi Botaniker von Gottes Gnaden sein.
Was mich anbetrifft, konnte ich nur staunen über die Fülle und
Mannigfaltigkeit dieser unglaublichen Üppigkeit in der Vegetation
und Tierwelt. Und dennoch — ich muß es zur Schande sogenannter
gebildeter Menschen sagen — gab es etliche unter uns, die nicht
das geringste Interesse an dieser Pracht und Herrlichkeit hatten.
Je weiter wir ritten, desto üppiger wurde der Pflanzenwuchs
desto undurchdringlicher der Wald. Ein einziger breitastiger
Baum stellt oft beinahe einen ganzen botanischen Garten vor.
Schmarotzerpflanzen von der Flechte und den kleinsten Moosarten
bis zum buschartigen, großen Blütenträger dessen Namen ich
nicht kenne, Schlingpflanzen vom zarten, dünnen Faden bis zum
armsdicken Kletterer, der schließlich seinen Ernährer erwürgt und
auf der Baumleiche stolz und schön und duftend ein wonnevolles
Leben führt im Schutze weit überragender Baumkronen von
Veteranen, die schon mehrere Jahrhunderte gelebt haben und
noch nicht aussehen, als ob sie je dem Zahn der Zeit zum
Opfer fallen würden. Und dieses wundersame Gewebe von
Lianen und Schlingpflanzen aller Art bildet die Wohnungen und
Schlupfwinkel zahlloser Geschöpfe aller Reiche und Gruppen der

Landtiere. Während oben in den Wipfeln der Bäume die Kolibri wie glänzende Sternchen und Lichtfunken blitzschnell von Zweig zu Zweig huschen, erheben die buntfarbigen, größeren, befiederten Genossen ein Gekreisch und Geschrei, daß man beinahe das Gehör verliert und das ganze Nervensystem erzittert. An Amphibien beherbergt der Urwald eine unheimliche Fülle jeglicher Art, Kröten, Frösche in prächtigen Farben, Schlangen, Eidechsen und wie alles das freundliche und unfreundliche Getier heißt. Im oberen Stockwerk dieses Pflanzengebäudes und Säulenlabyrinthes tummeln sich ganze Kolonien von affenartigen Vierfüßern, besser gesagt Vierhändern, die ihre komischen, akrobatischen Übungen zum besten geben. Von der kleinen, munteren, huschigen Eidechse bis zur gespaltenen und, stachligen, unheimlichen Rieseneidechse und dem Chamäleon, welches seine Farbe jeden Augenblick ändern kann, um seine Beute oder seine Verfolger zu täuschen, gibt es mannigfaltige Zwischenglieder. Irgend ein Frosch sucht einer dünnen, langen, glasgrünen Schlange durch rasche, hohe Sprünge zu entfliehen; aber diese schießt ihm mit großer Schnelligkeit nach und ermüdet denselben bald derart, daß es ihr leicht gelingt, ihn zu verschlingen Ein derartiges Schauspiel kam vor unseren Augen zur Aufführung. Ein Frosch wagte sich au seinem feuchten Schlupfwinkel hervor und wurde von einer Schlange beobachtet, welche ihn sofort verfolgte. So schnell der Frosch entfliehen wollte, so schnell verfolgte die Schlange ihn. Der erstere blähte sich in unbegreiflicher Weise bis auf die drei- bis vierfache Dicke auf, damit die Schlange ihn nicht mehr zu verschlingen imstande sei, aber sie gab die Verfolgung nicht auf, und ohne unsere Intervention wäre der Frosch eine Beute der Schlange geworden, einer unserer Mozos nahm einen schweren Stein und warf ihn auf diese, so daß sie behindert wurde, ihr Opfer zu verschlingen und dieses in mächtigen Sätzen davoneilen konnte.

An einigen Stellen kamen wir vorüber, wo eine lange Reihe von großen dickköpfigen Ameisen sich auf einem ziemlich saubern, selbstgebahnten Fußweg von 6 bis 8 Zoll Breite hin- und herbewegte und zwar in staunenswerter Ordnung, so nämlich, daß die einen, mit einem Strohhalm oder etwas ähnlichem in der Mundzange (Freßzingge) beladenen, auf der einen Seite gingen, und die andern, unbeladenen, auf der andern Seite zurückkehrten Faullenzer beobachtete ich keine dabei.

Wir trafen hie und da Überreste von einer alten spanischen gepflasterten Straße, aber so schlecht erhalten, daß man sie an wenigen Stellen benutzen konnte, also auf dem schmalen, schlechten, kaum ordentlich gebahnten Maultierpfad vorwärts kommen mußte. An einigen Orten ist dieser so tief eingeschnitten oder eingetreten, daß unsere Mazos an solchen Stellen laut schrieen und riefen, damit auf der andern Seite niemand entgegenkomme, weil eine Kreuzung mit beladenen Tieren unmöglich gewesen wäre. Als ein heftiger Platzregen uns überraschte, rauschte und wälzte sich eine schwarze, kotige, beinahe zwei Fuß hohe Wassermasse durch das Bett, so daß wir abwarten mußten, bis die Hauptströmung vorüber war. Solche Regengüsse kommen oft unerwartet, wie aus heiterm Himmel, daß man sich nicht vorsehen kann. Oft sind dieselben mit Blitz und Donner begleitet.

Der Weg ging selten in gerader Richtung, sondern meistens in Schlangenwindungen, so daß man nie den ganzen Zug übersehen konnte. Da ich der letzte Reitende war und die Parktiere vor den Reitern hergetrieben wurden, so wollte ich mich doch einmal überzeugen, ob mein Tier mit dem Gepäck noch gut imstande sei, doch es ging lange, bis mir dies gelang. Wer beschreibt aber meinen Schrecken, als ich dasselbe vermißte. Sofort frug ich, ob man denn nichts von demselben gesehen habe, allein weder meine Reisekameraden, noch die Mazos wollten etwas davon wissen. Schnell hatte ich mein Reittier gewendet und ritt jetzt, so eilig als es mir möglich war, zurück, überall rechts und links in das üppige Laubwerk hineinforschend. In etwa fünf Minuten mußte ich die Stelle erreicht haben, wo ich daran dachte, nach meinem Gepäck zu sehen und war eben im Begriff, in einen jener tiefen und quer durchbrochenen Einschnitte hineinzureiten, als ich rechts am Wege auf einer höher gelegenen Stelle das Tier ruhig stehen sah, mit dem Kopf gegen den

Weg gewendet, Koffer und anderes Gepäck alles noch in Ordnung.

Wie es kam, daß dies Tier allein und gerade das mit meinem Gold beladene hier zurückblieb, konnte ich mir nicht erklären und die Vermutung lag sehr nahe, daß es absichtlich auf die Seite, abwegs getrieben worden sei, denn das Gewicht meines Koffers fiel allen auf, die mit demselben hantieren mußten, und ich kam ja aus dem Goldland. — Ich beeilte mich, den andern wieder nachzukommen und traf sie noch am gleichen Ort, wo man auf mich gewartet hatte. Von der Zeit an bewunderte ich die Schönheiten und Merkwürdigkeiten des Urwaldes immer nur kürzere Zeit, um mein Gepäck nicht aus dem Auge zu verlieren

Es war abends spät, nur kurze Zeit vor der Dämmerung, als wir mitten im Urwald eine Hütte erreichten, die wegen ihrer Form und Bedachung mit Bambusblättern einem Heuschober glich und auf einer etwas erhöhten, lichten Stelle stand Zu unserer zwar keineswegs angenehmen Überraschung sagten unsere Mazos, daß wir hier übernachten müßten. Niemand von uns hatte an so etwas gedacht, also hatten wir uns auch nicht mit genügend Proviant versehen.

Die Eigentümerin dieses Palastes war eine alte, zusammengeschrumpfte Negerin, ihre Mitgenossen oder Hausbewohner ein Hahn, einige Hühner und eine Truthenne, sowie ein mittelgroßer Hund und eine Katze. Alle zusammen besaßen nicht so viel Fleisch und Fett an sich, als der Hund allein hätte haben sollen, also war für uns nicht Aussicht auf eine reichliche Mahlzeit, wenn wir im Notfall auch auf den Hund oder die Katze zum Abschlachten gerechnet hätten. Ich versuchte jetzt von der alten Madre einige Hennen oder den Hahn zu kaufen, allein sie grunzte nur einige spanische Worte hervor, die ich für eine abschlägige Antwort hielt. Ich offerirte ihr für die Truthenne one Peso, allein sie wollte davon nichts wissen. Scherzweise fragte ich sie, ob sie uns den sehr fetten Hund — el Perro muy gordo — verkaufen wolle, allein sie wollte auch dieses nicht. Nun offerierte ich ihr für den Haushahn und eine Henne einen Peso per Stück, aber ihre Antwort war wieder: „No, Sennor, no quiero" (nein, Herr, ich will nicht). „Aber, buena madre, sehen Sie, wir sind alle so hungrig, wir müssen etwas zu essen haben, wir bezahlen Ihnen ja einen solchen Preis, daß Sie nachher viel mehr dafür kaufen können." Auch dies Anerbieten erweichte das steinerne Herz der schwarzen Einsiedlerin nicht. Unsere Mazos hielten es nun an der Zeit, sich für uns zu verwenden und brachten es schließlich dahin, daß sie uns den Perro überlassen wollte, was ich selbstverständlich zurückwies, dagegen ihr für die Truthenne dos Pesos anerbot, was sie nach langem Zaudern endlich acceptierte.

Eine magere Truthenne für sieben hungrige Männer als Abendessen und Frühstück! Wahrlich, eine sehr bescheidene Be= scherung, aber es war doch besser, als gar nichts. Die Henne war schnell gerupft, geputzt und in zwei Teile geteilt und ein alter Kochkessel war auch da; da kein Salz vorhanden war, so nahm man einige Knoblauchzwiggen, welche zufällig vorhanden waren, dazu, und nach etwas mehr als einer Stunde hatten wir eine eßbare Suppe, auf welche die Hälfte der Henne folgte, von der jedem ein siebentel zugeteilt wurde. Die andere Hälfte war für das Frühstück bestimmt.

Die Nacht war drückend schwul, trotz der offen gelassenen Hütte. Es war ein nasses, unangenehmes Nachtlager, aber schließ= lich kam doch der Morgen. Nachdem wir die zweite Hälfte un= serer Henne rasch verspeist und die Tiere aufgesattelt hatten, setzten wir unsere Reise fort über Stock und Stein, wie man zu sagen pflegt, aber hier besser sagen würde, durch Morast und Pfützen, abwechselnd mit Regenschauern und brennendem Sonnen= schein, wie dies das tropische Klima mit sich bringt, sobald die Regenzeit eintritt. Meine Augenweide waren die herrlichen Palmen aller Art, die man hier in großer Menge traf und einen eigen= artigen Eindruck machten die Schlingpflanzennetze, zwischen denen der Stamm, der einst die Stütze gebildet hatte, vermodert und zu= sammengebrochen war, ebenso die abgestorbenen Bäume, die von tausend und tausend Lianenfaden umsponnen schienen, verbunden mit armdicken Schlingpflanzen in reichem Blütenschmuck. Circa um 1 Uhr mittags traten wir endlich, durchnäßt und beschmutzt, aus dem dunkeln Wald auf offenes, grasiges Terrain hinaus und vor uns erschien Cruzes am Chagresflusse. Hier war es zufällig sehr belebt, weil fast zu gleicher Zeit mit uns sämtliche Passagiere, die der Dampfer „Crescent City" nach Chagres gebracht hatte, angekommen waren. Nach kaum einstündiger Mittagspause verließen wir Cruzes und stiegen in die reisebereiten Canoes, die uns flußabwärts nach Chagres bringen sollten. Die Reise auf drei Canoes ging unter Bescherung von Regengüssen und stechendem Sonnenschein rasch vor sich und am Abend machten wir bei einigen Hütten am linken Flußufer Halt und beschlossen, da zu übernachten. Es war nun die Frage, ob wir in den Hütten oder in den Canoes schlafen sollten. Für mich war letzteres eine ausgemachte Sache, namentlich da ein Canoe mit einer Chopa (ein aus Rindshäuten verfertigtes Dach) vorhanden war. Einige blieben in den Hütten. Leider störten uns mehrere Mosquiten am Schlaf und die Luft war für eine erquickende Nachtruhe zu schwul. Obwohl wir keine Ahnung von einem nächtlichen Besuche hatten, entdeckten wir am Morgen im Sande ganz frische Spuren von einem Jaguar. — Singend, oder brüllend wie echte Bullen, ruderten uns die Bootsleute flußabwärts und Scharen von Papageien begleiteten sie mit ihrem schrecklichen Gekreische. Auf einer Sandbank glaubten wir ein Stück angeschwemmtes Holz zu sehen, allein bei näherer Betrachtung erwies es sich als ein Alligator. Zwischen dem hohen Gras und Schilf des Ufers wurde es auf einmal lebendig und es kam der Kopf einer großen Squana, einer Rieseneidechse, zum Vorschein, die uns wie verwundert nachschaute. Die niedrigen Uferbänke sind dicht mit dickem Bambusrohr und verschiedenen Cactusarten überwachsen. Palmen mit herrlichen Kronen und traubenähnlichen Früchten trafen wir in Menge, sowie auch Cocospalmen mit riesigen Früchten. Die hier reichlich vorhandenen Brodfruchtbäume bilden die Hauptnahrung des dortigen Volkes und der Ertrag per Acre soll nach Humboldt so groß sein, als von einem Kartoffelfeld von 48 Acres.

Wer zum erstenmal eine gute, reife Banane kostet, findet sie ge=
wöhnlich gut, sie schmeckt wie Mehl mit Zucker und Gewürzen.

Wir erreichten Chagres etwas nach 1 Uhr nachmittags und
da gerade der vorerwähnte Dampfer „Crescent City" von New=
York dorthin zurückkehren wollte, so brachten wir das Gepäck auf
denselben. „Lord" und ich nahmen wieder ein Zimmerchen zu=
sammen und waren froh, daß wir uns unserer nassen Kleider
entledigen konnten.

Beinahe jeder von uns sieben hatte auf der Landreise ein
kleines Abenteuer erlebt, so kam z. B. ein junger, reicher Ameri=
kaner ohne Schuhe aufs Verdeck, weil er diese im Schlamm ver=
loren hatte, als er vom Maultier stürzte Alle Passagiere,
mit Ausnahme eines mitgereisten jungen Capitains, waren ge=
sund, nur dieser hustete mehr als vorher. Das allgemein sehr
gefürchtete Chagresfieber schien sich bei niemand zu zeigen, frei=
lich hatte sich auch niemand länger auf dem Land aufgehalten,
als die größte Notwendigkeit es verlangte. Am zweiten Tag, als
die Post auf das Schiff gebracht war, wurden die Anker ge=
lichtet und wir dampften Kingston auf der Insel Jamaika ent=
gegen. Ich wurde bald so seekrank, daß ich mich für die kränkste
Person auf dem Schiff hielt und mich in die Kajüte zurückzog,
wo der mitreisende junge Capitain auch war und öfters hustete.
Ich fragte mich ernstlich, wer von uns wohl bälder sterben
werde, so elend fühlte ich mich. Dies sollte ich bald erfahren,
denn Tags darauf wurde die Schiffsglocke zum Begräbnis des
Capitains geläutet, als wir am Mittagessen waren Der in
Segeltuch eingenähte tote Körper wurde auf ein Brett gebunden,
welches mit Steinen beschwert war und etwa drei Fuß über die
Brüstung hinausreichte Das Gebet enthielt eine Stelle, welche
lautete: „Und sie ließen ihn in die Tiefe", bei welchen Worten
das Brett von mehreren Matrosen auf der inneren Seite gehoben
und über die Brüstung hinausgestoßen wurde, so daß der Leich=
nam ins Wasser plumpste und in der Tiefe des Caraibischen Meeres
versank. Der Verstorbene hatte eben nicht, wie ich, an der See=
krankheit gelitten, sondern starb an der Auszehrung. Am vierten

Tage landeten wir in Kingston, um verschiedene Früchte zu kaufen, hielten uns aber nicht länger auf.

Auf der Weiterreise hatten wir das größte Gaudium an mehreren Papageien, welche alles nachsprachen, was sie hörten und namentlich das Gelächter, das sie bei uns verursachten, jedesmal wieder nachahmten und dadurch immer wieder aufs neue zum Lachen reizten, so daß man schließlich auf dem Verdeck nichts mehr als lachen hörte. Es entstand ein wahrer akuter Lachkrampf, der nicht mehr enden zu wollen schien.

Je weiter wir nordwärts fuhren, desto schöner wurden die leicht sichtbaren Ufer und endlich kam ein Schooner auf uns zu, der nicht weit von uns anhielt und von welchem bald ein Ruderboot abstieß, das drei Insassen an unsere Seite brachte. Unser Schiff hatte bereits angehalten und ein Tau hinunter gelassen, an dem das Boot festhielt. Einer der drei Insassen kletterte dann an der Strickleiter hinauf auf unser Verdeck. Es war der Pilot, der uns in den Hafen von New-York bugsieren mußte.

Da der Gesundheitszustand unserer sämtlichen Passagiere nichts zu wünschen übrig ließ, so wurden wir fast gar nicht aufgehalten und der Dampfer legte bald an einer der Landungsbrücken der Metropole an, mitten in dem ungeheuern Lichtmeer all der unzähligen Beleuchtungskörper des Leuchthauses und des Castle Gardens. Einige Passagiere begaben sich sofort ans Land, um einem im Castle-Garden gegebenen Konzert beizuwohnen; die meisten aber blieben bis am Morgen auf dem Dampfer, denn erst folgenden Tages mußte man ihn verlassen und das Reisegepäck mitnehmen, nachdem es von den Zollbeamten untersucht war. Schon früh wurde es lebendig auf dem Schiff, denn jeder wollte der Erste sein. Eine Anzahl Kutscher stellte sich auf dem Verdeck ein und fingen an, die Passagiere zu belästigen, indem sie diese Schritt für Schritt verfolgten, um sie zu den verschiedenen Hotels führen zu dürfen.

Schon früher hatte es gerüchtweise geheißen, daß die Schiffskassiere von jedem Passagier einen Prozent von dem Gold abverlangen dürften, das der Betreffende über 2000 Dollars mit sich führe. Das schien uns allen sehr unbillig, da von der Schiffsgesellschaft keinerlei Sicherheit für die Beförderung der Goldwerte garantirt wurde. Die meisten hatten nicht an dieses Gerücht glauben wollen, allein nun sollten sie innewerden, daß doch etwas an der Sache sei. Daß ich dann aber zum einzigen Gerupften wurde, kam daher, daß ich mich erst energisch auflehnte, als die Taxe schon bezahlt war. Die meisten Passagiere hatten ihre Gelder so oder anders zu verbergen gesucht, um nicht mehr als 2000 Dollars vorweisen zu müssen. Auch ich that dasselbe, indem ich versuchte, einige Goldsäcke teils in die Stiefelrohre, teils in den Hosentaschen und in der dünnen Panamablouse zu verstecken; allein ich fühlte mich in meinen Bewegungen so sehr beengt und gehemmt, daß mir schon in kurzer Zeit der Schweiß aus allen Poren drang und ich große Mattigkeit empfand. Ich hatte vielleicht 6000 Dollars dieserart versteckt, aber nur so, daß man leicht sehen konnte, daß ich irgend welche schwere Gegenstände auf meinem Körper trug, was mir ein unheimliches Gefühl verursachte, so sehr ich auch innerlich über das Unrecht empört war. Ich legte daher all mein Geld wieder in den Koffer zurück und trug denselben auf das Verdeck, um ihn durch den Zollbeamten untersuchen zu lassen. Dieser fragte jeden, wie viel Gold er habe und die meisten gaben die Summe von 2000 Dollars an, um nichts versteuern zu müssen; aber die Beamten untersuchten den Inhalt ziemlich genau, so daß ich nicht gewagt hätte, bloß diese Summe zu nennen. Die Reihe war nun an mich gekommen und meine Goldsäcke kamen nicht nur den Beamten, sondern auch den auflauernden spitzbübischen Kassieren und einigen nahestehenden Mitreisenden zu Gesicht. „Wie viel Geld haben Sie bei sich?" fragte der Zollbeamte. Ich gab zur Antwort, daß ich dies nicht genau wisse, so vielleicht zwischen 8000 und 10000 Dollars. Der Clerk nahm hievon Notiz und ich wußte, daß man mich jetzt um 60 bis 80 Dollars beschwindeln werde. Im Bewußtsein dieses Unrechtes begehrte ich auf und erklärte, höheren Ortes Beschwerde hierüber zu führen, bezahlte aber die 60 Dollars. Der Zollbeamte meinte,

es werde wohl nicht viel sein, was man mir abverlangen werde
und ging etwas bei Seite. Als ich ihm aber die Summe, also
einen Prozent nannte, so sahen sich die beiden Beamten lächelnd
an und gingen miteinander weg, um leise miteinander zu sprechen
und kamen dann wieder zu meinem Koffer, wo sie die Gegen=
stände ein bischen aufhoben und dann wieder fallen ließen, in=
dem sie sagten, ich könne den Koffer schließen Der Nächst=
folgende wurde jetzt nur oberflächlich untersucht und nicht mehr
nach dem Wert des Goldes gefragt, er hatte übrigens nur etwa
2000 Dollars vorgezeigt und dann noch. auf einen Blechkessel
voll Orangen hingewiesen, unter denen noch eine schöne Summe
Gold lag, was die Beamten lächelnd auch zu vermuten schienen.
Mein Zimmerkollege, der auch viel Gold bei sich hatte, verfer=
tigte schnell einen Goldranzen, den er um den Leib schnallte, als
er von dieser Kontribution hörte, hatte aber zwecklose Arbeit, da
niemand mehr belästigt wurde, nachdem ich mit einer Beschwerde
gedroht hatte.

Während ich mich noch mit dem Schiffs=Clerk herumzankte
und ihm die 60 Dollars ausbezahlte, waren die übrigen Passa=
giere bereits mit ihrem Gepäck vom Dampfer fort. Mein
Kutscher stand in der Nähe des auf die Werfte führenden Steges,
ich hatte ihn hinter mir, währenddem ich dem schuftigen Clerk
die 60 Dollars auszahlte; aber als ich mich umkehrte, sah ich
ihn nicht mehr, auch war zu meinem Schrecken mein Koffer weg.
Auf der Werfte neben dem Steg stand ein etwa 16 Jahr altes
Mädchen und ich fragte schnell, ob sie nicht jemand mit meinem
Koffer habe weggehen sehen. „Dort geht er gerade fort,“ ant=
wortete dasselbe, auf den Betreffenden zeigend. Ich kam nun
in dem Augenblick zu dem Manne, als er im Begriffe war, den
Koffer hinten auf einer Kutsche abzustellen. „Halt,“ rief ich ihm
zu, „wer hat Sie geheißen, meinen Koffer fortzutragen?“ „Ach
niemand, ich habe aber erwartet, Sie nach dem Hotel zu fahren
und da ich gefunden, daß Sie fertig wären, so habe ich ihn
hieher getragen“ Auf meine weitere Bemerkung hin, daß er
wohl ohne mich mit dem Koffer fortgefahren wäre, geberdete

sich der Mann verletzt und that sehr unschuldig. Da ich mir alle Kutscher als Diebe und Schelmen dachte, so suchte ich keinen andern und befahl ihm, daß er mich nach dem Franklin-House fahren solle, wofür er einen Dollar bekomme, den ich gleich bezahlte. Als ein anderer Kutscher, welcher mich ebenfalls hatte fahren wollen, gesehen, daß ich in die Kutsche gestiegen war, kam er neben meinen Kutschenschlag und meinte, es sei nicht recht, daß ich ihn nun nicht genommen habe und ich gab ihm auch einen Dollar, damit er nun getröstet sei und mir keine Vorwürfe machen könne. Nun kam noch das beste, indem der „Kofferndieb“ wie es schien, nicht der Besitzer des Fiakers war, in welchem mein Koffer war, denn er gab einem jüngern nebenanstehenden Burschen die Weisung, wohin er mich führen solle. Ich hatte zwar nicht verstanden, was er zu ihm gesagt hatte, der junge Kerl hieb jetzt mit seiner Peitsche auf die Gäule ein und ich hoffte nun bald im Hotel am lebhaften Broadway, wo mehrere Mitreisende bereits abgestiegen sein mußten, anzulangen, was aber keineswegs der Fall war, sondern er führte mich kreuz und quer zu einem hohen Backsteinhaus, wo er mit der Peitsche knallte. Ein Herr kam und ließ mich aussteigen, aber die Sache schien mir nicht sauber und ich fragte: „Ist dies das Franklin-House?“ „Yes, Sir,“ war die Antwort der beiden! Ist dies denn Broadway?“ „Yes, Sir, that's Broadway!“ „Dies ist weder Franklin-House, noch ist hier Broadway,“ sagte ich, ich verlange nach Franklin-House am Broadway gebracht zu werden und das sogleich. Der betreffende Hotelier oder was er war, wollte mir allerlei vorschwatzen, aber ich verlangte vom Kutscher, daß er mich sofort ins Franklin-House am Broadway führen solle. Der Bursche weigerte sich aber, indem sein Boß ihm ausdrücklich gesagt habe, er solle mich hieher führen und wenn ich ihm nun etwas anderes befehle, so müsse ich ihm einen Dollar bezahlen. Ich bezeichnete ihm das ganze Gebahren als Spitzbuberei, aber bezahlte ihm den Dollar, unter Androhung der Anzeige an die Polizei, wenn er mich nicht an den gewünschten Ort führe. Der Kerl hieb wieder auf die Pferde los und ich kam bald nach dem Hotel, in welchem meine Reisegefährten mich längst erwartet hatten. Für eine gleiche Distanz zu fahren habe ich später 50 Cents bezahlt. Da ich wahrscheinlich noch etwas grün und unerfahren aussah und mein schwerer Koffer Aufsehen erregt hatte, so hatte man gehofft, mich auf diese Weise in eine Räuberhöhle zu bringen, wo ich ohne Zweifel für immer verschollen wäre. Meinen Körper hätte man vielleicht ein paar Tage später im Hudson gefunden, während man in Californien wohl gedacht hätte, ich sei als Betrüger durchgebrannt. Um die 60 Dollars wieder zu ersetzen, die ich von den 616 Dollars nehmen mußte, die der Frau Weinmann gehörten, so mußte ich etwas Gold verkaufen, was mir gelang, ohne geprellt zu werden.

Nachdem ich in New-York der Frau Weinmann den Brief von ihrem Mann und die 616 Dollars übergeben hatte, machte ich noch einen Besuch in Philadelphia und trat dann meine Reise nach Europa an.

Anmerkung des Herausgebers. Da die nun folgenden Mitteilungen des Autors über die Reise nach der Schweiz und Rückreise mit der Familie Sutter wenig allgemeines Interesse haben, so lasse ich diese Partie der Erzählung weg und setze diese bei der Ankunft Lienhards mit der Familie Sutter in Californien wieder fort

XXIII.

Ankunft mit der Familie Sutter in San Francisco. Fahrt nach Sacramento. Veränderte Verhältnisse seit acht Monaten. Sutter kann mich nicht bezahlen.

———

Am 21. Januar 1850 mit Tagesanbruch befanden wir uns vor der Einfahrt in die große Bay von San Francisco. Unser Schiff „Panama" hatte fast mitten in derselben, zwischen der Herba buona-Insel und der Stadt, ihre Anker fallen lassen und bald genug war der Dampfer von einer Anzahl Boote umschwärmt, welche die Passagiere gegen sehr gute Bezahlung ans Land rudern sollten. Da es mir gelang, mit einem der ersten Boote das Land zu erreichen, so war es mir möglich, in einem der besten damaligen Hotels Zimmer für uns zu sichern; eines für Frau Sutter und Tochter, eines für Herrn und Frau Kramer und ein drittes für die beiden Söhne Sutters und für mich. Alle waren sehr einfach, denn damals mußte man sich mit Bauten behelfen, welche eher den Namen Bretterbuden, als Hotels verdienten. San Francisco war während meiner Abwesenheit abgebrannt und nun wieder im Aufbau begriffen, aber von Häusern, wie man sie an andern Orten fand, war keine Rede. Obwohl unser Hotel das erste der ganzen Stadt war, das Grahamhouse, welches zufälligerweise sich außerhalb der letzten Brandstätte befand, so war es nur ein Holzhaus. Die Scheidewände in demselben bestanden aus gewöhnlichem farbigem Baumwollstoff, also glichen sie mehr bloßen gut gespannten Vorhängen, als Zwischenwänden. War die Einrichtung indessen noch so einfach, so waren dafür die Preise für diese primitive Bequemlichkeit desto höher; denn wir befanden uns jetzt wieder in Californien und in einem Hotel ersten Ranges. In der Stadt war überall reges Leben und emsiges Schaffen, weil alles, was der Brand verzehrt hatte, wieder möglichst bald hergestellt werden sollte.

Während ich Logements suchte, war ein strömender Regen gefallen und ich mußte mich überzeugen, daß es für die Frauen eine Unmöglichkeit gewesen wäre, das Hotel zu Fuß zu erreichen, denn die damaligen Straßen waren schlimmer als die Passage über den Isthmus und Urwald von Panama. Ich konnte mit großer Not ein gedecktes Wägelchen bekommen, mit dem ich zum Landungsplatz zurückfuhr. Meine Reisegesellschaft, nämlich nebst Familie Sutter auch noch Verwandte oder intime Bekannte derselben, Herr und Frau Kramer vom Hotel Adler in Arth, hatten den Dampfer bereits verlassen, also mußte nur noch das Gepäck per Boot ans Land geschafft werden, wo es auf die gedeckten Maultierkarren verladen wurde, auf welchen auch die drei Frauen Platz finden mußten, und dann schleppten zwei Maultiere die Familie und das Gepäck des vermeintlich reichsten Menschen auf der ganzen Welt — daher nur Goldsutter genannt — auf einem armseligen Vehikel in das primitive Hotel ersten Ranges von San Francisco, was nur mit großer Mühe möglich war, und wir befanden uns endlich doch so viel als am Ziel unserer Reise. —

Ich erkundigte mich jetzt, ob wohl Capitain Sutter oder sein Sohn August vielleicht zufällig in der Stadt anwesend seien, erfuhr aber, daß ersterer vor etlichen Tagen da gewesen, aber wieder nach Sacramento zurückgekehrt sei. Vielleicht wäre es nun am besten gewesen, wenn wir sofort alle die Reise dorthin angetreten hätten, aber ich besorgte, es würde der Eitelkeit der Familie Abbruch thun, wenn ich Sutter seine Familie nicht in San Francisco empfangen ließe. Dieses Bedenken veranlaßte mich, mit der ersten Gelegenheit allein dorthin zu reisen und es traf sich zu meiner angenehmen Überraschung, daß auch Herr und Frau Foster, die Schwester von dem — uns längst bekannten — Nye und nun auch Verwandte von Cleaveland, den wir als Bewerber um die schöne Mary und vorzüglichen Wahrsager bereits kennen, nach Sacramento reisen wollten. Durch diese erfuhr ich

dann das eben Gesagte, daß nämlich Cleaveland nun, in Bewahr=
heitung jenes Kartenorakelspruches bei Cordua, glücklicher Gatte
der schönen Mary geworden und nicht bloß bereits eine halbe
Million Dollars Wert zu Eigentum besitze, sondern auch jetzt noch
sehr viel erwerben werde.

Unsere Fahrt nach Sacramento war eine langweilige, denn
die „Eldorada“ war gar nicht für die Bequemlichkeit der Passa=
giere eingerichtet und zudem überfüllt.

Mit Erstaunen nahm ich wahr, wie die Ufer des Sacra=
mentoflusses überflutet waren, so daß man von den vielgenannten
Slongs, die ich zwei Jahre früher durchwaten oder auf Baum=
und Astbrücken überklettern mußte, gar nichts mehr sehen konnte,
indem sie großen Seen glichen. Auch höher gelegene Ufer waren
ganz überschwemmt.

Der Dampfer machte zwar einen Spektakel, daß man hätte
meinen können, wir befänden uns auf einem großen Mississippi=
Dampfer, aber wir kamen nur langsam vorwärts. Es hieß, der
Fluß habe die Stadt so überflutet, daß keine Fuhrwerke mehr die
Straßen passieren könnten und der Geschäftsverkehr durch Boote
und Canoes vermittelt werden müsse.

Der Gedanke, was soll ich nun wieder beginnen, sobald ich
die Familie Sutter an Ort und Stelle gebracht, beschäftigte mich
fast immer, wenn ich für mich allein war, und ich kam schließlich
auf den Gedanken, wo möglich Land von Sutter zu kaufen. Ich
hatte noch keine Ahnung davon, daß während meiner Abwesen=
heit die Preise so ungeheuer gestiegen sein könnten.

Als wir endlich in Sacramento anlangten, waren die Straßen
stellenweise wieder vom Wasser frei, aber die Passage mußte
durch Bretter ermöglicht werden, oder man war gezwungen
durch knietiefen Schlamm zu waten, wobei man nicht selten die
Schuhe verlor.

Ich konnte erfahren, daß Capitain Sutter im City Hotel zu
treffen sei. Dies war damals das erste Hotel von Sacramento
und zwar das nämliche Gebäude, welches Sutter ein paar Jahre
vorher acht Meilen 'weiter oben am American=River als Getreide=

muhle hatte bauen laſſen, welches dann aber der Goldentdeckung wegen nie als Muhle benutzt wurde.

In einem der Zimmer fand ich Sutter nebſt ſechs andern Schweizern an einem Tiſch verſammelt und zwar zu keinem andern Zweck, als einen Kauf über das von mir zur Erwerbung in Ausſicht genommene Land abzuſchließen. Unter den Kaufern befanden ſich zwei meiner fruheren Reiſegefährten, nämlich Rippſtein und Thomann.

Auf meine Frage, ob ſie mich nicht als Teilhaber aufnehmen wollten, erhielt ich eine ablehnende Antwort, wodurch meine Pläne durchkreuzt wurden.

An dieſem Abend ſchliefen Sutter und ich im ſogenannten Warenhaus, wo wir in Geſellſchaft vieler Ratten eine ziemlich ſchlafloſe Nacht zubrachten. Am nächſten Morgen begaben wir uns rechtzeitig auf die „Eldorada“, die wieder nach San Franciſco zurückkehrte. Da Auguſt Sutter auf der Heackfarm war, ſo hatte ich ihn nicht geſehen. Ich hätte vielleicht an ihn ſchreiben ſollen, aber ich war damals nicht dazu disponiert.

Flußabwärts machte der Dampfer ſchon beſſere Fortſchritte und wir kamen ſchon nachmittags in San Franciſco an, wo wir unverweilt den Weg nach dem Grahamhouſe einſchlugen. Selbſtverſtändlich zog ich mich zurück, als ſich die Familie Sutter gegenſeitig begrüßte; aber mit meinen Gedanken war ich doch bei dieſem Akt, wozu es an Veranlaſſung ja nicht fehlte.

Während der folgenden Tage, die wir noch in San Franciſco zubrachten, hatte ich Gelegenheit, nur die Veranderungen in der Stadt anzuſehen und alte Bekannte aufzuſuchen. Den Hannoveraner, den ich im Walde von Sacramento, wo er ſich als Deſerteur — zum zweitenmal — verſteckt hatte, ſo gaſtfreundlich aufnahm und zur Weiterreiſe mit ſeinem Freund Niey ihn noch mit Lebensmitteln verſah und ihm den Weg zeigte, damit er nicht in die Hände der ihn verfolgenden Häſcher falle, fand ich hier als Eigentümer eines ziemlich guten Hauſes und als Schenkwirt. Obſchon der ſogenannte Drink irgend eines Getränkes damals immer noch einen halben Dollar koſtete, ſo hätte ich doch

ohne irgend welche Bezahlung beliebig bei ihm trinken können. —
Einer meiner ersten Besuche galt dem Herrn Hoen, von dem ich
nahe der Ecke von Pacific und Dupont einen Teil eines Bauloses,
30 × 60 Fuß, um 3000 Dollars gekauft hatte, ehe ich nach der
Schweiz abreiste. Der Wert für diese Baulose war natürlich
während meiner siebenmonatlichen Abwesenheit sehr im Preise ge=
stiegen, was ich schon unterwegs erfahren hatte. Mr. Hoen
machte mir das naive Anerbieten, das Baulot zu behalten und
mir einen großen Zins für das Geld zu bezahlen, also für den
bereits bezahlten Kaufpreis. Selbstverständlich wollte ich hievon
nichts wissen und Hr. Hoen mußte mir einen Kaufstitel zustellen,
was er ohne Widerrede sofort that. Es war natürlich eine Thor=
heit, daß ich dies nicht schon bei meiner Abreise von San Fran=
cisco verlangt hatte, denn die 3000 Dollars wären sicher ver=
loren gewesen, wenn ich in der Zwischenzeit gestorben wäre.

Von Hoen vernahm ich einiges über die Gouverneurwahl.
Er erzählte mir, daß Sutter während der Kandidatur viel Geld
darauf verwendet habe, um die Wähler für sich zu gewinnen.
„Aber,“ meinte er, „wie kann ein vernünftiger Mann sich ein=
bilden, daß rechtliche Männer für einen Mann stimmen würden,
der mehr als die halbe Zeit sich in betrunkenem Zustande be=
findet.“ —

Eines Tages, da Capitain Sutter, Alphonse, sein jüngerer
Sohn und ich zwischen den Ruinen der abgebrannten Häuser
wandelten, drückte Alphonse den Wunsch aus, daß er später auch
gerne Offizier werden möchte. Der alte Haudegen von Grenoble
meinte, daß seines Sohnes Wunsch bald in Erfüllung gehen werde,
„denn,“ sagte er, „ich werde nächstens zum Gouverneur des Staates
Californien ernannt werden, dann sollst du schon ein Offiziers=
patent erhalten.“ — Zwar glaube ich wirklich, daß Alphonse es
später zum Capitain gebracht hat, denn ich las einmal in der
New=Yorker Staatszeitung, als ich in Madison, Wiskonsin, war,
daß der Filibuster=General Walker zwei Offiziere, von denen der
eine Alphonse Sutter hieß, von Nicaragua aus als Abgesandte
nach San José, Costa Rica, geschickt habe, um mit der Regierung

jenes Staates irgend eine Vereinbarung zu treffen. Welchen Er=
folg diese Gesandtschaft hatte, weiß ich nicht.

Bei den riesigen Hotelpreisen von damals hielt man sich
nicht gern lange zwecklos auf und obschon es einen kleinen
Dampfer gab, der Capitaine Sutter hieß, so zogen wir doch vor,
auf einem andern, dem „Senator", die Fahrt nach Sacramento
zu machen. Das Wetter war wundervoll, die Reisegesellschaft sehr
unterhaltend, das Schiff prächtig und bequem eingerichtet, und
wir landeten am folgenden Morgen früh in Sacramento=City,
wo wir aber nicht im Hotel City abstiegen, sondern in einem
ganz frisch eröffneten Gasthaus, welches wenig Bequemlichkeit
bot. Die Zwischenwände der Schlafzimmer waren nur sehr not=
dürftig vermittelst Baumwollen-Mousseline hergestellt. Wir befanden
uns aber ja, wie Sutter zu sagen pflegte, wenn er nicht bezahlen
konnte, in einem neuen Lande, wo man nicht alles haben konnte,
wie man es wünschte, aber doch unverschämt zu fordern verstand.
Am nächsten Tag wollten wir nach Heackfarm, wohin man bei
meiner Abreise nach Europa noch per Canoe fahren mußte;
wir benutzten hiezu ein kleines flachbodiges Dampfschiff, das nun
zwischen Sacramento und Marysville den Verkehr vermittelte.
Da das Boot so überfüllt war, daß man das Gepäck nicht mehr
mitnehmen konnte, so zog ich vor, in Sacramento zurückzubleiben
und dann mit einem andern Boot nach Heackfarm zu fahren.

Das Wasser hatte sich bereits so weit zurückgezogen, daß
die Straßen nur noch mit Schlamm bedeckt waren, aber dieser
war so tief und konsistent, daß man fast nicht durchkommen
konnte. Mein größtes Interesse war die Besichtigung der von
Sutter an Zahlungsstatt erhaltenen und vor der Abreise gekauften
Baulose, auf denen ich zu meiner höchst unangenehmen Uber=
raschung zwei Zelte fand, deren Insassen auf die Lose selbst An=
spruch machten, nämlich als Squatters, und beide schwuren daß
sie bessere Rechte auf die Plätze hätten, als ich selbst, da sie be=
haupteten, Sutter könne keine rechtsgültigen Titel für Land geben,
das nicht ihm gehöre. Um nicht selber mit diesen frechen An=
sprechern streiten zu müssen, verkaufte ich diese beiden Bauplätze

unter Wegbedingung der Nachwährschaft und überließ es also den neuen Käufern, unter Nachlaß einer kleinen Summe, den Streit mit den beiden Squatters auszufechten.

Eine meiner Erkundigungen über meine früheren Beziehungen betraf das Befinden meines alten Freundes Huggenberger, den ich vor meiner Abreise so angelegentlich warnte, nicht in die Minen zu gehen. Das Resultat bestätigte meine damalige Besorgnis, denn er sei den Entbehrungen daselbst bald erlegen und seine irdische Hülle liege nicht einmal in einem Grabe, sondern man habe ihn nur mit Steinen zugedeckt, weil der Platz zum Graben eines richtigen Grabes zu schwierig gewesen sei. Wahrscheinlich sei sein etwa 5000 Dollars betragendes Vermögen nicht einmal in den Besitz seiner Erben gekommen. Wer weiß, ob die Flaschen voll Gold, die er einmal ohne Zeugen im Gebüsch verborgen hatte, je gefunden wurden, oder erst in Jahrzehnten oder Jahrhunderten als Schatz ans Tageslicht befördert werden. Mein Freund Thomann erzählte mir sogar nachträglich, daß ein Freund von Huggenberger in Verdacht gekommen sei, er habe das von jenem verborgene Gold sich angeeignet und dieser Freund war es ja gerade, der absolut nicht dabei sein wollte, als Huggenberger das Geld vergrub.

Hier mußte ich auch vernehmen, daß ich den treuesten aller meiner Freunde nicht mehr sehen sollte, nämlich meinen Tiger, den August Sutter zur Pflege nach Heackfarm mitgenommen hatte, als ich abreiste. Man habe ihn in die Minen mitgenommen, wo er umgekommen sei. Ich konnte das treue Tier nur schwer vergessen. Nach ein paar Tagen fand ich Gelegenheit, mein Gepäck auf einem kleinen Flußdampfer nach Heackfarm zu bringen. Bei meiner Fahrt dahin konnte ich erst recht beobachten, wie viel Schaden das Hochwasser angerichtet hatte. Wir waren noch nicht weit gefahren, so zeigten sich zwischen den Gabeln verschiedener Bäume die Kadaver von vielem Vieh und Pferden, die da hängen geblieben waren. Auf einem Hügel lagen über 30 Stück Vieh, das sich wahrscheinlich dorthin geflüchtet und dann auf dieser Insel zu wenig Gras gefunden hatte und deshalb verhungerte. Je weiter hinauf wir kamen, desto mehr war das Wasser zurückgegangen, aber überall konnte man noch sehen, wie hoch dasselbe gestanden. Endlich war Heackfarm in Sicht und bald legte das Boot am Landungsplatz an Hier wurde mir eine große Überraschung zu teil, die mich emporte und mir heute noch unerklärlich ist, nämlich der höchst unfreund= liche Empfang von Seite des Sohnes Sutter. Vielleicht hatte er erwartet, daß ich ihn zu gleicher Zeit, wie seinen Vater, von der Ankunft der Familie hätte benachrichtigen sollen, was ich unter= ließ, weil ich voraussetzte, daß dieser ihn gewiß davon in Kennt= nis setzen würde. Er grußte mich nicht einmal, noch reichte er mir zum Empfang die Hand. Ein offener Verweis hätte mir hun= dert mal weniger weh gethan Hier wäre ich keine Stunde ge= blieben, wenn nicht Frau Sutter mich dringend gebeten hätte, mich als zur Familie gehörig zu betrachten, bis meine Pläne mich wegrufen würden.

Am nächsten Morgen erhielt ich von Herrn August Sutter das mir noch zu gut kommende Geld und ich war nun voll= ständig frei, zu gehen, wohin ich wollte. Die Familie Sutter drang aber in mich, noch einige Zeit zu bleiben, was ich auch that.

Zu Ehren der Fräulein Eliza Sutter wurde vier Meilen oberhalb Heackfarm am linken Ufer des Federflusses, da wo der= selbe eine große Biegung macht und fruher die Ortschaft der Sisum=Indianer lag, eine Stadt angelegt, welche Eliza=City ge= nannt wurde, aber diese prosperierte nicht, wie wir sehen werden.

Als Anerkennung für die gewissenhafte Lösung der mir über= tragenen Mission anerbot mir Sutter mehrere Baulose in Sacra= mento als Geschenk, aber ich glaubte aus Bescheidenheit sie nicht annehmen zu dürfen, weil es mir damals schien, das Geschenk würde ja den Lohn übersteigen. Ich antwortete ihm, daß ich vielleicht später in bescheidenem Maße von seiner Güte Gebrauch machen würde, aber so viel dürfte ich nicht annehmen. Als Sutter dann später gegen Männer, die gar keine Verdienste um ihn oder seine Familie hatten, so freigebig im Verschenken von

Bauplätzen war, so erinnerte ich ihn dann doch an sein Aner=
bieten und ich konnte an der Verlosung teilnehmen und erhielt
einen Anteil. Ein mir gehörendes unvollendetes Holzhaus ließ
ich auf einem flachbodigen Dampfboot nach Eliza=City bringen,
wo ich es aufstellen ließ, zwar vorläufig noch ohne Zwischen=
wände, dieses Haus nannte ich Eliza=Hotel. Ich unterließ nun
nicht, mir auch sofort einen Titel ausstellen zu lassen.

Eliza war also auf dem Papier bereits eine Stadt. Ein
Schweizer Lithograph, Herr Fähndrich von Laufenburg, Kanton
Aargau, hatte bald eine schöne Karte über die herrliche Stadt
Eliza=City angefertigt. Ich entdeckte indessen bald, aber bereits
zu spät, daß verschiedene Hindernisse das schnelle Aufblühen zu
einer großen Stadt vereiteln würden. Als das größte derselben
betrachtete ich die Thatsache, daß die vermöglichsten Gründer
(Shareholders) bereits ziemlich viel Stadtlose in dem nur etwa
zwei Meilen entfernten Marysville besaßen. Es war nun leicht
begreiflich, daß nicht zwei so nahe bei einander gelegene Städte
zu gleicher Zeit emporkommen konnten und Marysville hatte schon
einen bedeutenden Vorsprung, da dort bereits eine Dampfboot=
station war und die Lose, wie gesagt, in reichen Händen lagen.
Die Lage von Eliza=City hielt ich für günstiger, als die von
Marysville. Die Spekulanten, welche viele Stadtlose in Marysville
hatten, konnten nun nichts Besseres und Klügeres thun, als mög=
lichst viele Shares in Eliza=City zu kaufen und so lange in
fester Hand zu behalten, ohne zu bauen, bis sie in Marysville ihr
mehrfach größeres Benefice erzielt hatten. Lieber in Eliza=City
1000 Dollars verlieren und dann dafür in Marysville das Zehn=
fache verdienen, dachten sie mit Recht. Zum Schein machten diese
Gründerschwindler doch oft Besuche in Eliza=City und suchten
ihrer dortigen Lose unter Vorgabe guter Aussichten für die
Zukunft los zu werden. Um Leute herbeizulocken, machte die
kleine Bevölkerung ein paar neuerbauter Häuschen wegen einen
möglichst großen Lärm durch Klopfen, Hämmern, Rufen und
Lamentieren, aber auch dies machte wenig Eindruck. Auf einmal
vernahm ich das Gerücht, daß eine Share Hausplätze in Eliza=

City schon 3000 Dollars gelte und die Preise sehr im Steigen seien. Mit dem Hintergedanken, daß ich so wie so Californien bald für immer verlassen werde, stimmte ich in den Jubel dieser Neuigkeit, an die ich nicht glaubte, ein und erklärte einem gewissen Capitain Galston, einem alten, geriebenen Spekulanten, daß ich ihm jetzt Gelegenheit geben wolle, viel Geld zu verdienen, indem ich ihm meine Shares und das Hotel Eliza=City und die Lose in San Francisco zusammen für 15,000 Dollars verkaufe, weil ich von Californien fort wolle. Galston that, als ob er das sehr billig finde, aber augenblicklich zu wenig Geld zur Disposition habe, mir aber bald einen andern Käufer zuwenden wolle, was dann auch wirklich der Fall war, denn schon Tags darauf kam August Sutter im Galopp dahergesprengt und stieg in meinem Hotel ohne Scheidewande, wie es schien, etwas angeheitert, ab. Selbstverständlich kamen wir bald auf die Bauplätze 2c. zu sprechen und er schien auch von dem raschen Steigen der Baulose in Eliza=City gehört zu haben und sich daruber zu freuen, denn er war ja auch Shareholder geworden.

Ich sagte unter anderm: „Gestern ist der alte Spekulant Galston hier gewesen und ich habe ihm mein ganzes Grundeigentum hier und in San Francisco für 15,000 Dollars angetragen, denn ich will aus diesem Lande fort. Ist das nicht billig?"

Sutter erwiderte, daß er diesen Preis auch bezahle, wenn die Bezahlung nicht auf einmal zu leisten sei und die Termine ihm paßten.

Auf meine Frage, wie er die Bezahlung am liebsten ordnen würde, schlug er mir vor, an bar 1000 Dollars zu bezahlen und mir das übrige mit 5000 Dollars in einer Note per 1½ Monate, 5000 dito in 2½ Monaten und den Rest von 4000 Dollars in 3½ Monaten zu entrichten.

Ich erklärte mich einverstanden und Sutter wollte nur noch die Bauplätze ansehen, während ich allein im Hotel blieb. — Überrascht sah ich einen mir bekannt scheinenden, gutgekleideten Herrn auf das Haus zuschreiten. Es war der Kellner vom Dampfer „Panama", Mr. Weinmann, an dessen Frau in New=

York ich bei meiner Heimreise 6|0 Dollars mitnahm und abgab. In unserm Gespräch kamen wir selbstverständlich auf alles mögliche und so sagte ich ihm, daß ich vor ein paar Minuten mein gesammtes Grundeigentum, also das Hotel in Eliza = City nebst 24 Baulosen daselbst und einem Bauplatz in San Francisco für 15,000 Dollars an den jungen Sutter verkauft habe.

Es fehlte wenig, so hätte mich Hr. Weinmann einen Narren geheißen Er behauptete, daß diese Objekte 20,000 Dollars wert seien, um welchen Preis er sie genommen und in 20 Tagen ausbezahlt hätte.

Diese Erklärung schien für mich recht kränkend, aber obschon mit Sutter noch nichts Schriftliches gemacht war, so wollte ich selbstverständlich doch mein Wort halten.

Sutter kam bald zurück und schien sehr zufrieden, besonders als dann noch Hr. Weinmann ihm den Vorschlag machte, daß er ihm sofort einen schönen Profit offeriere, wovon Sutter anfänglich nichts hören wollte. Als Mr. Weinmann mit dem Angebot von 20,000 Dollars ausrückte, so fragte Sutter ihn, ob es ihm eigentlich ernst sei mit diesem Angebot.

Weinmann hielt ihm die Hand entgegen mit den Worten: „Hier ist meine Hand, Herr Sutter, wollen Sie nicht einschlagen?"

Sutter schaute fest in das Antlitz des neuen Käufers, schlug dann kräftig ein und sagte: „Es soll ein Handel sein! Wie haben wir es mit dem Bezahlen?"

Weinmann antwortete, daß er am nächsten Morgen mit uns nach Sacramento reisen und dann nach San Francisco gehen wolle, um den Bauplatz anzusehen und sogleich mit 10 000 Doll. Anzahlung zurückkehren werde. Die zweite Hälfte werde er in 20 Tagen bezahlen.

Ich fragte nun Herrn Sutter, ob er unter diesen Umständen mir mit der Bezahlung der Kaufsumme nicht prompter entgegenkommen könnte, wovon er aber nichts wissen wollte. Dagegen legte er sein Zartgefühl dadurch an den Tag, daß er mir wiederholt von dem so schnell und leicht gemachten Profit vorschwatzte und damit vielleicht auch sein Spekulations = Genie beurkunden wollte. Er mutete mir dann sogar zu, daß ich den Kaufbrief für alles Eigentum direkt auf Weinmann ausfertigen lassen solle, was ich aber nicht einging, da ja Sutter mein Käufer war und nicht Weinmann; denn ob dieser etwas besaß, wußte ich ja nicht und die Zahlungsweise war zudem eine ganz andere

Ich erhielt also von Sutter die 1000 Dollars bar und die ferneren Zahlungen glaubte ich ebenso pünktlich in Empfang nehmen zu können, so daß ich glücklich nach Eliza-City zurückkehrte — Von Weinmann vernahm ich nachträglich nur so viel, daß aus dem Handel mit Sutter nichts geworden sei.

Anstatt hier wieder ein so teures Kostgeld zu bezahlen, richtete ich mein Junggesellenleben wieder ein Ein Zelt hatte ich schon längst wieder gekauft und ich schaffte mir nun einen ordentlichen Vorrat von Lebensmitteln an, Sardinen, Einlagen für Suppen, Würstchen, Erbsen, chinesische Lebkuchen, Chokolade, eingemachte Früchte und frische Südfrüchte, Zucker und eine ganze Kiste chinesischen Thee. Kochgeschirre hatte ich auch und so schwelgte ich schon in der tröstlichen Hoffnung, dieses Land des Glücks und der Mordthaten und des Sammelplatzes aller Laster in drei Monaten verlassen zu können.

Nachdem ich, durch die Verhältnisse gezwungen, so viel von meiner Person erzählen mußte, so mag es am Platze sein, auch noch einiges zur Illustration des Geschäftslebens beizufügen, da ich den Schauplatz nicht verlassen konnte, ehe Sutter mir mein Guthaben ausbezahlt, also noch Zeit hatte, meine Beobachtungen zu machen.

XXVI.

Fideles Leben in Eliza-City. — Entführung eines Mädchens.

Ein schon erwähnter Dr Botes war auch Eigentümer einer
Share, also eines Landkomplexes in Eliza-City, der für 24 Bauplätze berechnet war. Er hatte ganz in der Nähe meines nun-
mehr verkauften Hauses oder Hotels ein großes altes Zelt auf-
gerichtet, worin es sich ganz gut hätte wohnen lassen, wenn das
Wetter schön und trocken war, oder wenn dasselbe auf einer
etwas erhöhten Stelle gestanden hätte, was eben leider nicht der
Fall war. Da Dr. Botes nicht immer selber in Eliza-City anwesend sein konnte, so blieb doch ein jüngerer Bruder von ihm
da, um des Doktors Interesse allfällig zu wahren.

Eines Tages sagte mir der Clerk (Kassier) des kleinen
Dampfbootes „Linde", welches den Verkehr auf dem Sacramento
vermittelte: „Haben Sie die jungen Leute, welche als Passagiere
mit diesem Boot gekommen und ans Land gegangen sind, nicht
beobachtet? Passen Sie auf, der jüngste der Knaben, oder wenigstens als solcher gekleidet, ist ein Mädchen, welches im Anzug
ihrer Mutter, einer verhältnismäßig jungen, respektablen Dame,
in San Francisco von den sie begleitenden jungen Männern,
meistens Spielern und Taugenichtsen, entführt worden ist. Sie
sind irgendwo am Ufer spazieren gegangen und müssen, wenn sie
mit nach Marysville wollen, bald wieder zurückkehren."

Der Clerk beschrieb mir die Kleider des Mädchens und ihr
Aussehen, aber während er dies that, war die Gesellschaft bis in
die Nähe des Bootes gekommen und zwar begleitet vom Bruder
des Dr Botes, und da sie alle einander kannten, beschlossen sie,
bei ihrem Freund und Bekannten einstweilen abzusteigen

Botes bot seinen Freunden freie Aufnahme in seinem großen Zelte an und dadurch erhielten wir dann bald genug Gelegenheit, die verschiedenen Persönlichkeiten etwas näher kennen zu lernen.

Das als Knabe verkleidete Mädchen war, wie sie selbst sagte, erst 14 Jahre alt und das einzige Kind einer schönen, noch jungen und wohlhabenden Witwe, welche nur kurze Zeit vorher von Boston nach San Francisco gekommen war. Sie hieß Willock und die Tochter Dilia Willock. Kurz vor ihrer Abreise von Boston soll die schöne Dilia noch eine Töchterschule besucht haben. Ihre Entführer, bezw. Verführer hatten sich mit der nur zu willigen Dilia bereits heimlich verständigt, wie und wann die Wegnahme erfolgen sollte. Man habe die Abfahrt des Dampfers „Senator" abgewartet und kurze Zeit darauf sei bei dem Hause der Mrs. Willock ein junger Mann erschienen, welcher der Dame gesagt habe, er sei von gut befreundeten Personen hergeschickt worden, sie zu ersuchen, augenblicklich dorthin zu kommen, da einer ihrer Freunde plötzlich erkrankt sei und daher dringend bitte, daß sie schnell hinkommen möchte, weil er ihr noch etwas Wichtiges mitzuteilen habe. Frau Willock habe zuerst Mißtrauen gehabt, aber dann doch gedacht, es könnte etwas Wahres an der Sache sein und sei schnell hingegangen; das Haus habe sie von außen geschlossen, weil sie stets besorgt gewesen sei, man stelle dem schönen Mädchen nach. Sie habe dann sofort entdeckt, daß man sie nur vom Hause weggelockt habe, um irgend etwas Verdächtiges auszuführen und sei wieder zu ihrer Wohnung zurückgeeilt. Hier habe sie das Mädchen nicht mehr getroffen und wahrgenommen, daß das ungeratene Töchterchen entronnen sei. Ohne sich lange zu besinnen, sei sie nach dem Landungsplatz geeilt und eben daselbst angekommen, als der Dampfer die Brücke verlassen hatte. Trotz all ihrem Rufen habe das Schiff aber nicht mehr gelandet, obschon sie das in Herrenkleider gesteckte Kind noch gesehen habe. Während die Frau den angeblich erkrankten Herrn besuchen wollte, hatten die Entführer die kurze Zeit ihrer Abwesenheit benutzt, um dem Mädchen die Kleider zuzustellen und

mit ihm auf das Dampfboot „Senator" zu eilen. Man kann sich
denken, was die Mutter empfunden haben mag. Sie that nun sofort
die ihr nötig scheinenden Schritte, während welcher Zeit die Ent=
führer mit ihrem leichtsinnigen Opfer sich in Eliza=City aufhielten.
Ihr alter Bekannter Henry Botes, wie es schien, ein Mitverschworener
oder Helfershelfer, nahm Alle in sein geräumiges Zelt auf.

Nun wurde es in unserer Nachbarschaft lebendig und fidel,
denn die Entführer waren ohne Ausnahme schöne, joviale Bursche,
welche, dem Aussehen nach zu urteilen, aus besseren Kreisen zu
stammen und die ganze Geschichte mehr als einen Akt der
Romantik als für eine schlechte That anzusehen schienen und dem
Leben die möglichst leichteste Seite abgewinnen wollten. Einer
derselben spielte die Violine ganz leidlich gut und kannte alle
damals beliebten Melodien und Tänze. Man hörte fortwährend
nur Fröhlichkeit und Jubel, was sich im Singen, Musizieren,
Spielen und Lachen kundgab. Die fidele Bande erhielt bald eine
San Francisco=Zeitung, worin die Entführung geschildert und
die Tochter zur Rückkehr aufgefordert wurde, aber man nahm
wenig Notiz von dieser Aufforderung. Die Mutter hatte, wie es
schien, den Aufenthaltsort der Entronnenen bald erfahren und
einen Vertrauensmann gebeten, ihr das Kind wieder zuzuführen,
allein das selbständige Töchterchen erklärte rundweg, daß es nicht
mehr zu der lieben Mama zurückkehren werde. Der alte, respek=
table Capitain Galston hatte von der Geschichte erfahren und
kam expreß nach Eliza=City, um das leichtsinnige junge Mädchen
zu warnen, jedoch mit dem nämlichen Resultat. Der alte Herr
kam zu mir und bat mich, ihn in die Nachbarschaft zu begleiten,
was ich auch that, und wir machten das Mädchen auf das Un=
schickliche ihres Anzuges und auf die Folgen ihrer Handlungs=
weise aufmerksam, wenn sie nicht sofort wieder zu ihrer Mutter
zurückkehre, allein unsere ernsten und wohlgemeinten Ermahnungen
schienen gar keinen Eindruck auf sie gemacht zu haben und sie
schien jedes kindlichen, zärtlichen Gefühls gegen ihre Mutter bar
zu sein. Sie war für die Mutter und die anständige Gesellschaft
bereits unrettbar verloren.

So lange wir sonniges Wetter hatten, konnte die lustige Ge=
sellschaft es in dem Zelte schon aushalten; als es aber einmal
während der ganzen Nacht regnete und die Sippschaft samt und
sonders im Wasser lag, da war der Jubel weniger lebhaft und
ich ahnte, daß ich vielleicht bald im Eliza=Hotel Gäste erhalten
könnte, die mir nicht die allerliebsten sein würden. Schon am
Vormittag kam der schöne Knabe, wie wir Miß Dilia oft nannten,
um sich zu erkundigen, ob in meinem — verkauften — Hause
ein vor Regen und Wind sicheres Unterkommen zu haben wäre
und dann kam der Hauptmann der Gesellschaft selbst mit der
direkten Anfrage, ob ich sie gegen Bezahlung in eines der beiden
großen Zimmer einziehen lassen würde. Ich erlaubte natürlich,
daß sie das obere Zimmer so lange bewohnen dürfen, als der
Regen anhalte, wofür ich keine Bezahlung beanspruche. Dadurch
wurde das Eliza=Hotel doch etwas belebter, denn nun fehlte es
nicht an Musik, Gesang, Tanz und andern Fröhlichkeiten. Diese
unbestreitbar zweideutige Gesellschaft trieb es dann so weit, daß
sie einen Ball veranstaltete, zu dem sie die Notablen von Eliza=
City, den Friedensrichter, den Ingenieur, meine zwei bekannten
Landsleute Fähndrich, den Lithographen und Papierstädtegründer,
und Herrn Faller von Rorschach einluden. Als Hausbesitzer durfte
auch ich natürlich nicht fehlen. Da keine Mädchen aufzutreiben
waren, so legte der schöne Knabe seine Herrenkleider „in den
Schrein" und erschien als alleinige Balldame in einem feinen,
eleganten Mädchenkleid. Sie erwies mir die Ehre, mich zur Er=
öffnung des Balles als ihren Kavalier einzuladen, allein ich lehnte
unter dem Vorgeben, daß es mir sehr leicht schwindlig werde und
ich ohnehin kein guter Tänzer sei, die zweifelhafte Ehre ab. Mein
Nachfolger war der Herr Friedensrichter, der wohl am liebsten
den ganzen Abend allein mit ihr getanzt hatte, wenn die Herren
Beschützer nichts dagegen gehabt hätten. Ich muß übrigens ge=
stehen, daß die Musik gar nicht schlecht war, da Herr Fähndrich
die Violine mit der Flöte begleitete. Das Benehmen der ganzen
Gesellschaft war übrigens, gegen mein Erwarten, ein ganz an=
ständiges, weder rohes, noch sonst ausgelassenes. Ob die Nüchtern=

heit bloß daher rührte, weil in Eliza-City nicht leicht starke Ge-
tränke, am wenigsten in meinem sogenannten Hotel, zu bekommen
waren, lasse ich dahingestellt, denn bei Anlaß eines Ausfluges nach
Marysville, an welchem auch der Friedensrichter und der Doktor
Botes teilnahmen, kamen alle samt und sonders, auch der schöne
Knabe, recht angeheitert heim. Es wurden übrigens bald nach
diesem Abend Anstalten getroffen, nach Marysville hinüber zu
siedeln, wo mehr Gelegenheit zu den Lieblingsbeschäftigungen war.
Vorher vollzog aber der Friedensrichter noch die Civiltrauung
des Anführers, Herrn Bob, mit Miß Willock, damit die Frau
Mama kein Recht mehr auf ihr Kind habe. Es ware zwar eine
Heirat mit einem 14 Jahre alten Mädchen, ohne Einwilligung
der Eltern, gesetzlich ungültig gewesen, aber der Friedensrichter
setzte sich, wie jeder klar Sehende beobachten konnte, aus egoistischen Gründen und Hoffnungen über diese Gesetzesverletzung hinweg. Ich bedaure, nicht mehr vernommen zu haben, wie diese,
milde gesagt, romantische Geschichte ihr Ende nahm

Da ich keine eigentliche Beschäftigung mehr hatte, sondern
mehr aufs Faullenzen angewiesen war, bis ich mein Geld von
August Sutter bekommen wurde, so blieb ich bald da, bald dort,
machte auch einigemal längere Jagdzüge zu Pferd Am meisten
hielt ich mich in Heackfarm auf, wenn ich mich nicht in Eliza-
City befand.

Ich mußte mich unwillkürlich viel mit der Zukunft der
Familie Sutter beschäftigen, wenn ich so an alles dachte, was ich
in jeder Richtung während meines Verkehrs mit Sutter in Californien und auf der Reise mit der Familie Sutter wahrzunehmen
Gelegenheit hatte und, ohne es zu wollen, immer die Thatsache
in Anschlag bringen mußte, daß der californische Fürst in der
höchsten Glanzperiode nie daran dachte, seine alten Gläubiger
in der Heimat zu befriedigen, worüber ich während meines Aufenthaltes in der Schweiz sehr harte Urteile zu hören und mich
quasi für ihn zu schämen hatte.

Als wir einmal eine mehrtägige Jagdpartie gemacht hatten
und nach Heackfarm heimkamen, war ein Landsmann, namens

David Engler von St Gallen, da, der dem Schweizer Offiziers-
stand angehörte und dies auch durch seine Militärmütze bekundete,
die er stets trug. Sutter hatte ihn angestellt, damit er dem Sohn
Alphonse Unterricht im Piano erteile Das Piano stand schon
vor der Ankunft der Familie da, aber den Lehrer sah ich an
diesem Tag zum erstenmal. Dieses Instrument war wohl das
erste, welches sich nach dem Sacramentothal verirrt hatte. Alphonse
schien weder besondere Lust, noch besondere Anlagen zum Klavier-
spiele zu haben, aber er nahm doch regelmäßig seine Stunden.
Bald warf Engler ein Auge auf Fräulein Eliza, die 23 Jahre
zählte, oder sie auf ihn und es kam zu einem Liebesverhältnis

Da der ehrgeizige Papa längst der Ansicht war, daß in
Philadelphia hunderte die Hände nach seiner Tochter ausstrecken
würden, so war ihm dieses Liebesverhältnis ein Gräuel und er
erhob energisch Protest gegen eine Verbindung, die er so sehr
unter seiner Würde fand

Herr Engler schmiedete Pläne zur Entführung seiner Geliebten, welch letztere mich mit ihrem Geheimnis betraute und
um meine Ansicht bat. Ich riet entschieden von einem solchen
Schritt ab, da Fräulein Eliza ihr Geld dem Bruder August geliehen hatte und weder Fräulein Eliza, noch ihr Geliebter nach
meiner Ansicht zu denen gehörten, auf die das Wort gepaßt
hätte: „Raum ist in der kleinsten Hütte für ein glücklich liebend
Paar.“

Ich hatte auch schon auf der Reise nach Amerika mit der
Familie Sutter Gelegenheit gehabt, mich zu überzeugen, daß
Fräulein Eliza niemals aus Liebesgram sterben würde. Es ge-
nügte daher, den Herrn Engler abzudanken und zu entfernen,
und ein junger Maler, den Sutter angestellt hatte, um die ganze
Familie zu portraitieren, soll es dann verstanden haben, das Liebes-
feuer der Fräulein Eliza vollständig zu dämpfen. Wie ich später
hörte, soll sich bald ein ähnliches Verhältnis zwischen Eliza und
dem Maler gebildet haben, und zu guter Letzt sei dann Fräulein
Eliza doch die Frau Englers geworden. Böse Zungen wollten
über diese Metamorphosen mehr wissen, als was ich hier sage.

Über Alphonse weiß ich aus eigener Erfahrung in Californien sehr wenig, als daß er gerne und gut ritt.

Emil, der jüngste Sohn, schien nicht der Bevorzugteste der Familie zu sein und sein schlechtes Gehör, das ihn mürrisch und unzufrieden machte, ließ ihn noch ungünstiger erscheinen, als er war. Leider hatte er auch die Gewohnheit, zu lügen.

Als Gegensatz zu den nicht glänzenden pekuniären Verhältnissen der Familie Sutter hätte ich lieber ein recht günstiges Bild über die persönlichen Verhältnisse derselben entworfen, aber leider würde ein solches nicht der Wahrheit entsprechen.

Während meines Aufenthaltes in Heackfarm erhielt ich einen schmeichelhaften Besuch von dem Bruder des Indianerhäuptlings Bummel, dem früher oft erwähnten Seye oder Syey, der nur mit einem alten, beschmutzten Hemd bekleidet war. Dies war zwar gegen seinem früheren Anzug noch sehr viel, denn ehedem erschien er gewöhnlich so, wie Gott die Menschen erschaffen hat. Als er eintrat, lächelte und nickte er mir freundlich zu und sagte — auf indianisch natürlich — so gut ich ihn verstehen konnte, ungefähr folgendes:

„Da bist du also wieder, du Freund, ich hatte auf einmal nichts mehr von dir gesehen und gehört und wußte nicht, was aus dir geworden war. Endlich hörte ich, daß du eine große Reise nach einem sehr weiten Land gemacht habest, um dem Häuptling (Tschakä) seine Frau und Kinder zu holen, und kürzlich vernahm ich, daß du mit denselben gekommen seiest, und noch später, daß du hier ein großes Haus gebaut habest. So habe ich gedacht, ich wolle doch einmal kommen, um zu sehen, ob das alles wahr sei; ich sehe, es ist ja so und hier bin ich und nun wünsche ich, daß du mir etwas zu essen gebest und für meine Frau möchte ich ein Hemd haben.“

Als ich diesen Vortrag meinen anwesenden Freunden übersetzte, brachen diese in lautes Gelächter aus und auch mein Indianerfreund lachte eben so laut mit. Als ich ihm dann eines meiner neuen, schön bedruckten Hemden brachte, besah er dasselbe auf allen Seiten mit bedenklich ernsthaftem Gesicht und sagte: „Es ist sehr klein, es reicht nicht weit genug hinab."

Ich hatte einen runden holländischen Käse, von dem ich bereits einen Teil gegessen hatte und der ganz gut schmeckte. Der Indianer führte ihn an seine Nase und legte ihn dann weit bei Seite, da ihm der Geruch ekelhaft vorkam. „Den mag ich nicht, er stinkt, was ist es denn eigentlich?"

„Dieser ist aus Milch von Kühen gemacht und wir weißen Leute essen sehr viel davon."

Das war meinem Freund schon genug, denn vor der Kuh= milch hatten die Indianer großen Ekel und obschon ich mir ein Stück abschnitt und selbst aß, war er nicht zu bereden, meinem Beispiel zu folgen. Auch Zwieback, den ich ihm anbot, liebte er nicht besonders, sondern hätte lieber Fleisch gehabt, was ich nicht zur Hand hatte.

Als er nichts für ihn Passendes mehr fand, ging er seiner Heimat Minal zu. Dies war der letzte Besuch von einem Natur= menschen, mit welchen ich so viel verkehrt hatte und bei tausend Exemplaren bei richtiger Behandlung weniger Böses fand, als bei nur hundert Weißen.

Was beim Essen die Idee und die Gewohnheit nicht aus= macht! Dem Indianer sind Raupen von Eichblättern und ge= röstete Heuschrecken ein Leckerbissen, und wir verspüren schon Brechreiz, wenn wir nur an so etwas denken, und mit der Milch ist gerade das Umgekehrte der Fall. Gibt es in dieser Richtung wohl auch einen richtigen Mittelweg?

Wenn man je veranlaßt wird über die Wandelbarkeit der menschlichen Verhältnisse und Zustände nachzudenken, so war das zu jener Zeit in Californien der Fall. Ich verließ acht Monate vor dieser Zeit hier Arme, welche ich bei meiner Rückkehr reich, sogar enorm reich fand, und Reiche, welche in dieser kurzen Spanne Zeit arm wurden. Der alte Johnson den wir von der unklugen Heirat mit der schönen Mary her kennen, besaß bei meiner Abreise von Californien so viel Grundeigentum, daß er jetzt sehr reich hätte sein können, aber er lebte wieder in ganz armlichen Verhältnissen mit seinen beiden Indianerfrauen auf seiner Farm am Bear=Creek. Smiths, der frühere Partner von Mr. Nye mit dem halben Anteil an drei Leguas Land, 500 bis 600 Stück Vieh und 150—200 Pferden, war jetzt noch Eigentümer eines alten Wagens und eines Joches Ochsen, mit welchen er, um sein Leben zu fristen, nach den Minen fuhrwerkte. Perry Mc Kune, der früher am Cosumna allein 2—3 Leguas Land und mehrere hundert Stück Vieh und Pferde sein eigen nannte, war so heruntergekommen, daß er sich auf Heackfarm uneingeladen an die Tafel setzte, um seinen Hunger zu stillen. Der uns bekannte Mr Cordua war der frühere Eigentümer von dem Land, auf welchem jetzt Marysville steht, besaß drei Leguas des besten Landes am Yuba und Federflusse, nebst 2000 Stück Rindvieh und 800 Pferden; derselbe, der so spottbillig die Hälfte an seine Schwager Nye und Foster verkaufte, besuchte mich einmal in Eliza=City. Sein vernachlässigtes Äußere ließ mich vermuten, daß er sich dem Trunke ergeben habe und sehr heruntergekommen sei. Seine Kleider hingen beschmutzt und nachlässig am schwammigen Körper, seine Strümpfe waren auf die Schuhe herabgesunken, seine Haare schienen seit langer Zeit der Bekanntschaft mit einem Kamm zu entbehren, sein Gesicht war in jeder Richtung reparaturbedürftig und litt längst an Wassermangel und Trockenheit. Der gute Alte dauerte mich aufrichtig, als er in solch verwahrlostem Zustande vor mir stand. Man versicherte mir aber, daß er immerhin noch einiges Vermögen besitze, also war es nicht so schlimm, wie es schien, aber doch schlimm genug.

Der superkluge, aufgeblasene Deutsche, Charles Röder, den wir auch bereits kennen, war mit aller seiner Weisheit nichts als ein Windbeutel geworden. Mit dem glücklichen Cleaveland, den wir bereits als Wahrsager und Ehemann der schönen Mary kennen, kam ich leider wenig zusammen. Ich traf ihn nur schnell einmal in Sacramento, so daß wir nur Zeit hatten, uns zu grüßen. Nachher gab es aber doch Gelegenheit, daß wir unsere Gedanken austauschen konnten. Ich hatte mir ihn als den glücklichen Besitzer einer der schönsten Frauen Californiens und eines

Vermögens von wenigstens einer halben Million Dollars, natür=
lich sehr vergnügt, vorgestellt, mit guter Gesichtsfarbe und fein
gekleidet, und war nicht wenig erstaunt, das Gehoffte nicht zu
finden. Sein Gesicht war blaß und schon etwas runzelig und
seine Kleider kaum so gut, als sie früher waren. Wir freuten
uns gegenseitig, einander wieder zu sehen und ich sagte ihm, daß
ich bereits von seiner Schwägerin Foster erfahren habe, ihre
schöne Schwester sei nun wirklich seine Frau geworden und er
besitze bereits eine halbe Million Dollars an Eigentum, was von
ihm bestätigt wurde.

„Und dennoch siehst du gar nicht aus, als ob du glücklich
wärest, wie kommt das? Erinnerst du dich nicht, wie du,
Huggenberger und ich vor etwa zwei Jahren dort an der Ein=
mündung des American=Flusses in den Sacramento spazieren
gingen und du sagtest, daß du in Californien bleiben werdest,
bis du 10,000 Dollars erworben habest, dann nach Bordeaux
zurückkehren und ein schönes Mädchen heiraten werdest, um der
Glücklichste aller Glücklichen zu werden? Nun, jetzt hast du dir
ja ein schönes Mädchen zur Frau genommen und anstatt 10,000
Dollars hast du eine halbe Million und doch siehst du angegriffen
und mißmutig aus Woher kommt das und warum verläßt du
dieses Land nicht und gehst nach deinem schönen Vaterland?“

„Jetzt dieses Land verlassen? Jetzt, wo ich erst recht Geld
erwerbe, wo denkst du hin?“

„Ich dächte, wenn du damals glaubtest, mit 10,000 Dollars
ganz glücklich und zufrieden mit einer Frau in deinem Vaterland
leben zu können, du mit einer halben Million gewiß noch viel
zufriedener sein könntest und ich kann daher nicht begreifen, daß
du noch länger in einem Lande bleibst, wo du dein Glück nicht
genießen kannst, denn etwas scheint dich hier zu quälen, sonst
würdest du zufriedener aussehen.“

„Ich will dir sagen, was mich quält. Ich besitze viel Eigen=
tum und zwei kleine Dampfboote, wie du vielleicht schon wissen
wirst, nun kann ich nicht überall alles beaufsichtigen, muß also
andere Leute dazu anstellen, und da ich mich überzeugt habe, daß

faſt jeder nur darauf bedacht iſt, ſich auf meine Unkoſten zu be=
reichern und mich allerwärts zu beſtehlen und zu beſchwindeln, ſo
ärgert mich dies ſo, daß ich beinahe krank werde. Dies iſt die
Urſache, daß ich nicht ſo gut ausſehe, wie ich eigentlich ſollte."

Nachdem wir unſer philoſophiſches Zwiegeſpräch noch einige
Zeit fortgeſetzt hatten, ohne daß einer den andern zu belehren
imſtande war, ſo trennten wir uns unter gegenſeitigen herzlichen
Glückwünſchen.

Seit jener Zeit habe ich allerdings mitunter gedacht, ich ſei
zu genügſam in meinen Wünſchen und alſo auch in meinen Be=
ſtrebungen geweſen. Damals hatte ich die Jdee, 20 — 23,000
Dollars ſeien ein ſchönes Vermögen, mit dem man bei redlichem
Streben glücklich ſein könnte; nachher aber ſah ich ein, daß das
Wort „Lebensbedürfniſſe" ein ſehr relativer Begriff iſt

Anläßlich dieſer Zufriedenheitsbetrachtungen muß ich noch
etwas einſchalten, was des tragiſchen Ausgangs wegen von Jn=
tereſſe iſt.

Ein gewiſſer Baumeiſter Bader aus Baſelland wollte mich
dazu beſtimmen, dem Capitain Sutter ein großes Stück Land ab=
zukaufen, wovon er dann einen Teil für ſich nehmen wollte, da=
mit wir Nachbarn würden. Er ſei im Begriff, ſeine Frau kommen
zu laſſen und dann wolle er ein Haus bauen und ähnliches mehr.
Jch warnte ihn davor, ſeine Frau nur ſo aufs Ungewiſſe hin
kommen zu laſſen, denn er wiſſe noch nicht, was hier in Cali=
fornien alles möglich ſei, wenn man zu viel traue. Jede weiße
Frau bedürfe hier eines beſonderen Schutzes. Herr Bader meinte,
ich ſei zu ängſtlich, denn ſo gar ſchlimm ſei es denn doch nicht
und er ließ ſeine Frau kommen, ehe ich wieder in Californien
war. Sie wohnten am Federfluſſe unterhalb Heackfarm. — Als
ich in Kilchberg am Zürichſee wohnte, las ich in einer californi=
ſchen Zeitung ungefähr folgendes: „Auf der Farm wohnte ein
Schweizer, namens Bader, mit ſeiner Frau in der Nähe einer
ſogenannten Sloughs, wo Frau Bader die Kleider zu waſchen
pflegte und wo einige Eichen ſchönen Schatten verbreiteten Eines
Abends kam ein Mann des Weges daher und bat, man möchte

ihm für die Nacht Herberge geben. Obschon der Mann ganz fremd war, gewährte man seine Bitte und gab ihm Abendessen, Bett und Frühstück. Am andern Morgen hatte Bader Geschäfte in Heackfarm und, von dem Fremden nichts Böses fürchtend, sattelte er eines seiner im nahen Coral befindlichen Pferde und wollte nach der Farm reiten. Der Fremde, der vorgab, ein Schwede zu sein und sich Jackson nannte, hatte das Satteln und die Vorbereitungen Baders beobachtet, worauf er gefragt habe: „Wollen Sie ausreiten?“ — Bader habe geantwortet: „Ja, ich muß geschwind nach Suttersfarm, werde aber bald wieder zurückkehren.“ — Der Fremde habe hierauf erwidert: „Ja dann will ich hier warten, bis Sie zurück sind.“ — Der vertrauensvolle Bader habe, anstatt dem Fremden zu bedeuten, es sei nicht nötig, daß er warte, gegen seine Proposition nichts eingewendet und sei fortgeritten, sowie auch bald wieder zurückgekehrt. Unterwegs seien ihm zwei Männer zu Pferd begegnet, die er gefragt habe, ob sie nichts Unrechtes beobachtet hätten, was diese verneinten. Rasch habe er seine Heimat erreicht, aber anstatt wie seine Frau ihm sonst entgegenzukommen pflegte, sei sie diesmal nicht zu sehen gewesen und auf sein Rufen habe er auch keine Antwort erhalten. Bader sei schnell vom Pferd gestiegen und da er gewußt habe, daß seine Frau an diesem Tag waschen wollte, gegen die Slungh gegangen, von wo ihm der Fremde entgegengekommen sei und den er sofort gefragt habe, ob er wisse, wo sich seine Frau befinde. Jackson habe einen Revolver gezogen und dabei geantwortet: „Ja, das weiß ich, und ich will dich auch zu ihr schicken.“ Bader sei in das Haus gesprungen, um seine Doppelflinte zu holen, aber beide Läufe habe er frisch abgeschossen gefunden. Das Schlimmste ahnend, sei er aus dem Haus hinausgesprungen, indem er rasch zu Pferd die Nachbarn habe zu Hülfe rufen wollen, aber Jackson habe sich gerade auf demselben entfernt. Da er noch mehrere Pferde im Coral hatte, bediente er sich schnell eines andern und ritt zu seinen Nachbarn, die ihm dann geholfen hatten, den Übelthäter zu verfolgen und auch einzufangen. In seinem Besitz war Baders Revolver, mit welchem er zweimal auf ihn losgedrückt, seine Uhr und einige Dollars Geld. Frau Bader schien Anstalten zum Waschen getroffen zu haben, denn sie befand sich in der Nähe der Slongh. Der Mör= der hatte ihr beide Flintenladungen durch den Leib geschossen, sie dann an der Gurgel gewürgt und noch andere Gewaltthaten an ihr verübt. Man habe den Thäter zur Leiche gebracht und ihm den Kopf auf diese gedrückt, sowie ihn gefragt, ob er noch etwas zu seiner Verteidigung zu sagen habe. „Ich weiß nichts zu sagen," habe der Mörder geantwortet.

Ehe man eine Jury habe zusammenberufen können, seien die Nachbarn zusammengetreten, hätten einen Lasso um seinen Hals gelegt und ihn an einen Ast der Eiche aufgehängt. Bader sei dann kurze Zeit nachher in seine Heimat zurückgekehrt, wo er melancholisch geworden und bald gestorben sei."

An einem schönen Frühlingstag machte ich dem uns be= kannten Dürr, meinem gewesenen Mitanteilhaber an der Schaf= herde, einen Besuch und vernahm von ihm, daß einige Tage nach meiner Abreise aus den Minen zwölf weiße Männer gekommen seien und ihn gefragt hätten, was das für Indianer seien, die er da habe. Darauf habe er geantwortet, es seien teils Berg= Indianer, teils solche vom Sacramento. Die Männer hätten dann eine längere Beratung gehabt und seien darauf fortgeritten. Nachher habe er vernommen, daß der Zweck ihres Besuches kein anderer gewesen sei, als die Indianer zu töten und dies nur des= halb unterlassen hatten, weil ich ihm Sutters Indianer, die sie nicht zu töten wagten, noch gelassen habe. Dann teilte mir Dürr noch mit, daß sich meine Prophezeiungen betreffend seiner Frau und ihrem Landsmann bald nach meiner Abreise als richtig er= wiesen hätten und letzterer laut Urteil einer Jury die Gegend habe verlassen müssen, nachdem er vorher 24 Hiebe auf den nackten Rücken erhalten habe, die er (Dürr) ihm habe aufmessen dürfen. Das Benehmen dieses Indianers, also des Freundes und Landsmanns von Dürrs Frau, sei die Ursache gewesen, daß die zwölf weißen Männer einen Mordstreifzug auf die Indianer ge= macht hatten.

Wie ich später vernommen habe, erfuhr auch Dürr die Wandelbarkeit des Glücks. Er soll mit 8000 Dollars aus Californien abgereist sein, die ihm auf der Reise gestohlen wurden, so daß er aus Armut sein väterliches Erbe aus seiner Heimat habe verlangen müssen. Es schien ein wahrer Fluch auf dem so leicht erworbenen Gold zu liegen, so daß mir oft bangte, wenn ich von solchen Schicksalsschlägen hörte. Wenn man die Fälle aber etwas näher verfolgt, so findet man meistens ein Häklein am unrichtigen Ort, an dem das Glück hängen geblieben ist.

In dieser freien Zeit besuchte ich auch meinen Freund Thomann, den der freundliche Leser längst kennt. Er hatte sich Niklaus als Wohnsitz ausgewählt und lebte da in ganz guten Verhältnissen. Auch kam es mir vor, die Leute seien daselbst besser als in Marysville und Heackfarm, bis ich zu meinem Bedauern folgende Schandthat erzählen hörte.

Als das Schiff „Governo Dana" einst in Niklaus landete, kam ein schöner Knabe von circa \4 Jahren an das Land und weinte bitterlich. Nun vernahm man von ihm, daß sein Vater etwa 2¹/₂ Meilen weiter oben in den Fluß gefallen und sofort untergesunken sei, weil er \400 Dollars Gold auf seinem Körper getragen habe. Die Leute hatten sich die Stelle, wo er ins Wasser gefallen war, genau gemerkt und einige Männer von Niklaus nahmen ein Ruderboot und fuhren damit, von dem Knaben begleitet, nach der betreffenden Stelle. Nach einigen Stunden vergeblichen Suchens kehrte man unverrichteter Sache nach Niklaus zurück und der arme Knabe war untröstlich über den Verlust seines Vaters und all seines Geldes, das sie sich miteinander erworben hatten. Als man aber am folgenden Tag wieder auf die Stelle kam, wo der Junge nochmals nach dem Vater suchen wollte, fand man die Leiche am Land, aber das Geld war fort. Es ist also gar nichts anderes denkbar, als daß einer oder mehrere der Männer, die mit dem Knaben suchen gingen, genau die Stelle ermittelt haben mußten, wo die Leiche im Wasser lag, und bloß die Nacht abwarteten, um dieselbe herauszuheben und das Geld zu stehlen. Wir erfuhren von dem

Knaben, daß es Deutsche von New-Orleans waren, sowie auch, daß seine Mutter und mehrere Geschwister dort wohnten.

Von Niklaus ritt ich einigemal über die Prairie nach Sacramento, was ein Hochgenuß für mich war, denn eine Prairie im Frühlingsschmuck ist etwas Wunderbares, Lieblich-Schönes, und auch deshalb interessant, weil man da bei hunderten weidendes Vieh trifft, das bei Ankunft eines Reiters rasch auseinander rennt, wenn nicht einige Bullen zusammentreten und ohne Worte einen Angriffsplan auf den Ruhestörer schmieden, wie ich es auf einer meiner Prairiewanderungen zu Pferd erlebt habe. Damals rettete mich bloß die Nachahmung des Gebrülls eines Grisli-Bären, weil die Bullen die Überlegenheit derselben kennen und sich daher sehr vor ihnen fürchten.

Da Thomann eine Weinschenkbude betrieb, so trafen sich bei ihm oft die sämtlichen Schweizer und ich darf mich dessen rühmen, daß auf meine Veranlassung hin die erste Schützengabe von Schweizern an ein eidgenössisches Schützenfest beschlossen und dann auch abgesandt wurde. Als ich später am Fest selbst in Genf meinen Namen auf dem prachtvollen silbernen Gefäß, welches 2000 Franken gekostet hatte, eingraviert las, war ich fast ein bischen stolz auf mein Verdienst, weil ich zuerst auf den Gedanken kam, eine Gabe an dieses vaterländische Fest zu spenden.

XXV.

Bekomme endlich mein Geld. — Teure Advokaten=rechnung. — Ich verlasse Californien für immer.

Als die Zeit herannahte, wo ich mein Geld von August Sutter erhalten sollte, verließ ich Niklaus, um nach Sacramento zu gehen, denn ich hielt es fürs beste, nun da zu wohnen, wo mein Schuldner täglich zu sehen war.

Derselbe ließ die vereinbarten Termine herankommen und verstreichen, ohne Miene zum Bezahlen zu machen und ich war entschlossen, den jungen Herrn im Notfall zum Zahlen zu zwingen, wenn gütliche Mittel nutzlos wären.

Da Herr Weimmann, als zweiter Käufer meiner Liegen=schaften von Sutter, nie mehr etwas von sich hatte hören lassen und es sich seit meinem Handel mit Sutter immer mehr heraus=stellte, daß sich Eliza nie zu einer wirklichen Stadt erheben werde, so hatte auch die große Begeisterung zum Spekulieren beim jungen Herrn Sutter einen argen Riß bekommen. Ich hatte mehreremal nach dem Fälligwerden der ersten Note die schüchterne Frage an ihn gerichtet, ob er mir nicht wenigstens einen Teil an die 5000 Dollars zahlen könnte; aber ich erhielt zur Antwort, daß er noch kein Geld habe. Jetzt, da auch die doppelte Summe fällig wurde, wurde ich mit Zahlungen von 2—3000 Dollars je nach einigen Wochen bis zur vollständigen Tilgung auch zufrieden gewesen sein. Es fiel aber dem vornehmen jungen Herrn nicht ein, mich anzufragen, ob ich ihm noch Stündigung geben wolle und so war ich endlich gezwungen, ihn zu besuchen, um zu vernehmen, ob er nun bereit sei, mir die fälligen Zahlungen zu machen.

Die Antwort lautete wie früher: „Ich habe jetzt kein Geld." —

Er ließ mir dabei durchblicken, daß Weinmann ihm den Handel nicht gehalten habe und er somit quasi auch das Recht habe, das Gleiche gegen mich zu thun. Dann machte er mir folgende Proposition:

„Wissen Sie was, ich habe Ihnen auf den Handel 1000 Dollars gegeben und jetzt gebe ich Ihnen noch 1000 Dollars, und Sie nehmen die ganze Prosperity zurück, oder ich will Ihnen hier in Sacramento andere Stadtlose dafür geben, wenn es Ihnen so besser gefällt.“

Auf mein Befragen, wo sich diese letzteren befinden, bezeichnete er mir Plätze, die viele Fuß unter Wasser standen. Ich gab ihm zur Antwort, daß ich mich mit den Froschteichen nicht abgeben und ebensowenig seine Vorschläge zur Zurücknahme der Objekte annehmen könne. Die Berufung auf Weinmanns Wortbrüchigkeit wies ich als lächerlich zurück, da er den Profit von 5000 Dollars auch in die Tasche gesteckt hätte, ohne mir etwas davon zu geben.

Ich mußte mich also überzeugen, daß diese Angelegenheit ohne Prozeß nicht erledigt werden konnte und ich wandte mich daher an die mir empfohlenen Advokaten Johnson & Cie. Diese versprachen, die Sache an die Hand zu nehmen, sagten mir aber nicht, daß ich für den doppelten Betrag der Forderungssumme Bürgschaft zu leisten habe, wenn ich Beschlag auf Grundeigentum vom Schuldner legen wolle, was doch nötig zu sein schien, da ich vernommen hatte, Sutter wolle auf den 1. Juli Californien verlassen.

Nachdem ich die verlangte Bürgschaft geleistet hatte und alle nötigen Schritte zum Prozeß gethan waren, kam unerwartet ein gewisser Herr Wetzler, wie es schien, Mitinteressierter von Sutter, zu mir und fragte mich, was ich von meiner Forderung nachlasse, wenn er mich ganz ausbezahle. Nach langem Schachern wurden wir dahin einig, daß ich 1200 Dollars nachlassen und die ergangenen Kosten übernehmen müsse. Während Wetzler das Geld holte, ging ich zu meinem Advokaten, um ihm die Abmachung mitzuteilen und ihn zu ersuchen, daß er bei der Aus-

bezahlung zugegen sein möchte. Er war hiemit nicht bloß ein=
verstanden, sondern spielte dabei sogar den Empfänger. Als ich
ihn dann um die Kostenrechnung bat, verlangte er — man rate
und staune — nicht weniger als 800 Dollars. Ich gab ihm zu
bedenken, daß er in der Sache ja so viel als nichts zu thun ge=
habt habe, was aber keinen Eindruck auf ihn machte, indem er
an den 800 Dollars festhielt. Ich verlangte hiefür eine Be=
scheinigung, um, wie ich offen erklärte, im Osten beweisen zu
können, was in Californien das Prozessieren koste. — Von Sutter
erhielt ich noch etwa 40 Dollars falsches Geld, aber ich klagte
ihn deshalb nicht ein, denn Herr Johnson hatte mich gelehrt,
daß das Prozessieren ein teurer Artikel sei.

Ich war nun vollkommen fertig für die Abreise nach Osten
und ich fragte mich bloß, ob ich all mein Geld gleich mitnehmen
sollte. 6000 Dollars hatte ich bereits in New=York angelegt.
Ich fand schließlich, daß es wohl am sichersten sei, einen Teil
wieder zum Ankauf von Stadteigentum zu verwenden, einen an=
dern Teil durch ein Speditionshaus in San Francisco befördern
zu lassen und dann das übrige in einem Koffer selbst mitzunehmen
Damit riskierte ich am wenigsten, alles auf einmal zu verlieren.

Ich kaufte einen Bauplatz dem Public Square gegenüber,
neben dem Wilhelm Tell=Hotel, für 4000 Dollars. Diesen mußte
ich noch einzäunen, damit sich kein Squatter (Einsitzer mit An=
nectionsrecht) auf demselben niederlasse, was mich 100 Dollars
kostete, so daß ich also 4100 Dollars angelegt hatte.

Am Tag vor meiner Abreise genoß ich mit den hier in
Sacramento anwesenden Freunden und Bekannten noch einige
gemütliche Stunden, natürlich ohne Zechgelage, um so mehr aber
mit wohlgemeinten gegenseitigen Glücks= und Segenswünschen und
am 1. Juli 1850 verließ ich, bis aus Schiff von dem treuen
Freund Thomann begleitet, auf dem „Golden Gata“ die Scholle,
wo ich geträumt hatte, durch unermüdliches, redliches Streben
und Schaffen mir ein friedliches, glückliches Heim zu gründen,
was sich auch verwirklicht hätte, wenn nicht durch die Entdeckung

des Goldes der Abgott Mammon aus dem paradiesischen Cali=
fornien für Jahrzehnte eine teuflische Lasterhöhle gemacht hätte.

*   *   *

Anmerkung des Herausgebers. Mein Freund reiste dann nach
der Heimat zurück, verheiratete sich, kaufte ein Landgut in Kilchberg bei Zürich
und kehrte nach ein paar Jahren wieder nach Nordamerika zurück, wo er sich
bleibend in der ehemaligen Mormonenstadt Nauvoo niederließ und heute noch
als 76jähriger Greis dort lebt.